BLOCKCHAIN REVOLUTION

BLOCK
REVOL

CHAIN
UTION

SENAI-SP editora

Conselho Editorial
Paulo Skaf
Walter Vicioni Gonçalves
Débora Cypriano Botelho
Ricardo Figueiredo Terra
Roberto Monteiro Spada
Neusa Mariani

Empreender-se
Antonio Carlos Pasquale de Souza Amorim
Oswaldo Gouvêa de Oliveira Neto

Dados Internacionais de Catalogação na Publicação (CIP)

Tapscott, Don
 Blockchain revolution : como a tecnologia por trás do Bitcoin está mudando o dinheiro, os negócios e o mundo / Don Tapscott, Alex Tapscott. – São Paulo : SENAI-SP Editora, 2016.
 392 p. il.

 Editor: Antonio Carlos Pasquale de Souza Amorim.
 Tradução de: Blockchain revolution : how the technology behind bitcoin is changing money, business, and the world.
 Tradução: Colaborativa.
 ISBN 978-85-8393-789-0

 1. Instituições financeiras – Inovação tecnológica. 2. Comércio eletrônico 3. Bitcoin. I. Tapscott, Alex. II. Amorim, Antonio Carlos Pasquale de Souza. III. Título.

CDD 332.1068

Índice para o catálogo sistemático:
Bancos – Finanças – Gestão 332.1068

BLOCKCHAIN REVOLUTION

Como a tecnologia por trás do Bitcoin está mudando o dinheiro, os negócios e o mundo

DON TAPSCOTT & ALEX TAPSCOTT

SENAI-SP editora

Editor-chefe
Rodrigo de Faria e Silva

Produção editorial
Letícia Mendes de Souza

Edição
Monique Gonçalves

Revisão
Eduardo Hiroshi
Elaine Cristina da Silva
Lucimara Leal
Tomoe Moroizumi

Produção gráfica
Camila Catto
Sirlene Nascimento
Valquíria Palma

© SENAI-SP Editora, 2017

Coordenação editorial
Antonio Carlos Pasquale de Souza Amorim
Oswaldo Gouvêa de Oliveira Neto

Tradução, revisão e preparação de texto
Augusto Portugal
Alexandre de Moura Bonini Ferrer
Arnaldo Rabelo
Bruno Correia
Antonio Carlos Pasquale de Souza Amorim
Carlos Eduardo Mello
Denize Ramos Guedes
Diogo Tomaszewski
Élio Júnior Paiva
Fabrício Castro
Farah Azenha Serra
Luís Felipe Chuvas Evers
Fabiano Grottoli
Henry Goldsmid
Ivan Araujo
Kátia Mendes Barros
Laura Folgueira
Liliane Tie
Luiz Bruno Vianna
Marcelo Kazuo Miyajima
marcelom
Martim Tacoshi Jr.
Marcio Kikuti
Murillo Sabino
Gilberto Ferreira Osser
Ricardo Vasconcelos Pierozan
Ricardo Ramos
Selma Sartorio
Taivan Steckling Muller
Thatiane Boen
Renato Valle
Victor Martone
Vinicius Braz Rocha
Wendel Smith Silva

Diagramação e revisão
Bernardo Borges
Débora Bianchi
Delza Carvalho
Fabrício Noleto Castro
Isabela Araujo
Lelo Lourenzo
Toni Carlos da Silva Dias

Capa e projeto gráfico
Dasocreative

Para Ana Lopes e Amy Welsman, por permitirem a realização deste livro e por entenderem que "é tudo sobre o Blockchain".

APRESENTAÇÃO

Don Tapscott é hoje a grande referência no que se refere à economia do mundo novo. Sua visão sistêmica permite enxergar os impactos da tecnologia na economia e oferecer propostas de novos modelos, tornando este livro leitura obrigatória desde *Economia digital*, *Wikinomics* e *Macrowikinomics*. Em janeiro de 2013, ele lançou o projeto internacional de estudo Global Solutions Networks, GSN (http://gsnetworks.org/), que procurou identificar organizações em rede que lidavam com problemas globais localmente como, mudanças climáticas, combate à pobreza etc., identificando seus padrões organizacionais além de metodologias, formatos e melhores práticas.

Durante o GSN, Don tomou contato com o Blockchain pelas mãos de seu filho, Alex, que escreveu o artigo "A Bitcoin governance network", ou "Uma rede de governança Bitcoin", e, por seu potencial transformador, decidiram escrever juntos este livro, que rapidamente se tornou um best-seller, com a intenção de explorar as possibilidades do Blockchain além de sua aplicação mais famosa, o Bitcoin.

Blockchain revolution é um livro sobre possibilidades infinitas, partindo de exemplos existentes, entrevistas e interações com líderes globais, CEOs, acadêmicos, artistas, altos funcionários governamentais e de organizações não governamentais. O livro explora as possibilidades de aplicação e o impacto nos modelos atuais de negócios, de governo e de privacidade de informações.

A edição brasileira, no entanto, não se resumiu somente à tradução do texto, mas sobretudo inovou no processo de editoração ao aplicar conceitos de inclusão, distribuição, colaboração e criptomoedas para se tornar realidade. Todo o processo de tradução, preparação e revisão do texto, design do projeto gráfico, diagramação e revisão foram feitos de maneira colaborativa por uma comunidade de tradutores, designers e revisores que trabalharam juntos em pequenas partes do documento, sem perda de qualidade, mas com ganho em custo e agilidade.

O processo de impressão é também inovador, deixando de lado a tiragem de um grande volume de exemplares, o que provocaria um desperdício de recursos, além de altos custos logísticos e de armazenagem. Tudo isso em prol de um sistema de impressão distribuída, em que o arquivo digital pode ser adquirido para impressões locais de um ou centenas de exemplares.

Nesse processo, a aplicação da tecnologia do Blockchain foi fundamental, permitindo desde o uso do Bitcoin para pagamento dos direitos autorais, passando pela emissão de uma moeda digital para remunerar o trabalho das dezenas de pessoas envolvidas no processo, até o registro de cada cópia gerada no Blockchain. Identificando de forma única cada cópia, garantindo assim tanto a propriedade do leitor quanto os direitos autorais e a impressão apenas das quantidades adquiridas. Em uma experiência prática dos benefícios do uso Blockchain.

O livro está dividido em três partes: a primeira define o Blockchain como o protocolo da confiança, seu funcionamento e princípios de design, os problemas que resolve, os avanços alcançados e suas implicações na economia baseada no Blockchain.

A segunda parte aborda as transformações que virão da adoção do Blockchain nos serviços financeiros (Capítulo 3) e na reorganização da empresa (Capítulo 4). Novos modelos de negócios baseados no Blockchain (Capítulo 5). A Internet das Coisas e os objetos inteligentes (Capítulo 6). O paradoxo da prosperidade: inclusão econômica e empreendedorismo (Capítulo 7). Novo modelo para o governo e a democracia (Capítulo 8) e o uso do Blockchain na cultura e nos direitos autorais (Capítulo 9).

Os dois últimos capítulos que compõem a terceira parte tratam das promessas e perigos do Blockchain, e Don e Alex apresentam os desafios de implementação da economia do Blockchain (Capítulo 10) e o desafio de encontrar quem irá liderar a revolução do Blockchain (Capítulo 11).

Mais do que receitas formatadas para o sucesso, *Blockchain revolution* é um convite para a reflexão e participação na construção de um novo paradigma econômico, o da abundância, da diversidade, da inclusão, da exponencialidade, enfim, da prosperidade.

— **Antonio Carlos Amorim, sócio diretor da Emprender-se, coeditor desta obra**

"Uma obra-prima. Disseca graciosamente o potencial da tecnologia Blockchain para assumir os desafios globais mais urgentes."
— **Hernando de Soto, economista e presidente do instituto para Liberdade e Democracia, Peru**

"O Blockchain está para a confiança assim como a internet está para a informação. Como a internet original, o Blockchain tem potencial para transformar tudo. Leia este livro e você entenderá."
— **Joichi Ito, diretor do MIT Media Lab**

"Nesta jornada extraordinária para as fronteiras das finanças, os Tapscott lançam uma nova luz sobre o fenômeno do Blockchain e criam um argumento convincente sobre por que todos nós precisamos entender melhor o seu poder e potencial."
— **Dave McKay, presidente e CEO do Royal Bank of Canada**

"O livro desconstrói a promessa e o perigo do Blockchain de uma forma que é ao mesmo tempo acessível e erudita. *Blockchain revolution* dá aos leitores uma visão privilegiada do futuro."
— **Alec Ross, autor de *As indústrias do futuro***

"Se alguma vez houve um tema para desmistificação, o Blockchain é isso. Juntos, os Tapscott alcançaram isso de forma abrangente e, ao fazê-lo, capturaram a emoção, o potencial e a importância deste tema para todos."
— **Blythe Masters, CEO da Digital Asset Holdings**

"Este é um livro com a qualidade preditiva do *1984*, de Orwell, e a visão de Elon Musk. Leia ou torne-se extinto."
— **Tim Draper, fundador da Draper Associates, DFJ e Draper University**

"O Blockchain é uma onda tecnológica radical e, como faz tão frequentemente, Tapscott está lá, agora com o filho Alex, surfando na madrugada. É uma viagem e tanto."
— **Yochai Benkler, professor Berkman de Estudos Jurídicos Empresariais da Harvard Law School**

"Se você trabalha com negócios ou no governo, você precisa entender a revolução Blockchain. Ninguém escreveu um livro mais exaustivamente pesquisado ou envolvente sobre este tema do que Tapscott e Tapscott."
— **Erik Brynjolfsson, professor no MIT; coautor de *A segunda era da máquina***

"Uma base indispensável e atualizada sobre como a tecnologia subjacente ao Bitcoin pode – e deve – liberar o verdadeiro potencial de uma economia digital para a prosperidade distribuída."
— **Douglas Rushkoff, autor de *Choque do presente* e de *Apedrejando o ônibus do Google***

"A mudança tecnológica que costumava se desenvolver ao longo de uma geração agora nos atinge em um relativo piscar de olhos e ninguém conta essa história melhor do que os Tapscott."
— **Eric Spiegel, presidente e CEO da Siemens nos EUA**

"Poucos líderes nos levam a olhar em torno dos limites da maneira como Don Tapscott faz. Em *Blockchain revolution*, ele e seu filho Alex nos ensinam, desafiam e nos mostram uma maneira inteiramente nova de pensar sobre o futuro."
— **Bill McDermott, CEO da SAP SE**

"*Blockchain revolution* é uma brilhante mistura de história, tecnologia e sociologia, que cobre todos os aspectos do protocolo Blockchain — uma invenção que com o tempo pode revelar-se um ponto de ruptura, como foi a invenção da imprensa."

— **James Rickards, autor de *Guerras de moedas* e *A morte do dinheiro***

"*Blockchain revolution* serve como um atlas para o mundo do dinheiro digital, explicando magistralmente o panorama atual enquanto, ao mesmo tempo, ilumina o caminho para um sistema financeiro global mais equitativo, eficiente e conectado."

— **Jim Breyer, CEO da Breyer Capital**

"*Blockchain revolution* é o guia indispensável e definitivo para esta tecnologia que vai mudar o mundo."

— **Jerry Brito, diretor executivo da Coin Center**

"Incrível. Realmente incrível. O exame que os Tapcott fazem do Blockchain, como um modelo de inclusão em um mundo cada vez mais centralizado é ao mesmo tempo sutil e extraordinário."

— **Steve Luczo, presidente e CEO da Seagate Technology**

"O livro faz uma defesa poderosa da capacidade do Blockchain de aumentar a transparência, mas assegurando também a privacidade. Nas palavras dos autores, 'A Internet das Coisas precisa de um livro-razão das coisas.'"

— **Chandra Chandrasekaran, CEO e diretor de gestão da Tata Consultancy Services**

"O epicentro da confiança está prestes a se difundir! A narrativa definitiva sobre as possibilidades revolucionárias de um sistema de confiança descentralizado."

— **Frank D'Souza, CEO da Cognizant**

"O livro identifica um profundo movimento de novas tecnologias e o conecta à mais profunda das necessidades humanas: a confiança. Exaustivamente pesquisado e escrito de forma provocativa. Todo empresário e político sério precisa ler *Blockchain revolution*."

— **Brian Fetherstonhaugh, presidente e CEO da OgilvyOne Worldwide**

"*Blockchain revolution* define uma onda de avanço tecnológico que está apenas começando."

— **Frank Brown, diretor de gestão e de operações da General Atlantic**

"Uma leitura obrigatória. Você vai ter uma compreensão profunda de por que o Blockchain está se tornando rapidamente uma das mais importantes tecnologias emergentes desde a internet."

— **Brian Forde, diretor de iniciativas em moedas digitais do MIT Media Lab**

"A tecnologia Blockchain tem o potencial de revolucionar a indústria, as finanças e o governo — é leitura obrigatória para qualquer pessoa interessada no futuro do dinheiro e da humanidade."

— **Perianne Boring, fundadora e presidente da Câmara de Comércio Digital**

"Quando a tecnologia de uma geração muda o mundo em que vivemos, somos verdadeiramente afortunados por ter cartógrafos como Don Tapscott, e agora seu filho Alex, para explicar para onde estamos indo."

— **Ray Lane, sócio-diretor da GreatPoint Ventures; sócio emérito da Kleiner Perkins**

"Don e Alex escreveram o guia definitivo para aqueles que tentam navegar nesta nova e promissora fronteira."

— **Benjamin Lawsky, ex-superintendente de serviços financeiros do estado de Nova York; CEO do The Lawsky Group**

"*Blockchain revolution* é um manifesto esclarecedor, criticamente importante para a próxima era digital."
— **Dan Pontefract, autor de *O efeito propósito*; líder visionário da TELUS**

"O livro mais bem pesquisado, completo e perspicaz sobre a mais excitante nova tecnologia desde a internet. Uma obra de excepcional clareza e discernimento surpreendentemente ampla e profunda."
— **Andreas Antonopoulos, autor de *Dominando o Bitcoin***

"*Blockchain revolution* captura e ilumina lindamente o admirável mundo novo do dinheiro descentralizado, sem um garantidor."
— **Tyler Winklevoss, cofundador da Gemini and Winklevoss Capital**

"Uma visão fascinante — e tranquilizadora — de uma tecnologia com o poder de refazer a economia global. Que prêmio! E que livro!"
— **Paul Polman, CEO da Unilever**

AGRADECIMENTOS

Este livro surgiu a partir do encontro de duas mentes e duas trajetórias de vida. Don estava conduzindo um programa de pesquisa com financiamento de US$ 4 milhões, intitulado Redes de Solução Global (Global Solution Networks – GSN), pela Escola Rotman de Administração na Universidade de Toronto. A iniciativa era de investigar novos modelos de solução de problemas globais e governança em rede. Ele pesquisou o modo como a internet era dirigida por um ecossistema de várias partes interessadas e passou a se interessar pelas moedas digitais, bem como pela gestão delas. Enquanto isso, Alex era um executivo no banco de investimentos Canaccord Genuity. Em 2013, ele notou o crescente entusiasmo pelas companhias de Bitcoin e Blockchain em estágio inicial e começou a conduzir os esforços de sua empresa nessa direção. No início de 2014, durante uma viagem de esqui para Mont-Tremblant, ao modo pais e filhos, nós fizemos após o jantar um *brainstorming* sobre como colaborarmos com este tópico, e Alex concordou em conduzir um projeto de pesquisa sobre moedas digitais, culminando em seu *white paper* intitulado *A Bitcoin Governance Network* (*Rede de gestão de Bitcoin*). Quanto mais imergimos nessas questões, mais concluíamos que essa era a próxima grande coisa.

Enquanto isso, nosso agente Wes Neff, da Agência Leigh, em conjunto com o editor de Don, Adrian Zackheim, da Portfolio/Penguin (Wikinomics, Macrowikinomics), incentivaram Don a formular um novo livro conceitual. Quando o *white paper* de Alex se tornou largamente reconhecido como o pensamento de referência nesta área, Don convidou Alex para ser seu coautor. Adrian, para seu crédito, nos fez uma oferta que não podíamos recusar e o livro nunca foi a leilão como normalmente acontece.

Nós então tomamos uma decisão que, retrospectivamente, mostrou-se inteligente. Nos aproximamos da melhor editora de livros que conhecíamos, Kirsten Sandberg, anteriormente da Editora Harvard Business School e a chamamos para editar nossa proposta do livro. Ela fez um trabalho espetacular e nossa colaboração foi tão simples que propusemos a ela se tornar membro da equipe de pesquisa do livro em tempo integral. Kirsten participou conosco em mais de cem entrevistas e colaborou conosco em tempo real enquanto tentávamos entender a miríade de questões sobre a mesa e desenvolver formulações úteis que explicassem esse extraordinário conjunto de evoluções para um público leigo. Ela nos ajudou a dar vida à história. Nesse sentido, ela foi nossa coautora e este livro não teria surgido sem ela, ao menos na sua atual forma compreensível. Por isso, por todo o estímulo e pelas linhas de expressão, somos muito gratos.

Nossos agradecimentos de coração às pessoas citadas a seguir, que partilharam generosamente seu tempo e seu conhecimento conosco, e sem os quais este livro não teria sido possível. Em ordem alfabética:

Aaron Wright, professor da Cardozo Law School, Yeshiva University;
Adam Back, cofundador e presidente da Blockstream;
Adam Draper, CEO e fundador da Boost VC;
Adam Ludwin, fundador da Chain.com;
Adam Nanjee, chefe da Fintech Cluster, MaRS;
Akseli Virtanen, gestora de cobertura de fundos da Robin Hood Asset Management;
Alistair Mitchell, sócio-gerente da Generation Ventures;
Amy Cortese, jornalista e fundadora da Locavest;
Andreas Antonopoulos, autor de *Dominando o Bitcoin*;
Andrew Dudley, fundador e CEO do Earth Observation;
Andrew Keys da Consensus Systems;
Ann Cavoukian, diretora executiva da Privacy and Big Data Institute, Ryerson University;
Ann Louise Vehovec, vice-presidente sênior, estratégia de projetos do RBC Financial Group;
Ashley Taylor da Conensys Systems;
Austin Hill, co-fundador e promotor principal da Blockstream;
Austin Toomas Hendrik Ilves, presidente da Estônia;
Balaji Srinivasan, CEO, 21 e sócio da Andreessen Horowitz;
Barry Silbert, fundador e CEO da Digital Currency Group;
Ben Chan, engenheiro de software sênior da BitGo;
Benjamin Lawsky, ex-superintendente para Serviços Financeiros do Estado de Nova York, CEO do The Lawsky Group;
Bill Barhydt, CEO da Abra;
Blythe Masters, CEO da Digital Asset Holdings;

Bram Cohen, criador do BitTorrent;
Brett Stapper, fundador e CEO da Falcon Global Capital LLC;
Brian Forde, ex-conselheiro sênior da Casa Branca, diretor da Digital Currency do MIT Media Lab;
Bruce Cahan, professor visitante da Stanford Engineering; Stanford Sustainable Banking Initiative;
Cameron Winklevoss, fundador da Winklevoss Capital;
Carlos Moreira, fundador, presidente e CEO da WISeKey;
Carolyn Wilkins, ex-vice-governadora do Banco do Canadá;
Caterina Rindi, gerente de comunidade da Swarm Corp;
Charlie Lee, criador da CTO; ex-gerente de engenharia da Litecoin;
Chris Larsen, CEO da Ripple Labs;
Christian Catalini, professor assistente do MIT Sloan School of Management;
Christian Lundkvist, da Balanc3;
Christopher Bavitz, diretor administrativo da Cyberlaw Clinic da Harvard Law School;
Colin Rule, presidente e CEO da Modria.com;
Constance Choi, diretora da Seven Advisory;
Daniel Neis, CEO e cofundador da KOINA;
David Bray, Einsehower Fellow 2015 e executivo visitante de Harvard em residência;
David McKay, presidente e CEO da RBC;
David Thomson, fundador da Artlery;
Derek White, design-chefe e responsavel digital do Barclays Bank;
Dino Angaritis, CEO da Smartwallet;
Doug Black, senador canadense, governo do Canadá;
Eduardo Robles Elvira, CTO da Agora Voting;
Elizabeth Stark, professora visitante na Yale Law School;
Eric Jennings, cofundador e CEO do Filament;
Eric Piscini, diretor, bancos/tecnologia da Deloitte Consultoria;
Erik Voorhees, CEO e fundador da ShapeShift;
Ethan Nadelmann, diretor executivo da Drug Policy Alliance;
Fadi Chehadi, CEO da ICANN;
Federico Ast da CrowdJury;
Frank Schuil, CEO da Safello;
Gabriel Woo, vice-presidente de inovação do RBC Financial Group; Gavin Andreesen, cientista-chefe da Bitcoin Foundation;
Gavin Wood, CTO da Ethereum Foundation;

Geoff Beattie, presidente da Relay Ventures;
Geoff Gordon, CEO da Vogogo;
George Gilder, fundador e sócio da Gilder Technology Fund;
Grant Fondo, sócio da Securities Litigation and White Collar Defense Group, Privacy and Data Security Practice, Goodwin Procter LLP;
Helen Disney, (ex) Bitcoin Foundation;
Hernando de Soto, presidente do Institute for Liberty and Democracy;
Imogen Heap, musicista vencedora do Grammy e compositora;
Izabella Kaminska, repórter financeira do *Financial Times*;
J-F Courville, diretor de operações da RBCWealth Management;
Jack Peterson, desenvolvedor de núcleo da Augur;
Jacob Dienelt, arquiteto do Blockchain e CFO do itBit e Factom;
Jake Benson, CEO e fundador da LibraTax;
James Carlyle, engenheiro-chefe da MD, R3 CEV;
James Hazard, fundadora da Common Accord;
Janna McManus, diretora global de Relações Públicas da BitFury;
Jason Tyra da CoinDesk;
Jeremy Allaire, fundador, presidente e CEO da Circle;
Jerry Brito, diretor executivo da Coin Center;
Jesse McWaters, especialista em Inovação Financeira do Fórum Econômico Mundial;
Jim Orlando, diretor-geral da OMERS Ventures;
Joe Weinberg, cofundador e CEO da Paycase;
Joel Dietz da Swarm Corp;
Joey Krug, desenvolvedor do núcleo da Augur; Haluk Kulin, CEO da Personal BlackBox;
John H. Clippinger, CEO, ID3 e pesquisador do MIT Media Lab;
Joichi Ito, diretor do MIT Media Lab;
Jonathan Zittrain da Harvard Law School;
Jose Pagliery, equipe de reportagem da CNNMoney;
Joseph Lubin, CEO da Consensus Systems;
Joshua Fairfield, professor de Direito da Washington and Lee University;
Joyce Kim, diretora executiva da Stellar Development Foundation;
Juan Llanos, EVP de Parcerias Estratégicas e chefe de Transparência Policial da Bitreserve.org;
Jutta Steiner, da Ethereum/Provenance;
Kausik Rajgopal, líder de escritório no Vale do Silício, McKinsey and Company;
Kelly Olson, iniciativa em Novos Negócios da Intel;

Keonne Rodriguez, liderança em produtos da Blockchain Ltd.;
Lawrence Orsini, cofundador e diretor da LO3 Energy;
Lynn St. Amour, ex-presidente da The Internet Society;
Marc Andressen, cofundador da Andreessen Horowitz;
Marco Santori, conselho da Pillsbury Winthrop Shaw Pittman LLP;
Mariano Belinky, sócio-gerente do Santander InnoVentures;
Matthew Leibowitz, sócio do Plaza Ventures;
Matthew Roszak, fundador e CEO da Tally Capital;
Melanie Swan, fundadora do Institute for Blockchain Studies;
Michelle Tinsley, diretora de mobilidade e segurança de pagamento da Intel;
Mickey McManus, do Maya Institute;
Mike Gault, CEO da Guardtime;
Mike Hearn, ex-engenheiro do Google, Vinumeris/Lighthouse;
Nick Szabo, da GWU Law;
Nicolas Cary, cofundador da Blockchain Ltd.;
Patrick Byrne, CEO da Overstock;
Patrick Deegan, CTO da Personal BlackBox;
Paul Brody, líder de estratégia para as Américas da Technology Group, EY (anteriormente IoT na IBM);
Paul Kemp-Robertson, cofundador e diretor editorial do Contagious Communications;
Paul Pacifico, CEO da Featured Artists Coalition;
Peronet Despeignes, das Operações Especiais da Augur;
Perriane Boring, fundadora e presidente da Chamber of Digital Commerce;
Peter Kirby, CEO e cofundador da Factom;
Peter Todd, chefe contrariador da CoinKite;
Pindar Wong, pioneiro da internet, presidente da VeriFi;
Primavera De Filippi, pesquisadora permanente da CNRS e docente associada no Berkman Center for Internet and Society da Harvard Law School;
Richard G. Brown, CTO da R3 CEV (ex-arquiteto executivo para Inovação Industrial e Desenvolvimento de Negócios da IBM);
Robert Wilkins, CEO da myVBO;
Robin Chase, cofundador e ex-CEO da Zipcar;
Roger Ver, "o Jesus do Bitcoin", Memorydealers KK;
Simon Taylor, vice-presidente de parcerias empreendedoras da Barclays;
Stephen Pair, cofundador e CEO da BitPay Inc.;
Steve Beauregard, CEO e fundador da GoCoin;

Steve Omohundro, presidente da Self-Aware Systems;
Sunny Ray, CEO da Unocoin.com;
Suresh Ramamurthi, presidente e CTO da CBW Bank;
Susan Athey, professora de Economia da Tecnologia da Stanford Graduate School of Business;
Ted Whitehead, diretor-geral Senior da Manulife Asset Management;
Thomas Spaas, diretor da Belgium Bitcoin Association;
Tim Berners-Lee, inventor da World Wide Web;
Timothy Cook Draper, investidor; fundador da Draper Fisher Jurvetson
Tom Mornini, fundador e customer advocate da Subledger;
Toni Lane Casserly, CEO da CoinTelegraph;
Tyler Winklevoss, fundador da Winklevoss Capital;
Valery Vavilov, CEO da BitFury;
Vikram Pandit, ex-CEO do Citigroup; Investidor da Coinbase, Portland Square Capital;
Vinay Gupta, coordenadora de lançamento da Ethereum;
Vinny Lingham, CEO da Gyft;
Vint Cerf, co-criador da internet e evangelista chefe da internet do Google;
Vitalik Buterin, fundador da Ethereum;
Yochai Benkler, professor Berkman de Estudos Empresariais da Harvard Law School;
Zooko Wilcox-O'Hearn, CEO da Least Authority Enterprises;

Também agradeço especialmente a algumas pessoas que realmente arregaçaram as mangas para ajudar. Anthony Williams e Joan Bigham do projeto GSN trabalharam de perto com Alex, no artigo original sobre governança de moedas digitais. A ex-executiva da Cisco, Joan McCalla, que fez uma pesquisa profunda para os capítulos sobre a Internet das Coisas e também sobre governo e democracia. Recebemos muito apoio familiar. O executivo de TI, Bob Tapscott, que passou muitos dias baixando e examinando todo o Blockchain do Bitcoin para nos dar conhecimento em primeira mão sobre algumas questões técnicas. O empreendedor em tecnologia, Bill Tapscott, que surgiu com a ideia revolucionária de um sistema pessoal de negociação de crédito de carbono baseado no Blockchain, e a executiva de tecnologia Niki Tapscott e seu marido, o analista financeiro James Leo, que têm nos escutado e ajudado. Katherine MacLellan, do Grupo Tapscott (convenientemente uma advogada), que abordou algumas das questões mais difíceis em torno de contratos inteligentes, bem como geriu o processo de entrevistas. Phil Courneyeur, que estava diariamente à procura de material suculento, e David Ticoll, que forneceu *insights* úteis sobre o estado da era digital até agora. Wes Neff e Bill Leigh, do Bureau Leigh, que nos ajudaram a elaborar o conceito do livro (quantos livros com este, pessoal?). Como sempre (agora mais de vinte anos), Jody Stevens que controlou perfeitamente a administração de todo o projeto, incluindo bases de dados, finanças e gestão de documentos, bem como o trabalho de revisão e o processo de produção em tempo integral, além de seu emprego em tempo integral no Grupo Tapscott.

Um agradecimento especial a Dino Mark Angaritis, CEO da empresa Blockchain Smartwallet; Joseph Lubin, CEO do estúdio de desenvolvimento Ethereum Consensus Systems; e Carlos Moreira, da empresa de segurança de rápido crescimento WISeKey – cada um gastou um tempo considerável com a gente debatendo ideias. Eles foram brilhantes e muito gentis em nos ajudar. Agora vamos começar a apreciar e testemunhar o sucesso de cada um de seus negócios neste espaço. Um enorme agradecimento também à grande equipe da Penguin Random House, liderada por nosso editor Jesse Maeshiro e supervisionada por Adrian Zackheim.

Mais importante, gostaríamos de dar os nossos sinceros agradecimentos para nossas esposas, Ana Lopes (Don) e Amy Welsman (Alex), que mais do que toleraram nossa obsessão em quebrar essa grande noz durante a maior parte de um ano. Somos muito felizes por termos essas maravilhosas parceiras de vida.

Escrever este livro foi uma experiência maravilhosa para nós dois e é justo dizer que amamos cada minuto dela. Como alguém famoso disse uma vez, "Se duas pessoas concordam em tudo, uma delas é desnecessária". Nós desafiamos um ao outro diariamente para testar as nossas crenças e suposições, e este livro é a prova viva dessa colaboração saudável e vigorosa. Lembre-se, colaborar parece fácil quando você compartilha tanto DNA e tem uma história de trinta anos explorando o mundo juntos. Nós esperamos que você ache o produto desta colaboração importante e útil.

DON TAPSCOTT E ALEX TAPSCOTT, JANEIRO DE 2016

SUMÁRIO

PARTE I: Diga que você quer uma revolução

CAPÍTULO 1
O protocolo da confiança — 33
- Em busca do protocolo da confiança — 34
- Como esse livro-razão global funciona — 36
- A exuberância racional para o Blockchain — 38
- Alcançando a confiança na era digital — 40
- O retorno da internet — 42
- Seu avatar pessoal e a caixa-preta da identidade — 45
- Um plano para a prosperidade — 47
- Promessas e perigos da nova plataforma — 55

CAPÍTULO 2
Construindo o futuro: os sete princípios do projeto da economia Blockchain — 58
- Os sete princípios do projeto — 60
  - 1. Integridade na rede — 61
  - 2. Poder distribuído — 65
  - 3. Valor como incentivo — 67
  - 4. Segurança — 70
  - 5. Privacidade — 73
  - 6. Direitos preservados — 77
  - 7. Inclusão — 81
- Projetando o futuro — 84

PARTE II: Transformações

CAPÍTULO 3
Reinventando os serviços financeiros — 89

- Um novo olhar para a segunda profissão mais antiga do mundo — 92
- As oito funções de ouro: como o setor de serviços financeiros mudará — 95
- Das bolsas de valores para as bolsas de blocos — 98
- O acordo de Dr. Fausto do Blockchain — 101
- A utilidade financeira — 104
- O app bancário: quem ganhará nos bancos de varejo — 106
- Tradutor do Google para negócios: novos parâmetros para contabilidade e governança corporativa — 109
- Reputação: você é a sua pontuação de crédito — 115
- O IPO do Blockchain — 118
- O mercado para previsão de mercados — 120
- Roteiro para as oito funções de ouro — 122

CAPÍTULO 4
Rearquitetando a empresa: o centro e os limites — 124

- Construindo o consenso — 124
- Mudando as fronteiras da empresa — 129
- Determinando os limites corporativos — 148

CAPÍTULO 5
Novos modelos de negócios: fazendo chover no Blockchain — 154

- bAirbnb *versus* Airbnb — 154
- Computação global: a ascensão dos aplicativos distribuídos — 157
- Os reis do DApp: entidades de negócios distribuídos — 159
- Agentes autônomos — 161
- Empresas autônomas distribuídas — 166

Os grandes sete: modelos de negócio abertos em rede **168**
Hackeando seu futuro: inovação do modelo de negócios **183**

CAPÍTULO 6
O livro-razão das coisas: animando o mundo físico **186**
Poder ao povo **187**
A evolução da computação: de supercomputadores
a cápsulas inteligentes **191**
A Internet das Coisas precisa de um livro-razão das coisas **193**
As doze disrupções: animando coisas **197**
A recompensa econômica **203**
O futuro: do Uber ao SUber **206**
Hackeando seu futuro por um mundo de coisas inteligentes **210**

CAPÍTULO 7
Resolvendo o paradoxo da prosperidade:
inclusão econômica e empreendedorismo **213**
Um porco não é um cofrinho **213**
O novo paradoxo da prosperidade **215**
Roteiro para a prosperidade **222**
Remessas: a história de Analie Domingo **225**
A ajuda humanitária do Blockchain **232**
Seguros como casas? O caminho para a propriedade de ativos **237**
Desafios de implementação e oportunidades de liderança **239**

CAPÍTULO 8
Reconstruindo o governo e a democracia **241**
Há algo de podre no estado **243**

Serviços e operações governamentais de alta performance	**247**
Empoderando as pessoas para servir a si e aos outros	**252**
A segunda era da democracia	**256**
Votação no Blockchain	**260**
Modelos alternativos de política e justiça	**263**
Engajando cidadãos na resolução de grandes problemas	**267**
Dominando as ferramentas da democracia do século XXI	**269**

CAPÍTULO 9
Libertando a cultura no Blockchain: música para os nossos ouvidos **273**

Comércio justo de músicas: do streaming à medição dos direitos	**274**
Artilharia para amantes das artes: conectando artistas e patrocinadores	**287**
Privacidade, liberdade de expressão e liberdade de imprensa no Blockchain	**291**
Obtendo a palavra: o papel crítico da educação	**295**
A cultura no Blockchain e você	**297**

PARTE III: Promessa e risco

CAPÍTULO 10
Superando obstáculos: dez desafios de implementação   301
1. A tecnologia não está pronta para o horário nobre   302
2. A energia consumida é insustentável   307
3. Governos irão reprimir ou distorcer   312
4. Os operadores do velho paradigma irão usurpá-lo   314
5. Incentivos são inadequados para a distribuição da massa colaborativa   317
6. O Blockchain é um matador de empregos   320
7. Conduzir os protocolos é como arrebanhar gatos   321
8. Agentes autônomos distribuídos formarão a Skynet   323
9. O big brother (ainda) está te vigiando   324
10. Os criminosos irão usá-lo   326
    Há razões para o Blockchain falhar ou desafios de implementação?   327

CAPÍTULO 11
Liderança para a próxima era   329
Quem vai liderar uma revolução?   332
O ecossistema Blockchain: você não pode revelar os jogadores sem um plano   334
Um conto cauteloso da regulação Blockchain   341
O senador que mudaria o mundo   343
Bancos centrais em uma economia descentralizada   345
Regulamentação *versus* governança   348
Uma nova abordagem para a governança Blockchain   350
Uma nova agenda para a próxima era digital   360
O protocolo de confiança e você   363

Notas   365
Posfácio   385

PARTE I

DIGA QUE VOCÊ QUER UMA REVOLUÇÃO

CAPÍTULO 1

O PROTOCOLO DA CONFIANÇA

Parece que, mais uma vez, o gênio da tecnologia foi libertado de sua garrafa. Invocado em algum momento por um ou alguns desconhecidos com motivações desconhecidas, o gênio está agora a nosso serviço para mais uma oportunidade de impactar nossas vidas – transformar a base do nosso sistema econômico e a antiga ordem das relações humanas para melhor. Se nós quisermos.

Deixe-nos explicar.

As primeiras quatro décadas da internet nos trouxeram o e-mail, a Word Wide Web (rede de alcance global), as pontocom, as mídias sociais, a internet móvel, o Big Data (indústria de grandes bancos de dados), a computação na nuvem e os primórdios da Internet das Coisas. Essas inovações têm sido ótimas para reduzir os custos de busca, a colaboração e as trocas de informações. Têm diminuído as barreiras de entrada de novas mídias e entretenimento, das novas formas de varejo e organização do trabalho, e de empreendimentos digitais sem precedentes. Por meio da tecnologia sensorial tem se inserido inteligência em nossas carteiras, roupas, automóveis, prédios, cidades e até na nossa biologia. Elas estão impregnando nosso ambiente tão completamente que, em breve, nós não mais faremos logins, mas seguiremos em nossos negócios e vida imersos em uma tecnologia difundida por tudo.

No geral, a internet permitiu muitas mudanças positivas – para aqueles com acesso a ela – porém, tem sérias limitações para os negócios e as atividades econômicas. A revista *The New Yorker* poderia publicar novamente a charge de Peter Steiner de 1993 na qual um cão fala para outro: "Na internet, ninguém sabe que você é um cachorro". On-line ainda não é possível estabelecer de forma confiável a identidade do outro para transacionar e trocar dinheiro sem validação de um terceiro, como um banco ou um governo. Esses mesmos intermediários recolhem os nossos dados e invadem nossa privacidade para fins comerciais e de segurança nacional. Mesmo com a internet, sua estrutura de custos exclui cerca de 2,5 bilhões de pessoas do sistema financeiro global. Apesar da promessa de um mundo ponto a ponto empoderado, os benefícios econômicos e políticos provaram ser assimétricos, com poder e prosperidade canalizados para aqueles que já os têm, mesmo quando não os merecem mais. O dinheiro está fazendo mais dinheiro do que muitas pessoas fazem.

A tecnologia não cria prosperidade mais do que destrói a privacidade. No entanto, nesta era digital, ela está no cerne de praticamente tudo, seja bom ou ruim. Ela permite aos seres humanos valorizar e violar o direito uns dos outros de novas e profundas maneiras. A explosão da comunicação e do comércio on-line está criando mais oportunidades para o cibercrime. A lei da duplicação anual do poder de processamento de Moore dobra o poder de fraudadores e ladrões – "Foras da lei de Moore"[1] – para não mencionar spammers, ladrões de identidade, phishers, espiões, os computadores comprometidos com vírus e programas maliciosos, hackers, intimidadores e datanappers – criminosos que desencadeiam ransomware, um tipo de malware que restringe o acesso ao sistema infectado e cobra um valor de "resgate" para que o acesso possa ser restabelecido – a lista continua.

EM BUSCA DO PROTOCOLO DA CONFIANÇA

Já em 1981, os inventores tentavam resolver problemas de privacidade, segurança e invasão da internet com criptografia. Não importava como eles faziam a reengenharia do processo, sempre ocorriam vazamentos por causa do envolvimento de terceiros. Pagar com cartão de crédito pela rede era inseguro, porque os usuários precisavam divulgar muito dados pessoais, e as taxas de transação eram muito caras para os pequenos pagamentos.

Em 1993, um brilhante matemático chamado David Chaum veio com o eCash, um sistema de pagamento digital que era "um produto tecnicamente perfeito, que tornou possível fazer pagamentos pela web de maneira segura e anônima... Era impecavelmente adequado para o envio de moedas eletrônicas pela internet"[2]. Era tão primoroso que a Microsoft e outras empresas estavam interessadas em incluir o eCash como parte de seus softwares[3]. O problema foi que os compradores on-line não se importavam com privacidade e segurança on-line e então a empresa holandesa de Chaum, DigiCash, faliu em 1998.

Nessa época, um dos sócios de Chaum, Nick Szabo, escreveu um pequeno artigo intitulado "O protocolo de Deus", uma variação da frase do ganhador do prêmio Nobel Leon Lederman "A partícula de Deus", referindo-se à importância do Bóson de Higgs para a física moderna. Em seu artigo, Szabo se concentrou na criação de um protocolo de tecnologia "todo-poderoso" que designou "Deus" a terceira parte de confiança no meio de todas as transações: "Todas as partes iriam enviar suas entradas a Deus que, de maneira confiável, determinaria e retornaria os resultados. Deus, sendo a última palavra em discrição confessional, faria que nenhuma das partes soubesse algo a mais sobre as entradas dos outros envolvidos além de suas próprias entradas e saídas"[4]. Seu mote era contundente: fazer negócios na internet exige um salto de fé. Porque a infraestrutura não tem toda a segurança necessária, muitas vezes há pouca escolha além de se tratar os intermediários como se fossem divindades.

Uma década mais tarde, em 2008, a indústria financeira global quebrou. Talvez convenientemente, uma ou algumas pessoas, sob o pseudônimo de Satoshi Nakamoto, delineou um novo protocolo para um sistema ponto a ponto de dinheiro eletrônico usando uma criptomoeda (moeda digital) chamada Bitcoin. Criptomoedas são diferentes das moedas fiduciárias tradicionais, pois não são criadas ou controladas por países. Esse protocolo estabeleceu um conjunto de regras – na forma de cálculos distribuídos – que asseguram a *integridade* dos dados trocados entre esses bilhões de dispositivos *sem passar por uma terceira parte confiável*. Esse ato, aparentemente sutil, detonou uma faísca que tem animado, aterrorizado ou, de alguma forma, capturado a imaginação do mundo da computação e se espalhado como fogo entre as empresas, os governos, os defensores da privacidade, os ativistas de desenvolvimento social, os teóricos da mídia e jornalistas, para citar alguns, em toda parte.

"Eles estão como: 'Oh, meu Deus, é isto. Este é o grande avanço. Esta é a coisa que você estava esperando", disse Marc Andreessen, cocriador do primeiro navegador comercial da Web, Netscape, e um grande investidor em empreendimentos tecnológicos. "'Ele resolveu todos os problemas. Quem quer que seja deveria ganhar o Prêmio Nobel, ele é um gênio'. Esta é a ideia! Esta é a rede de confiança distribuída que a internet sempre precisou e nunca teve."[5]

Hoje pessoas sérias, em todo o mundo, estão tentando entender as implicações de um protocolo que permita a meros mortais criar confiança por meio de um código inteligente. Isso nunca aconteceu antes – transações confiáveis diametralmente entre duas ou mais partes, autenticadas pela colaboração em massa e alimentadas por autointeresses coletivos, em vez de grandes corporações motivadas pelo lucro.

Pode não ser o "todo-poderoso", contudo uma plataforma global confiável para nossas transações é algo muito grande. Nós a estamos chamando de Protocolo da Confiança.

Esse protocolo é o alicerce de um crescente número de livros-razão, distribuídos globalmente, chamado Blockchains – do qual o Blockchain Bitcoin é o maior. Embora a tecnologia seja complicada e a palavra *Blockchain* não seja exatamente sonora, a ideia principal é simples. Os Blockchains nos permitem enviar dinheiro de forma direta e com segurança, sem passar por um banco, uma empresa de cartão de crédito ou o PayPal.

Em vez da Internet da Informação, é a Internet do Valor ou da Moeda. É, ainda, uma plataforma para que todos saibam o que é verdadeiro, pelo menos no que diz respeito à informação estruturada gravada. No seu aspecto mais básico, é um código-fonte aberto: qualquer um pode, gratuitamente, baixá-lo, executá-lo e usá-lo para desenvolver novas ferramentas para o gerenciamento de transações on-line. Como tal, ele tem potencial para desencadear inúmeras novas aplicações, além da capacidade iminente de transformar muitas coisas.

COMO ESSE LIVRO-RAZÃO GLOBAL FUNCIONA

Grandes bancos e alguns governos estão implementando os Blockchains como livros-razão distribuídos para revolucionar a forma como a informação é armazenada e as transações ocorrem. Seus objetivos são louváveis: velocidade, menor custo, segurança, menos erros e a eliminação de pontos centrais de ataque e falha. Esses modelos não envolvem necessariamente uma criptomoeda para os pagamentos.

Contudo, os Blockchains mais importantes e de longo alcance têm como base o modelo Bitcoin de Satoshi. Veja como eles funcionam.

O Bitcoin, ou outra moeda digital, não é salvo em um arquivo em algum lugar; é representado por transações registadas em um Blockchain – como uma espécie de planilha ou livro-razão global, que aproveita os recursos de uma grande rede Bitcoin ponto a ponto para verificar e aprovar cada operação dessa moeda digital. Cada Blockchain, como o que usa Bitcoin, é *distribuído*: ele é executado em computadores fornecidos por voluntários ao redor do mundo; não há nenhuma base de dados central para hackear. O Blockchain é *público*: qualquer pessoa pode vê-lo a qualquer momento, pois reside na rede e não dentro de uma única instituição encarregada de operações de auditoria e manutenção de registos. E é *criptografado*: ele usa criptografia pesada, envolvendo chaves públicas e privadas (semelhante ao sistema de duas chaves para acessar um caixa forte) para manter a segurança virtual. Você não precisa se preocupar com os firewalls fracos da Target ou Home Depot (cadeias de varejo dos EUA) ou um funcionário desonesto do Morgan Stanley ou o Governo Federal dos EUA.

A cada dez minutos, como o batimento cardíaco da rede Bitcoin, todas as transações realizadas são verificadas, liberadas e armazenadas em um bloco que está ligado ao bloco anterior, criando assim uma corrente. Cada bloco deve se referir ao anterior para ser válido. Essa estrutura marca permanentemente o momento e armazena as trocas de valor, impedindo que qualquer pessoa altere o livro-razão. Se quisesse roubar um Bitcoin, você terá de reescrever toda a história da moeda no Blockchain em plena luz do dia. Isso é praticamente impossível. Assim, o Blockchain é um livro-razão distribuído que representa um consenso de cada operação que já ocorreu na rede. É como uma World Wide Web de informação, é a World Wide Ledger de valor – um livro-razão disseminado que todos podem baixar e executar em seus computadores pessoais.

Alguns estudiosos têm argumentado que a invenção da contabilidade de dupla entrada permitiu a ascensão do capitalismo e do Estado-Nação. Este novo livro-razão digital das transações econômicas pode ser programado para gravar praticamente tudo o que for de valor e importância para a humanidade: certidões de nascimento e de óbito, certidões de casamento, ações e títulos de propriedade, diplomas de ensino, contas financeiras, procedimentos médicos, créditos de seguros, votos, proveniência de alimentos e tudo o mais que possa ser expresso em código.

A nova plataforma permite uma reconciliação de registros digitais sobre quase tudo em tempo real. Na verdade, em breve, bilhões de objetos inteligentes no mundo físico estarão detectando, respondendo, comunicando, comprando sua própria eletricidade e compartilhando dados importantes, fazendo de tudo, desde proteger o nosso ambiente a gerir a nossa saúde. Essa Internet de Tudo (IoE) precisa de um livro-razão de tudo. Os negócios, o comércio e a economia precisam de uma contabilidade digital.

Logo, por que você deve se preocupar? Acreditamos que a verdade *pode* nos libertar e que a disseminação da confiança afetará profundamente as pessoas em todas as esferas da vida. Talvez você seja um amante da música que quer que os artistas ganhem a vida com sua arte. Ou um consumidor que almeja saber de onde a carne desse hambúrguer realmente veio. Talvez você seja um imigrante que está cansado de pagar taxas altas para enviar dinheiro aos seus entes queridos em sua terra natal. Ou uma mulher saudita que quer publicar sua própria revista de moda. Ou então um funcionário de uma ONG que precisa encontrar títulos de terras de fazendeiros para que possam reconstruir suas casas depois de um terremoto. Um cidadão esgotado da falta de transparência e responsabilização dos líderes políticos. Ou talvez um usuário dos meios de comunicação social que valoriza a sua privacidade e acha que todos os dados que gera podem valer algo para você. Enquanto escrevemos os inovadores estão construindo aplicações baseadas no Blockchain que servem para esses fins. E eles são apenas o começo.

A EXUBERÂNCIA RACIONAL PARA O BLOCKCHAIN

Com certeza, a tecnologia Blockchain tem profundas implicações para muitas instituições. O que ajuda a explicar toda a excitação de muitas pessoas inteligentes e influentes. Ben Lawsky deixou seu emprego como superintendente de serviços financeiros para o Estado de Nova York para construir uma empresa de consultoria nessa área. Ele nos disse: "Em cinco a dez anos, o sistema financeiro pode ser irreconhecível... e eu quero ser parte da mudança."[6] Blythe Masters, ex-diretora financeira e diretora de commodities globais do banco de investimentos JP Morgan, lançou uma tecnologia Blockchain focada nas startups para transformar a indústria. A capa da *Bloomberg Markets*, de outubro 2015, destacava Masters com o título "É tudo sobre o Blockchain". Da mesma forma, a *The Economist* publicou, em outubro de 2015, a matéria de capa "A máquina da confiança" que alegava que "a tecnologia por trás do Bitcoin pode mudar como a economia funciona".[7] Para a *The Economist*, a tecnologia Blockchain é "a grande cadeia de certeza sobre as coisas".

Os bancos de todo o mundo estão recrutando equipes de alto nível para investigar oportunidades, algumas delas com dezenas de excelentes tecnólogos. Banqueiros amam a ideia de transações seguras, sem atrito e instantâneas, mas alguns estremecem com a concepção de abertura, de descentralização, e das novas formas de moeda. A indústria de serviços financeiros já rebatizou e privatizou a tecnologia Blockchain, referindo-se a ela como *tecnologia de contabilidade distribuída*, em uma tentativa de conciliar o melhor do Bitcoin – segurança, velocidade e custo, com um sistema totalmente fechado, que requer um banco ou a permissão de uma instituição financeira para o utilizar. Para eles, os Blockchains são bancos de dados mais confiáveis do que os que já possuem, são bases de dados que permitem às principais partes interessadas – compradores, vendedores, depositários e reguladores – manter compartilhados registros indeléveis, reduzindo assim o custo, mitigando o risco de liquidação e eliminando os pontos centrais de falha.

Investimentos em startups de Blockchain estão decolando, assim como os investimentos em empresas pontocom nos anos 1990. Os capitalistas de risco estão mostrando entusiasmo a um nível que faria os investidores das pontocom de 1990 corarem. Somente em 2014 e 2015, mais de US$ 1 bilhão em capital de risco inundaram o ecossistema emergente do Blockchain, e a taxa de investimento tem quase dobrando anualmente.[8] "Estamos bastante confiantes", falou Marc Andreessen em entrevista ao *The Washington Post*, "quando estivermos sentados aqui há 20 anos, estaremos falando sobre [a tecnologia Blockchain] da mesma forma como falamos sobre a internet hoje".[9]

Os reguladores também entraram em estado de atenção, estabelecendo grupos de trabalho para explorar que tipo de legislação, se for o caso, faria sentido. Governos autoritários, como a Rússia, proibiram ou limitaram severamente o uso do Bitcoin, mas temos Estados democráticos que o devem conhecer melhor, como a Argentina, dadas as suas histórias de crises cambiais. Os governos mais ponderados no Ocidente estão investindo consideravelmente na compreensão de como a nova tecnologia poderia transformar não só os bancos centrais e a natureza do dinheiro, mas também as operações do governo e a natureza da democracia. Carolyn Wilkins, vice-governadora sênior do Banco do Canadá, acredita que é hora dos bancos centrais do mundo inteiro estudarem seriamente as implicações de se migrar todos os sistemas de moeda nacional para o dinheiro virtual. O principal economista do Banco da Inglaterra, Andrew Haldane, propôs uma moeda digital nacional para o Reino Unido.[10]

Estes são tempos inebriantes. Com certeza, a multidão crescente de adeptos tem a sua quota de oportunistas, especuladores e criminosos. A primeira história que a maioria das pessoas ouvirá sobre as moedas digitais é a falência da corretora Mt. Gox ou a condenação de Ross William Ulbricht, fundador do mercado Darknet Silk Road, preso pelo Federal Bureau of Investigation (FBI) por tráfico de drogas ilegais, pornografia infantil e armas, usando o Blockchain do Bitcoin como sistema de pagamento. O preço do Bitcoin tem flutuado drasticamente e a sua propriedade ainda está concentrada. Um estudo de 2013 mostrou que 937 pessoas têm a metade de todos os Bitcoins, embora isso atualmente esteja mudando.[11]

Como é que vamos começar a sair da pornografia e dos golpes de pirâmide para a prosperidade? Para começar, não é o Bitcoin, o ativo ainda especulativo, que deve lhe interessar, a menos que você seja um Trader (um negociante). Este livro é sobre algo mais importante que a posse de bens. É sobre o poder e o potencial da plataforma tecnológica subjacente.

Isso não significa que o Bitcoin ou as criptomoedas são essencialmente sem importância, como algumas pessoas insinuam ao mesmo tempo que tentam desassociar seus projetos de ações escandalosas do passado. Essas moedas são cruciais à revolução Blockchain que é – primeira e principalmente – sobre a troca de valores, especialmente dinheiro, ponto a ponto.

ALCANÇANDO A CONFIANÇA NA ERA DIGITAL

A confiança em negócios é a expectativa que a outra parte irá se comportar de acordo com os quatro princípios da integridade: honestidade, consideração, responsabilidade e transparência.[12]

A **honestidade** não é apenas uma questão ética; tornou-se uma questão econômica. Para estabelecer relações de confiança com os empregados, parceiros, clientes, acionistas e o público, as organizações devem ser verdadeiras, precisas e completas em suas comunicações. Sem mentir por omissão, sem obscurecimento pela complexidade.

A **consideração** em negócios muitas vezes significa uma troca justa de benefícios ou malefícios que as partes irão operar de boa-fé. Entretanto, a confiança exige um verdadeiro respeito pelos interesses, desejos ou sentimentos dos outros, e assim as partes podem atuar com boa vontade para com o outro.

A **responsabilidade** significa fazer compromissos claros com as partes interessadas, e respeitá-los. Indivíduos e instituições devem igualmente demonstrar que têm honrado os seus acordos e reconhecer suas promessas quebradas, de preferência com a verificação das próprias partes interessadas e de peritos externos independentes. Sem passar a bola, nem praticar o jogo da culpa.

A **transparência** significa operar a céu aberto, à luz do dia. "O que eles estão escondendo?" É um sinal de falta de transparência que leva à desconfiança. Naturalmente, as empresas têm direitos legítimos, existem segredos comerciais e outros tipos de informações privadas. Porém, quando se trata de informações pertinentes para os clientes, acionistas, funcionários e outras partes interessadas, a abertura ativa é fundamental para ganhar credibilidade. Em vez de se vestir para o sucesso, as empresas podem se despir para o sucesso.

A **confiança** nas empresas e nas outras organizações está na maior baixa de todos os tempos. O "Barômetro da Confiança" de 2015, da agência de relações públicas Edelman, indica que a confiabilidade nas instituições, especialmente nas companhias, recuou para os níveis mais baixos desde a grande recessão de 2008. Edelman observou que até mesmo o – uma vez insuperável – setor de tecnologia, apesar de ainda ser o mais confiável, viu declínios na maioria dos países pela primeira vez. Globalmente, os CEOs e os funcionários do governo continuam a ser as fontes de informação menos confiáveis, ficando muito aquém de acadêmicos ou especialistas do mercado.[13] De forma similar, a Gallup confirmou em sua Pesquisa de Confiança Americana em Instituições de 2015 que "negócios" ficaram no segundo lugar mais baixo entre as 15 instituições pesquisadas; menos de 20% dos entrevistados indicaram que tinham níveis consideráveis ou elevados de credibilidade. Apenas o Congresso dos EUA teve uma pontuação menor.[14]

No mundo pré-Blockchain, a confiança nas transações derivava de indivíduos, intermediários ou de outras organizações que atuavam com retidão. Muitas vezes não podemos conhecer nossas contrapartes, muito menos se elas têm integridade, por isso temos recorrido então a terceiros, não só para atestar estranhos, mas também para manter os registros das operações e executar a lógica do negócio e das transferências que possibilita o comércio on-line. Estes poderosos intermediários – bancos, governos, PayPal, Visa, Uber, Apple, Google e outros conglomerados digitais – colhem grande parte do valor.

No mundo emergente do Blockchain, a confiança deriva da rede e até mesmo dos objetos conectados a ela. Carlos Moreira, da empresa de segurança criptográfica WISeKey, disse que as novas tecnologias delegam a confiança de modo eficaz, mesmo para os objetos físicos. "Se um objeto – quer seja um sensor em uma torre de comunicações, uma lâmpada ou um monitor cardíaco – não é confiável para um bom desempenho ou para pagar por serviços, será rejeitado pelos outros artefatos automaticamente."[15] O livro-razão em si é o alicerce da confiança.[16]

Para ser claro, "confiança" refere-se à compra e venda de bens e serviços e à integridade e proteção de informações, e não confiar em todos os negócios. No entanto, você vai ler ao longo deste livro como um livro-razão global de informação confiável pode ajudar a construir a integridade em todas as nossas instituições e criar um mundo mais seguro e fidedigno. Em nossa opinião, as empresas que realizam algumas ou todas as suas operações no Blockchain vão desfrutar de um impacto de fidúcia no preço da ação. Acionistas e cidadãos esperarão que todas as corporações de capital aberto e organizações financiadas pelos contribuintes operem as suas tesourarias, no mínimo, no Blockchain. Por causa de uma maior transparência, os investidores poderão ver se um CEO realmente merecia aquele bônus gordo. Contratos inteligentes, habilitados por Blockchains, exigirão das contrapartes o cumprimento de seus compromissos, e os eleitores serão capazes de ver se os seus representantes estão sendo honestos ou agindo com responsabilidade fiscal.

O RETORNO DA INTERNET

A primeira era da internet começou com a energia e o espírito de um jovem, Luke Skywalker, com a crença de que qualquer criança de um planeta deserto, inóspito, poderia derrubar um império do mal e começar uma nova civilização lançando uma pontocom. Ingênuo com certeza, mas muitas pessoas, e empresas também, esperavam que a internet, tal como aclamado na World Web Wide, iria perturbar o mundo industrial no qual o poder foi dominado por poucos e as suas estruturas eram difíceis de escalar e mais difíceis de se derrubar. Ao contrário dos antigos meios de comunicação, que eram centralizados e controlados por forças poderosas, e em que os usuários ficavam inertes, as novas mídias eram difundidas e neutras, e todos eram participantes ativos em vez de receptores passivos. O baixo custo e a comunicação massiva ponto a ponto na internet ajudariam a minar as hierarquias tradicionais e auxiliariam no incremento da inclusão dos cidadãos na economia global. O valor e a reputação derivariam da qualidade da contribuição, não do status. Se você fosse inteligente e trabalhador na Índia, o seu mérito lhe traria reputação. O mundo seria mais horizontal, mais meritocrático, flexível e fluido. Mais importante, a tecnologia contribuiria para a prosperidade de todos, não apenas para a riqueza de poucos.

Um pouco disso já acontece. Tem havido projetos de colaboração em massa como a Wikipédia, o Linux e o Galaxy Zoo. A terceirização e os modelos de negócios em rede têm permitido que pessoas no mundo em desenvolvimento participem de forma mais efetiva na economia global. Nos dias de hoje, 2 bilhões de pessoas colaboram socialmente como pares. Todos nós temos acesso à informação de maneira sem precedentes.

No entanto, o império contra-atacou. Ficou claro que os poderes concentrados em empresas e governos têm envergado a arquitetura democrática original da internet à sua vontade.

Atualmente, enormes instituições controlam e são donas dessas novas formas de produção e interação social – suas infraestruturas subjacentes; um tesouro maciço e crescente de dados; os algoritmos cada vez mais governam os negócios e a vida cotidiana; o mundo dos aplicativos; as habilidades extraordinárias emergentes, o aprendizado das máquinas, e os veículos autônomos. Do Vale do Silício e Wall Street para Xangai e Seul, essa nova aristocracia utiliza-se da sua vantagem interna para explorar a mais extraordinária tecnologia já criada para empoderar pessoas e atores econômicos, para construir fortunas espetaculares e reforçar seu poder, e para influenciar economias e sociedades.

Muitas das preocupações sobre o lado sombrio, que foram levantadas pelos precursores digitais basicamente se materializaram.[17] Aumentamos o Produto Interno Bruto (PIB), mas de modo desproporcional ao aumento dos empregos na maioria dos países em desenvolvimento. Temos uma crescente criação de riquezas e uma crescente desigualdade social. Poderosas empresas de tecnologia têm mudado várias atividades da comunidade aberta, distribuída, igualitária e capacitadora da Web, para reservas on-line fechadas, muradas e de domínio, aplicativos somente de leitura que, entre outras coisas, matam a conversação. As forças corporativas apanharam muito dessas admiráveis tecnologias ponto a ponto, democráticas e abertas, e as estão usando para extirpar excessivas parcelas de valor.

O resultado, se existe, é que o poder econômico se intensificou, tornando-se mais concentrado e arraigado. Em vez de os dados serem ampla e democraticamente compartilhados, estão sendo acumulados e explorados por menos entidades, que normalmente os usam para exercer mais controle e obter mais autoridade. Se você acumula dados e a influência que eles têm, você consegue fortificar ainda mais sua posição ao produzir conhecimento patenteado. Esse privilégio se sobrepõe ao mérito, independentemente de sua origem.

Além disso, poderosos "conglomerados digitais", como Amazon, Google, Apple e Facebook – todas as startups da internet de uma vez – estão capturando os tesouros de dados que os sujeitos e as instituições geram comumente em bancos privados, e não na Web. Enquanto eles criam grande valor para os consumidores, um epílogo é que os dados estão se tornando uma nova classe de ativos – e talvez triunfe sobre as anteriores. Outro desfecho é o enfraquecimento dos nossos conceitos tradicionais de privacidade e autonomia do indívíduo.

Governos de todas as esferas utilizam a internet para aperfeiçoar operações e serviços, mas agora também empregam tecnologias para monitorar e até mesmo manipular os cidadãos. Em diversos países democráticos, lideranças utilizam informação e tecnologias de comunicação para espionar pessoas, manipular a opinião pública, favorecer seus interesses, enfraquecer direitos e liberdades, e em geral para manter-se no poder. Governos opressores, como a China e o Irã, censuram a internet, explorando-a para reprimir dissidentes e mobilizar os habitantes em torno de seus objetivos.

Isso não quer dizer que a Web está morta, como alguns sugerem. A internet é crítica para o futuro do mundo digital e todos nós devemos defender os esforços que estão sendo feitos para tutelá-la, como os realizados pela World Wide Web Foundation, que luta para manter a rede livre, neutra e sempre em evolução.

Nos dias de hoje, com a tecnologia Blockchain, um mundo de novas possibilidades se abre para reverter todas essas tendências. Agora nós possuímos uma plataforma verdadeiramente ponto a ponto que possibilita as diversas e excitantes oportunidades discutidas neste livro. Cada um de nós pode ser dono de sua identidade e dos seus próprios dados pessoais. Podemos realizar transações, criando e trocando valor sem poderosos intermediários agindo como árbitros do dinheiro e da informação. Bilhões de pessoas que haviam sido excluídas, logo conseguirão entrar na economia global. Conseguiremos proteger nossa privacidade e monetizar nossa própria informação. Podemos assegurar que os criadores sejam recompensados por sua propriedade intelectual. Em vez de tentar resolver o crescente problema da desigualdade social apenas através de redistribuição de renda, temos a capacidade de começar a mudar a maneira pela qual a renda é *distribuída* – como ela é criada em primeiro lugar, já que pessoas de todos os lugares, de fazendeiros a músicos, podem participar de maneira mais ampla, desde o início, da riqueza que criam. O céu parece realmente ser o limite.

É mais Yoda que Deus. Nada obstante, esse novo protocolo, se não divino, permite que a confiança na colaboração aconteça em um mundo que precisa disso, o que é muito importante. Estamos animados.

SEU AVATAR PESSOAL E A CAIXA-PRETA DA IDENTIDADE

Ao longo da história, cada nova forma de mídia permitiu à humanidade transcender o tempo, o espaço e a mortalidade. Essa – ousamos dizer – divina capacidade inevitavelmente levanta de novo a questão existencial da identidade: Quem somos nós? O que significa ser humano? Como podemos conceituar a nós mesmos? Como Marshall McLuhan observou, o meio se torna a mensagem ao longo do tempo. Pessoas moldam e são moldadas pela mídia. Nosso cérebro se adapta. Nossas instituições se adequam. A sociedade se ajusta.

"Hoje você precisa de uma organização dotada de direitos para lhe fornecer uma identidade, como um cartão de banco, cartão de milhas aéreas ou um cartão de crédito"[18], disse Carlos Moreira da WISeKey. Seus pais lhe deram um nome, um obstetra licenciado pelo governo ou uma parteira registraram a impressão do seu pé e se responsabilizaram pela medida do seu peso e altura, e ambas as partes atestaram a hora, o dia e o local da sua chegada ao assinarem sua certidão de nascimento. Agora eles podem registrar esse certificado na Blockchain e linkar a certidão de nascimento e a poupança a esse registro. Amigos e familiares podem contribuir para a poupança com bitcoins. Assim se inicia o seu fluxo de dados.

No princípio da internet Tom Peters escreveu, "Você é os seus projetos".[19] Ele quis dizer que nossas afiliações corporativas e cargos deixavam de nos definir. O que é igualmente verdade nos dias de hoje é "você é os seus dados". De acordo com Moreira, o problema é que "aquela identidade agora é sua, mas os dados gerados pela sua interação com o mundo são de propriedade de outra pessoa".[20] Essa é a maneira como a maioria das corporações e instituições o vê através dos dados coletados pela internet. Elas agregam seus dados em uma representação virtual sua e fornecem a esse "você virtual" benefícios mais extraordinários que vão além dos sonhos mais felizes de seus pais.[21] Entretanto, essa conveniência tem um preço:

sua privacidade. Aqueles que dizem "A privacidade está morta – hora de seguir em frente" estão errados.[22] A privacidade é o fundamento de uma sociedade livre.

"As pessoas têm uma visão muito simplista da identidade"[23], advertiu o teórico do Blockchain Andreas Antoponoulos. Nós usamos a palavra *identidade* para descrever o "eu" – o auto, a projeção deste si próprio para o mundo, e todos os atributos que associamos a este ente ou a um de seus planejamentos. Isso pode vir da natureza, do Estado, de organizações privadas. Nós podemos ter um ou mais papéis e uma série de métricas associadas a essas atribuições, e essas funções podem mudar. Considere o seu último trabalho. A sua função alterou-se organicamente por causa das mudanças no trabalho que precisaram ser feitas ou por causa das revisões na sua descrição de trabalho?

E se "o você virtual" fosse de fato de sua propriedade – seu avatar pessoal – e "vivesse" na caixa-preta de sua identidade, de modo que você pudesse monetizar seu fluxo de dados e revelar apenas o necessário quando estivesse reinvindicando um direito específico. Por que a sua carteira de habilitação contém mais informações que o fato de ter passado no teste de condução e possuir habilidade para dirigir? Imagine uma nova era da internet em que o seu avatar pessoal gerencia e protege o conteúdo de sua caixa-preta. Esse confiável software servidor poderia liberar apenas os detalhes ou as quantidades necessários para cada situação e, ao mesmo tempo ir varrendo as migalhas de dados à medida que você navega pelo mundo digital.

Isso pode soar como ficção científica, como retratado nos filmes *Matrix* ou *Avatar*. Todavia, hoje, as tecnologias Blockchain as tornam possíveis. Joe Lubin, CEO da Consensus Systems, refere-se a esse conceito como "identidade digital continuada e personalidade" no Blockchain. "Eu mostro um perfil pessoal diferente aos meus amigos de faculdade, comparado a quando estou palestrando no Chicago Fed", concluiu. "Na economia digital on-line, eu vou representar meus variados aspectos e interagirei neste mundo a partir da plataforma de diferentes personalidades." Lubin espera ter uma "personalidade canônica", a versão dele que paga impostos, obtém empréstimos e compra seguros. "Eu terei talvez um perfil de negócios e um de família, para separar as preocupações que eu escolho vincular à minha pessoa canônica. Eu posso ter um perfil jogador que não quero vinculado à minha pessoa de negócios. Consigo inclusive ter uma *persona* "dark Web" que nunca será vinculada às outras."[24]

A sua caixa-preta pode incluir informações, tais como registro de identidade emitido pelo governo, número da seguridade social, informações médicas, contas de serviços, diplomas, licenças profissionais, certidão de nascimento, várias outras credenciais, e informações tão pessoais que você não deseja revelá-las mas deseja monetizar seu valor, tais como preferência sexual ou condições médicas, para pesquisa de opinião ou estudos científicos. Você poderia licenciar tais dados para fins específicos, para entidades específicas e por períodos determinados. Você poderia enviar um subconjunto de seus atributos ao seu oftalmologista e um subconjunto diferente ao fundo especulativo em que você deseja investir. Seu avatar poderia responder a questões de sim e não, sem revelar quem você é: "Você tem vinte anos ou mais? Você ganhou mais de US$ 100,000 em cada um dos últimos três anos? Você possui um índice de massa corporal no normal?"[25]

No mundo físico sua notoriedade é local – seu lojista, seu empregador, seus amigos em um jantar, todos têm certa opinião sobre você. Na economia digital, as reputações de suas várias personalidades em seu avatar serão portáteis. A portabilidade ajudará a trazer as pessoas de todas as partes à economia digital. Indivíduos com uma carteira digital e avatar na África poderão estabelecer a reputação necessária para, assim dizer, obter um empréstimo para iniciar um negócio. "Veja, todas essas pessoas me conhecem e me avalizam. Eu sou financeiramente confiável. Eu sou um cidadão emancipado da economia digital global."

A identidade é apenas uma pequena parte disto. O resto é a nuvem – uma identificação na nuvem – de particularidades vaga ou firmemente ligadas à sua personalidade. Se nós tentarmos gravar tudo isso no Blockchain, um registro imutável, perdemos não apenas a nuance da interação social, mas também o dom do esquecimento. As pessoas não devem jamais ser definidas por seu pior dia.

UM PLANO PARA A PROSPERIDADE

Neste livro, você lerá dezenas de histórias sobre iniciativas possibilitadas por este protocolo da confiança que cria novas oportunidades para um mundo mais próspero. A prosperidade, primeira e principalmente, se refere ao próprio padrão de vida. Para alcançá-la, as pessoas devem ter os meios, as ferramentas e as oportunidades para criar riqueza material e prosperar economicamente. No entanto, para nós ela significa mais – segurança da pessoa, proteção, saúde, educação, sustentabilidade ambiental, oportunidades de moldar e controlar o próprio destino e de participar da economia e da sociedade. A fim de alcançar a prosperidade, o indivíduo deve possuir, no mínimo, acesso a alguma forma de serviço financeiro básico para armazenar e movimentar valores com segurança, comunicação, ferramentas transacionais para se conectar à economia global, segurança, proteção e garantia de execução do título de propriedade e outros ativos que possua legalmente.[26] Isso, e mais, é a promessa do Blockchain. As histórias que você lerá devem lhe dar a visão de um futuro em que há bonança para todos, não apenas mais riqueza e poder aos ricos e poderosos. Talvez até mesmo um mundo onde possuímos nossos próprios dados e conseguimos proteger nossa privacidade e segurança pessoal. Um universo aberto, no qual qualquer um pode contribuir com nossa infraestrutura tecnológica, em vez de um continente de jardins murados, onde grandes empresas oferecem aplicativos próprios. Um mundo onde bilhões de excluídos podem agora participar da economia global e compartilhar de sua generosidade. Aqui está uma prévia.

Criando uma verdadeira economia do compartilhamento ponto a ponto

Analistas sempre se referem ao Airbnb, Uber, Lyft, TaskRabbit e outros como plataformas para a "economia compartilhada". É uma noção agradável – que pessoas criem e compartam valor. Mas esses negócios têm pouco a ver com compartilhamento. Na verdade, eles são bem-sucedidos precisamente porque não compartilham, e sim agregam. É uma economia agregadora. O Uber é uma corporação de US$ 65 bilhões que agrega serviços de transporte. O Airbnb, o queridinho do Vale do Silício, de US$ 25 bilhões, agrega quartos vagos. Outros agregam equipamentos e profissionais através de suas próprias plataformas centralizadas e depois os revendem. No processo, eles coletam dados para exploração comercial. Nenhuma destas companhias existia uma década atrás porque as prévias condições tecnológicas não estavam presentes: smartphones onipresentes, GPS completos e sofisticados sistemas de pagamento. Agora com os Blockchains, a tecnologia existe para reinventar novamente essas indústrias. Os grandes disruptores de hoje estão prestes a ser ultrapassados.

Imagine no lugar da centralizadora companhia Airbnb, um aplicativo distribuído – chame-o de Blockchain Airbnb ou bAirbnb – essencialmente uma cooperativa pertencente a seus membros. Quando um locatário deseja achar uma oferta, o software bAirbnb procura no Blockchain todas as ofertas, filtra e exibe aquelas que satisfazem os critérios. Porque a rede cria um registro da transação no Blockchain, uma avaliação positiva do usuário melhora suas respectivas reputações e estabelece suas identidades – desta vez sem um intermediário. Segundo Vitalik Buterin, fundador do Blockchain Ethereum: "Considerando que a maioria das tecnologias tende a automatizar os trabalhadores na periferia fazendo tarefas inferiores, os Blockchains eliminam o centro. Em vez de desconsiderar o trabalho do taxista, o Blockchain suprime a necessidade do Uber e permite ao taxista trabalhar diretamente com o cliente."[27]

Reescrevendo o sistema financeiro para velocidade e inclusão

A indústria de serviços financeiros faz a nossa economia global murmurar, mas o sistema hoje é cheio de problemas. Por um lado, é sem dúvida o segmento mais centralizado do mundo e o último setor a sentir o efeito transformativo da revolução tecnológica. Bastiões da velha ordem financeira, como bancos, não medem esforços para defender monopólios e muitas vezes impedir a inovação disruptiva. Seu sistema também opera com tecnologia ultrapassada e é regido por regulamentos que datam do século XIX. Ele está repleto de contradições e avanços irregulares, tornando-se por vezes lento, muitas vezes inseguro e, em grande parte sombrio, para muitas partes interessadas.

A tecnologia de registro distribuído pode liberar muitos desses serviços das limitações das velhas instituições, promovendo a concorrência e a inovação. Isso é bom para o usuário final. Mesmo quando conectada à antiga internet, bilhões de pessoas estão excluídas da economia pela simples razão de que as corporações financeiras não prestam serviços bancários a elas, porque seriam clientes não rentáveis e arriscados. Com o Blockchain esses indivíduos não só podem tornar-se conectados, mas, mais importante, tornar-se inseridos na atividade financeira, capazes de comprar, emprestar, vender e de outra forma ter uma chance de construir uma vida próspera.

Da mesma maneira, as organizações presentes no mercado podem se transformar em torno da tecnologia Blockchain, se conseguirem encontrar a liderança para fazê-lo. A tecnologia é uma grande promessa para revolucionar a indústria para o bem – de bancos a bolsas de valores, companhias de seguros a empresas de contabilidade, corretoras, instituições de microcrédito, redes de cartão de crédito, agentes imobiliários e tudo mais. Quando todo mundo compartilha do mesmo registro público distribuído, os acordos não levam dias, ocorrem instantaneamente para todos verem. Bilhões seriam beneficiados, e essa mudança poderia liberar e empoderar empreendedores no mundo todo.

Protegendo direitos econômicos globalmente

Os direitos de propriedade são tão inexoravelmente vinculados ao nosso sistema de democracia capitalista que o primeiro rascunho da Declaração de Independência de Jefferson listou os direitos inalienáveis do homem como: vida, liberdade e a busca da *propriedade*, e não da felicidade.[28] Enquanto esses princípios aspiracionais difundiram as bases para a economia moderna e a sociedade que desfrutamos em grande parte do mundo desenvolvido, até hoje grande parte da população do planeta não colhe seus benefícios. Mesmo que alguns progressos tenham sido feitos nos departamentos da vida e da liberdade, a maioria dos detentores de propriedade pode ter as suas casas ou suas terras apreendidas arbitrariamente por funcionários corruptos do governo, com o apertar de um botão de um software no banco de dados de propriedades centralizado do governo. Sem prova de posse, donos de terras não conseguem obter empréstimos, obter uma licença de construção ou vender a propriedade, e eles ainda podem ser expropriados – isso tudo são impedimentos graves para a prosperidade.

O economista peruano e presidente do Instituto para a Liberdade e Democracia, Hernando de Soto, uma das mentes econômicas mais importantes do mundo, revela que até 5 bilhões de pessoas no globo estão impedidas de participar plenamente do valor criado através da globalização, porque elas têm um tênue direito à sua terra. "O Blockchain", argumenta, "poderia mudar tudo isso". "A ideia central do Blockchain é que os direitos sobre os bens possam ser transacionados, sejam eles ativos financeiros, ativos tangíveis ou ideias. O objetivo não é apenas registrar o lote de terra, mas averbar os direitos envolvidos para que o seu detentor não possa ser violado."[29] O direito de propriedade universal poderia lançar as bases para uma nova agenda de justiça global, crescimento econômico, prosperidade e paz. Neste novo paradigma, os direitos seriam protegidos, não por armas, milícias ou mercenários, mas por tecnologia. "O Blockchain é para um universo que é governado por coisas reais em vez de fictícias. E eu penso que isso é bom"[30], proferiu de Soto. E é descentralizado. Nenhuma autoridade central o controla, todo mundo sabe o que está acontecendo e nada é esquecido.

Acabando com a enganação no envio de dinheiro

Praticamente cada relatório, artigo ou livro que analisa os benefícios das moedas criptográficas discute a oportunidade de remessas. E por uma boa razão. O maior fluxo de fundos para os países em desenvolvimento não é a ajuda externa ou de investimento estrangeiro direto. Pelo contrário, é o envio de fundos repatriados para os países pobres de suas diásporas que vivem no exterior. O processo leva tempo, paciência e, por vezes, coragem para viajar toda semana para o bairro decadente da mesma agência de transferência bancária, preencher o idêntico documento a cada vez, e pagar a invariável taxa de 7%. Há um caminho melhor.

A Abra e outras empresas estão construindo redes de pagamento que utilizam o Blockchain. O seu objetivo é transformar cada um de seus usuários em um caixa. Todo o processo – dos fundos deixando um país a sua chegada em outro – leva uma hora, em vez de uma semana, e custa 2% contra os 7% ou mais. Ela quer que a sua rede de pagamentos supere todos os caixas eletrônicos do planeta. A Western Union levou 150 anos para chegar a 500 mil agentes em todo o mundo. A Abra atingirá esse mesmo número em seu primeiro ano.

Cortando a burocracia e a corrupção na ajuda externa

Poderia o Blockchain resolver os problemas com a ajuda externa? O terremoto no Haiti, em 2010, foi um dos desastres naturais mais mortais da história. Entre 100 mil e 300 mil pessoas morreram. O governo no Haiti provou se responsabilizar pelas consequências. A comunidade mundial doou mais de US$ 500 milhões para a Cruz Vermelha, uma marca conhecida. Uma investigação posterior revelou que os fundos foram mal gastos ou desapareceram completamente.

O Blockchain pode melhorar o fornecimento de ajuda externa ao eliminar os intermediários que levam a ajuda antes que ela chegue ao seu destino. Em segundo lugar, como um registro imutável do fluxo de fundos, o Blockchain torna as instituições mais responsáveis por suas ações. Imagine se você pudesse controlar através do seu smartphone cada dólar que deu para a Cruz Vermelha, desde o seu ponto de partida até a pessoa beneficiada. Você poderia manter seus fundos em depósito, liberando determinadas quantidades após a Cruz Vermelha atingir cada meta.

Alimentando primeiramente os criadores de valor

Na primeira geração da internet, muitos criadores de propriedade intelectual não receberam a compensação apropriada por ela. Um exemplo disso eram músicos e compositores que assinaram com gravadoras, cujos líderes falharam em imaginar como a Web poderia afetar sua indústria. Eles erraram em se adequar à era digital, reinventando seus próprios modelos de negócio e cedendo lentamente o controle às inovadoras distribuidoras on-line.

Veja a reação das grandes gravadoras em relação ao Napster, a plataforma ponto a ponto de compartilhamento de arquivos de músicas, lançada em 1999. Líderes da indústria da música se uniram para processar o novo empreendimento, seus fundadores, *e 18 mil de seus usuários*, encerrando a plataforma em julho de 2001. Alex Winter, diretor de um documentário sobre o Napster, disse ao *The Guardian*, "Eu tenho um problema com pensamentos 'preto-e-branco' quando se trata de grandes mudanças culturais... Com o Napster, existia uma enorme quantidade de 'cinza' entre os pontos de vista de 'eu posso compartilhar tudo o que eu paguei para ter' e 'você é um criminoso mesmo se compartir somente um dos arquivos que comprou'".[31]

Nós concordamos. Cocriar com os consumidores é normalmente um modelo de negócio mais sustentável do que processá-los. Todo este incidente jogou um enorme holofote nesse setor, expondo as suas práticas de marketing ultrapassadas e a sua ineficiência na distribuição dos lucros, o que alguns interpretaram como políticas antimúsicos.

Muito pouco mudou desde então. Até agora. Nós observamos o novo ecossistema da música emergindo no Blockchain, liderado pela cantora e compositora britânica Imogen Heap, a violoncelista Zoë Keating e os desenvolvedores e empreendedores da tecnologia. Todas as indústrias culturais estão prestes a sofrer uma disrupção, e a promessa é de que os criadores sejam completamente recompensados pelo valor que criam.

Reconfigurando a corporação como o motor do capitalismo

Com o crescimento de uma plataforma global de identidade, confiança, reputação e transações ponto a ponto, nós finalmente poderemos rearquitetar as profundas estruturas das organizações para a inovação, a criação de valor compartilhado e, talvez, até mesmo para a prosperidade para a maioria, em vez de riqueza para a minoria. Isso não significa corporações menores em termos de receita ou impacto. Pelo contrário, estamos falando de construir companhias do século XXI, algumas que podem ser geradoras de massivas fortunas e poderosíssimas nos seus respectivos mercados. Nós acreditamos que as empresas se parecerão muito mais com redes, do que com hierarquias verticalmente integradas como na era industrial. Existe, portanto, uma oportunidade de distribuir (não redistribuir) riqueza de uma maneira mais democrática.

Nós também o levaremos para dar uma volta no fascinante mundo dos contratos inteligentes, dos novos agentes econômicos autônomos e do que chamamos de empresas autônomas distribuídas, onde softwares inteligentes assumem o gerenciamento e a organização da maioria dos recursos e capacidades, talvez substituindo as grandes corporações. Contratos inteligentes possibilitam a criação do que chamamos "empreendimentos de rede aberta", baseados em uma série de novos modelos de negócios ou da revolução de modelos de negócios antigos através do Blockchain.

Animando objetos e os colocando para trabalhar

Os tecnólogos e escritores de ficção científica há muito tempo imaginavam um mundo onde uma rede global ininterrupta de sensores conectados à internet poderiam capturar todos os eventos, ações e mudanças na Terra. A tecnologia Blockchain permitirá que as ocorrências colaborem, troquem unidades de valor – energia, tempo e dinheiro – e reconfigurará as cadeias de fornecimento e processos de produção de acordo com as informações compartilhadas na demanda e capacidade. Podemos anexar metadados para dispositivos inteligentes e programá-los para reconhecer outros objetos através das suas metainformações e agir ou reagir a circunstâncias definidas, sem risco de erro ou manipulação.

À medida que o mundo físico ganha vida, todas as pessoas podem prosperar – desde os pequenos fazendeiros no interior australiano, que necessitam de energia elétrica para seus negócios, até os proprietários de casas – todos podem fazer parte da malha energética de um Blockchain distribuído.

Cultivando o empreendedor Blockchain

O empreendedorismo é essencial para uma economia próspera. A Web deveria liberar os empreendedores, dando a eles as ferramentas e as capacidades das grandes companhias sem os seus passivos como, herança cultural, processos cristalizados e peso morto. No entanto, o grande sucesso dos bilionários das pontocom ofusca uma verdade desconcertante: em muitas economias florescentes, por trinta anos, o número de empreendedores e novos negócios têm sofrido um declínio constante.[32] No mundo em evolução, a internet tem feito pouco para diminuir as barreiras dos futuros empresários, que sofrem com burocracias governamentais mortais. A rede também não liberou as ferramentas financeiras essenciais para se iniciar um negócio disponível para bilhões de pessoas. Nem todos estão destinados a serem empreendedores, claro, mas até para o ser comum, que está tentando ganhar um salário decente, a falta de ferramentas financeiras e a prevalência da burocracia governamental, fazem isso ser tão desafiador.

Esse é um problema complexo, mas o Blockchain pode ajudar a superalimentar o empreendedorismo e, por consequência, a prosperidade de várias maneiras importantes. Para que o indivíduo comum, vivendo em um mundo em desenvolvimento, tenha um estoque de valor confiável e um modo de conduzir seu negócio além de sua comunidade, ele precisa apenas de um aparelho habilitado com internet. Acesso à economia global significa maior alcance as novas formas de crédito, financiamento, fornecedores, parceiros e oportunidades de investimento. Nenhum talento ou recurso é pequeno demais para monetizar no Blockchain.

Realizando governos pelas pessoas para as pessoas

Prepare-se para as grandes mudanças no governo e na governança também. A tecnologia Blockchain já está revolucionando a máquina administrativa para torná-la de alta performance – melhor e mais barata. Igualmente está criando novas oportunidades para que se mude a democracia – como a governança pode ser mais aberta, livre do controle de lobistas e se comportar com os quatro princípios da integridade. Nós observamos como a tecnologia Blockchain pode transformar o que significa ser um cidadão e como participar no processo político, através do voto e do acesso aos serviços sociais é possível resolver alguns dos grandes e escabrosos problemas da sociedade, bem como, manter os representantes eleitos responsáveis pelas promessas que os fizeram ser nomeados.

PROMESSAS E PERIGOS DA NOVA PLATAFORMA

Se existem 6 milhões de pessoas despidas[33] na cidade, então há 6 milhões de obstáculo para que essa tecnologia atinja seu potencial. Além disso, há algumas desvantagens preocupantes. Uns dizem que ela até o momento não está pronta para o seu máximo; que até então é difícil de utilizar, e que as melhores aplicações ainda estão surgindo. Outras críticas apontam para a massiva quantidade de energia consumida para atingir um consenso apenas no caso da rede de Bitcoins: o que acontece quando milhares ou talvez milhões de Blockchains interconectados estão processando, cada um, bilhões de transações por dia? Será que os incentivos são grandes o suficiente para que, com o tempo, as pessoas participem e se comportem de forma segura, e não tentem dominar a rede? Será que a tecnologia Blockchain é a maior eliminadora de empregos de todos os tempos?

Estas são questões de liderança e governança, não de tecnologia. A primeira era da internet deu certo por causa da visão e interesses em comum de seus acionistas-chave – governos, organizações da sociedade civil, desenvolvedores e pessoas como você. O Blockchain requer uma liderança parecida. Nós discutimos em grande parte do livro, a razão pela qual os condutores desse novo paradigma distribuído precisarão reivindicar e lançar uma onda de inovações econômicas e institucionais para garantir que dessa vez a promessa seja cumprida. Nós o convidamos a ser um desses.

Este livro surgiu a partir do programa Global Solution Networks de US$ 4 milhões, na Rotman School of Management, da Universidade de Toronto. Financiado primeiramente pelas grandes corporações de tecnologia, junto das fundações Rockfeller e Skoll, do Departamento de Estado dos Estados Unidos, e da Industry Canada, a iniciativa explorava novas abordagens ao modo global de solução de problemas e à governança. Nós dois estivemos à frente do programa. (Don fundou, e Alex liderou o projeto em criptomoedas.) Em 2014, lançamos a iniciativa de um ano sobre a revolução Blockchain e suas implicações para os negócios e a sociedade, culminando neste livro. Nele, nós tentamos colocar a promessa e o risco de uma nova plataforma em perspectiva.

Se os negócios, o governo e os inovadores da sociedade civil fizerem isso da maneira certa, nós migraremos de uma internet direcionada principalmente para os custos reduzidos de busca, coordenação, coleta de dados e tomada de decisão – na qual o nome do jogo é monitorar, mediar e monetizar informações e transações pela Web – para uma rede direcionada pelos custos reduzidos de negociação, fiscalização e garantia de cumprimento de acordos comerciais e sociais, na qual o nome do jogo será integridade, segurança, colaboração, privacidade de todas as transações e a criação e distribuição de valor. Isso é uma virada de 180° na estratégia atual. Como resultado, podemos ter uma economia de pares, com instituições que são verdadeiramente distribuídas, inclusivas e empoderadoras – e, portanto, legítimas. Mudando fundamentalmente o que podemos fazer on-line, como fazemos e quem pode participar, a nova plataforma pode até mesmo criar as condições tecnológicas necessárias para resolver alguns dos maiores e mais complexos desafios econômicos e sociais.

Se nós estivermos errados, a tecnologia Blockchain, que é muito promissora, pode ser limitada ou até mesmo destruída. Ou ainda pior, poderia se tornar uma ferramenta poderosa usada por instituições para blindar sua riqueza ou, se hackeada por governos, um programa usado para criar uma nova forma de vigilância constante sobre a sociedade. As tecnologias fortemente conectadas de software distribuído, criptografia, agentes autônomos e até mesmo inteligência artificial podem ficar fora de controle e se voltar contra seus próprios criadores: os humanos.

É possível que essa nova tecnologia possa ser adiada, interrompida, subutilizada, ou pior. O Blockchain e as criptomoedas, particularmente o Bitcoin, já têm um impulso enorme, mas não estamos prevendo se tudo isso vai ter sucesso ou não, e se isso acontecer, o quão rápido irá ocorrer.[34] Previsão é sempre um negócio arriscado. Segundo o teórico da tecnologia David Ticoll: "Muitos de nós fizeram um mau trabalho ao prever a amplitude do impacto da internet. Maus fenômenos como ISIS estão entre o que perdemos, e algumas grandes profecias otimistas acabaram erradas". E afirma: "Se o Blockchain é tão grande e universal como a Net, estamos propensos a fazer um trabalho comparativamente ruim de prever suas vantagens e suas desvantagens"[35].

Então, em vez de prever o futuro do Blockchain, estamos advogando por isso. Nós estamos argumentando que ele deve ter sucesso, porque isso poderia nos ajudar a iniciar uma nova era de prosperidade. Acreditamos que a economia funciona melhor quando se trabalha para todos, e essa nova plataforma é um motor para a inclusão. Reduz drasticamente o custo de transmissão de tais recursos como remessas de fundos. Diminui significativamente a barreira para se ter uma conta bancária, obter crédito e para investir. E suporta o empreendedorismo e a participação no comércio global. Ela catalisa o capitalismo distribuído, não apenas redistribui o capitalismo.

Todos deveriam parar de lutar contra isso e caminhar na direção certa para subir a bordo. Vamos utilizar essa força não para o benefício imediato da minoria, mas para o bem duradouro da maioria.

Hoje, nós dois estamos animados com o potencial dessa próxima jornada da internet. Estamos entusiasmados com a enorme onda de inovação que está sendo desencadeada, com o seu potencial para a prosperidade e para um mundo melhor. Este livro é a nossa oportunidade para que você se torne interessado, compreenda esta próxima onda, e parta para ação para garantir que a promessa seja cumprida.

Então, aperte os cintos e aproveite a leitura! Nós estamos em um daqueles momentos críticos na história da humanidade.

CAPÍTULO 2

CONSTRUINDO O FUTURO: OS SETE PRINCÍPIOS DO PROJETO DA ECONOMIA BLOCKCHAIN

"A liberdade é baseada na privacidade", afirmou Ann Cavoukian, diretora executiva do Instituto de Privacidade e Big Data da Universidade Ryerson. "Aprendi isso há 30 anos quando comecei a participar de conferências na Alemanha. Não é por acaso que a Alemanha é o país que lidera a proteção de dados e privacidade no mundo. Eles tiveram que suportar os abusos do Terceiro Reich e a completa suspensão de todas as suas liberdades, que começou com a total remoção de sua privacidade. Quando acabou, eles disseram, "nunca mais".[1]

É tão irônico – ou totalmente conveniente – que uma das primeiras plataformas computacionais descentralizadas, ponto a ponto, a garantir privacidade ao usuário era chamada Enigma, também o nome dado a uma máquina desenvolvida pelo engenheiro alemão Arthur Scherbius para transcrever informação codificada. Scherbius desenvolveu a Enigma para uso comercial: através do seu dispositivo, corporações globais poderiam de forma segura e rápida comunicar seus segredos comerciais, dicas de ações e outras informações internas. Poucos anos depois, as forças militares alemãs estavam fabricando a sua própria versão para transmitir mensagens codificadas via rádio para as tropas. Durante a guerra, os nazistas a usaram para disseminar planos estratégicos, detalhes sobre alvos e momento dos ataques. Essa era uma ferramenta de sofrimento e opressão.

Nossa Enigma contemporânea é uma ferramenta de liberdade e prosperidade. Desenvolvida no Media Lab do MIT por Guy Zyskind e Oz Nathan, a nova Enigma combina as virtudes do Livro-Razão público do Blockchain, cuja transparência "fornece fortes incentivos para o comportamento honesto", com *encriptação homomórfica* e *computação segura multiparte*.[2]

De modo simplificado, "a Enigma pega a sua informação – qualquer uma – quebra em partes e encripta em pedaços de dados que são randomicamente distribuídos em nós na rede. Ela não existe em um ponto isolado", explicou Cavoukian. "A Enigma usa a tecnologia do Blockchain para incorporar os dados e rastrear todos os pedaços da informação."[3] Você é capaz de compartilhar com terceiros e eles conseguem processar a informação sem nunca descriptografa-lá.[4] Se isso funcionar, pode remodelar como abordamos nossa própria identidade on-line. Imagine ter uma caixa-preta com suas informações pessoais que só você tem controle e acesso.

Não importa o quão legal isso possa soar, existem razões para ter cautela nas fronteiras da criptografia. Primeiro, é preciso recrutar uma ampla rede de participantes. Segundo, "criptografia é uma área na qual nunca se quer usar a mais nova e grandiosa tecnologia, porque existe toda uma história de um algoritmo que todos acreditam ser seguro, que está lá fora por quatro ou cinco anos, e algum cientista muito inspirado aparece e diz, 'existe uma falha', e a coisa cai por inteiro", exemplificou Austin Hill, do BlockStream. "É por esta razão que geralmente preferimos algoritmos conservadores, muito bem estabelecidos e duradouros. Esse material está muito bem preparado para o futuro, e o Bitcoin foi desenvolvido com isso em mente."[5]

Além disso, o conceito deve ser levado bem a sério, já que tem grandes implicações para privacidade, segurança e sustentabilidade. "A Enigma está oferecendo o que dizem garantir sua privacidade", informou Cavoukian. "Essa é uma grande demanda, mas é o tipo de condição que precisamos cada vez mais neste mundo conectado e interconectado."[6]

Em nossa pesquisa, nos deparamos com diversos projetos iniciados nas tecnologias do Blockchain, cujos desenvolvedores têm as mesmas aspirações de apoio aos direitos humanos básicos – não só aos direitos à privacidade e à segurança, mas também ao direito à propriedade, ao reconhecimento como pessoa perante a lei, e à participação no governo, cultura e economia. Imagine uma tecnologia que possa preservar nossa liberdade de escolher por nós mesmos e por nossas famílias, de expressar essas escolhas pelo mundo, e de controlar nosso próprio destino, sem importar o lugar onde vivemos ou nascemos. Quais novas ferramentas e novos empregos poderíamos criar com esses recursos? Quais novos negócios e serviços? Como deveríamos pensar sobre as oportunidades? As respostas estavam bem na nossa frente, cortesia de Satoshi Nakamoto.

OS SETE PRINCÍPIOS DO PROJETO

Nós acreditamos que esta nova era poderá ser inspirada pela visão de Satoshi Nakamoto, criada com base em determinados princípios implícitos e realizada pelo espírito colaborativo de muitos líderes na comunidade, igualmente apaixonados e talentosos.

Sua grande visão estava limitada ao dinheiro e não ao objetivo maior de criar uma segunda geração da internet. Não havia discussão sobre reinventar as empresas, mudar nossas instituições ou transformar a civilização para melhor. Ainda assim, a visão de Satoshi era deslumbrante em sua simplicidade, originalidade e percepção da humanidade. Ficou claro para aqueles que leram o artigo de 2008 que uma nova era da economia digital estava para começar. Ao passo que a primeira foi provocada a partir da convergência entre tecnologias da computação e da comunicação, essa segunda era seria capacitada por meio de uma inteligente combinação de engenharia computacional, matemática, criptografia e economia comportamental.

O cantor de folk Gordon Lightfoot cantou "Amor, se você pudesse ler minha mente, que história meus pensamentos poderiam contar". Satoshi está incomunicável desde 2011 (apesar de o seu nome surgir em fóruns de discussão de tempos em tempos), mas acreditamos que o protocolo de segurança que ele construiu se presta a princípios capazes de reconfigurar nossas instituições e economia.

Todos com quem conversamos estavam ansiosos para dividir sua visão sobre a tecnologia Blockchain conosco. Toda conversa, cada artigo técnico, qualquer tópico de fórum, trouxeram à tona um número de temas que nos permitiu fazer uma engenharia reversa para chegar aos princípios do projeto – fundamentos para a criação de software, serviços, modelos de negócio, mercados, organizações e até governos no Blockchain. Satoshi nunca escreveu sobre esses rudimentos, mas os mesmos estão implícitos na plataforma tecnológica que ele lançou. Nós os enxergamos como princípios para moldar a próxima era da economia digital, e uma era de confianças renovadas.

Caso você seja novo nesse mundo, nós esperamos que estes princípios o ajudem a entender os conceitos básicos da revolução Blockchain. Se é um cético fervoroso do Blockchain do Bitcoin, ainda assim, eles devem lhe ser úteis à medida que você contemple seu futuro como um empreendedor, inventor, engenheiro, ou artista que busque colaborações criativas com pessoas de mesma mentalidade que a sua; como um proprietário ou investidor de todos os tipos de ativos; ou como um administrador que queira reinventar seu papel nesta nascente economia do Blockchain.

1. Integridade na rede
Princípio: confiança é intrínseca, não extrínseca. A integridade está presente em toda etapa do processo e é distribuída, não atribuída a um único membro. Os participantes podem trocar valores diretamente, com a expectativa que a outra parte irá agir com inteireza. Isso significa que os valores da integridade – honestidade nas próprias palavras e atos, consideração pelos interesses dos outros, responsabilidade pelas consequências de suas decisões e ações, e transparência na tomada de decisão e iniciativas – estão codificados em direitos de decisão, estruturas de incentivo e operações, de modo que agir sem integridade seja impossível ou custe muito mais tempo, dinheiro, energia e reputação.

Problema a ser resolvido: na internet, os indivíduos não têm sido capazes de realizar transações ou fazer negócios diretamente, pela simples razão de o dinheiro não ser por si só, como outros bens de informação e propriedade intelectual. Você pode enviar a mesma selfie para todos os seus colegas, mas não pode dar ao seu amigo um dólar que já tenha dado a outra pessoa. O dinheiro deve deixar a sua conta e ir para a conta do seu amigo. Não pode existir em ambos os lugares, muito menos em múltiplos lugares. E então, há o risco de se gastar uma unidade da moeda digital em dois lugares e ter um deles estornado, como um cheque sem fundo. Isso é chamado de *o problema do gasto duplo*. Isso é bom para fraudadores que querem gastar seu dinheiro duas vezes. É ruim para o destinatário do montante estornado e ruim para sua reputação on-line. Tradicionalmente, ao fazer pagamentos na internet, nós resolvemos o problema de gasto duplo verificando todas as transações através das bases de dados centrais de um ou vários terceiros, tais como os serviços de transferência de dinheiro (como Western Union), um banco comercial (Citicorp), um órgão do governo (Commonwealth Bank of Australia), uma empresa de cartão de crédito (Visa), ou uma plataforma de pagamento on-line (PayPal). Ajustes podem demorar dias ou até semanas em algumas partes do mundo.

Avanço: Satoshi alavancou a existência de uma rede distribuída ponto a ponto com um pouco de criptografia inteligente para criar um **mecanismo de consenso** que poderia resolver o problema do gasto duplicado tão bem quanto, se não melhor, uma terceira parte confiável. No Blockchain do Bitcoin, a rede registra a primeira transação em que o proprietário gasta uma moeda específica e rejeita subsequentes gastos dessa moeda, eliminando assim um gasto duplicado. Participantes da rede que executam a operação entre nós do Bitcoin – chamados de mineradores – reúnem as operações recentes, registram sob a forma de um bloco de dados, e repetem o processo a cada dez minutos. Cada bloco deve se referir ao bloco anterior para ser válido. Os protocolos também incluem um método para recuperar espaço em disco para que todos os nós possam armazenar eficientemente o Blockchain completo. Finalmente, o Blockchain é público. Qualquer um pode ver as transações ocorrendo. Ninguém pode esconder uma transferência, o que faz o Bitcoin ser mais rastreável que dinheiro.

Satoshi procurou não só desintermediar os poderes dos bancos centrais, mas igualmente eliminar a ambiguidade e interpretações conflitantes sobre o que aconteceu. Deixe o código falar por si mesmo. Deixe a rede chegar ao consenso algoritmicamente sobre o que aconteceu e gravar criptograficamente no Blockchain. O mecanismo para chegar a um consenso é crítico. "Consenso é um processo social", blogou Vitalik Buterin, pioneiro do Blockchain do Ethereum. "Os seres humanos são muito bons em se engajar em consenso... sem qualquer ajuda de algoritmos." Ele explicou que, quando um sistema de escalas se coloca além da capacidade de um indivíduo para fazer a matemática, as pessoas se voltam para os agentes de software. Em redes ponto a ponto o algoritmo de consenso divide o direito de atualizar o status da rede, ou seja, vota-se na verdade. O algoritmo distribui esse direito a um grupo de colegas que constituem um conjunto econômico, um conjunto que tem a pele em jogo, por assim dizer. De acordo com Buterin, o que é importante sobre esse conjunto econômico é que seus membros estão bem distribuídos: nenhum membro ou cartel deve ser capaz de ultrapassar a maioria, mesmo que tivessem meios e incentivos para fazer isso.[7]

Para atingir o consenso, a rede Bitcoin usa um mecanismo chamado *Prova de Trabalho* (PoW, do inglês, Proof of Work). Isso pode soar complicado, todavia a ideia é simples. Como não podemos contar com a identidade dos mineradores para selecionar quem criou o próximo bloco, em vez disso, nós criamos um quebra-cabeça que seja difícil de resolver (ou melhor, que dá bastante trabalho), no entanto, fácil de conferir (isto é, qualquer um pode checar a resposta bem rápido). Os participantes concordam que quem resolver o problema primeiro pode criar o próximo bloco. Os mineradores têm de gastar recursos (equipamentos de computação e eletricidade) para resolver o quebra-cabeça encontrando o próximo hash – um tipo de impressão digital para um texto ou arquivo de dados. Para cada bloco que encontram, os mineradores recebem Bitcoins como recompensa. O quebra-cabeça é matematicamente configurado para tornar impossível encontrar atalhos para a solução. Por isso, quando o resto da rede vê a resposta, todo mundo acredita que muito trabalho foi feito para resolver. Além disso, as soluções dos quebra-cabeças são contínuas, "algo próximo a 500.000 trilhões de hashes por segundo", de acordo com Dino Mark Angaritis. Os mineradores estão "procurando por um hash que atinja o objetivo, estatisticamente limitado para ocorrer a cada dez minutos. É um processo de Poisson, às vezes leva um minuto e outras vezes leva uma hora, mas, na média, leva dez minutos". Angaritis explicou como funciona: "Os mineradores coletam todas as transações pendentes que encontram na rede e rodam os dados através de uma função de criptografia compilada, chamada de Algoritmo de Dispersão Seguro (SHA-256, *Secure Hash Algorithm*, em inglês), que gera um *valor de hash* de 32 bytes. Se o valor do hash for menor que certo objetivo (definido pela rede e ajustado a cada 2.016 blocos), então o minerador achou a resposta do quebra-cabeça e 'resolveu' o bloco. Infelizmente para o minerador, encontrar o valor correto do hash é muito difícil. Se o valor desse estiver errado, ele faz um pequeno ajuste na entrada dos dados e tenta novamente. Cada tentativa resulta em um valor inteiramente diferente de hash. Os mineradores têm de tentar várias vezes até achar a resposta correta. Em novembro de 2015, o número médio de tentativas de hash foi de 350 milhões de trilhões. Isso é muito trabalho!"[8]

Você pode ouvir falar sobre outros mecanismos de consenso. A primeira versão do Ethereum Blockchain – Frontier – também usa prova de trabalho, mas os desenvolvedores do Ethereum 1.1 esperam substituí-lo por um mecanismo de *prova de participação*. Prova de participação requer que os mineradores invistam e fiquem com algum valor do estoque (quer dizer, o símbolo nativo do Blockchain como Peercoin, NXT, etc.). Eles não precisam gastar energia para votar. Outros Blockchains, como Ripple e Stellar, dependem de redes sociais para gerar consenso e podem recomendar que novos participantes (ou seja, novos nós) criem *uma lista única*, de pelo menos uma centena de nós em que podem confiar na votação sobre o estado das coisas. Esse tipo de prova é tendencioso: recém-chegados precisam de inteligência social e reputação para participar. *Prova de atividade* é outro mecanismo, ele combina prova de trabalho e prova de participação, em que um número aleatório de mineradores deve assinar no bloco utilizando uma criptochave antes do bloco se tornar oficial.[9] *Prova de capacidade* requer que os mineradores coloquem um volume considerável do seu disco rígido para mineração. Um conceito similar, *prova de armazenamento*, requer que eles aloquem e compartilhem espaço em disco em uma nuvem distribuída.

Armazenamento importa. Os dados sobre Blockchains são diferentes dos dados na internet de uma maneira relevante. Na Web, a maioria das informações é maleável e fugaz, e a data e hora exata da sua publicação não é fundamental para o passado ou futuro da informação. No Blockchain, o movimento do Bitcoin em toda a rede está permanentemente registrado, desde o momento da sua geração. Para um Bitcoin ser válido, ele deve referenciar tanto a sua própria história como a história do Blockchain. Portanto, o Blockchain deve ser preservado na sua totalidade.

Os processos de mineração são tão significativos – montar um bloco de transações, gastar algum recurso, resolver o problema, chegar a um consenso, manter uma cópia completa do Livro-Razão – que alguns têm chamado o Blockchain do Bitcoin de utilidade pública, como a internet, uma utilidade que requer apoio público. Paul Brody, da Ernst & Young, pensa que todos os nossos dispositivos devem doar seu poder de processamento para a manutenção de um Blockchain: "A sua máquina de cortar grama ou de lavar louça virá com uma CPU que é, provavelmente, milhares de vezes mais poderosa do que ela realmente precisa, e então por que não usar para minerar? Não com a finalidade de fazer dinheiro, mas para manter a sua quota de Blockchain",[10] disse ele. Independentemente do mecanismo de consenso, o Blockchain garante a integridade através de código inteligente, em vez de seres humanos que optam por fazer a coisa certa.

Implicações para a economia do Blockchain: diversamente de confiar em grandes empresas e governos para verificar a identidade das pessoas e garantir as suas reputações, nós podemos confiar na rede. *Pela primeira vez, temos uma plataforma que garante a confiança nas transações e mantém a informação gravada não importando como a outra parte atue.*

As implicações para as atividades sociais, políticas e econômicas são surpreendentes. Não é apenas sobre quem se casou com quem, quem votou em quem, quem pagou quem, é sobre todo o esforço que requer registros confiáveis e operações asseguradas. Quem possui isso? Quem detém os direitos desta propriedade intelectual? Quem se formou na escola de medicina? Quem comprou armas? Quem fez esses tênis da Nike, este dispositivo da Apple, ou esta fórmula inicial? De onde vêm esses diamantes? A confiança é a condição essencial da economia digital, e uma plataforma para a colaboração em massa, segura e confiável, tem muitas possibilidades para um novo tipo de organização e sociedade.

2. Poder distribuído

Princípio: o sistema distribui poder através de uma rede ponto a ponto sem nenhum ponto de controle. Nenhuma parte isolada pode derrubá-lo. Se uma autoridade central conseguir desligar ou desconectar um indivíduo ou grupo, o complexo ainda sobreviverá. No caso de mais da metade da rede tentar dominar o conjunto, todo mundo verá o que está acontecendo.

Problema a ser resolvido: na primeira era da internet, qualquer grande instituição com uma ampla base de usuários estabelecida, fossem funcionários, cidadãos, clientes ou outras organizações, pensaram pouco no seu contrato social. Constantemente, poderes centrais têm provado que estão dispostos e são capazes de se sobrepor aos usuários, armazenar e analisar os seus dados, responder às requisições de informações do governo sem o conhecimento deles, e implementar mudanças em larga escala sem os seus consentimentos.

Avanço: os intensos custos de energia para fraudar o Blockchain do Bitcoin seriam superiores aos benefícios financeiros. Satoshi desenvolveu um método de prova de trabalho que requer que os usuários despendam de bastante poder computacional (o que requer muita energia elétrica) para defender a rede e minerar novas moedas. Ele foi inspirado pela solução do criptógrafo Adam Back, o Hashcash, para aplacar spans e ataques de negação de serviço. O método de Adam Back requer que os remetentes de e-mail forneçam uma prova de trabalho quando enviam uma mensagem. Ele, em efeito, estampa "entrega especial" em um e-mail para sinalizar a relevância da mensagem para seu remetente. "Esta mensagem é tão importante que eu gastei toda essa energia para enviá-la para você." Isso aumenta os custos de envio de spans, malwares e sequestradores digitais.

Qualquer um pode baixar o protocolo Bitcoin gratuitamente e manter uma cópia do Blockchain. Ele alavanca o *bootstrapping*, uma técnica para carregar o programa no computador ou dispositivo móvel de um voluntário através de algumas instruções simples que definem o resto do programa em movimento. É totalmente disseminado através de uma rede de voluntários como o BitTorrent, um banco de dados compartilhado de propriedade intelectual que reside em dezenas de milhares de computadores em todo o mundo. Para ter certeza, isso protege a rede contra as mãos do Estado, o que pode ser bom ou ruim, dependendo da situação – digamos, um dissidente num país totalitário lutando pelos direitos das mulheres contra um criminoso em um país democrático realizando extorsão. Os regimes totalitários não conseguiriam congelar contas bancárias ou apreender fundos de ativistas políticos. Estados não poderiam aproveitar arbitrariamente ativos no Blockchain, como a administração de Franklin Delano Roosevelt fez mediante a Ordem Executiva do FDR 6102, que exigia que os cidadãos passassem suas "moedas de ouro, barras de ouro e certificados de ouro" para o governo, sob o risco de multas ou até prisão.[11] Josh Fairfield, da Washington and Lee University, coloca sem rodeios: "Não há nenhum intermediário para ir atrás de ninguém"[12]. O Blockchain reside em todos os lugares. Voluntários o mantêm, guardando a sua cópia do Blockchain e emprestando suas unidades de processamento de computador para mineração. Não há negociação por baixo do pano. Cada ação ou transação é transmitida através da rede para verificação e validação subsequente. Nada passa por uma terceira central; nada é armazenado em um servidor principal.

Satoshi ainda distribuiu a *Casa da Moeda*, ligando a emissão de Bitcoins com a criação de um novo bloco no livro-razão, colocando o poder da Casa da Moeda em todas as mãos dos pontos da rede. Qualquer minerador que resolvesse o enigma e submetesse a prova de trabalho primeiro poderia receber uma quantia de novos Bitcoins. Não há Reserva Federal, Banco Central ou tesouraria com controle sobre a oferta de moeda. Além disso, cada Bitcoin contém links diretos para seu bloco-gênese e todas as operações subsequentes.

Portanto nenhum intermediário é necessário. O funcionamento do Blockchain é o ápice da colaboração em massa. Você tem domínio sobre seus dados, sua propriedade e seu nível de participação. É a força da computação distribuída permitindo o poder coletivo disseminado da humanidade.

Implicações da economia Blockchain: quem sabe essa plataforma possibilitasse novos modelos de criação de riqueza distribuída. Talvez novos tipos de colaboração ponto a ponto conseguissem solucionar os nossos problemas sociais mais escabrosos. Quiçá pudéssemos solucionar a crise de confiança e até mesmo legitimar as atuais instituições ao colocar o poder na mão dos cidadãos, equipando-os com oportunidades reais de prosperidade e participação social em vez de utilizar os truques das relações públicas.

3. Valor como incentivo
Princípio: o sistema alinha os incentivos de todos os participantes. O Bitcoin ou algum símbolo de valor é essencial para esse alinhamento e correlativo de reputação. Satoshi programou o sistema para recompensar aqueles que trabalham nele, e pertencem àqueles que têm e usam seus símbolos, de forma que todos cuidem deles. Uma espécie de último Tamagotchi, o Blockchain é um ninho de ovos globalmente distribuído.[13]

Problema a ser resolvido: na primeira era da internet, a concentração de poder nas corporações, combinada com sua dimensão, complexidade e opacidade, as permitiu extrair um valor desproporcional das próprias redes que as dotaram de direitos. Grandes bancos exploraram o sistema financeiro até o seu ponto de ruptura porque "estruturas de incentivos para a maioria dos altos executivos e muitos dos agentes de crédito desses bancos foram desenhadas para encorajar um comportamento míope e de riscos excessivos", pronunciou o economista Joseph Stiglitz. Isso inclui "explorar os americanos mais pobres". Ele resumiu o problema: "Se você der incentivos ruins às pessoas, elas se comportam de maneira ruim, e elas se comportarão exatamente como seria de se esperar."[14]

Grandes empresas pontocom abrem serviços gratuitos no varejo, pesquisa e mídia social em troca de dados do usuário. De acordo com uma pesquisa da Ernst & Young, quase dois terços dos gerentes entrevistados disseram ter coletado informações de consumo para impulsionar os negócios e quase 80% afirmaram ter aumentado as receitas a partir dessa mineração de dados. No entanto, quando essas empresas são hackeadas, são os clientes que têm de limpar a bagunça das informações do cartão de crédito e da conta bancária roubadas. Não é surpreendente que, na mesma pesquisa, quase metade dos consumidores disse que cortaria o acesso aos seus dados nos próximos cinco anos, e mais da metade disse que já estava fornecendo menos informações, incluindo a censura a eles mesmos nas mídias sociais, em relação aos cinco anos anteriores.[15]

Avanço: Satoshi esperava que os participantes agissem de acordo com os seus próprios interesses. Ele entendeu a teoria dos jogos. E sabia que as redes sem guardiões têm sido vulneráveis a ataques Sybil, em que os nós falsificam múltiplas identidades, diluem os direitos e depreciam o valor da reputação.[16] A integridade da rede ponto a ponto e a credibilidade de seus pares diminuem se você não souber se está lidando com três partes ou uma parte usando três identidades. Por isso, Satoshi programou o código-fonte para que, independentemente do quanto as pessoas agissem de forma egoísta, suas ações beneficiassem o sistema em geral e aprimorassem suas reputações, entretanto, eles escolheram se identificar. Os requisitos de recursos do mecanismo de consenso, combinados com Bitcoins como recompensa, podem obrigar os participantes a fazerem a coisa certa, tornando-os de confiança no sentido de que eram previsíveis. Ataques Sybil seriam economicamente inviáveis.

Satoshi escreveu: "Por convenção, a primeira transação em um bloco é uma operação especial, que inicia uma nova moeda de propriedade do seu criador do bloco. Isso adiciona um incentivo para os 'nós' apoiarem a rede"[17]. O Bitcoin é um estímulo aos mineradores para participar na criação de um bloco e ligá-lo ao bloco anterior. Aqueles que concluem um bloco primeiro recebem uma quantidade de Bitcoins por seus esforços. O protocolo de Satoshi recompensou os pioneiros na adoção generosamente com Bitcoins: durante os primeiros quatro anos, os mineradores receberam 50 Bitcoins (BTC) para cada bloco. A cada quatro anos, a recompensa por bloco irá reduzir pela metade: 25 BTC, 12,5 BTC, e assim por diante. Porque agora possuem Bitcoin, eles têm uma motivação para garantir o sucesso em longo prazo da plataforma, comprando o melhor equipamento para executar as operações de mineração, gastando energia tão eficientemente quanto possível e mantendo o livro-razão. O Bitcoin é também um crédito sobre o Blockchain, não apenas como um incentivo para participar da mineração e transacionar com outros, mas através da participação na própria plataforma. Contas de usuários distribuídos são o elemento mais básico da infraestrutura da rede de criptografia. Ao possuir e utilizar Bitcoin, estão financiando o desenvolvimento do Blockchain.

Satoshi escolheu como conjunto econômico *os donos do poder de computação*. Isso exige a esses mineradores consumir um recurso externo à rede, ou seja, a eletricidade, caso queiram participar do sistema de recompensa. Algumas vezes, diferentes mineradores encontram dois blocos igualmente válidos, de tamanhos idênticos, e o restante dos mineradores tem de escolher quais blocos irão construir a seguir. Eles geralmente selecionam o que acham que vai ganhar, em vez de construir em ambos, porque de outra forma teriam de dividir seu poder de processamento entre os dois, e essa é uma estratégia que geraria perda de valor. A cadeia mais longa representa o maior volume de trabalho e, portanto, os participantes o escolhem como o estado canônico do Blockchain. Em contraste, a Ethereum escolheu *proprietários de moeda* como o seu conjunto econômico. Ripple e Stellar escolheram a rede social.

O paradoxo desses mecanismos de consenso é que, agindo em seu próprio interesse, o participante está servindo à rede ponto a ponto e isso, por sua vez, afeta sua reputação como membro do conjunto da economia. Antes da tecnologia Blockchain, as pessoas não poderiam alavancar facilmente o valor de sua reputação on-line. Não foi apenas por causa dos ataques Sybils, em que um computador pode habitar várias funções. A identidade é multifacetada, diferenciada e transitória. Poucos indivíduos veem todos os lados, muito menos as sutilezas e o arco da nossa identidade. Para diferentes contextos, temos de produzir um documento ou outro para atestar com algum detalhe nossa identidade. Sujeitos "sem documentos" estão confinados a colaborar com o seu círculo social. Em Blockchains como Stellar, que é um excelente começo, o meio para criar uma presença digital persistente e estabelecer reputação é móvel, indo muito além de nossa comunidade geográfica.

Outro avanço para preservar valor é a *política monetária* programada no software. "Todo dinheiro que a humanidade já usou tem apresentado risco, de um jeito ou de outro", afirmou Nick Szabo. "Esta insegurança é manifestada em uma ampla variedade de maneiras, da falsificação ao roubo, mas a mais perniciosa delas provavelmente é a inflação"[18]. Satoshi limitou o suprimento de Bitcoins a 21 milhões, a serem emitidos ao longo do tempo para evitar a inflação arbitrária. Diminuído pela metade, a cada quatro anos, os Bitcoins minerados em um bloco e a taxa atual de mineração – seis blocos por hora – esses 21 milhões de BTC deverão estar em circulação por volta do ano 2140. Sem hiperinflação ou desvalorização da moeda causada por burocracias incompetentes ou corruptas.

Moedas não são os únicos ativos que podemos negociar no Blockchain. "Nós apenas começamos a arranhar a superfície do que é possível", pronunciou Hill do Blockstream. "Ainda estamos no ponto de 1994, em termos de aplicações e protocolos que realmente tirem vantagem da rede e mostrem ao mundo. 'Aqui está o que você pode fazer que é totalmente inovador'"[19]. Hill espera ver diferentes instrumentos financeiros, da autenticidade de prova-de-ativos à posse de prova-de-propriedade. Ele também aguarda as aplicações de Bitcoin no Metaverso (um tipo de mundo virtual), onde você é capaz de converter Bitcoin em dólares Kong e contratar Hiro Protagonist para hackear alguns dados para você.[20] Ou plugar-se no OASIS (um mundo de múltiplas utopias virtuais), onde você realmente descobre o Easter Egg, ganha a propriedade de Halliday, licencia os direitos de posicionamento virtuais no OASIS para o Google, e compra um carro que dirige sozinho para viajar por Toronto.[21] E claro, há a Internet das Coisas, na qual registramos nossos dispositivos, atribuímos a eles uma identidade (a Intel já está fazendo isso) e coordenamos o pagamento entre eles usando Bitcoin, em vez de múltiplas moedas fiduciárias. "Você pode definir todos esses novos casos de negócios que queira executar, tê-los interagindo dentro da rede, e utilizar a sua infraestrutura sem ter de inicializar um novo Blockchain apenas para você", explicou Hill.[22] Ao contrário da moeda fiduciária, cada Bitcoin é divisível até a oitava casa decimal. Ele permite aos usuários combinar e dividir valor ao longo do tempo em uma única transação, e isso significa que uma entrada pode ter várias saídas ao longo de vários períodos de tempo, sendo muito mais eficiente do que uma série de operações. Os usuários conseguem configurar os contratos inteligentes para medir o uso de um serviço e fazer pequenas frações de pagamentos em intervalos regulares.

Implicações para a economia do Blockchain: a primeira era da internet perdeu tudo isso. Agora temos uma plataforma em que as pessoas, e até mesmo as coisas têm incentivos financeiros adequados para colaborar de forma eficaz e criar praticamente tudo. Imagine grupos de discussão on-line onde os participantes aumentam o valor da sua reputação, em parte porque o mau comportamento vai custar financeiramente. Grosserias não são aceitas. Idealize uma rede ponto a ponto de painéis solares, na qual os proprietários da casa recebam uma compensação em tempo real, no Blockchain, por gerar energia sustentável. Conceba um projeto de software de código aberto, no qual uma comunidade de desenvolvedores compensa grandes contribuições por códigos aceitáveis. Imagine que não há países. Não é difícil de fazer.[23]

4. Segurança

Princípio: medidas de segurança estão incorporadas na rede sem nenhum ponto de falha, e fornecem não só confidencialidade, mas também autenticidade e aceitação a todas as atividades. Qualquer pessoa que queira participar deve usar criptografia – não há a possibilidade de não usá-la – e as consequências do comportamento imprudente são apartadas para o sujeito que se comportou de modo imprudente.

Problema a ser resolvido: invasão, roubo de identidade, fraude, bullying on-line, falcatrua eletrônica, spam, malware, ransomware – tudo isso compromete a segurança do indivíduo na sociedade. A primeira era da internet, em vez de trazer transparência e diminuir violações, parece ter feito pouco para aumentar a segurança das pessoas, das instituições e da atividade econômica. O usuário médio da Web, muitas vezes, tem de confiar em senhas frágeis para proteger e-mail e contas na rede, porque os prestadores de serviços ou empregadores não insistem em nada mais seguro. Considere o intermediário financeiro típico: ele não se especializa no desenvolvimento de tecnologia de segurança; especializa-se em inovação financeira. No ano em que Satoshi publicou o seu documento oficial, violações de dados em empresas financeiras, como BNY Mellon, Countrywide e GE Money, foram responsáveis por mais de 50% de todos os roubos de identidade relatados naquele ano, de acordo com o Identity Theft Resource Center.[24] Em 2014, esse número tinha caído para 5,5% para o setor financeiro, mas com as brechas no âmbito de assistência médica e sanitária, saltou para 42% do total do ano. A IBM reportou que o custo médio de uma violação de dados é de 3,8 milhões de dólares, o que significa que as transgressões de informações custaram pelo menos 1,5 bilhão de dólares nos últimos dois anos.[25] O custo médio individual de fraude de identidade médica é próximo de 13.500 dólares, e os crimes estão em ascensão. Os consumidores não sabem qual aspecto de suas vidas será o próximo a ser hackeado.[26] Se a próxima fase da revolução digital envolve comunicação em dinheiro diretamente entre as partes, então a comunicação precisa ser à prova de hacking.

Avanço: Satoshi exigiu que os participantes usassem uma infraestrutura de chave pública (PKI) para o estabelecimento de uma plataforma segura. PKI é uma forma avançada de criptografia "assimétrica", em que os usuários obtêm duas chaves que não executam a mesma função: uma é para criptografia e a outra é para descriptografia. Portanto, elas são assimétricas. O Blockchain do Bitcoin é agora a maior implementação civil de PKI no mundo, e está em segundo lugar geral, atrás do sistema de acesso comum do Departamento de Defesa dos EUA.[27]

Pioneira na década de 1970,[28] a criptografia assimétrica ganhou força no decênio de 1990 sob a forma de encriptação gratuita para e-mail, como o Pretty Good Privacy. O PGP é bastante seguro e, na prática, um aborrecimento para usar, porque todos na sua rede precisam igualmente estar usando o, e você tem que manter o controle das suas duas chaves e das chaves públicas de todos os outros. Não há a função de redefinição de senha. Caso esqueça a sua, você terá de começar tudo de novo. De acordo com a Virtru Corporation, "o uso de encriptação do correio eletrônico está em ascensão. Ainda assim, apenas 50% dele é criptografado em trânsito e a criptografia dos e-mails ponto a ponto é ainda mais rara."²⁹ Algumas pessoas usam certificados digitais, pedaços de código que protegem as mensagens sem as operações de criptografar-descriptografar, mas os usuários devem solicitar formalmente (e pagar uma taxa anual) os seus certificados individuais, e não são suportados pelos serviços mais comum de e-mail – Google, Outlook e Yahoo!.

"Esquemas anteriores falharam porque eles não tinham incentivos, e as pessoas nunca apreciaram a privacidade como um estímulo suficiente para garantir esses sistemas",³⁰ alegou Andreas Antonopoulos. O Blockchain do Bitcoin resolve quase todos esses problemas, fornecendo apoio para a ampla adoção do PKI em todas as transações de valor, não só através do uso do Bitcoin, mas também em seus protocolos compartilhados. Nós não precisamos nos preocupar com firewalls frágeis, funcionários ladrões ou seguros para hackers. Enquanto nós dois estivermos usando Bitcoin, e pudermos armazená-lo e trocá-lo de forma segura, então poderemos gravar e transacionar informações altamente confidenciais e ativos digitais de forma protegida no Blockchain.

Veja como funciona. A moeda digital em si não é armazenada em um arquivo. Ela é representada por transações indicadas por um hash criptográfico. Os usuários possuem as criptochaves do seu próprio dinheiro e tratam diretamente um com o outro. Com essa segurança vem a responsabilidade de manter secretas as chaves privadas.

Padrões de segurança importam. O Blockchain do Bitcoin roda na muito bem conhecida e estabelecida SHA-256, publicada pelo Instituto Nacional de Padrões e Tecnologia dos EUA e aceita como Padrão Federal de Processamento de Informações dos EUA. A dificuldade das muitas repetições desse cálculo matemático, necessário para encontrar uma solução para o bloco, força o equipamento computacional a consumir eletricidade substancial, a fim de resolver um quebra-cabeça e ganhar novos Bitcoins. Outros algoritmos, como a prova de participação, queimam muito menos energia.

Lembre-se do que Austin Hill falou no início deste capítulo sobre nunca usar o mais novo e grandioso nos algoritmos. Hill, que trabalha com o criptógrafo Adam Back na Blockstream, expressou preocupação com criptomoedas que não utilizam a prova de trabalho. "Eu não acho que a prova de participação, enfim, funcione. Para mim, é um sistema em que os ricos ficam mais ricos, em que as pessoas que possuem tokens decidem qual é o consenso, enquanto na prova de trabalho, em última análise, existe um sistema enraizado na física. Eu realmente gosto disso, porque é muito semelhante ao sistema do ouro."³¹

Finalmente, a cadeia mais longa é geralmente a cadeia mais segura. A segurança do Blockchain de Satoshi beneficia-se muito de sua relativa maturidade e da sua base estabelecida de usuários e mineradores de Bitcoin. Para Hackear isso seria necessário mais poder de computação do que para atacar cadeias curtas. Hill disse: "Sempre que uma dessas novas redes inicia com uma nova cadeia, há um grupo de pessoas que dirigem o seu poder de computação latente, todos os computadores e CPUs que eles colocaram off-line da mineração Bitcoin, eles apontam para estas novas redes para manipulá-las e atacar essencialmente as redes"[32].

Implicações para a economia do Blockchain: na era digital, segurança tecnológica é, obviamente, a precondição para o resguardo de um sujeito na sociedade. Hoje, bits podem passar por nossos firewalls e carteiras. Os ladrões podem roubar nossos bolsos, ou sequestrar nossos carros do outro lado do mundo. Como estamos confiando mais em ferramentas e plataformas digitais, tais ameaças têm se multiplicado de uma maneira que nós não as entendemos. Com o Blockchain do Bitcoin, com seu design mais seguro e sua transparência, podemos fazer transações de valor e proteger o que acontece com os nossos dados.

5. Privacidade
Princípio: as pessoas devem controlar os seus próprios dados. Ponto. Os cidadãos devem ter o direito de decidir o quê, quando, como e quanto compartilham com os outros sobre suas identificações. Respeitar o direito à privacidade de alguém não é, na verdade, o mesmo que respeitar sua privacidade. Precisamos fazer ambas. Ao eliminar a obrigação de confiar nas outras pessoas, Satoshi eliminou a necessidade de conhecer as suas verdadeiras identidades a fim de interagir com eles. "Falei com muitos engenheiros e cientistas da computação, e todos me disseram: 'Certamente, conseguimos incorporar a privacidade na arquitetura de dados, no design dos programas.' Claro que podemos"[33], contou Ann Cavoukian.

Problema a ser resolvido: a privacidade é um direito humano básico, bem comofundação das sociedades livres. Nos últimos 20 anos da internet, bases de dados centrais em ambos os setores, público e privado, têm acumulado todos os tipos de informações confidenciais sobre pessoas e instituições, às vezes sem o seu conhecimento. Em todos os lugares, os indivíduos se preocupam se as empresas estão criando o que poderíamos chamar de cyberclones delas, extraindo suas informações do mundo digital. Mesmo os governos democráticos estão construindo nações de vigilância, evidenciadas pela recente superextensão da Agência de Segurança Nacional dos EUA, de seus direitos de vigilância para a realização de espionagem sem mandado na Web. Estes são crimes duplos de privacidade, primeiro pela coleta e utilização dos nossos dados sem o nosso conhecimento ou permissão, depois por não proteger o "pote de mel" dos hackers. "Trata-se de abandonar atividades de soma zero, proposições ou-ou, ganha-perde, você pode ter um interesse ou outro. Isso, para mim, é tão datado, tão ontem e por isso, contraproducente", expressou Cavoukian. "Nós substituímos por um modelo de soma positiva, que é, essencialmente, você poder ter privacidade e preencher o vazio."[34]

Avanço: Satoshi não instalou nenhuma exigência de identificação para a camada de rede em si, e isso significa que ninguém tem de fornecer um nome, endereço de e-mail, ou quaisquer outros dados pessoais, a fim de baixar e utilizar o software do Bitcoin. O Blockchain não necessita saber quem é quem. (E Satoshi não precisou capturar elementos de ninguém para comercializar outros produtos. Seu software de código aberto foi o melhor em marketing de liderança de pensamento). É assim que funciona a Society for Worldwide Interbank Financial Telecomunication (SWIFT) – na ocasião de você pagar em dinheiro, a SWIFT geralmente não pede identificação – mas estamos supondo que muitos escritórios SWIFT têm câmeras, e instituições financeiras devem respeitar requisitos (AML/KYC) antilavagem de dinheiro / conheça o seu cliente para aderir e utilizar a SWIFT.

Além disso, as camadas de identificação e verificação são separadas da camada de transação, o que significa que a Parte A transmite a transferência de Bitcoins a partir do endereço da Parte A para o endereço da Parte B. Não há nenhuma referência à identidade de qualquer pessoa na operação. Em seguida, a rede confirma que a Parte A não apenas controlava a quantidade de Bitcoin especificada, mas também autorizou o processo antes de reconhecer a mensagem da Parte A como uma "saída de transação não gasta" associada ao endereço da Parte B. Apenas quando a Parte B vai gastar essa quantia, a rede verifica que a Parte B controla agora esse Bitcoin.

Compare isso ao uso de cartões de crédito, um modelo muito centrado na identidade. É por isso que milhões de endereços e números de telefone dos cidadãos são roubados cada vez que um banco de dados é violado. Considere o número de registros ligados a algumas das mais recentes violações de dados: T-Mobile, 15 milhões de registros; JP Morgan Chase, 76 milhões; Anthem Blue Cross Blue Shield, 80 milhões; eBay, 145 milhões; Office of

Personnel Management, 37 milhões; Home Depot, 56 milhões; Target, 70 milhões; e Sony, 77 milhões; e houveram infrações menores de companhias aéreas, universidades, empresas de gás e de energia elétrica, e também de instalações hospitalares, alguns de nossos ativos de infraestrutura mais preciosos.[35] No Blockchain, os participantes podem optar por manter um grau de anonimato pessoal, no sentido de que não precisam anexar quaisquer outros detalhes junto de sua identidade ou armazená-los em um banco de dados central. Nós não podemos mensurar o quão grande isso é. Não há "potes de mel" de referências particulares no Blockchain. Os seus protocolos nos permitem escolher o nível de privacidade que consideramos confortável em qualquer transação ou contexto. Isso nos ajuda a gerir melhor as nossas privacidades e a nossa interação com o mundo.

Uma startup chamada Personal BlackBox Company, LLC, ajuda grandes corporações a transformar sua relação com as informações do consumidor. O diretor de marketing da PBB, Haluk Kulin, nos explicou, "empresas como a Unilever ou Prudential estão vindo até nós dizendo: 'Estamos muito interessados em construir melhores relações com os dados. Podemos aproveitar a sua plataforma? Estamos muito interessados em reduzir a nossa responsabilidade pelos dados.' Eles estão percebendo que tais informações são, cada vez mais, um ativo tóxico dentro das corporações"[36]. Sua plataforma permite que os clientes acessem informações anônimas – como um teste clínico, onde farmacêuticos conhecem apenas os aspectos relevantes da saúde dos pacientes – sem assumir qualquer risco na segurança desses subsídios. Alguns consumidores podem dar mais informações em troca de Bitcoins ou outros benefícios corporativos. Na retaguarda, a plataforma da PBB desdobra PKI para que apenas os clientes tenham acesso aos seus dados por meio de suas chaves privadas. Nem mesmo a PBB tem acesso às referências do consumidor.

O Blockchain oferece uma plataforma para fazer algumas formas muito flexíveis e criteriosas de autenticação anônima. Austin Hill comparou-o à Web. "Um endereço TCP/IP não é identificado com um ID público. A camada de rede em si não sabe. Qualquer pessoa pode se juntar à internet, obter um endereço IP e começar a enviar e receber pacotes livremente ao redor do mundo. Como sociedade, vimos um benefício incrível que permite tal nível de pseudoanonimato... O Bitcoin opera quase exatamente assim. A rede em si não impõe identidade. Isso é algo bom para a sociedade e para o próprio desenho da rede."[37]

Assim, enquanto o Blockchain é público – qualquer um pode vê-lo, seja qual for o momento, porque reside na rede, e não dentro de uma instituição centralizada, encarregada de auditar as transações e manter registros – as identidades dos usuários estão sob pseudônimos. Isso significa que você tem de fazer uma quantidade considerável de triangulação de dados para descobrir o que ou quem, é dono de uma chave pública em particular. O remetente é capaz de fornecer apenas os metadados que o destinatário precisa ter conhecimento. Além do mais, qualquer um pode possuir múltiplos conjuntos de chaves públicas ou privadas, bem como qualquer pessoa é capaz de ter vários dispositivos ou pontos de acesso à internet e diversos endereços de e-mail sob inúmeros pseudônimos.

Dito isso, provedores de serviços de internet, como a Time Warner, que atribuem endereços de IP, mantêm registros ligando identidades a contas. Da mesma maneira, se você adquire uma carteira Bitcoin de uma troca on-line licenciada como a Coinbase, essa precisa fazer a sua diligência ante as exigências da AML/KYC. Por exemplo, essa é uma política de privacidade da Coinbase: "Nós coletamos as informações enviadas através do seu computador, telefone celular ou outro dispositivo de acesso. Essa informação pode incluir o seu endereço IP, indicação do dispositivo, incluindo, mas não limitado a identificador, nome do dispositivo e tipo, sistema operacional, localização, informações-padrão de rede móvel e informações de log da Web, como o seu tipo de navegador, tráfego para o nosso website, e as páginas que você acessou em nosso site"[38]. Desse modo, os governos podem intimar ISPs e trocas por esse tipo de informações do usuário. Entretanto, eles não podem intimar o Blockchain.

Igualmente é importante saber que conseguimos projetar os mais elevados níveis de transparência em qualquer conjunto de transações, aplicações ou modelos de negócios, assim todos os interessados deveriam concordar em fazê-lo. Em diversas situações, veremos novas competências em que a transparência radical faz muito sentido. Quando as empresas dizem a verdade aos clientes, aos acionistas ou aos parceiros de negócios constroem confiança.[39] Isso é, privacidade para os indivíduos, transparência para as organizações, instituições e funcionários públicos.

Implicações para a economia do Blockchain: para ter certeza, o Blockchain fornece oportunidades para parar a estagnação em uma sociedade de vigilância. Agora, pense sobre o problema de big data corporativo para cada um de nós. O que significa para uma companhia ter a informação perfeita sobre você? Estamos a cerca de 20 anos na era da internet global, e apenas no início do acesso corporativo aos detalhes mais íntimos de nossa vida pessoal. Aproximando-se rapidamente estão as informações íntimas sobre saúde e capacidade física, nossas idas e vindas diárias, nossa vida doméstica, e, bem, no que você pensar. Muitos cidadãos simplesmente não têm consciência das muitas micro-ofertas diabólicas que recebem on-line todos os dias. Simplesmente ao usarem sites da Web, os consumidores autorizam os seus proprietários a converterem rastros de migalhas digitais em roteiros detalhados para o benefício comercial privado.

A menos que mudemos para um novo paradigma, não é ficção científica antever centenas de milhões de avatares cantarolando afastados em centros de dados do amanhã. Com a tecnologia Blockchain, você poderia possuir seus avatares pessoais como faz no mundo virtual Second Life, porém com implicações no mundo real. O você virtual conseguiria proteger suas informações particulares dando apenas a informação necessária em qualquer trabalho de troca social ou econômica sob o seu comando, e se certificando que você receba uma compensação por qualquer um dos seus dados que tenham valor para outras partes. É uma mudança a partir do big data para os dados privados. Chame isso de little data.

6. Direitos preservados
Princípio: direitos de propriedade são transparentes e executáveis. Liberdades individuais são reconhecidas e respeitadas. Mantemos essa verdade para ser autoevidente que todos nós nascemos com certos direitos inalienáveis que devem e podem ser protegidos.

Problema a ser resolvido: a primeira era da economia digital foi sobre encontrar maneiras de exercer esses direitos de forma mais eficiente. A internet se tornou um meio para novos formatos de arte, notícias e entretenimento, para o estabelecimento de direitos autorais de poemas, canções, histórias, fotografias e gravações de áudio e vídeo. Poderíamos aplicar o Código Comercial Uniforme permitindo fazer on-line o que o código já havia acelerado no espaço físico, que era eliminar a necessidade de negociar e criar contratos para cada item único, como um tubo de pasta de dente, sem importar o quão pequeno é o seu preço. Mesmo assim, tivemos de confiar em intermediários para administrar as transações, e estes tinham o poder de negar a operação, adiá-la, manter o dinheiro em sua própria conta (banqueiros chamam isso de "flutuação") ou limpá-la apenas para invertê-la mais tarde. Eles esperavam um percentual de pessoas para enganar e aceitaram certo nível de fraude como inevitável.

Nesta grande explosão de eficiência, os direitos legítimos foram pisoteados, não só os de privacidade e segurança, mas também os de liberdade de expressão, reputação e igual participação. Os sujeitos poderiam anonimamente nos censurar, difamar e bloquear com pouco custo ou risco para si mesmos. Cineastas que dependiam de receitas de sindicalização, vídeo sob demanda, aumento das vendas de DVD e direitos de TV a cabo para filmes lançados décadas antes, encontraram seu fluxo de receita sendo drenado pelos seus fãs – que disponibilizavam arquivos digitais para os outros fazerem download gratuito.

Avanço: a prova de trabalho exigida para originar moedas também contém o registro cronológico das transações, de modo que apenas o seu primeiro gasto teria compensação e liquidação. Combinado com PKI, o Blockchain não só evita um gasto duplicado, mas também confirma a propriedade de cada moeda em circulação, e toda transação é imutável e irrevogável. Em outras palavras, não podemos negociar o que não é nosso no Blockchain, quer se trate de bens imobiliários, propriedade intelectual ou direitos pessoais. Igualmente não somos capazes de trocar o que não está autorizado a ser negociado em nome de outra pessoa exercendo uma função de agenciamento, talvez como um advogado ou um gerente de empresa. E não conseguimos sufocar a liberdade de expressão, assembleia e religião dos cidadãos.

Haluk Kulin, da Personal BlackBox, explicou melhor: "Nos milhares de anos de interação social humana, sempre que nós tivemos o direito de participação das pessoas, elas voltaram e quebraram o sistema. Estamos descobrindo que, mesmo em formato digital, roubar o seu consentimento não é sustentável"[40]. Como o Livro-Razão de tudo, o Blockchain pode servir como um registro público através de ferramentas como a Prova de Existência (PoE), um site que cria e registra compilações criptográficas de ações, títulos, recibos ou licenças no Blockchain. A Prova de Existência não mantém uma cópia de qualquer documento original; o hash do documento é calculado na máquina do usuário, e não no site da PoE, garantindo assim a confidencialidade do conteúdo. Mesmo que uma autoridade central a desligue, a prova permanece no Blockchain.[41] De tal modo, o Blockchain fornece meios de provar a propriedade e preservar os registros sem censura.

Na Web, não poderíamos necessariamente fazer valer os direitos contratuais ou supervisionar sua implementação. E por isso, para as operações mais complexas que envolvem pacotes de direitos e múltiplas partes, agora temos o *contrato inteligente*, um pedaço de código de propósito específico que executa um conjunto complexo de instruções no Blockchain. "Essa intersecção de descrições legais e software é fundamental, e os contratos inteligentes são o primeiro passo nessa direção", afirmou Steve Omohundro, presidente do grupo de pesquisa Self-Aware Systems. "Logo que os princípios de como codificar o direito digitalmente se tornarem mais compreendidos, creio que todos os países vão começar a fazê-lo... Cada jurisdição iria codificar suas leis, de forma precisa e digitalmente, e não haveria programas de tradução entre eles... Livrar-se do atrito de todo o material legal será um enorme ganho econômico."[42]

Um contrato inteligente fornece um meio para a atribuição de direitos de utilização a outra parte, como um compositor pode outorgar uma canção concluída a uma produtora musical. O código do contrato poderia incluir o termo ou a duração da concessão, a magnitude dos royalties que fluem das produtoras para a conta Bitcoin dos compositores durante o período, e alguns gatilhos para a sua rescisão. Por exemplo, se a conta do autor recebeu menos de um quarto de Bitcoin em um período de trinta dias consecutivos, então todos os direitos reverteriam automaticamente para ele, e a produtora não teria mais acesso ao seu trabalho registrado no Blockchain. Para definir esse contrato inteligente em andamento, tanto o compositor quanto a produtora – e, talvez, representantes financeiros da produtora e as equipes jurídicas – assinariam usando suas chaves privadas.

Um contrato inteligente também fornece um meio para os proprietários de ativos reunirem seus recursos e criarem uma empresa no Blockchain, onde os artigos de incorporação estão codificados no acordo, detalhando claramente e fazendo cumprir os seus direitos. Associações que agenciam as convenções de trabalho seriam capazes de definir os direitos de decisão dos gestores, codificando o que poderia, ou não, ser feito com os recursos da empresa sem permissão dos possuidores.

Os contratos inteligentes são um método sem precedentes para garantir o cumprimento contratual, incluindo tratados sociais. "Se você tem uma grande transação com uma estrutura de controle específica, pode prever o desfecho em qualquer período do tempo", disse Antonopoulos. "Se eu tiver uma firma de transação completamente verificável com um número de assinaturas, em uma conta multiassinatura, posso prever se essa operação vai ser verificável pela rede. E se o for, nesse caso ela pode ser resgatada e se torna irrevogável. Nenhuma autoridade central ou terceiro pode revogá-la, ninguém pode substituir o consenso da rede. Isso é um novo conceito tanto em direito quanto em finanças. O sistema Bitcoin proporciona um elevado grau de certeza quanto ao desfecho de um contrato"[43].

O contrato não pode ser confiscado, parado ou redirecionado para um endereço Bitcoin diferente. Você só precisa transmitir a transação assinada a qualquer um dos nós da rede Bitcoin, de qualquer lugar, usando qualquer meio. Antonopoulos disse: "As pessoas poderiam desligar a internet, e eu ainda conseguiria transmitir essa transação através de ondas curtas de rádio com código Morse. Uma agência do governo poderia tentar censurar a minha comunicação, e eu ainda seria capaz de fazer essa transferência como uma série de emoticons de sorriso pelo Skype. Enquanto alguém na outra extremidade puder decodificar a operação e gravar no Blockchain, eu posso efetuar o contrato inteligente. Logo, nós convertemos algo que na lei é quase impossível de garantir, em algo com certeza matemática verificável"[44].

Considere os direitos de propriedade, materiais e intelectuais: "A posse é apenas um reconhecimento por parte de um governo ou uma agência de que você possui algo e que eles vão defender suas reivindicações sobre aquela propriedade", afirmou Stephen Pair, CEO da BitPay. "Isso é apenas um contrato que pode ser assinado por qualquer autoridade que deseja defender os seus direitos para você, eles assinam confirmando sua identidade e, uma vez que você possui isso, e que o bem é registrado, você pode transferi-lo para outras pessoas. Isso é muito simples."[45] Comunidades com recursos compartilhados poderiam considerar um espectro de direitos como a Pirâmide dos Direitos, um tipo de ordem social, do economista Ellinor Ostrom, ganhador do Prêmio Nobel. No nível mais baixo, existem usuários autorizados que podem apenas acessar e retirar recursos; requerentes que possuem esses proventos, mas que também podem impedir o acesso de outros; proprietários que detêm a autoridade de gerenciamento além de acesso e exclusão; e os possuidores que podem acessar, utilizar, excluir outros, gerenciar e vender o recurso (ou seja, direito de alienação).[46]

Agora, considere os direitos de privacidade e publicidade: "Nosso modelo é realmente de direitos aplicado ao mercado", afirmou Kulin da Personal BlackBox. A sua empresa usa a tecnologia Blockchain para representar e fazer cumprir os direitos dos indivíduos para extrair valor a partir de seus dados pessoais. "O Blockchain nos fornece um grupo completo de indivíduos que têm missão quanto tecnologia alinhadas para criar diferentes maneiras para que as empresas possam alavancar esses conjuntos de dados exclusivos em vez de proteger as suas informações isoladamente."[47] Simplificando, os cidadãos criam informações melhores do que uma empresa pode levantar a seu respeito, e os consumidores estão bem mais alinhados emocionalmente com as marcas e influenciam mais os seus pares do que as corporações.

Implicações para a economia do Blockchain: como um princípio de design econômico, ao impor direitos, deve-se iniciar esclarecendo-os. No campo da ciência da administração, o movimento da Holocracia é um exemplo interessante, se não controverso, da forma como membros de organizações estão definindo o trabalho que precisa ser feito e, em seguida, atribuindo os direitos e as responsabilidades de executá-lo como parte de um todo.[48] Quem de nós concordou que deve haver esse conjunto de decisões e atividades na nossa empresa? A resposta a essa pergunta pode ser codificada em um contrato inteligente e colocada no Blockchain para que as decisões, o progresso em direção à meta, e os incentivos sejam todos transparentes e tomados por consenso.

Para ter certeza, não se trata apenas de tecnologia. Está muito além de bens físicos, propriedade intelectual ou ferramenta de privacidade da Personal BlackBox, com um módulo de direitos de publicidade para os Kardashians. Precisamos de uma melhor educação sobre os direitos e o desenvolvimento de novos entendimentos sobre os seus sistemas de gestão. Nós vamos ter sistemas de gestão de direitos de voto e sistemas de gestão de direitos de propriedade. Alguma startup criará um painel de direitos que irá indicar um nível pessoal de engajamento cívico, onde a votação é apenas uma das várias medidas, como capacidade de doação, reputação, tempo, Bitcoin ou fornecimento de acesso gratuito à sua propriedade física ou intelectual. Preparem-se.

7. Inclusão

Princípio: a economia trabalha melhor quando ela funciona para todos. O que significa reduzir os obstáculos à participação. Isso constitui criar plataformas para o capitalismo distribuído, não apenas um capitalismo redistribuído.

Problema a ser resolvido: a primeira era da internet criou numerosas maravilhas para muitas pessoas. No entanto, como temos salientado, a maioria da população mundial ainda está excluída – não apenas do acesso à tecnologia, mas também do acesso ao sistema financeiro e às oportunidades econômicas. Além disso, a promessa que este novo meio de comunicação levaria prosperidade a todos soou vago. Sim, ajudou empresas do mundo desenvolvido a proporcionar empregos para milhões nas economias emergentes. Diminuiu as barreiras de entrada para os empresários e deu ao desfavorecido o acesso a oportunidades e informações básicas.

Isto não é suficiente. Ainda existem 2 bilhões[49] de cidadãos sem uma conta bancária, e no mundo desenvolvido a prosperidade está, na verdade, em declínio, enquanto a desigualdade social continua a crescer. Nas economias em desenvolvimento, o celular muitas vezes é o único meio disponível para se conectar. Grande parte das instituições financeiras tem aplicativos de pagamento móvel que combinam câmeras e códigos QR. No entanto, as taxas necessárias para apoiar esses intermediários fazem com que os micropagamentos sejam impraticáveis. Os consumidores da base da pirâmide continuam não podendo pagar os balanços mínimos de uma conta, os menores valores de pagamento ou as taxas de transação para usar o sistema. Seus custos de infraestrutura tornam micropagamentos e microcontas inviáveis.

Avanço: Satoshi desenhou o sistema para trabalhar na parte superior da internet (TCP/IP), mas poderia ser executado sem ela, se necessário. Ele imaginou que o sujeito típico iria interagir com o Blockchain através do que chamou de forma de "Verificação de Pagamento Simplificado" (SPV), que pode funcionar em telefones celulares para mobilizar o Blockchain. Agora qualquer pessoa com um celular pode participar na economia, ou em um mercado, como produtor ou consumidor. Nenhuma exigência de conta bancária, prova de cidadania, certidão de nascimento, endereço residencial ou moeda local estável é necessária para usar as tecnologias Blockchain. O Blockchain reduz drasticamente o custo da transmissão de fundos como remessas. Ele reduz significativamente a barreira para se ter uma conta bancária, obter crédito e investir. Além de suportar o empreendedorismo e a participação no comércio global.

Isso era parte da visão de Satoshi. Ele entendeu que, para as pessoas em economias em desenvolvimento, a situação era pior. Quando burocratas corruptos ou incompetentes, em estados falidos, precisam de financiamento para conduzir o governo, seus bancos centrais e tesourarias simplesmente imprimem mais dinheiro e com isso lucram com a diferença entre o custo de produção e o valor de face da moeda. Isso é senhoriagem. O aumento na oferta de dinheiro degrada a moeda. No caso da economia local realmente afundar – como aconteceu na Argentina e no Uruguai, e mais recentemente no Chipre e na Grécia – esses órgãos centrais são capazes de congelar os ativos bancários de quem não pode pagar um suborno. Dada essa possibilidade, os endinheirados conseguem armazenar seus ativos em jurisdições mais confiáveis e em moedas mais estáveis.

Mas não os pobres. Seja qual for o montante que possuem, torna-se inútil. Funcionários poderiam desviar os fluxos de ajuda externa e marcar suas fronteiras com uma fita vermelha, acrescentando atrito para cada tentativa de ajudar seu povo, desde mães e crianças que necessitam de alimentos e remédios às vítimas de guerra, seca prolongada e outros desastres naturais.

O serviço de micropagamento da Austrália (mHITs, do inglês Mobile Handset Initiated Transactions) lançou um novo serviço, BitMoby, que permite aos consumidores, em mais de cem países, a colocarem crédito no telefone celular ao enviar uma mensagem de texto para mHITs com uma quantidade de Bitcoin.[50] De acordo com o desenvolvedor do Bitcoin, Gavin Andresen, "você não visualiza cada transação; visualiza apenas as transferências que importam. Você não está confiando nos pares com o seu dinheiro, está apenas acreditando neles para fazerem a informação viajar através da rede."[51]

"O potencial de usar o Blockchain para registros de propriedade no mundo emergente, onde isso é um enorme problema relacionado a pobreza, é significativo", afirmou Austin Hill. "Não há uma entidade confiável que tenha controle sobre o título de terra, que permita as pessoas realmente dizerem: 'Eu possuo esta propriedade', e de depois usarem isso para garantir a melhora de suas situações familiares, é um caso de uso fascinante."[52]

Em uma nota técnica, Andresen falou da lei de Nielsen de banda larga da internet, onde a banda larga de usuários especializados aumenta em 50% a cada ano, enquanto a banda larga das massas tende a atrasar dois ou três anos. Os atrasos da banda larga estão aquém do poder de processamento do computador, que aumenta cerca de 60% ao ano (Lei de Moore). Assim, a banda larga é o fator decisivo, de acordo com Jakob Nielsen.[53] Na maioria dos projetos – interfaces, Web sites, produtos digitais, serviços, organizações e assim por diante – será necessário acomodar a tecnologia das massas para alavancar os efeitos de rede. Assim, a inclusão significa considerar o espectro completo de uso – não apenas o estado da ciência de usuários especializados, mas a tecnologia lenta e o poder esporádico das interrupções dos usuários nas regiões remotas dos países mais pobres do mundo.

Implicações para a economia do Blockchain: mais adiante no livro, abordaremos a questão do paradoxo de prosperidade – como a primeira era da internet beneficiou muitos, entretanto a prosperidade global no mundo ocidental para grande parte dos indivíduos não está melhorando. A base para a prosperidade é a inclusão, e os Blockchains podem ajudar. Vamos ser claros de que a inclusão tem várias dimensões. Isso significa um fim à hegemonia social, econômica e racial, um desfecho para a discriminação com base na saúde, gênero, identificação ou preferência sexual. Isso significa acabar com as barreiras ao acesso por causa do lugar onde um cidadão vive, se a pessoa passou a noite na cadeia ou como o indivíduo votou, mas é igualmente o fim do teto de vidro e das inúmeras variedades de clubes de bons rapazes.

PROJETANDO O FUTURO

Nossa conversa com Ann Cavoukian nos inspirou a seguir a promessa de "Nunca Mais" da Alemanha. Nos deparamos com as palavras do presidente desse país, Joachim Gauck, no Dia da Memória das Vítimas do Nacional-Socialismo, vítimas do regime de Hitler. "As nossas obrigações morais não podem ser cumpridas somente ao nível de recordação. Também existe dentro de nós uma certeza profunda e duradoura de que essa recordação nos confere uma missão. Essa missão nos diz para proteger e preservar a humanidade. Nos diz para proteger e preservar os direitos de cada ser humano."[54] Ele estava aludindo ao genocídio na Síria, Iraque, Darfur, Srebrenica, Ruanda e Camboja, depois de o povo alemão ter prometido, "Nunca mais"?

Acreditamos que a tecnologia do Blockchain poderia ser uma ferramenta importante para proteger e preservar a humanidade e os direitos de cada ser humano, um meio de comunicar a verdade, distribuindo prosperidade e – como a rede rejeita as transações fraudulentas – recusando aquelas células cancerígenas precoces de uma sociedade que pode crescer para o inimaginável.

Reconhecidamente, uma declaração ousada. Continue a ler e julgue por si mesmo.

De uma perspectiva mais limitada e prática, estes sete princípios podem servir como um guia para projetar a próxima geração de empresas, organizações e instituições de alto desempenho e inovação. Se nós a projetarmos para a integridade, poder, valor, privacidade, segurança, direitos e inclusão estaremos assim, redesenhando nossa economia e instituições sociais para serem dignas de confiança. Vamos agora voltar nossa atenção para como isso poderia ser implementado e o que você deveria fazer.

PARTE II

TRANSFORMAÇÕES

CAPÍTULO 3

REINVENTANDO OS SERVIÇOS FINANCEIROS

O sistema financeiro global movimenta trilhões de dólares diariamente, servindo a bilhões de pessoas e apoiando uma economia global de mais de 100 trilhões de dólares.[1] É a indústria mais poderosa do mundo, a fundação do capitalismo global, e seus líderes são conhecidos como os Mestres do Universo. Olhando mais de perto, essa é uma engenhoca de Rube Goldberg (na qual uma tarefa simples é realizada por meio de várias ações como bolinhas caindo e correndo em canaletas) dos desenvolvimentos desiguais e contradições bizarras. Primeiramente, a máquina não passou por um upgrade anterior. Nova tecnologia tem sido adicionada sobre a infraestrutura envelhecida e desordenada. Considere o banco que oferece serviços bancários pela internet, mas ainda emite cheques de papel executados em computadores mainframe desde 1970. Quando um de seus clientes insere seu cartão de crédito em um leitor de cartões para comprar um Latte grande da Starbucks, seu dinheiro passa por não menos de cinco intermediários antes de chegar à conta bancária da Starbucks. A transação leva segundos para acontecer mas dias para ser compensada.

Então existem as grandes multinacionais como Apple ou GE, que têm de manter centenas de contas bancárias com moedas locais em todo o mundo apenas para facilitar suas operações.[2] Quando tais corporações precisam mover dinheiro entre duas filiais em dois países diferentes, o gerente de uma subsidiária envia uma transferência da conta bancária de sua operação para a conta da outra. Essas transferências são necessariamente complicadas e levam dias, às vezes semanas para se resolver. Durante esse tempo, nenhuma filial pode usar o dinheiro para financiar operações ou investimentos, mas os intermediários podem ganhar juros sobre o float. "O advento da tecnologia essencialmente tomou processos feitos a mão e os transformou em processos semiautomáticos, semieletrônicos, mas a lógica ainda era a mesma", disse Vikram Pandit, ex-CEO do Citigroup.[3]

Em cada esquina, outro paradoxo bizarro: traders compram e vendem títulos nas bolsas de valores de todo o mundo em nanossegundos; suas transações são fechadas instantaneamente, mas demoram três dias completos para compensar. Os governos locais utilizam nada menos que dez agentes – consultores, advogados, seguradores, banqueiros e mais – para facilitar a emissão de um título municipal.[4] Uma diarista em Los Angeles desconta seu pagamento em dinheiro por uma taxa de 4%, e então ela leva seu punhado de dólares em uma loja de conveniência para enviar para a casa da sua família na Guatemala, e novamente é enrolada em taxas fixas, taxas de câmbio e outros custos ocultos. Uma vez que sua família divide as notas entres seus muitos membros, ninguém tem o suficiente para abrir uma conta bancária ou obter crédito. Eles estão entre os 2,2 bilhões de pessoas que vivem com menos de dois dólares por dia.[5] Os pagamentos que precisam fazer são minúsculos, muito pequenos para a rede de pagamentos convencionais, tais como cartões de crédito e débito, onde as taxas mínimas fazem os chamados micropagamentos impossíveis. Os bancos simplesmente não veêm o serviço a essas pessoas como uma "proposição rentável", de acordo com um recente estudo da Harvard Business School.[6] E assim, a máquina de fazer dinheiro não é verdadeiramente global em escala e escopo.

Os formuladores de políticas monetárias e as reguladoras financeiras muitas vezes se encontram sem todos os fatos, graças à opacidade planejada de muitas das grandes operações financeiras e a compartimentação da supervisão. A crise financeira global de 2008 foi o caso em questão. O excesso de influência, a falta de transparência e uma sensação de complacência impulsionada por incentivos distorcidos impediram que se identificasse o problema até que fosse tarde de mais. "Como você pode ter algo que funcione, de uma força policial a um sistema monetário, sem ter os números e os locais?", ponderou Hernando de Soto.[7] Reguladores ainda estão tentando gerir essa máquina com regras elaboradas para a era industrial. No estado de Nova York, as leis de transferência de dinheiro remontam à Guerra Civil, quando os principais meios para se movimentar dinheiro eram o cavalo e a charrete.

Essa é a *Franken-finance,* ou finança-Frankenstein, cheia de contradições absurdas, incongruências, tubos quentes e panelas de pressão. Por que, por exemplo, a Western Union, precisa de 500 mil pontos de venda no mundo, quando mais da metade da população mundial tem um smartphone?[8] Erik Voorhees, um dos pioneiros no bitcoin e crítico ferrenho do sistema bancário disse: "É mais rápido enviar uma bigorna para a China do que enviar dinheiro através do sistema bancário atual. Isso é loucura! O dinheiro já é digital, não é que eles estão enviando paletes de dinheiro quando você faz uma transferência!"[9]

Por que é tão ineficiente? De acordo com Paul David, o economista que criou o termo *paradoxo da produtividade*, colocar novas tecnologias sobre uma infraestrutura existente "não é incomum durante as transições históricas de um paradigma tecnológico para o próximo".[10] Por exemplo, os fabricantes necessitaram de quarenta anos para substituir a energia a vapor pela eletrificação comercial, e muitas vezes elas trabalharam lado a lado antes de os produtores as trocarem de uma vez. Durante esse período de adaptação, a produtividade diminuiu. No sistema financeiro, no entanto, o problema é agravado porque não ouve uma transição clara entre uma tecnologia e a outra; existem múltiplas heranças tecnológicas, algumas de centenas de anos, nunca aproveitando o seu potencial máximo.

Por quê? Em parte, porque finanças é um monopólio. Em sua avaliação sobre a crise financeira, o prêmio Nobel Joseph Stiglitz escreveu que os bancos "estavam fazendo tudo o que podiam para aumentar os custos das transações, de todas as formas possíveis". Ele argumentou que, mesmo no nível do varejo, os pagamentos de bens e serviços básicos "deveriam custar uma fração de centavo". "No entanto, quanto é cobrado?" Ele pergunta. "Um, dois ou três por cento do valor que é vendido ou mais. Capital e escala direta, combinados com uma licença reguladora e social para operar, permitem aos bancos extrair o máximo que podem, de país em país, especialmente nos Estados Unidos, fazendo bilhões de dólares em lucros".[11] Historicamente, a oportunidade para a centralização dos grandes intermediários tem sido enorme. Não somente os bancos tradicionais (por exemplo, Bank of America), mas também as companhias de cartão (Visa), bancos de investimento (Goldman Sachs), bolsas de valores (NYSE), câmaras de compensação (CME), serviços de remessa (Western Union), seguradoras (Lloyd's), escritórios de advocacia (Skadden, Arps), bancos centrais (Federal Reserve), gestores de ativos (BlackRock), auditoras (Deloitte), consultorias (Accenture) e operadores de commodities (Vitol Group) compõem esse leviatã expansivo. As engrenagens dos intermediários poderosos do sistema financeiro que consolidaram o capital, influências e, muitas vezes, impõem o monopólio da economia para fazer o sistema funcionar, mas também o desaceleram, adicionam custos gerando benefícios exagerados para si próprios. Por causa de sua posição de monopólio, muitos operadores não têm qualquer incentivo para melhorar os produtos, aumentar a eficiência, promover a experiência do consumidor ou atrair a próxima geração.

UM NOVO OLHAR PARA A SEGUNDA PROFISSÃO MAIS ANTIGA DO MUNDO

Os dias da *Franken-finance* estão contados, a tecnologia Blockchain promete fazer na próxima década uma das grandes agitações e desarticulações financeiras, mas também de imensa oportunidade para aqueles que a aproveitarem. A indústria de serviços financeiros globais hoje está repleta de problemas: ela é antiquada, construída sobre a tecnologia de décadas atrás, estando em desacordo com o rápido avanço do nosso mundo digital, sendo muitas vezes lenta e pouco confiável. Ela é exclusiva, deixando bilhões de pessoas sem nenhum acesso a ferramentas financeiras básicas. É centralizada, expondo-se a violações de dados, outros ataques ou falhas totais. E é monopolista, reforçando o *status quo* e sufocando a inovação. O Blockchain promete resolver esses problemas e muito mais com inovadores e empreendedores concebendo novas formas de criar valor nessa poderosa plataforma.

Há seis razões principais pelas quais a tecnologia Blockchain irá trazer profundas mudanças para essa indústria, acabando com o monopólio financeiro, e oferecendo aos indivíduos e instituições semelhantes escolhas reais para criar e gerenciar valor. Participantes da indústria no mundo inteiro devem observar.

Atestação: pela primeira vez na história, duas entidades que não se conhecem nem confiam uma na outra podem realizar negócios e transações. Verificar a identidade e estabelecer confiança não é mais o direito ou o privilégio do intermediário financeiro. Além disso, no contexto de serviços financeiros, o protocolo de confiança tem duplo significado. O Blockchain também pode estabelecer confiança quando a confiança é necessária, ao verificar a identidade e a capacidade de qualquer contraparte através de uma combinação do histórico de transações passadas (no Blockchain), pontos de reputação baseados em análises e outros indicadores sociais e econômicos.

Custo: no Blockchain, a rede é responsável por autorizar e arbitrar transferências de valores ponto a ponto de maneira contínua, assegurando que o livro-razão esteja sempre atualizado. Para começo de conversa, se os bancos se aproveitassem dessa capacidade, eles poderiam eliminar custos de infraestrutura na ordem de US$ 20 bilhões, sem alterar seu modelo de negócio, de acordo com o banco espanhol Santander, no entanto, o valor real é certamente muito mais alto.[12] Com custos radicalmente mais baixos, bancos poderiam oferecer serviços financeiros, mercados e capital financeiro mais abrangentes a indivíduos e empresas em comunidades não atendidas. Isso poderia beneficiar não apenas indivíduos estabelecidos, mas também empreendedores e jovens arrojados em todos os lugares. Qualquer um, em qualquer lugar, com apenas um smartphone e acesso à internet podem conectar-se a todo o sistema financeiro global.

Velocidade: atualmente o envio de dinheiro leva de 3 a 7 dias, compras de ações levam de 2 a 3 dias enquanto empréstimos entre bancos levam assombrosos 23 dias para processar.[13] A rede SWIFT processa 15 milhões de pagamentos por dia entre 10 mil instituições do mundo todo, mas leva dias para autorizá-las e compensá-las.[14] O mesmo pode ser dito do sistema ACH (Automated Clearing House), que processa trilhões de dólares em pagamentos nos Estados Unidos todos os anos. A rede Bitcoin leva em média 10 minutos para autorizar e efetuar todas as transações conduzidas nesse período. Outras redes Blockchain são ainda mais rápidas e outras inovações, como a Bitcoin Lightning Network, almejam aumentar dramaticamente a capacidade do Blockchain do Bitcoin enquanto reduzem a duração das transações para uma fração de segundo.[15] "Fazendo um paralelo com o mundo bancário, no qual quem envia está em uma rede e quem recebe está em outra, é necessário passar por vários livros-razão e vários intermediários, e algo pode dar errado no meio do caminho. Há todo o tipo de investimento necessário para um sistema assim", disse Chris Larsen, CEO da Ripple Labs.[16] A mudança para um sistema de transferência de valores instantâneo e sem impedimentos, liberaria capital preso em trânsito, o que seria má notícia para qualquer um lucrando com o float.

Gestão de risco: a tecnologia Blockchain promete mitigar diversos tipos de riscos do mercado financeiro. O primeiro é o risco de liquidação que é a ameaça da sua transação ser cancelada por alguma inconformidade no processo de liquidação. O segundo é o risco da contraparte ficar inadimplente antes de executar a transação. O risco mais importante é o sistêmico, que considera a soma de todos os riscos de calotes em um sistema financeiro. Vikram Pandit chamou este de Risco Herstatt, por causa da quebra do banco alemão Herstatt, que não recebeu seus recebíveis e consequentemente quebrou: "Nós concluímos que durante uma crise financeira, um dos riscos é que se estamos negociando com outros, como saberemos se eles irão honrar os nossos acordos?". De acordo com Pandit, a liquidação instantânea através do Blockchain poderia eliminar completamente esse risco. Os contadores poderiam acompanhar a qualquer momento a situação de cada transação que estivesse acontecendo e como estariam sendo registradas na rede. Transações irrevogáveis e reconciliação financeira instantânea eliminariam um dos aspectos observados pelas agências de riscos – o risco de gestores irresponsáveis explorar brechas e esconder irregularidades.

Inovação de valor: o Blockchain do Bitcoin foi projetado para mover Bitcoins, não para lidar com outros ativos financeiros. No entanto, a tecnologia é de código aberto, convidando à experimentação. Alguns inovadores estão desenvolvendo Blockchains separados, conhecidos como Altcoins, construídos para algo diferente dos pagamentos em Bitcoin. Outros estão buscando para alavancar o tamanho e a liquidez do Blockchain do Bitcoin para criar moedas "spin-off" nas chamadas Sidechains (cadeias paralelas) que podem ser "coloridas" para representar qualquer ativo ou passivo, físico ou digital – uma ação corporativa ou vínculo, um barril de óleo, uma barra de ouro, um carro, um pagamento de carro, uma conta a receber ou a pagar, ou, claro, uma moeda. Sidechains são Blockchains com recursos e funções diferentes do Blockchain do Bitcoin, mas que alavancam a infraestrutura de rede e hardware estabelecida sem perder suas características de segurança. Cadeias paralelas interoperam com o Blockchain através de um *two way peg*, um meio de criptografia de transferência de ativos fora do Blockchain e vice-versa, sem uma terceira parte na troca. Outros ainda estão tentando remover a moeda ou o token por completo, construindo plataformas de negociação nos Blockchains privados. As instituições financeiras já estão usando a tecnologia Blockchain para registro, câmbio, negociação de ativos e passivos comerciais, e poderiam eventualmente usá-la para substituir tradicionais trocas e mercados centralizados, colocando de pernas para o ar como definimos e negociamos valor.

Código aberto: a indústria de serviços financeiros é um conjunto de tecnologias de sistemas antigos empilhadas a vinte milhas de altura, cada vez mais oscilantes a ponto de tombar. É difícil de fazer as mudanças necessárias porque cada melhoria deve ser compatível com o legado. Com a tecnologia open source, o Blockchain pode inovar constantemente, interar e melhorar com base no consenso da rede.

Esses benefícios – atestação, custos drasticamente mais baixos, velocidade da luz, menores riscos, grande inovação de valor, adaptabilidade – têm o potencial de transformar não só os pagamentos, mas também a indústria de valores mobiliários, bancos de investimento, contabilidade e auditoria, capital de risco, seguros, gestão de riscos das empresas, bancos de varejo, e outros pilares da indústria. Continue lendo.

AS OITO FUNÇÕES DE OURO: COMO O SETOR DE SERVIÇOS FINANCEIROS MUDARÁ

Eis aqui o que acreditamos ser as oito funções centrais maduras para a disrupção. Elas também estão resumidas no quadro da página 99.

1. Autenticação de identidade e valor: hoje contamos com intermediários poderosos para estabelecer a confiança e verificar a identidade em uma transação financeira. Esses intermediários são os árbitros finais para o acesso a serviços financeiros básicos, tais como contas bancárias e empréstimos. O Blockchain diminui e, por vezes, elimina totalmente a confiança em determinadas transações. A tecnologia também permitirá aos pares estabelecer a identidade que é verificável, robusta e criptograficamente segura e a estabelecer a confiança quando ela é necessária.

2. Movendo valor: diariamente, o sistema financeiro movimenta dinheiro ao redor do mundo, certificando-se de que nenhum dólar é gasto duas vezes: de 99 centavos na compra de uma música no iTunes até a transferência de bilhões de dólares para liquidar a transferência de fundos intraempresa, a compra de um ativo ou a aquisição de uma sociedade. O Blockchain pode se tornar a norma comum para o movimento de qualquer coisa de valor – moedas, ações, dívidas e títulos – em lotes grandes e pequenos, para distâncias próximas e longínquas, sendo as partes conhecidas ou desconhecidas. Desse modo, o Blockchain pode fazer para o movimento de valor o que os contêineres padronizados de navio fizeram para a circulação de mercadorias: drástica redução dos custos, melhora na velocidade, redução do atrito, e impulsionar o crescimento econômico e a prosperidade.

3. Armazenando valor: as instituições financeiras são os repositórios de valor para as pessoas, instituições e governos. Para o cidadão comum, um banco armazena o valor em um cofre de segurança, uma conta de poupança ou uma conta-corrente. Para as grandes instituições que querem liquidez com a garantia de um pequeno retorno sobre seus equivalentes de caixa, os assim chamados investimentos sem risco, como os fundos do mercado monetário ou Títulos do Tesouro, irão fazer mágica. Os indivíduos não precisam confiar em bancos como os depósitos primários de valor ou como provedores de poupança e de contas, e as instituições terão um mecanismo mais eficiente para comprar e manter os ativos financeiros sem risco.

4. Emprestando valor: de hipotecas domésticas aos Títulos do Tesouro, as instituições financeiras facilitam a emissão de crédito, tais como dívida de cartão de crédito, hipotecas, títulos corporativos, títulos municipais, títulos do governo e títulos garantidos por ativos. O negócio de empréstimos tem gerado uma série de indústrias auxiliares que executam verificações, pontuações e avaliações de crédito. Para o indivíduo, isso é uma pontuação de crédito. Para uma instituição, isso é um rating de crédito – desde o grau de investimento até a lixo. No Blockchain, ninguém será capaz de emitir, negociar, e estabelecer instrumentos de dívida tradicionais diretamente, reduzindo assim o atrito e o risco, aumentando a velocidade e a transparência. Os consumidores poderão ter acesso a empréstimos de seus pares. Isso é particularmente importante para um mundo sem conta bancária e para os empresários de qualquer lugar.

5. Trocando valor: diariamente, os mercados facilitam globalmente a troca de trilhões de dólares de ativos financeiros. Trading é a compra e venda de ativos e instrumentos financeiros para fins de investimento, especulação, cobertura e arbitragem e inclui o ciclo de vida pós-comercial de compensação, liquidação e armazenamento de valor. O Blockchain reduz o tempo de liquidação em todas as transações de dias e semanas para minutos e segundos. Essa velocidade e eficiência criam oportunidades para as pessoas sem conta e acesso bancário participarem na criação de riqueza.

6. Financiamento e investimento: o investimento em um ativo, empresa ou nova sociedade dá ao indivíduo a oportunidade de ganhar um retorno, na forma de valorização de capital, dividendos, juros, aluguéis ou alguma combinação. A indústria cria mercados: investidores com empresários e donos de empresas adequados para cada fase do crescimento – de anjos a IPOs e além. Levantar o dinheiro normalmente exige intermediários – bancos de investimento, capitais de risco e advogados, para citar alguns. O Blockchain automatiza muitas dessas funções, permite novos modelos de financiamento peer-to-peer, e também pode fazer registro de dividendos e pagar vales de maneira mais eficiente, transparente e segura.

7. Assegurando valor e gerenciando risco: a gestão de risco, dos quais o seguro é um subconjunto, se destina a proteger os indivíduos e as empresas contra as incertezas das perdas ou catástrofes. De forma mais ampla, a gestão de risco nos mercados financeiros tem gerado incontáveis produtos derivados e outros instrumentos financeiros destinados à proteção contra eventos imprevisíveis ou incontroláveis. Até a última contagem, a noção de valor de todo excedente ao longo dos derivativos de balcão é de US$ 600 trilhões. O Blockchain suporta modelos descentralizados para o seguro, tornando o uso de derivativos para gestão de risco muito mais transparente. Usando sistemas de reputação com base no capital social e econômico de uma pessoa, suas ações, e outros atributos de reputação, as seguradoras terão uma ideia mais clara do risco atual e poderão tomar decisões sustentadas em mais informação.

8. Contabilização de valor: a contabilidade é a medição, processamento e comunicação de informações financeiras sobre entidades econômicas. É uma indústria de bilhões de dólares controlada por quatro empresas de auditoria gigantescas – Deloitte Touche Tohmatsu, PricewaterhouseCoopers, Ernst & Young e KPMG. As práticas contábeis tradicionais não sobreviverão à velocidade e à complexidade das finanças modernas. Novos métodos contabilísticos usando a contabilidade distribuída do Blockchain farão auditorias e relatórios financeiros transparentes e em tempo real. Ele também irá melhorar drasticamente a capacidade dos reguladores e de outras partes interessadas para analisarem as ações financeiras dentro de uma corporação.

DAS BOLSAS DE VALORES PARA BOLSAS DE BLOCOS

"Wall Street tem de acordar urgentemente",[17] disse Austin Hill para o Blockstream. Se referindo ao profundo interesse da indústria financeira em tecnologias Blockchain. Considere Blythe Masters, uma das pessoas mais poderosas de Wall Street. Ela transformou a mesa de derivativos e commodities do JPMorgan em um rolo compressor global dando início ao mercado de derivativos. Depois de uma breve pseudo-aposentadoria se juntou a uma startup com sede em Nova York, a Digital Asset Holdings, como CEO. A decisão surpreendeu a muitos. Ela entendeu que o Blockchain iria transformar o seu negócio como a internet transformou outras indústrias: "Eu a levaria tão a sério como você deveria ter levado o conceito da internet na década de 1990. É um grande negócio que mudará a maneira como nosso mundo financeiro opera".[18]

Masters tinha ignorado muitas das primeiras histórias do Bitcoin, explorado por traficantes de drogas, aproveitado por jogadores e ovacionado pelos libertários como a criação de uma nova ordem mundial. Isso mudou no final de 2014. Masters contou: "Tive um *insight*, quando comecei a apreciar as potenciais implicações da tecnologia para o mundo que conhecia bem. Enquanto a aplicação da criptomoeda na tecnologia de livros-razão distribuídos foi interessante e teve efeito nos pagamentos, a tecnologia de

AS OITO FUNÇÕES DE OURO

As transformações do Blockchain nos serviços financeiros

	FUNÇÃO	O IMPACTO DO BLOCKCHAIN	PARTE INTERESSADA
1	**Autenticando identidade e valor**	Identidades verificáveis e sólidas, criptograficamente garantidas.	Agências de classificação, de análise de dados do consumidor, marketing, banco de varejo, banco de atacados, redes de cartões de pagamento, reguladoras
2	**Movimentando valor** – fazer um pagamento, transferir dinheiro e adquirir produtos e serviços	Transferência de valor em incrementos muito grandes e muito pequenos sem intermediário irá reduzir drasticamente o custo e velocidade dos pagamentos.	Banco de varejo, banco por atacado, redes de cartões de pagamento, serviços de transferência de dinheiro, telecomunicações, reguladoras
3	**Armazenando valor** – moedas, commodities e ativos financeiros são reservas de valor. Um cofre, uma conta de poupança ou uma conta-corrente. Fundos do mercado monetário ou Títulos do Tesouro	Mecanismos de pagamentos combinados com a guarda segura e confiável de valor reduz a necessidade de serviços financeiros típicos; poupança bancária e contas-correntes ficarão obsoletas.	Bancos de varejo, corretoras, bancos de investimento, gestão de ativos, telecomunicações, reguladores
4	**Emprestando valor** – débito em cartão de crédito, hipotecas, títulos corporativos, títulos municipais, títulos governamentais, títulos garantidos por ativos e outras formas de crédito	A dívida pode ser emitida, trocada e regularizada no Blockchain; aumenta a eficiência, reduz o atrito, melhora o risco sistêmico. Os consumidores podem utilizar sua reputação para acessar empréstimos de seus pares; o que é significativo para um mundo sem conta bancária e para os empreendedores.	Bancos atacadistas, comerciais e de varejo, finanças públicas (isto é, financiamento do governo), microempréstimos, crowdfunding, reguladoras, agências de classificação de risco de crédito, empresas de software de avaliação de crédito
5	**Trocando valor** – especulação, hedging e arbitragem. Ordens correspondentes, compensação de transações, gestão de garantias e valorização, liquidação e custódia	O Blockchain leva o tempo de liquidação de todas as transações de dias e semanas para minutos e segundos. Essa velocidade e eficiência também criam oportunidades para que as pessoas sem conta e acesso bancário participem da criação de riqueza.	Investimento, banco por atacado, operadores de câmbio, fundos especulativos, fundos de pensão, corretagem de varejo, câmaras de compensação, ações, futuros, bolsas de mercadorias; corretoras de commodities, bancos centrais, reguladoras
6	**Financiamento e investimento em um ativo, companhia, startup** – valorização do capital, dividendos, juros, aluguel ou alguma combinação	Novos modelos de financiamento ponto a ponto, registros de ações corporativas como dividendos pagos automaticamente por meio de contratos inteligentes. Registro de títulos para automatizar reivindicações de renda e outras formas de rendimento.	Bancos de investimento, capital de risco, jurídico, auditoria, gestão da propriedade, bolsas de valores, crowdfunding, reguladores
7	**Garantindo valor e gerenciando risco** – proteja ativos, lares, vidas, saúde, propriedade empresarial, e práticas de negócios, produtos derivativos	Usando sistemas de reputação, seguradoras irão estimar melhor o risco atuarial, criando mercados descentralizados para seguros. Derivativos mais transparentes.	Seguros, gestão de riscos, bancos de atacado, corretagem, câmaras de compensação, reguladores.
8	**Contabilidade para valor** – nova governança corporativa.	O livro-razão distribuído fará auditoria e relatórios financeiros em tempo real, responsivos e transparentes, irá melhorar drasticamente a capacidade das reguladoras para fiscalizar as ações financeiras dentro de uma corporação.	Auditoria, gestão de ativos, guardiões dos acionistas, reguladores

banco de dados subjacente em si tinha decorrências muito mais amplas."[19] De acordo com Masters, o Blockchain poderia reduzir ineficiências e custos", dando a possibilidade de múltiplas partes contarem com a mesma informação, em vez de ter de duplicar, replicar e conciliar. "Como um mecanismo para compartilhar, descentralizar e replicar registros de transação, o Blockchain é uma "fonte de ouro", diz ela.[20]

"Tenha em mente que as infraestruturas de serviços financeiros não evoluíram em décadas. O *front-end* tem evoluído, mas não do processo o *Back-end* do processo", diz Masters. "Tem sido uma corrida armamentista no investimento em tecnologia orientada para acelerar a execução da transação de modo que, hoje em dia, as vantagens competitivas sejam mensuradas em frações de nanossegundos. A ironia é que a infraestrutura da pós-transação realmente não evoluiu muito. Isso ainda leva dias e, em alguns casos, semanas de atraso para que se faça o processamento pós-transação que realmente irá resolver as transações financeiras e manter os seus registros."[21]

Masters não está sozinha em seu entusiasmo pela tecnologia Blockchain. O CEO da NASDAQ, Bob Greifeld, disse: "Eu sou um grande crente da capacidade da tecnologia Blockchain efetuar a mudança fundamental na infraestrutura da indústria de serviços financeiros".[22] Greifeld está integrando a tecnologia de contabilidade distribuída do Blockchain na plataforma de mercados privados da NASDAQ através de um programa chamado NASDAQ Linq. As Bolsas são mercados centralizados de valores mobiliários e elas também estão maduras para a disrupção. Em 1º de janeiro de 2016, a NASDAQ Linq completou sua primeira negociação no Blockchain. De acordo com a Blockstream de Hill, uma das maiores administradoras de ativos do mundo, "temos mais gente dedicada ao grupo de inovação Blockchain do que em toda a nossa empresa". A empresa de Hill levantou mais de US$ 75 milhões e emprega mais de vinte pessoas. "Esses caras estão determinados em compreender como podem usar a tecnologia para mudar a forma como fazem negócios."[23] A NYSE, Goldman Sachs, Santander, Deloitte, RBC, Barclays, UBS, e praticamente todas as grandes empresas financeiras globais têm desenvolvido um sério interesse similar. Em 2015, a opinião de Wall Street sobre a tecnologia Blockchain tornou-se universalmente positiva: em um estudo, 94% dos entrevistados disseram que o Blockchain poderia desempenhar um papel importante nas finanças.[24]

Embora muitas outras aplicações despertem o interesse de Wall Street, o que interessa aos executivos financeiros de todos os lugares é a noção de se usar o Blockchain para processar todo o mercado de uma maneira segura do início ao fim, o que poderia reduzir radicalmente os custos, aumentar a velocidade e a eficiência, e mitigar os riscos em seus negócios. Masters explicou: "Todo o ciclo de vida de uma transação, incluindo a sua execução, a rede das várias transações, umas contra as outras, a reconciliação de quem fez o quê com quem e se concordam, pode ocorrer no nível de entrada da transação muito mais cedo na construção do processo do que ocorre no mercado financeiro tradicional".[25] Greifeld colocou desta forma: "Nós atualmente liquidamos negociações 'D + 3' (isto é, três dias). Por que não resolver em cinco a dez minutos?".[26]

Wall Street negocia no risco, e esta tecnologia pode reduzir substancialmente o risco de contraparte, de liquidação e o risco sistêmico em todo o sistema. Jesse McWaters, que lidera a inovação financeira no Fórum Econômico Mundial, nos disse: "O mais emocionante sobre a tecnologia de contabilidade distribuída é como a rastreabilidade pode melhorar a estabilidade sistêmica". Ele acredita que essas "novas ferramentas permitem às reguladoras usarem um toque mais leve".[27] A natureza pública do Blockchain - sua transparência, sua capacidade de pesquisa - além de sua liquidação automatizada e chancelas de tempo imutáveis permitem às reguladoras ver o que está acontecendo, mesmo configurando alertas para que elas não percam nada.

O ACORDO DE DR. FAUSTO DO BLOCKCHAIN

Bancos e transparência raramente andam de mãos dadas. A maioria dos atores financeiros ganha vantagem competitiva das assimetrias de informação e maior know-how do que suas contrapartes. No entanto, o Blockchain do Bitcoin foi construído como um sistema radicalmente transparente. Para os bancos, isso significa abrir o quimono, por assim dizer. Então, como vamos conciliar uma plataforma aberta com a política de portas fechadas dos bancos?

Austin Hill chamou de "Barganha Faustiana" de Wall Street, um trade-off oneroso.[28] "As pessoas adoram a ideia de não ter de esperar três dias para liquidar transações, mas tê-las liquidadas em poucos minutos e sabendo que elas são finais e verdadeiras", disse Hill. "A contrapartida para isso é todas as transações no Blockchain do Bitcoin são completamente públicas. Isso apavora várias pessoas em Wall Street. "A solução? transações confidenciais sobre os chamados Blockchains permissionados, também conhecidos como Blockchains privados. Considerando que o Blockchain do Bitcoin é totalmente aberto e não permissionado, isto é, qualquer pessoa pode acessá-lo e interagir com ele. Blockchains permissionados exigem que os usuários tenham certas credenciais, dando-lhes uma licença para operar naquele Blockchain particular. Hill tem desenvolvido a tecnologia em que só algumas partes interessadas veem os vários componentes de uma transação e podem garantir a sua integridade.

À primeira vista, Blockchains privados e permissionados parecem ter algumas vantagens claras. Por um lado, os seus membros podem facilmente mudar as regras do Blockchain se assim o desejar. Os custos podem ser mantidos baixos, pois as transações precisam apenas da validação dos próprios membros, eliminando a necessidade de mineradores anônimos que usam muita eletricidade. Também, porque todas as partes são confiáveis, um ataque de 51% é improvável. Os nós podem ser confiáveis por serem bem conectados, visto que na maioria dos casos de uso são grandes instituições financeiras. Além disso, eles são mais fáceis de monitorar pelos reguladores. No entanto, essas vantagens também criam pontos fracos. Quanto mais fácil mudar as regras, maior a probalidade de um membro poder desprezá-las. Blockchains privados também previnem os efeitos de rede, permitindo que uma tecnologia escale rapidamente. Limitar intencionalmente certas liberdades através da criação de novas regras pode inibir a neutralidade. Finalmente, sem qualquer inovação de valor aberta, é mais provável a tecnologia estagnar e tornar-se vulnerável.[29] Isso não quer dizer que Blockchains privados não irão florescer, mas os stakeholders de serviços financeiros ainda devem levar essas preocupações a sério.

Ripple Labs, que ganhou força nos círculos bancários, está desenvolvendo outras formas inteligentes para atenuar a barganha faustiana. "Ripple Labs destina-se a serviços bancários de atacado, e usamos um método de consenso em vez de um sistema de prova-de-trabalho", disse o CEO Chris Larsen, o que significa que não há mineradores e que os nós anônimos não estão validando as transações.[30] A empresa Chain tem a sua própria estratégia. Com US$ 30 milhões em financiamento da Visa, NASDAQ, Citi, Capital One, Fiserv e Orange, os planos da Chain estão na construção de soluções Blockchain focadas nas empresas, tendo como alvo a indústria de serviços financeiros em primeiro lugar, a qual já tem um acordo com o NASDAQ. "Todos os ativos no futuro serão instrumentos ao portador digitais em execução em vários Blockchains", argumentou o CEO da Chain, Adam Ludwin. Mas este não será o mundo em silos que Wall Street está acostumado, "porque todo mundo está construindo sobre as mesmas especificações abertas."[31] Wall Streeters podem querer capturar esta tecnologia, mas eles terão de lidar com a inovação de valor, que permite algo que não podemos controlar ou prever.

Masters também vê as virtudes de Blockchains permissionados. Para ela, apenas um pequeno círculo de parceiros comerciais, alguns fornecedores, outras contrapartes e os reguladores precisam ter acesso. Aqueles selecionarão poucos escolhidos e serão concedidas credenciais para o Blockchain. Para Masters, "livros-razão com permissão têm a vantagem de nunca expor uma instituição financeira regulamentada ao risco de qualquer transação com um desconhecido, uma atividade inaceitável do ponto de vista regulatório, ou criar uma dependência de um fornecedor de serviços desconhecido, como um processador de transação, também inaceitável do ponto de vista regulamentar".[32] Estes Blockchains permissionados, ou Blockchains privados, apelam para instituições financeiras tradicionais desconfiadas do Bitcoin e a tudo associado a ele.

Enquanto Blythe Masters é a CEO de uma startup, seu grande interesse representa maior envolvimento dos atores financeiros tradicionais neste setor. Essa inclusão de novas tecnologias reflete uma preocupação crescente de que startups tecnológicas também possam derrubar a alta finança. Para Eric Piscini da Deloitte, cujos clientes foram submetidos a um grande despertar em relação ao ano passado, o "súbito interesse em tecnologia não era algo que alguém estava esperando".[33] O entusiasmo está se espalhando como um contágio em algumas das maiores e mais antigas instituições financeiras no mundo.

A Barclays é uma das dezenas de instituições financeiras que exploram oportunidades em tecnologia Blockchain. De acordo com Derek White, designer chefe de projeto e diretor digital da Barclays, "tecnologias como o Blockchain estão vindo para remodelar a nossa indústria". White está construindo uma plataforma de inovação aberta que permitirá ao banco envolver uma grande variedade de construtores e pensadores nesta indústria. "Estamos ansiosos para sermos formadores. Mas também estamos ansiosos para nos conectar com os formadores e os tradutores dessas tecnologias", disse ele.[34] A Barclays está colocando seu dinheiro onde sua boca está, cortando dezenas de milhares de postos de trabalho em áreas tradicionais e dobrando a aposta em tecnologia, notadamente com o lançamento do Barclays Accelerator. De acordo com White, "três das dez empresas em nosso último grupo foram empresas Blockchain ou Bitcoin. Blockchain é a maior evidência do mundo movendo-se de sistemas fechados para sistemas abertos e tem enorme impacto potencial sobre o futuro não apenas de serviços financeiros, mas de muitas indústrias".[35] Bancos falando sobre sistemas abertos. Meu Deus!

A UTILIDADE FINANCEIRA

No outono de 2015, nove dos maiores bancos do mundo – Barclays, JP-Morgan, Credit Suisse, Goldman Sachs, State Street, UBS, Royal Bank of Scotland, BBVA e Commonwealth Bank of Australia – anunciaram um plano para colaborar em normas comuns para a tecnologia Blockchain, apelidado de Consórcio R3. Trinta e dois mais, desde então, juntaram-se ao esforço e há poucas semanas semanas um novo lote dos Quem é Quem da indústria adere ao consórcio.[36] Questões permanecem sobre a seriedade com que estes bancos estão tomando a iniciativa. Afinal, a barreira para entrar para o grupo é um compromisso de apenas US$ 250 mil, mas a formação da R3 representa um salto claro para a frente, para essa indústria. O estabelecimento de normas é fundamental para acelerar a adoção e o uso de uma nova tecnologia e, por isso, estamos otimistas sobre a iniciativa. O R3 tem mexido com alguns dos principais visionários e profissionais técnicos do setor para mover a bola para a frente. Mike Hearn juntou-se em novembro, somando-se a uma equipe que inclui Richard Gendal Brown, ex-arquiteto executivo para a inovação do setor bancário da IBM, e James Carlyle, agora engenheiro-chefe da R3 e ex-engenheiro-chefe do Barclays.[37]

Em dezembro de 2015, a Linux Foundation, em colaboração com um grupo enorme de parceiros corporativos ainda maiores no mercado, lançou mais uma iniciativa Blockchain, apelidado de Hyperledger Project. Este não é um concorrente para o R3; na verdade, o Hyperledger Project conta com o R3 como membro fundador, juntamente com a Accenture, Cisco, CLS, Deutsche Börse, Digital Asset Holdings, DTCC, a Fujitsu Limited, IC3, IBM, Intel, JPMorgan, Group London Stock Exchange, Mitsubishi UFJ Financial Group (MUFG), State Street, SWIFT, VMware e Wells Fargo.[38] Entretanto, ele demonstra a seriedade com que a indústria está adotando essa tecnologia e também como é relutante em utilizar abertamente Blockchains descentralizados,como o do Bitcoin. Ao contrário do R3, o Hyperledger Project é um projeto de código aberto, que encarregou uma comunidade para desenvolver uma "Blockchain para negócios". Isso é certamente louvável e pode muito bem funcionar. Mas não se engane: este é um projeto de código aberto projetado para construir tecnologias fechadas, por exemplo, limitando o número de nós em uma rede ou exigindo credenciais. Tal como acontece com o R3, uma das prioridades da Hyperledger é definir normas. David Treat da Accenture, um dos membros fundadores do grupo, disse: "A chave para esta viagem é ter normas e plataformas comuns que são utilizadas por todos os participantes da indústria".

O Blockchain também abriu uma discussão mais ampla sobre o papel dos governos na supervisão da indústria de serviços financeiros. A "conveniência" suscita imagens de monopólios naturais, altamente regulamentados pelo Estado. No entanto, porque a tecnologia Blockchain promete reduzir riscos e aumentar a transparência e a capacidade de resposta, alguns players da indústria sugerem que a tecnologia em si funciona como uma regulamentação.[39] Se os reguladores podem observar o funcionamento interno dos bancos e mercados, então certamente podemos simplificar algumas leis e revogar outras, certo? Essa é uma pergunta difícil de responder. Por um lado, os reguladores terão de repensar o seu papel de supervisão, dado o ritmo vertiginoso da inovação. Por outro lado, os bancos têm um histórico de agir sem integridade quando o governo está a alguns passos de distância.

Irão os grandes bancos reinar implantando o Blockchain sem o Bitcoin, escolhendo elementos da tecnologia do livro-razão distribuído e aplicá-la em modelos de negócios existentes? O R3 é apenas um dos muitos sinais dos bancos se movendo nessa direção. Em 19 de novembro de 2015, o Goldman Sachs registrou uma patente para "métodos para a compensação de valores mobiliários em mercados financeiros, utilizando distribuição, ponto a ponto e técnicas de criptografia", usando uma moeda própria chamada SETLcoin.[40] A ironia de um banco patentear uma tecnologia inicialmente concebida como um presente de código aberto para o mundo não passou despercibida para nós, nem deve passar para você. Talvez seja isso que Andreas Antonopolous temia quando advertiu em público que os bancos iriam transformar o Bitcoin de "punk rock para jazz suave"?[41] Ou, talvez, os bancos terão de competir com produtos de ponta e serviços entre tipos de organizações radicalmente diferentes, cujos líderes se opõem a tudo o que essas empresas representam.

O serviço financeiro do futuro poderia ser um jardim murado e bem preparado, obtido por um conluio de stakeholders influentes, ou poderia ser um ecossistema orgânico e espaçoso, em que fortunas econômicas das pessoas crescem onde quer que haja luz. O debate continua, mas se a experiência da primeira geração da internet nos ensinou alguma coisa, é que os sistemas abertos escalam mais facilmente do que os fechados.

O APP BANCÁRIO: QUEM GANHARÁ NOS BANCOS DE VAREJO

O Google do capital é o que Jeremy Allaire está construindo, "uma empresa de finanças ao consumidor fornecendo produtos aos consumidores para guardar dinheiro, enviar dinheiro, enviar e receber pagamentos; os serviços fundamentais que as pessoas esperam de um banco de varejo".[42] Ele vê como um serviço poderoso, imediato e gratuito para qualquer pessoa com acesso a um dispositivo com internet. Sua empresa, a Circle Internet Financial, é um dos maiores e mais bem financiados empreendimentos no mercado.

Chame a Circle do que quiser, só não a chame de empresa de Bitcoin. "A Amazon não era uma empresa HTTP e o Google não era uma empresa SMTP. A Circle não é uma empresa de Bitcoin", disse Allaire. "Nós olhamos para o Bitcoin como uma próxima geração de protocolos fundamentais da internet que serão usadas na sociedade e na economia".[43]

Allaire vê os serviços financeiros como os últimos redutos, e talvez o maior prêmio, a ser fundamentalmente transformado pela tecnologia, "Se você olhar para os bancos de varejo, há três ou quatro coisas que eles fazem, uma delas é que eles fornecem um lugar para armazenar o valor, a segunda é que eles proporcionam algumas facilidades de pagamento e por fim, eles estendem o crédito e fornecem um lugar para você armazenar riqueza e gerar renda potencial".[44] Sua visão: "Dentro de três a cinco anos, as pessoas deverão ser capazes de baixar um aplicativo, guardar valores digitalmente em qualquer moeda que elas desejarem – dolar, euro, iene, yuan – bem como em moedas digitais, e ser capaz de fazer os pagamentos imediatamente ou quase imediatamente, com interoperabilidade global, com um elevado nível de segurança e sem vazamento de privacidade e mais importante ainda, elas serão livres".[45] Como a internet transformou serviços de informação, o Blockchain transformará serviços financeiros, instigando inimagináveis novas possibilidades.

De acordo com Allaire, os benefícios da tecnologia Blockchain são a compensação instântanea, a interoperabilidade global, os altos níveis de segurança e a quase isenção de custo das transações. Ela beneficia a todos, seja você uma pessoa ou um negócio. E qual o seu plano para fazer tudo grátis? Heresia! Dizem os banqueiros do mundo. Certamente, Goldman Sachs e a empresa de venture chinesa, IDG, não comprometeram US$ 50 milhões para criar uma empresa sem fins lucrativos ou de benefício público![46] "Se formos bem-sucedidos na construção de uma franquia global com dezenas de milhões de usuários e estando sentados no centro do comportamento de transação dos usuários, então nós estaremos sentados em alguns recursos poderosos." Allaire espera que a Circle tenha "as capacidades básicas para oferecer outros produtos financeiros". Embora ele não iria falar disso especificamente, os dados financeiros de milhões de clientes poderiam se tornar mais valiosos para a empresa do que seus ativos financeiros. "Queremos reinventar a experiência dos consumidores e sua relação com o dinheiro, dar-lhes a escolha de como o dinheiro é usado e aplicado e como eles podem gerar dinheiro a partir de seu dinheiro."[47] Líderes do velho paradigma, tomem nota.

Empresas como a Circle estão livres de herança e cultura. Sua nova abordagem pode ser uma grande vantagem. Muitos dos grandes inovadores do passado eram outsiders consumados. A Netflix não foi inventada pela Blockbuster. O iTunes não foi inventado pela Tower Records. A Amazon não foi inventada pela Barnes & Noble – você captou a ideia.

Stephen Pair, CEO da BitPay, um pioneiro na indústria, acredita que os recém-chegados têm uma vantagem distinta. "Emissão de bens fungíveis, como ações, obrigações e moedas no Blockchain e construir a infraestrutura necessária para escalá-la e torná-la comercial não requerem o currículo de um banqueiro", disse ele. Por um lado, "Você não precisa de toda herança da infraestrutura ou instituições que compõem Wall Street hoje... Não apenas você pode emitir esses ativos no Blockchain, mas pode criar sistemas onde eu possa ter uma transação atômica instantânea, onde eu poderia ter ações da Apple na minha carteira e eu quero comprar algo de você. Mas você quer dólares. Com essa plataforma posso entrar em uma única transação atômica (i.e., todos ou nenhum) e usar minhas ações da Apple para lhe enviar dólares."[48]

É realmente assim tão fácil? A batalha para reinventar a indústria de serviços financeiros difere da batalha pelo e-commerce nos primeiros dias da Web. Para empresas como a de Allaire escalar, elas devem facilitar uma das maiores transferências de valor na história da humanidade, movendo trilhões de dólares de milhões de contas bancárias tradicionais para milhões de carteiras digitais da Circle. Não é tão fácil. Bancos, apesar de seu entusiasmo pelo Blockchain, têm sido cautelosos com essas empresas, argumentando que empresas Blockchain são comerciantes de "alto risco". Talvez sua relutância decorra do medo de apressar a sua própria morte. Intermediários surgiram entre os antigos e novos mundos. Vogogo, uma empresa canadense, já está trabalhando com Coinbase, Kraken, BitPay, Bitstamp, e outros para abrir contas bancárias, atender aos padrões de conformidade e permitir aos clientes transferir dinheiro para carteiras Bitcoin através dos métodos de pagamento tradicionais.[49] Oh, a ironia. Considerando que Amazon poderia ultrapassar varejistas estabelecidos com facilidade, os líderes deste novo paradigma devem ser bonzinhos com os líderes do antigo.

Talvez precisemos de um banqueiro com a vontade do Vale do Silício para experimentar. Suresh Ramamurthi se encaixa nesse projeto. O indiano ex-executivo da Google e engenheiro de software surpreendeu a muitos quando decidiu comprar o CBW Bank em Wier, Kansas, população de 650 pessoas. Para ele, este pequeno banco local foi um laboratório para utilizar o protocolo do Blockchain e linhas de pagamento baseadas em Bitcoin para pagamentos de remessas internacionais gratuitas. Em sua opinião, os candidatos a empresários Blockchain que não entendem as nuances de serviços financeiros estão condenados ao fracasso. Ele disse: "Eles estão desenhando uma janela no edifício. Fazendo com que pareça agradável e colorido. Mas você não pode avaliar o problema do lado de fora. Você precisa falar com alguém do interior do edifício, que conhece o encanamento".[50] Nos últimos cinco anos, Suresh tem servido como CEO do banco, CIO, diretor de conformidade, caixa, faxineiro e, sim, encanador. Suresh agora conhece o "encanamento" dos bancos.

Muitos veteranos de Wall Street não veem uma batalha entre o velho e o novo. Blythe Masters acredita que há "pelo menos tantas maneiras para os bancos melhorarem a eficiência e as operações de Wall Street como há oportunidades para ruptura de novos concorrentes".[51] Não podemos deixar de sentir as marés voltando-se para o radicalmente novo. É por isso que as três grandes redes de TV não propuseram o YouTube, as três grandes montadoras não apareceram com o Uber, e as três grandes redes de hotéis não surgiram com o Airbnb. No momento em que os mais importantes executivos da Fortune 1000 decidirem prosseguir em uma nova via de crescimento, um novo concorrente já os atropelou com velocidade, agilidade e uma oferta superior. Independentemente de quem esteja por cima, a colisão entre a força incontrolável da evolução tecnológica e do objeto imóvel dos serviços financeiros, a indústria mais enraizada no mundo, promete ser intensa.

TRADUTOR DO GOOGLE PARA NEGÓCIOS: NOVOS PARÂMETROS PARA CONTABILIDADE E GOVERNANÇA CORPORATIVA

"Contadores são como cogumelos – eles são mantidos no escuro e alimentados por merda", [52] disse Tom Mornini, CEO da Subledger, uma startup visando o setor de contabilidade. A contabilidade ficou conhecida como a linguagem das finanças, incompreensível para todos, exceto por alguns discípulos. Se cada transação está disponível em um livro-razão compartilhado, distribuído globalmente, então por que precisamos de contabilidades públicas para traduzir para nós?

A contabilidade moderna saiu da mente curiosa de Luca Pacioli na Itália, durante o século XV. Sua invenção aparentemente simples era uma fórmula conhecida como contabilidade de dupla entrada, onde cada transação tem dois efeitos sobre cada participante, isto é, cada um deve entrar tanto com um débito quanto com um crédito no balanço, o livro-razão de ativos e passivos corporativos. Ao codificar essas regras, Pacioli forneceu ordem a uma prática de outra forma ad hoc, que impedia as empresas de crescer.

Ronald Coase pensou que contabilidade parecia uma seita. Enquanto estudava na London School of Economics, Coase viu "aspectos de uma religião" na prática. "Os livros confiados aos cuidados dos contadores eram aparentemente livros sagrados." Estudantes de contabilidade consideravam seus desafios como um "sacrilégio".[53] Como ele ousa questionar seus "muitos métodos de cálculo de depreciação, valorização de inventários, alocação de custos, e assim por diante, todos os quais deram diferentes resultados, mas todos eram práticas perfeitamente aceitáveis de contabilidade", e outras práticas quase idênticas que foram, no entanto, consideradas totalmente "não respeitáveis". Então Tom Mornini não é, de maneira nenhuma, o primeiro a criticar a profissão.

Vemos quatro problemas com a contabilidade moderna. Em primeiro lugar, o regime atual depende de gestores para jurar que seus livros estão em ordem. Dezenas de casos de grande repercussão – Enron, AIG, Lehman Brothers, WorldCom, Tyco e Toshiba – mostram que o gerenciamento nem sempre age com integridade. A ganância muitas vezes toma o melhor das pessoas. Nepotismo, corrupção, relatórios falsos de falências precipitadas, demissões e quebras do mercado, mas também elevados custos de capital e rédeas mais apertadas sobre o patrimônio.[54]

Em segundo lugar, o erro humano é a principal causa de erros de contabilidade, segundo a AccountingWEB. Frequentemente os problemas começam quando Randy, das finanças, digita um número errado em uma planilha e, como uma borboleta batendo suas asas, o pequeno erro se torna um grande problema, uma vez que fatora os cálculos em todas as demonstrações financeiras.[55] Quase 28% dos profissionais relataram que as pessoas inseriram dados incorretos nos sistemas de suas empresas.[56]

Em terceiro lugar, as novas regras, tais como Sarbanes-Oxley têm feito pouco para reduzir fraude contábil. Se fizeram alguma coisa, a crescente complexidade das empresas, transações mais multifacetadas e a velocidade do comércio moderno criam novas maneiras de esconder irregularidades.

Em quarto lugar, os métodos de contabilidade tradicionais não conseguem conciliar novos modelos de negócios. Por exemplo, as transações micro. A maioria dos softwares de auditoria permite duas casas decimais (isto é, um centavo), inúteis para microtransações de qualquer tipo.

Contabilidade – a medição, o processamento e a comunicação de informações financeiras – não é o problema. Ela realiza uma função crítica na economia de hoje. No entanto, a aplicação dos métodos de contabilidade devem acompanhar a era moderna. Considere que nos dias de Pacioli, as auditorias eram feitas diariamente. Hoje elas acontecem com os ciclos da Lua e com as estações do ano. Nomeie outra indústria onde 500 anos de avanço tecnológico aumentaram o tempo que leva para completar uma tarefa em 9.000%.

O livro-razão mundial

Hoje, as empresas gravam um débito e um crédito em cada transação – duas entradas, portanto, contabilidade de dupla entrada. Eles poderiam facilmente adicionar uma terceira entrada para o livro-razão mundial, instantaneamente acessível para aqueles que precisam ver – acionistas, auditores ou reguladores da companhia. Imagine que, quando uma empresa grande, como a Apple, vende produtos, compra matéria-prima, paga seus empregados ou faz a contabilidade de ativos e passivos em seu balanço, o livro-razão mundial registra a transação e publica um recibo com data e hora em um Blockchain. Os relatórios financeiros de uma empresa se tornariam um livro-razão vivo - auditável, pesquisável e verificável. Gerar qualquer demonstração financeira em um minuto deveria ser tão simples quanto uma função de planilha, onde o clique de um botão lhe dá uma demonstração financeira imutável, completa, pesquisável e livre de erro. As empresas podem não querer que todos vejam esses números, e assim os executivos poderiam dar permissão de acesso apenas para reguladores, gestores e outras partes interessadas.

Muitos na indústria veem as implicações inerentes ao livro-razão mundial para a contabilidade. De acordo com Simon Taylor, do Barclays, tal livro-razão poderia simplificar a conformidade do banco com os reguladores e reduzir riscos. "Nós fazemos um monte de relatórios regulamentórios nos quais estamos basicamente dizendo, aqui está tudo o que fizemos, porque o que nós fizemos fica dentro de um sistema que ninguém mais pode ver."[57] Um livro-razão mundial e um registro transparente de tudo "significa que um regulador teria acesso à mesma camada da base de dados. Isso significaria menos trabalho, menos custo, e poderíamos prestar contas em tempo quase real. Isso é realmente poderoso."[58] Para Jeremy Allaire da Circle, os reguladores seriam os maiores beneficiários. "Examinadores bancários tiveram de confiar em livros-razão próprios e sistemas de contabilidade financeiros opacos, controlados de forma privada para fazer o seu trabalho - os 'livros e registros,'" disse Allaire. "Com um livro-razão público e compartilhado, auditores e examinadores bancários poderiam ter formas de análise automatizadas para olhar para a saúde básica de um balanço e a robustez de uma empresa - uma inovação poderosa que poderia automatizar partes significativas da regulação, bem como da auditoria e da contabilidade."[59]

Isso aquece a integridade dentro no sistema. "Toda fraude se tornaria muito mais difícil. Você tem de fazer a fraude em uma base contínua sem poder, em momento algum, voltar e alterar seus registros", disse Christian Lundkvist, da Balanc3, uma startup de contabilidade de tripla entrada, baseada no Ethereum.[60] Austin Monte argumentou, "um livro-razão que é constantemente auditado e verificado denota que você não tem de confiar nos livros de parceiros; há integridade nas declarações ou nos registos de transação, porque a própria rede os está verificando. É como uma auditoria, *a priori*, contínua e realizada criptograficamente. Você não está confiando na PricewaterhouseCoopers ou na Deloitte. Não há risco de contrapartes. Se o livro-razão diz que isso é verdade, então é verdade".[61]

A Deloitte, uma das quatro maiores empresas de contabilidade do mundo, está buscando compreender o impacto do Blockchain. Eric Piscini, que dirige o centro de criptomoeda da Deloitte, fala aos clientes que o Blockchain é "um grande risco para o seu próprio modelo de negócio, porque a atividade bancária atual é administrar o risco. Se amanhã esse risco desaparecer, o que você fará?"[62] A auditoria de negócios está madura demais para a disrupção, e a auditoria é a terceira receita da Deloitte.[63] Piscini disse: "Isso é uma quebra para o nosso próprio modelo de negócio, certo? Atualmente nós gastamos muito tempo auditando companhias, e cobramos taxas de acordo com esse tempo. Amanhã, se esse processo for completamente racionalizado porque há um carimbo de tempo no Blockchain, isso mudará a nossa forma de auditar corporações".[64] Ou talvez eliminará totalmente as empresas de auditoria?

A Deloitte desenvolveu uma solução chamada PermaRec (de Permanent Record), segundo a qual a "Deloitte iria gravar essas transações no Blockchain e seria então capaz de auditar um dos dois parceiros, ou ambos, muito rapidamente, porque essa transação é registrada".[65] Mas se a terceira entrada no Blockchain – data carimbada e pronta para todos verem – acontece automaticamente, qualquer um, em qualquer lugar, poderia determinar se os livros estão equilibrados. Por outro lado, a área de mais rápido crescimento para a Deloitte e as outras três grandes empresas de auditoria é a de serviços de consultoria. Muitos clientes já estão coçando a cabeça por causa do Blockchain. Essa perplexidade oferece oportunidades para a migração na cadeia de valor consultiva.

Mornini, um empreendedor corajoso que se autodescreve como "eterno otimista", comparou a contabilidade periódica a "ver uma pessoa se levantar e dançar na frente de uma luz estroboscópica. Você sabe que ela está dançando, mas você não consegue descobrir exatamente o que está acontecendo. E parece interessante, mas é difícil descobrir todos os passos no meio".[66] Contabilidade periódica dá um instantâneo. Auditoria é, por definição, um processo retrógrado. A criação de um quadro completo da saúde financeira de uma empresa, olhando para demonstrações financeiras periódicas, é como transformar um hambúrguer em uma vaca.

De acordo com Mornini, a maioria das grandes empresas nunca iria querer um registro de contabilidade totalmente transparente no domínio público ou mesmo facilmente acessível a pessoas com privilégios especiais, como auditores ou reguladores. As finanças de uma empresa são um dos seus segredos mais bem guardados. Além disso, muitas empresas querem assegurar que o gerenciamento tenha um certo grau de flexibilidade na forma como ela é responsável por alguns itens, tais como a maneira de reconhecer a receita, depreciar um ativo ou ser responsável pela avaliação do Goodwill.

Mas Mornini acredita que as empresas se beneficiariam de uma maior transparência – não só em termos de simplificar o departamento financeiro ou a reduzir o custo da auditoria, mas na maneira como o mercado valoriza sua empresa. Ele disse: "A primeira empresa pública com esse sistema em vigor verá uma vantagem significativa no preço por ação, ou na relação preço e ganhos, sobre outras empresas os investidores têm de aguardar ansiosamente o gotejar de informações financeiras, que só estão disponíveis trimestralmente." Depois de tudo, ele argumenta, "Quem vai investir em uma empresa que mostra o que está acontecendo trimestralmente, em comparação a uma que mostra o que está acontecendo o tempo todo?"[67] Será que os investidores irão exigir contabilidade de tripla-entrada para atender aos padrões de governança corporativa? Não é uma pergunta absurda. Muitos investidores institucionais, tais como o Sistema de Aposentadoria dos Funcionários Públicos da Califórnia, desenvolveram rigorosos padrões de governança corporativa, e não irão investir em uma empresa, a menos que essas normas sejam satisfeitas.[68] Contabilidade de tripla-entrada poderia ser a próxima.

Contabilidade de tripla-entrada: a privacidade é para indivíduos, não para empresas

A contabilidade de tripla-entrada não está isenta de céticos. Izabella Kaminska, uma jornalista do *Financial Times*, acredita que a obrigatoriedade da contabilidade de tripla-entrada levará a um número crescente de transações sendo excluídas dos balanços. "Haverá sempre aqueles que se recusam a seguir o protocolo, que fogem e escondem valor secreto em redes paralelas fora da rede, que chamamos de mercado negro, fora do balanço ou sistema bancário paralelo".[69]

Como alguém concilia os itens de contabilidade não baseados em transação, especialmente o reconhecimento de ativos intangíveis? Como vamos rastrear direitos de propriedade intelectual, valor da marca ou até mesmo status de celebridades, como Tom Hanks? Quantos filmes ruins este vencedor do Oscar deve fazer antes que o Blockchain prejudique o valor da marca Hanks?

O argumento para a contabilidade de tripla-entrada não é contra a contabilidade tradicional. Sempre haverá áreas onde iremos precisar de auditores competentes. Mas se a contabilidade de tripla-entrada pode aumentar consideravelmente a transparência e a capacidade de resposta por meio de acumulações em tempo real, registros de transações verificáveis e auditoria instantânea, então o Blockchain poderia resolver muitos dos maiores problemas da contabilidade. A Deloitte vai precisar de alguém para avaliar em tempo real o valor dos intangíveis e realizar as outras funções de contabilidade que o Blockchain não pode, em vez de uma grande força-tarefa de auditores.

Finalmente, um registro imutável de tudo é verdadeiramente desejável? Na Europa, os tribunais estão defendendo o "direito de ser esquecido", fazendo cumprir petições das pessoas para remover a sua história da internet. O mesmo princípio não deveria se aplicar a corporações? Não. Por que os motoristas do Uber são classificados pela satisfação do cliente mas os executivos não? Imagine um mecanismo – vamos chamá-lo de aplicativo de confiança – para gravar feedback em um livro-razão público e manter uma pontuação independente e pesquisável para a integridade corporativa. Dentro da caixa-preta das corporações, a luz do sol é o melhor desinfetante.

A contabilidade de tripla-entrada é a primeira das muitas inovações do Blockchain na governança corporativa. Como muitas instituições na sociedade, nossas empresas estão sofrendo uma crise de legitimidade. Robert Monks, acionista ativista, escreveu: "O capitalismo se tornou uma cleptocracia, dirigida por e para o enriquecimento de CEOs, ou o que eu chamo de reis-gerentes."[70]

O Blockchain devolve poder aos acionistas. Imagine que um token representa um crédito sobre um ativo, uma "BitShare", poderia vir com um ou muitos votos, cada um colorido para uma decisão corporativa particular. As pessoas poderiam votar em seus procuradores, instantaneamente de qualquer lugar, tornando assim o processo de votação para as principais ações das empresas mais ágeis, mais inclusivas e menos sujeitas a manipulação.

Decisões dentro das empresas exigiriam um verdadeiro consenso, várias assinaturas em escala industrial, em que cada acionista detém a chave para o futuro da empresa. Uma vez que o voto ocorra, a decisão, bem como a ata da reunião do conselho, seriam carimbados e registrados em tempo real em um livro-razão imutável.

As corporações não deveriam ter o direito de mudar sua história, de serem esquecidas?[71] Não. Como artefatos da sociedade, as empresas têm responsabilidades que acompanham a sua licença para operar. Na verdade, as empresas têm uma obrigação com a sociedade de publicar toda e qualquer informação sobre as suas transações. Claro, as empresas têm o direito e a obrigação de proteger os seus segredos comerciais e a privacidade de seus funcionários e outras partes interessadas. Mas isso é diferente de privacidade. O aumento da transparência é uma grande oportunidade para os gestores em todos os lugares: defender os mais elevados padrões de governança corporativa, aproveitar o manto de confiança como líderes empresariais, e fazer isso ao abraçar o Blockchain.

REPUTAÇÃO: VOCÊ É A SUA PONTUAÇÃO DE CRÉDITO

Quer você esteja solicitando seu primeiro cartão de crédito, quer esteja a procura de um empréstimo, o banco irá valorizar um número acima de tudo: sua pontuação de crédito. Esse número serve para refletir a sua credibilidade e, portanto, o seu risco de inadimplência. É a junção de um número de fatores, desde há quanto tempo você toma empréstimos até o seu histórico de pagamento. A maioria do crédito de varejo depende disso. Mas o cálculo é profundamente falho. Primeiro, é extremamente limitado. Um jovem, sem histórico de crédito pode ter uma excelente reputação, um histórico de compromissos que satisfaçam ou uma tia rica. Nenhum fator incluído em uma pontuação de crédito. Segundo, a pontuação cria incentivos perversos para os indivíduos. Cada vez mais, as pessoas usam cartões de débito, ou seja, o dinheiro em sua conta. Porque não têm pontuação de crédito, são penalizadas. No entanto, assim mesmo, as empresas de cartão de crédito incentivam as pessoas sem recursos a solicitar cartões de crédito. Terceiro, as pontuações são muito defasadas: as entradas de dados podem ser antigas e ter pouca relevância. Um atraso de pagamento aos vinte anos de idade tem pouca influência sobre o risco de crédito aos cinquenta anos.

FICO, uma empresa americana originalmente chamada Fair, Isaac and Company, domina o mercado dos EUA para a pontuação de crédito, no entanto, ela não leva em conta as informações mais relevantes para a sua análise. Marc Andreessen disse: "O PayPal pode fazer uma pontuação de crédito em tempo real em milissegundos, com base em seu histórico de compra no eBay - e ao que parece, é uma melhor fonte de informações do que o material usado para gerar a sua pontuação no FICO".[72] Esses fatores, combinados com transações, dados de negócios e outros atributos gerados pela tecnologia Blockchain, podem permitir um algoritmo muito mais robusto para a emissão de crédito e gestão de risco.

Qual é a sua reputação? Todos nós temos pelo menos uma. A reputação é fundamental para confiar nos negócios e na vida cotidiana. Até hoje, os intermediários financeiros não usaram reputação como base para estabelecer a confiança entre indivíduos e bancos. Considere um pequeno empresário que quer obter um empréstimo. Geralmente, o administrador do empréstimo irá basear a decisão na documentação da pessoa, uma perspectiva do ponto de identidade e sua pontuação de crédito. É claro que um ser humano é mais do que a soma de um número de RG, local de nascimento, residência e histórico de crédito. No entanto, o banco não sabe, e não se importa, se você é um empregado de confiança, um voluntário ativo, um cidadão engajado ou o treinador da equipe de futebol do seu filho. O administrador do empréstimo pode apreciar você agir com integridade, mas o sistema de pontuação do banco não. Esses componentes da reputação são simplesmente difíceis de formular, documentar e usar, já que os sistemas sociais e econômicos já estão construídos. A maioria destes é etérea e efêmera.

Então, o que fazem os bilhões de pessoas que não têm reputação além do seu círculo social imediato? Onde os serviços financeiros estão disponíveis para os pobres do mundo, muitos não podem cumprir os requisitos de identidade necessários, tais como cartões de identificação, comprovante de residência ou histórico financeiro. Esse é um problema no mundo desenvolvido também. Em dezembro de 2015, muitos grandes bancos dos EUA rejeitaram os recém-criados cartões de identificação de Nova York como uma credencial válida para abrir uma conta no banco, apesar do fato de que mais de 670 mil pessoas se inscreveram para eles e os reguladores federais dos bancos tinham aprovado o seu uso.[73] O Blockchain poderia resolver este problema, capacitando as pessoas para formar identidades únicas com uma variedade de atributos, histórico de transações anterior entre eles, e dar-lhes novas alternativas além do sistema bancário tradicional.

Existem ainda muitos casos de uso – particularmente no crédito – em que o Blockchain estabelece confiança entre as partes, quando a confiança é necessária. A tecnologia Blockchain não só trabalha para garantir que o empréstimo de fundos seja transferido para quem está tomando o empréstimo, mas também garante que este pague com juros. Ele empodera ambas as partes com os seus próprios dados, reforça a sua privacidade e gera um novo tipo de identidade econômica persistente, com base em fatores como o próprio passado histórico econômico no Blockchain e o capital social de cada um. Patrick Deegan, CTO de identidade na startup Personal BlackBox, disse que as pessoas irão algum dia "implantar e gerenciar sua própria identidade, e formar conexões confiáveis com outros pares e nós," graças à tecnologia Blockchain.[74] Porque o Blockchain registra e armazena todas as transações em um registro imutável, cada transação pode contar de forma incremental em direção à reputação e à credibilidade. Além disso, os indivíduos podem decidir quem interage com qual instituição. Deegan disse: "Eu posso criar diferentes personalidades que representam diferentes lados de mim mesmo, e eu escolho a personalidade que interage com a empresa".[75] Bancos e outras empresas no Blockchain não devem pedir e agregar mais informações do que elas precisam para prover serviço.

Este modelo provou funcionar. BTCjam é uma plataforma de empréstimo peer-to-peer que usa a reputação como base para concessão de crédito. Os usuários podem vincular o seu perfil do BTCjam no Facebook, LinkedIn, eBay ou Coinbase para adicionar mais profundidade e consistência. Amigos podem oferecer recomendações do Facebook. Você pode até mesmo enviar a sua pontuação de crédito real como um dos muitos atributos. Nenhuma dessas informações privadas é liberada. Os usuários começam na plataforma com uma baixa pontuação de crédito. Mas você pode rapidamente construir uma reputação, mostrando se você é um devedor confiável. A melhor estratégia é começar com um "empréstimo de reputação" para provar que é confiável. Como usuário, você terá que responder às perguntas dos investidores durante o processo de financiamento. Ignorar essas perguntas é uma bandeira vermelha; a comunidade vai hesitar em financiar você. Com o seu primeiro empréstimo, comece com uma quantidade gerenciável, e pague de volta no tempo. Uma vez que você tenha pago, a sua pontuação quantitativa vai melhorar, e outros membros da comunidade podem lhe dar uma avaliação positiva. Em setembro de 2015, a BTCjam financiou 18 mil empréstimos acima de 14 milhões de dólares.[76]

O empreendedor Erik Voorhees apelou para o senso comum: "Com um sistema baseado em reputação, as pessoas que são mais propensas a ter recursos para uma casa devem ser capazes de comprar uma mais facilmente. Aquelas que são menos propensas devem ter mais dificuldade em conseguir um empréstimo". Para ele, este método "irá baixar os custos para bons atores e elevar os custos para os maus atores, que é um incentivo adequado."[77] Em sistemas de reputação, a sua credibilidade não deriva de uma pontuação FICO, mas de uma junção de atributos que formam sua identidade e informam a sua capacidade de pagar um empréstimo. As classificações de crédito para as empresas também serão alteradas para refletir novas informações e discernimento, possíveis graças ao Blockchain. Imagine ferramentas que podem agregar reputação e controlar diferentes aspectos de reputação, como idoneidade financeira, competência profissional e consciência social. Imagine receber crédito com base em valores compartilhados, onde as pessoas emprestando-lhe dinheiro apreciam o seu papel na comunidade e os seus objetivos.

O IPO DO BLOCKCHAIN

A semana de 17 de agosto de 2015 foi feia: o mercado acionário chinês quebrou, o S&P 500 teve seu pior desempenho em quatro anos, e analistas financeiros em todos os lugares estavam falando de outra desaceleração econômica global e possível crise. IPOs tradicionais foram retirados do mercado, fusões foram paralisadas, e o Vale do Silício foi ficando nervoso sobre a supervalorização de seus unicórnios queridos, as empresas privadas avaliadas em mais de 1 bilhão de dólares.

Em meio à carnificina, uma empresa chamada Augur lançou uma das campanhas de financiamento coletivo de maior sucesso na história. Na primeira semana, mais de 3,5 mil pessoas dos Estados Unidos, China, Japão, França, Alemanha, Espanha, Reino Unido, Coreia, Brasil, África do Sul, Quênia e Uganda contribuíram com um total de 4 milhões de dólares. Não houve corretagem, banco de investimento, troca de ações, depósito obrigatório, regulador ou advogado. Não havia sequer um Kickstarter ou Indiegogo. Senhoras e senhores, bem-vindos ao IPO do Blockchain.

Combinar investidores com empreendedores é uma das oito funções da indústria de serviços financeiros mais provável de ser rompida. O processo de levantamento de capital próprio – por meio de ofertas privadas, ofertas públicas iniciais, ofertas secundárias e investimentos privados em ações públicas (PIPEs) – não mudou significativamente desde a década de 1930.[78]

Graças a novas plataformas de financiamento coletivo, pequenas empresas podem acessar o capital usando a internet. O Oculus Rift e o Pebble Watch foram sucessos iniciais desse modelo. Ainda assim, os participantes não podiam comprar ações diretamente. Hoje, o Jumpstart Our Business Startups Act dos EUA permite que os pequenos investidores façam investimentos diretos em campanhas de financiamento coletivo, mas investidores e empresários ainda precisam de intermediários, como o Kickstarter ou o Indiegogo, e um método de pagamento convencional, tipicamente cartões de crédito e PayPal, para participar. O intermediário é o árbitro final de tudo, incluindo quem possui o quê.

O IPO do Blockchain leva o conceito mais a fundo. Agora, as empresas podem levantar fundos "no Blockchain" ao emitir tokens, ou títulos de criptografia, de algum valor na empresa. Eles podem representar equidade, vínculo ou, no caso da Augur, o lugar de criador de mercado na plataforma, permitindo aos proprietários o direito de decidir em quais mercados de previsão a empresa vai abrir. O Ethereum foi um sucesso ainda maior do que a Augur, financiando o desenvolvimento de todo um novo Blockchain, através de uma venda para a público do seu token nativo, o ether. Hoje, o Ethereum é o segundo maior Blockchain público e de mais rápido crescimento. O investimento médio no financiamento coletivo da Augur foi de 750 dólares, mas pode-se facilmente imaginar assinaturas mínimas de um dólar ou mesmo dez centavos. Qualquer pessoa no mundo – mesmo as pessoas mais pobres e mais distantes – poderia se tornar investidor no mercado de ações.

Overstock, o e-varejista, está lançando o que talvez a iniciativa de criptografia de segurança mais ambiciosa até agora. Patrick Byrne, fundador da visão de futuro da Overstock, acredita que o Blockchain "pode fazer para os mercados de capitais o que a internet fez para os consumidores". O projeto, chamado de Medici, permite que as empresas emitam títulos no Blockchain e recentemente recebeu o apoio do Securities and Exchange Commission.[79] A empresa começou a emitir seus primeiros títulos baseados no Blockchain, como o Cryptobond, de US$ 5 milhões para uma afiliada da FNY Capital, em 2015.[80] A Overstock afirma que muitas empresas de serviços financeiros e outras empresas estão fazendo fila para usar a plataforma. Certamente a aprovação tácita do SEC irá dar à Overstock uma vantagem inicial sobre o que certamente será uma longa jornada.

Caso os IPOs do Blockchain continuem a ganhar força, eles acabarão por atrapalhar muitos dos papéis no sistema financeiro global – corretores, banqueiros de investimento e advogados mobiliários – e mudar a natureza do investimento. Ao integrar os IPOs do Blockchain com novas plataformas para troca de valor, como a Circle, Coinbase (a startup de troca de Bitcoin mais bem financiada), Smartwallet (uma central de ativos globais para todas as formas de valor) e outras empresas emergentes, esperamos que uma central virtual de troca distribuída emerja. A velha guarda está tomando conhecimento. A NYSE investiu na Coinbase e a NASDAQ está integrando a tecnologia Blockchain ao seu mercado privado. Bob Greifeld, CEO da NASDAQ, está começando em pequena escala, usando o Blockchain para "agilizar a manutenção dos registros financeiros, enquanto o torna mais barato e mais preciso",[81] mas, evidentemente, a NASDAQ e outras operadoras têm planos maiores.

O MERCADO PARA PREVISÃO DE MERCADOS

A Augur está construindo uma plataforma de mercado de previsões descentralizada que premia os usuários ao predizer corretamente eventos futuros – eventos desportivos, resultados eleitorais, lançamentos de novos produtos, o gênero de bebês de celebridades. Como funciona? Os usuários da Augur podem comprar ou vender ações no resultado de um evento futuro, cujo valor é uma estimativa da probabilidade de um evento acontecer. Assim, se houver mesmo probabilidades (por exemplo, 50/50), o custo de compra de uma ação seria de cinquenta centavos.

A Augur conta com "a sabedoria da multidão", o princípio científico de que um grande grupo de pessoas, muitas vezes, pode prever o resultado de um evento futuro com maior precisão do que um ou mais experts.[82] Em outras palavras, a Augur apresenta o espírito do mercado para suportar a precisão das previsões. Houveram algumas tentativas de mercados de previsão centralizadas, como a Hollywood Stock Exchange, Intrade, e HedgeStreet (agora Nadex), mas a maioria fechou ou não conseguiu lançar seu produto por causa de preocupações regulatórias e legais. Pense em contratos futuros de assassinato e terrorismo.

Usar a tecnologia Blockchain torna o sistema mais resiliente a falhas, mais preciso e mais resistente a crackdowns, erros, coerção, preocupações com liquidez, e o que a equipe Augur chama eufemisticamente de "regulação jurisdicional datada". Os árbitros na plataforma Augur são conhecidos como peritos e sua legitimidade deriva de seus pontos de reputação. Para fazer a coisa certa – isto é, informar corretamente que um evento ocorreu, quem ganhou um evento esportivo, ou quem venceu uma eleição – eles recebem mais pontos de reputação. Manter a integridade do sistema tem outros benefícios monetários: quanto mais pontos de reputação você tiver, mais mercados você pode fazer, e assim mais taxas você pode cobrar. Nas palavras de Augur, "nossos mercados de previsão eliminam os riscos de contraparte, servidores centralizados, e criam um mercado global ao empregar criptomoedas, incluindo Bitcoin, Ether e criptomoedas estáveis. Todos os fundos são armazenados em contratos inteligentes, e ninguém pode roubar o dinheiro".[83] A Augur resolve a questão dos contratos antiéticos ao ter uma política de tolerância zero para o crime.

Para a equipe de liderança da Augur, a imaginação humana é o único limite prático para a utilidade dos mercados de previsão. Na Augur, qualquer um pode postar uma previsão claramente definida sobre qualquer coisa, com uma data final clara – do trivial, "Será que Brad Pitt e Angelina Jolie irão se divorciar?" ao vital, "Será que a União Europeia se dissolverá até 1º de junho de 2017?" As implicações para a indústria de serviços financeiros, para investidores, agentes econômicos e mercados inteiros são enormes. Considere o agricultor na Nicarágua ou no Quênia que não tem ferramentas robustas para se proteger contra o risco de moeda, risco político ou alterações no tempo e no clima. Acessar os mercados de previsão iria permitir a essa pessoa mitigar o risco de seca ou desastre. Por exemplo, ele poderia comprar um contrato de previsão que paga se um rendimento de cultura está abaixo de um certo nível, ou se o país recebe menos de uma quantidade predeterminada de chuva.

Os mercados de previsão são úteis para os investidores que querem apostar sobre o resultado de acontecimentos específicos, como "A IBM quer superar seus lucros em pelo menos dez centavos neste trimestre?" Atualmente, o relatório de lucro "estimado" das empresas é nada mais do que a média ou a mediana de dados dos analistas chamados experts. Ao aproveitar a sabedoria das multidões, podemos fazer previsões mais realistas do futuro, levando a negócios mais eficientes. As antevisões de mercados podem servir como uma barreira contra as incertezas e os acontecimentos globais altamente improváveis: "Será que a economia da Grécia encolherá em mais de 15% este ano"? [84] Atualmente, contamos com alguns pensadores que fazem com que o alarme soe; um mercado de previsão agiria de forma mais imparcial como um sistema de alerta precoce para os investidores em âmbito global.

Os mercados de previsão poderiam complementar e, finalmente, transformar muitos aspectos do sistema financeiro. Considere as previsões de mercado sobre os resultados das ações corporativas – relatórios de ganhos, fusões, aquisições e mudanças na gestão. Elas iriam informar o seguro do valor e da cobertura do risco, potencialmente, até mesmo deslocando instrumentos financeiros ocultos como opções, taxas de juros das trocas de riscos (Swap) e os derivativos de crédito chamados, Credit Default Swap (CDS).

Claro, que nem tudo precisa de um mercado de previsão. Um número razoável de pessoas precisa se preocupar em torná-lo claro o suficiente para atrair a atenção. Ainda assim, o potencial é enorme, a oportunidade é significativa e o acesso é disponível a todos.

ROTEIRO PARA AS OITO FUNÇÕES DE OURO

As tecnologias Blockchain terão impacto sobre todas as funções e atividades da indústria de serviços financeiros – dos bancos de varejo e mercados de capitais à contabilidade e regulamentação. Elas também nos forçarão a repensar o papel dos bancos e das instituições financeiras na sociedade. "O Bitcoin não pode ter fianças, feriados e horários bancários, controles de moeda, saldos congelados, limites de saques"[85], afirmou Andreas Antonopoulos.

Enquanto o velho mundo era hierárquico, lento, resistente à mudança, fechado, opaco e controlado por intermediários poderosos, a nova ordem será mais plana, oferecendo uma solução peer-to-peer; mais segura e privada; transparente, inclusiva e inovadora. Sem dúvida, haverá deslocamento e disrupção, mas há também uma oportunidade extraordinária para os líderes da indústria fazerem algo sobre isso hoje. A indústria de serviços financeiros irá tanto encolher como crescer ao longo dos próximos anos; menos intermediários serão capazes de oferecer mais produtos e serviços a um custo significativamente mais baixo para uma população muito maior. Isso é algo bom. Se os Blockchains autorizados e fechados encontrarão um lugar em um mundo descentralizado, ainda está em debate. Barry Silbert, que fundou a SecondMarket e é agora CEO do Digital Currency Group, pronunciou: "Eu tenho uma visão muito cínica dos objetivos propostos pelas grandes empresas financeiras. Quando tudo o que você tem é um martelo, qualquer coisa parece um prego".[86] Acreditamos que a força irreversível da tecnologia Blockchain está correndo solta na impregnada, regulamentada, e rígida infraestrutura da finança moderna.[87] Sua colisão vai remodelar o panorama de financiamento para as próximas décadas. Gostaríamos que isso finalmente se transforme de uma máquina de fazer dinheiro na era industrial para uma plataforma de prosperidade.

CAPÍTULO 4

REARQUITETANDO A EMPRESA: O CENTRO E OS LIMITES

CONSTRUINDO O CONSENSO

O dia 30 de julho de 2015 foi um grande dia para um grupo global de programadores, investidores, empresários e estrategistas corporativos que pensam que o Ethereum é o próximo grande acontecimento — não apenas para os negócios mas possivelmente para a civilização. A plataforma Blockchain Ethereum, após dezoito meses de construção, surgiu. Testemunhamos o lançamento em primeira mão, no escritório do Brooklyn da Consensus Systems (ConsenSys), uma das primeiras empresas de desenvolvimento de software Ethereum. Por volta das 11h45 da manhã houve celebração por todos os lugares quando a rede Ethereum criou seu "bloco gênese", após o qual um frenesi de mineradores competiu para conquistar o primeiro bloco do ether, a moeda Ethereum. O dia estava estranhamente tenso. Uma enorme tempestade caiu sobre o East River, provocando avisos de emergência de enchentes sonoros e aleatórios nos smartphones de todo mundo.

De acordo com seu website, Ethereum é uma plataforma que roda aplicações descentralizadas, denominadas contratos inteligentes, "exatamente como programado, sem qualquer possibilidade de tempo de inatividade, censura, fraude ou interferência de terceiros". O Ethereum é como o Bitcoin, em que o ether motiva uma rede de pares a validar transações, proteger a rede e chegar a um consenso sobre o que existe e o que ocorreu. Entretanto, ao contrário do Bitcoin, ele contém algumas ferramentas poderosas para ajudar desenvolvedores e outros a criar serviços de software, que vão desde jogos descentralizados até bolsas de valores.

O Ethereum foi concebido em 2013 por Vitalik Buterin, um canadense de descendência russa que, na época, tinha 19 anos de idade. Ele havia argumentado com os principais desenvolvedores do Bitcoin que a plataforma precisava de uma linguagem de script mais robusta para o desenvolvimento de aplicações. Quando eles o rejeitaram, ele decidiu criar sua própria plataforma. ConsenSys foi, por assim dizer, lançada para criar aplicativos baseados em Ethereum. Olhando alguns anos à frente, a analogia é clara: Linus Torvalds é para o Linux o mesmo que Vitalik Buterin é para o Ethereum.

Quando se discutia a ascensão das tecnologias do Blockchain e do Ethereum, Joseph Lubin, cofundador da ConsenSys, disse: "Tornou-se claro para mim que em vez de as pessoas desperdiçarem seu tempo protestando com cartazes na rua, nós poderíamos trabalhar, todos juntos, para construir novas soluções para essa economia e sociedade falida".[1] Não ocupe a Wall Street. Invente nossa própria rua.

Como muitos empresários, Lubin tem uma missão ousada, não por apenas construir uma grande empresa, mas por resolver problemas importantes no mundo. De forma inexpressiva, ele diz que a empresa é um "estúdio de produção de risco Blockchain, construindo aplicações descentralizadas, principalmente em Ethereum". Muito discreto. Mas, se implementadas, as aplicações que a ConsenSys está construindo abalariam as janelas e sacudiriam as paredes de uma dúzia de indústrias. Os projetos incluem um sistema de contabilidade distribuída de entrada tripla; uma versão descentralizada do sólido fórum popular de discussão Reddit, atormentado nos últimos tempos pela controvérsia sobre seu controle centralizado; um sistema de formatação de documentos e de gestão de contratos de autoaplicação (também conhecido por "smart contracts" – contratos inteligentes); mercados de previsão para negócios, esportes e entretenimento; um mercado de energia aberto; um modelo de distribuição de música para competir com a Apple e o Spotify, embora essas duas empresas pudessem usá-lo também;[2] e um conjunto de ferramentas de negócios para colaboração, criação e gestão em massa de uma companhia de mínimo gerenciamento.

Nossa história sobre a ConsenSys não é tanto sobre seus ambiciosos produtos ou serviços com base em Blockchain. É sobre seu esforço para cultivar uma empresa própria, explorando novos caminhos importantes na ciência da administração com base premissas da holacracia, nas que usa a colaboração em vez do processo hierárquico para definir e alinhar o trabalho a ser feito. "Apesar de não querer implementar a holacracia pura — por achá-la demasiada rígida e estruturada para mim — estamos trabalhando para incorporar muitas das suas filosofias em nossa estrutura e processos", falou Lubin. Entre esses princípios holacráticos estão "papéis dinâmicos em vez das tradicionais descrições de trabalho; autoridade distribuída, não delegada; regras transparentes ao contrário de políticas de departamento; e rápidas reiterações, no lugar de grandes reorganizações", tudo isso descreve como as tecnologias Blockchain atuam. Como a ConsenSys está estruturada, como cria valor, e como ela própria gera seu diferencial, não só em relação à corporação industrial mas também à típica empresa de comércio eletrônico pontocom.

Joe Lubin não é um ideólogo, e certamente não é um anarquista ou libertário, como alguns no movimento das criptomoedas. Contudo, ele acha que é preciso mudar o capitalismo se quisermos que este sobreviva, especificamente para se afastar das hierarquias de comando e controle que são inadequadas para um mundo em rede. Ele nota que hoje, apesar das vastas redes que unem o mundo e que nos permitem uma comunicação barata, farta e imediata, as hierarquias prevalecem. A tecnologia Blockchain é o contrapeso: "A sociedade humana global pode agora chegar a um acordo sobre a verdade e tomar decisões em dez minutos ou dez segundos. Isso certamente cria uma oportunidade de se ter uma sociedade mais emancipada", disse ele. Quanto maior o envolvimento, maior a prosperidade.

O fim dos gerentes. vida longa ao gerenciamento

A ConsenSys opera de acordo com um plano que todos os funcionários ("membros") desenvolveram, modificaram, votaram e aprovaram. Joe Lubin descreve sua estrutura como um "hub", um ponto central, em vez de uma hierarquia, e cada um de seus projetos é um "spoke", um raio, em que os principais contribuintes mantêm a equidade.

Quase sempre, os membros da ConsenSys escolhem com o que trabalhar. Não há atribuição de cima para baixo. Lubin explicou: "Nós compartilhamos o máximo possível, incluindo componentes de software compartilhados. Construímos pequenas equipes ágeis, mas existe colaboração entre elas. Temos toneladas de comunicação imediata, aberta, abundante". Os membros optam por trabalhar em dois e até em cinco projetos. Quando alguém vê uma parte de trabalho que precisa ser feita, entra de cabeça e a impulsiona um pouco ou muito adiante em uma direção de valor, como apropriado para seu papel. "Falamos um pouco sobre as coisas, assim as pessoas ficam atentas às muitas coisas que poderiam ser levadas adiante", conta. Porém, essas muitas coisas podem mudar e mudam constantemente. "Parte de ser ágil significa que as prioridades são dinâmicas."

Lubin não é o chefe. Seu principal papel operacional é consultivo: "Em muitos casos, as pessoas perguntam a mim ou aos outros o que seria bom para se trabalhar", disse ele. Por meio do Slack[3] e GitHub,[4] ele sugere direções em que eles podem prosseguir "para produzir todos os serviços e plataformas que queremos construir, e muitos outros que queremos fazer, mas ainda não sabemos".

O direito de agir dos membros incentiva explicitamente esse comportamento. Todo mundo possui um pedaço de cada projeto, direta ou indiretamente: a plataforma Ethereum emite tokens, que os membros podem trocar por ether e posteriormente convertê-lo em qualquer outra moeda. "Nosso objetivo é conseguir um bom equilíbrio entre a independência e a interdependência", disse Lubin. "Nós nos vemos como um coletivo de empreendedores em estreita colaboração. Em algum momento, pode ser necessário ter que sugerir que uma determinada coisa deve ser feita e, se ninguém se prontificar, contratar alguém primeiramente para esta função ou incentivar a equipe interna a assumi-la", disse Lubin. Mas, no geral, "todo mundo é um adulto autogerido. Eu mencionei que nós nos comunicamos muito? Então, todos nós tomamos nossas próprias decisões".

As palavras de ordem são *agilidade*, *transparência* e *consenso*: identificar o trabalho a ser feito, distribuir a carga entre as pessoas com vontade e capacidade de fazê-lo, acordar seus papéis, responsabilidades e compensações, e depois codificar esses direitos em um "acordo autoaplicável explícito, detalhado e inequívoco, que pode servir como a cola para manter todos os aspectos de negócio do nosso relacionamento juntos", esclareceu. Alguns acordos pagam por desempenho, outros distribuem um salário anual em ether, e outros ainda são mais como "pedidos de participação" com recompensas ligadas à conclusão da tarefa, como escrever uma linha de código. Se o código passa no teste, então a recompensa é automaticamente liberada. "Tudo pode ser visível e devidamente transparente. Os incentivos são explícitos e granulares", explicou. "Isso nos deixa livres para nos comunicar, sermos criativo, e nos adaptar com base nestas expectativas."

Ousamos cunhar o neologismo Blockcom, uma empresa formada e funcionando em tecnologias Blockchain? Esse é o objetivo, para executar o máximo possível da ConsenSys sobre o Ethereum, desde as operações de governança e do dia a dia ao gerenciamento de projetos, desenvolvimento e teste de software, contratação e terceirização, remuneração e financiamento. O Blockchain também permite sistemas de reputação por meio dos quais os membros podem avaliar o desempenho dos outros como colaboradores, sindicalizando assim a confiança na comunidade. Lubin esclareceu: "identidade digital persistente ou sistemas pessoais e reputação irão nos manter mais honestos e bem-comportados para com o próximo".

Essas capacidades diluem as fronteiras de uma empresa. Não há nenhuma configuração-padrão para a incorporação. Membros do ecossistema ConsenSys podem formar contribuintes igualitários ao atingir consenso sobre estratégia, arquitetura, capital, desempenho e governança. Eles podem decidir lançar uma empresa que concorra num mercado existente ou fornecer uma infraestrutura a um novo mercado. Uma vez lançada, eles podem ajustar essas configurações.

Descentralizando a empresa

O Blockchain reduzirá o atrito das empresas por toda a parte. "Diminuir atrito significa diminuir custos, visto que o preço da valiosa intermediação é determinado por um mecanismo de abertura de preços mais eficiente: mercados livres descentralizados. Operadores não serão mais capazes de alavancar assimetrias legais, regulatórias, informacionais e de influência para poder extrair, no seu papel de intermediário, muito mais valor de uma transação do que acrescenta a ela", explicou Lubin.

A ConsenSys poderia construir algum tipo de organização autônoma verdadeiramente descentralizada, detida e controlada por seus criadores de valor não humanos, governada por meio de contratos inteligentes, no lugar da atuação humana? "Sem dúvida!", afirmou Lubin. "A inteligência massiva sobre um substrato computacional mundial descentralizado, uma camada fundamental, deve mudar a arquitetura da empresa a partir de uma grande coleção de departamentos especializados dirigidos por humanos até agentes de software, que podem cooperar e competir em mercados livres." Alguns agentes se organizarão por longos períodos de tempo para servir as necessidades dos clientes em curso, tais como utilitários e manutenção. Outros vão se aglomerar em torno de um problema de curto prazo e, ao resolvê-lo, eles se dissolverão rapidamente depois de terem servido a seu propósito.

Existe um risco de que a descentralização e a automação radical removam a atuação humana das tomadas de decisão (por exemplo, o risco de algoritmos desonestos)? "Eu não estou preocupado com a inteligência da máquina. Nós vamos evoluir com isto e por um longo tempo ela será um serviço, ou um aspecto, do *Homo sapiens* cibernético. Podendo até evoluir para além de nós, mas isso é bom", disse Lubin. "Se assim for, ela ocupará um nicho ecológico diferente. Operando em velocidades diferentes e em diferentes escalas de tempo relevantes. Nesse contexto, a inteligência artificial não fará distinção entre seres humanos, uma pedra, ou um processo geológico. Evoluímos superando diversas espécies, muitas das quais estão indo bem (em suas formas atuais)." A ConsenSys ainda é uma empresa pequena. Seu grande experimento pode ou não ter sucesso. Todavia, sua história fornece um vislumbre de mudanças radicais na arquitetura corporativa, que pode ajudar a desencadear a inovação e usufruir o poder do capital humano, não apenas para a criação de riqueza mas também para a prosperidade. A tecnologia Blockchain está permitindo novas formas de organização econômica e novos portfólios de valores. Existem modelos difundidos da empresa emergente — propriedade, estrutura, operações, recompensas e governança, que vão muito além do fortalecimento da inovação, motivação dos funcionários e ação coletiva. Eles podem ser a tão aguardada condição inicial para uma economia mais próspera e inclusiva.

Os líderes empresariais têm outra oportunidade para repensar a forma como organizam a criação de valor. Eles poderiam negociar, contratar e aplicar seus acordos no Blockchain; lidar perfeitamente com fornecedores, clientes, funcionários, contratantes, e agentes autônomos; e manter uma frota desses agentes para outros usarem, e esses agentes poderiam alugar ou licenciar qualquer excesso da capacidade em sua cadeia de valor.

MUDANDO AS FRONTEIRAS DA EMPRESA

Ao longo da primeira era da internet, pensadores de gestão (incluindo Don) falaram da empresa em rede, da organização horizontal, da inovação aberta e dos ecossistemas de negócios como sucessores das hierarquias de poder industrial. No entanto, a arquitetura da corporação do início do século XX permanece praticamente intacta. Mesmo as grandes empresas pontocom adotam uma estrutura de cima para baixo com tomadores de decisão, tais como Jeff Bezos, Marissa Mayer e Mark Zuckerberg. Então, por que qualquer empresa estabelecida - em particular, aquelas que fazem dinheiro com os dados de outras pessoas, que em grande parte operam a portas fechadas, e que surpreendentemente sofrem pouco pela constante violação de dados – querem impulsionar as tecnologias Blockchain para distribuir poder, aumentar a transparência, respeitar a privacidade e anonimato do usuário, e incluir muito mais pessoas que podem pagar muito menos do que aquelas que já foram atendidas?

Os custos de transação e a estrutura da empresa

Vamos começar com um pouco de economia. Em 1995, Don usou a Teoria da Firma, do economista Ronald Coase, ganhador do Prêmio Nobel, para explicar como a internet poderia afetar a arquitetura da corporação. Em seu artigo de 1937, "A natureza da firma", Coase identificou três tipos de custos na economia: os custos da pesquisa (encontrar todas as informações certas, pessoas, recursos para criar algo); coordenação (arranjando todas essas pessoas para trabalhar em conjunto, de forma eficiente); e contratação (negociar os custos de trabalho e materiais para todas as atividades na produção, mantendo segredos comerciais, fiscalizando e aplicando esses acordos). Ele postulou que uma companhia iria expandir até que o custo de realizar uma transação dentro da empresa excedesse o custo de realizar a transação fora dela.[5]

Don argumentou que a internet reduziria um pouco os custos da transação interna de uma organização; mas nós pensamos que por causa da sua acessibilidade global, ela reduziria ainda mais os custos em toda a economia, reduzindo, por sua vez, as barreiras de entrada para mais pessoas. Sim, ela fez cair os custos de pesquisa, por meio de navegadores e da World Wide Web. Também caíram os custos de coordenação com o uso do e-mail, aplicativos de processamento de dados, como ERP, redes sociais e computação em nuvem. Muitas empresas se beneficiaram da terceirização de unidades, como o serviço ao cliente e a contabilidade. Comerciantes envolveram os clientes diretamente, chegando a transformar consumidores em produtores ("prosumers"). Planejadores de produto, em razão da contribuição coletiva, produziram inovações. Fabricantes alavancaram grandes redes de abastecimento.

No entanto, a realidade surpreendente é que a internet tem um impacto periférico na arquitetura corporativa. A hierarquia da era industrial está praticamente intacta como base reconhecível do capitalismo. Claro que as redes têm permitido às empresas se terceirizarem para áreas geográficas de custo mais baixo. Contudo, a internet baixou os custos de transação dentro das empresas também.

Da hierarquia ao monopólio

Assim, as empresas hoje permanecem hierárquicas, e a maioria das atividades ocorre dentro dos limites corporativos. Gestores ainda as visualizam como o melhor modelo para a organização de talentos e ativos intangíveis, como marcas, propriedade intelectual, conhecimento, cultura, bem como para motivar as pessoas. Os conselhos de administração continuam compensando os executivos e CEOs muito além de qualquer medida razoável do valor que eles criam. Não por acaso, o complexo industrial continua a gerar riqueza, mas não prosperidade. Na verdade, como já apontado, há fortes evidências de uma crescente concentração de poder e riqueza em conglomerados e até monopólios.

Outro ganhador do Nobel, Oliver Williamson, previu tanto quanto,[6] e apontou efeitos negativos sobre a produtividade: "Basta observar aqui que o movimento de abastecimento autônomo (pela coleção de pequenas empresas) para a propriedade unificada (em uma grande corporação) inevitavelmente é assistido por alterações na intensidade dos incentivos de ambas (os incentivos são mais fracos na sociedade integrada) e nos controles administrativos (os controles são mais extensivos)".[7] Peter Thiel, cofundador do PayPal, escreveu em louvor de monopólios em seu enorme livro de leitura fácil e igualmente controversa, *zero a um*. Defensor de Rand Paul, Thiel proferiu: "A competição é para perdedores... Monopólios criativos não são apenas bons para o resto da sociedade; eles são poderosos motores para torná-la melhor."[8]

Ao mesmo tempo que Thiel pode estar certo sobre o esforço para se dominar uma indústria ou mercado, ele não forneceu evidência real de que os monopólios são bons para os consumidores ou para a sociedade como um todo. Ao contrário, todo o direito da concorrência na maioria dos países capitalistas democráticos deriva de uma noção inversa. A ideia de concorrência leal remonta ao tempo dos romanos, com a pena de morte para algumas violações.[9] Quando as organizações não têm concorrência real, elas podem crescer tão ineficiente quanto quiserem, aumentando os preços dentro e fora da empresa. Olhe para os governos. Mesmo na indústria de tecnologia, muitos argumentam que os monopólios podem ajudar com a inovação no curto prazo, mas que podem prejudicar a sociedade no longo prazo. As companhias podem acumular poder de monopólio por meio de produtos e serviços interessantes que os clientes amam, todavia, a lua de mel eventualmente termina. Não tanto porque suas inovações não mais encantam; é que as próprias empresas começam a enrijecer.

A maioria dos pensadores entende que a inovação tipicamente vem dos cantos da empresa e não do seu núcleo. O professor de Direito da Universidade de Harvard, Yochai Benkler, concorda: "Os monopólios podem ter muito dinheiro para investir em P&D, mas normalmente não têm a cultura interna de exploração pura e aberta, necessária à inovação. A web não veio de monopólios; ela veio da borda. O Google não veio da Microsoft. O Twitter não veio da AT&T ou, neste mesmo sentido, do Facebook."[10] Nos monopólios, as camadas de burocracia separam os executivos no topo dos sinais de mercado e das tecnologias emergentes das bordas, onde as empresas desafiam umas às outras e outros mercados, indústrias, geografias, diversas disciplinas intelectuais, gerações. De acordo com John Hagel e John Seely Brown, "a periferia do ambiente de negócios global de hoje é onde o potencial de inovação é mais alto. Ignore a por sua conta e risco".[11]

Os executivos devem estar animados com a tecnologia Blockchain, porque a onda de inovação que vem da fronteira pode muito bem ser sem precedentes. Das principais criptomoedas – Bitcoin, BlackCoin, Dash, Nxt e Ripple – às principais plataformas Blockchain – Lighthouse para financiamento coletivo ponto a ponto, Factom como um registro distribuído, Gems para mensagens descentralizadas, MaidSafe para aplicações descentralizadas, Storj para uma nuvem distribuída e Tezos para a votação descentralizada, para citar alguns – a próxima era da internet tem um valor real ligado a ela e incentivos concretos para participar. Essas plataformas contêm promessas de proteger a identidade do usuário, respeitando sua privacidade e outros direitos, garantindo a segurança da rede e derrubando os custos de transação de modo que mesmo as pessoas que não possuam conta em bancos possam participar.

Ao contrário das empresas estabelecidas, eles não precisam de uma marca para transmitir a credibilidade de suas transações. Dando gratuitamente seu código fonte, partilhando o poder com todos na rede, utilizando mecanismos de consenso para assegurar a integridade e conduzindo seus negócios abertamente sobre o Blockchain, eles são ímãs de esperança para os muitos desiludidos e desprivilegiados. Como tal, a tecnologia Blockchain oferece meios confiáveis e eficazes não só de eliminar os intermediários mas também de reduzir radicalmente os custos de transação, transformando as empresas em redes, distribuindo poder econômico e permitindo tanto a criação de riqueza como um futuro mais próspero.

1. Custos de busca — Como encontramos novos talentos e novos clientes? Como encontramos as pessoas e as informações de que precisamos? Como determinamos se seus serviços, bens e recursos são os melhores para nós, à medida que procuramos trazer o forte do mercado para suportar nossas operações internas?

Embora a arquitetura da empresa permaneça basicamente intacta, a primeira era da internet diminuiu tais custos de forma significativa e possibilitou mudanças importantes. A terceirização foi realmente apenas o começo. Com a exploração de ideágoras (mercados abertos que facilitam o acesso ao poder intelectual), empresas como a Procter & Gamble estão encontrando mentes singularmente qualificadas para inovar um produto ou processo. Na verdade, 60% das inovações da P&G vêm de fora da empresa, com a construção ou o aproveitamento de ideágoras como InnoCentive ou inno360. Outras empresas, como a Goldcorp criaram desafios globais para procurar as melhores mentes para resolver seus problemas mais difíceis. A Goldcorp, que publicou seus dados geológicos e talentos fora de suas fronteiras, descobriu o equivalente a US$ 3,4 bilhões em ouro, resultando em um aumento de 100 vezes no valor de mercado da empresa.

Agora imagine as oportunidades que surgem da capacidade de pesquisa da World Wide Ledger, um banco de dados descentralizado de grande parte da informação estruturada do mundo. Quem vendeu qual descoberta para quem? A que preço? Quem possui essa propriedade intelectual? Quem é qualificado para lidar com esse projeto? Que habilidades médicas nosso hospital tem na equipe? Quem executou que tipo de cirurgia e com que resultados? Quantos créditos de carbono essa empresa tem economizado? Quais fornecedores têm experiência na China? Quais subcontratados entregaram no prazo e dentro do orçamento de acordo com seus contratos inteligentes? Os resultados dessas consultas não serão currículos, links de publicidade ou outro conteúdo jogado; eles serão históricos de transações, registros comprovados de indivíduos e empresas, talvez classificados por pontuação de reputação. Entendeu o desenho? Vitalik Buterin, fundador do Blockchain Ethereum, disse "Blockchains vão derrubar os custos de pesquisa, causando uma espécie de decomposição que permite que você tenha mercados de entidades que são horizontalmente e verticalmente segregados. Isto nunca realmente existiu antes. Em vez disso, você tinha um tipo de monólito que fazia de tudo".[12]

Várias empresas estão trabalhando em motores de busca para Blockchains, dada a bonança potencial. A missão da Google é organizar a informação do mundo, por isso faria sentido para ela designar considerável mão de obra para investigar isso.

Existem três distinções fundamentais entre pesquisa na internet e pesquisa no Blockchain. A primeira é a privacidade do usuário. Enquanto as transações são transparentes, as pessoas possuem seus dados pessoais e podem decidir o que fazer com eles. Elas podem participar anonimamente, pseudoanonimamente (anonimato com o uso de um nome falso) ou quase anonimamente (anonimato parcial). As partes interessadas poderão procurar informações que os usuários deixaram disponíveis. Andreas Antonopoulos disse: "Transações são anônimas, se você quiser que eles sejam anônimos... mas o Blockchain permite a transparência radical muito mais facilmente do que permite o anonimato radical".[13]

Muitas empresas terão de repensar e redefinir o processo de recrutamento. Por exemplo, os recursos humanos ou quadro de pessoal terá que aprender como consultar o Blockchain com perguntas do tipo sim/não: Você é um ser humano? Você tem Ph.D. em Matemática aplicada? Você pode codificar em Scrypt, Python, Java, C ++? Você está disponível para trabalhar em tempo integral, de janeiro a junho do próximo ano? E outras qualificações. Essas consultas irão ocorrer em uma caixa-preta de pessoas no mercado de trabalho e gerar uma lista das que preenchem essas qualificações. Eles também poderiam pagar um talento em potencial para colocar informações profissionais pertinentes em uma plataforma Blockchain, onde eles possam classificá-las. O pessoal do RH deve dominar o uso de sistemas de reputação, avançando com os candidatos sem saber nada irrelevante para o trabalho, tal como idade, sexo, raça, país de origem. Eles também precisam de mecanismos de busca que possam navegar por vários graus de abertura, de informações totalmente públicas até totalmente privadas. A vantagem é pôr fim ao preconceito subconsciente ou mesmo institucional, headhunters ou taxas de recrutamento de executivos. A desvantagem é que consultas precisas levam a resultados precisos. Há menos possibilidade de serendipidade, a descoberta de um candidato que não tem as qualificações, mas tem grande capacidade de aprender e de fazer as conexões criativas aleatórias que uma empresa necessita desesperadamente.

Idem para o marketing. As empresas podem ter de pagar apenas para consultar a caixa-preta de um cliente em potencial, para ver se esse cliente atende a determinado público-alvo. Esse cliente pode decidir globalmente reter certos dados como gênero, porque a não resposta é um silêncio valioso. Mas, ao fazê-lo, a firma não vai aprender nada mais sobre a pesquisa além do resultado do sim/não da consulta. Diretores e agências de marketing precisarão repensar qualquer estratégia baseada em e-mail, mídia social e marketing móvel: onde a infraestrutura puder reduzir os custos de comunicação para zero, clientes aumentarão os custos para um número que torne a leitura de mensagens de uma empresa valer seu tempo. Em outras palavras, você estará pagando clientes para ouvir seu discurso de elevador, mas terá adaptado sua consulta para lançá-la apenas a um público bem definido, de modo que você atingir exatamente as pessoas que quer alcançar sem invadir sua privacidade. Você pode testar consultas diferentes para aprender sobre diferentes micronichos em todas as fases de desenvolvimento de novos produtos. Vamos chamá-la *caixa-preta de marketing*.

A segunda distinção é que a pesquisa pode ser multidimensional. Quando você pesquisa na World Wide Web hoje, você procura um instante no tempo, como indexados ao longo das últimas semanas.[14] Antonopoulos, um teórico da computação, chama essa pesquisa de bidimensional: *horizontal*, uma ampla pesquisa em toda a web, e *vertical*, uma pesquisa profunda em um site em particular. A terceira dimensão é a *sequência*, para vê-las na ordem de carregamento ao longo do tempo. "O Blockchain pode adicionar a dimensão adicional de tempo", disse ele. A oportunidade de procurar um registro completo de tudo o que já aconteceu em três dimensões é profunda. Para demonstrar seu ponto, Antonopoulos procurou o Blockchain do Bitcoin para encontrar sua famosa primeira transação comercial, a compra de duas pizzas feitas por alguém chamado "Laslo" por 10 mil Bitcoins. "O Blockchain fornece um registro quase arqueológico, uma descoberta profunda, preservando informações para sempre." (Para salvá-lo de fazer as contas, se a pizza custa US$ 5, na época US$ 1 era igual a 2,5 mil Bitcoins, hoje, quando este livro foi escrito, o preço da pizza seria de US$ 3,5 milhões... mas estamos divagando.)

Para as empresas, isso significa uma necessidade de melhor julgamento: os gerentes precisam contratar pessoas que tenham demonstrado bom discernimento, porque não há volta para decisões erradas, não tem alteração da ordem dos eventos, não há como negar a conduta vergonhosa de um executivo. Para as decisões realmente importantes, as empresas podem implementar mecanismos de consenso interno por meio dos quais todas as partes interessadas votam nas decisões de missão crítica para acabar com o coro da ignorância e da negação do conhecimento prévio. Ou podem usar mercados de previsão para testar cenários. Se você é um executivo de uma futura Enron, não há bode expiatório. E quanto a Chris Christie, governador de New Jersey, boa sorte dizendo ao promotor que não sabia nada sobre os planos de fechar a ponte George Washington.

A terceira distinção é o valor: enquanto a informação na internet é abundante, confiável e perecível, no Blockchain ela é escassa, inviolável e permanente. Para essa última característica, Antonopoulos observa: "Se há um incentivo financeiro suficiente para preservar este Blockchain no futuro, a possibilidade de que ele exista para dezenas, centenas ou mesmo milhares de anos não pode ser ignorada".

Que conceito incrível. O Blockchain como parte do registro arqueológico, como as tábuas de pedra originais da Mesopotâmia. Registros em papel são efêmeros e temporários, ao passo que (ironicamente) a forma mais antiga de gravação de informações, as tábuas, é a mais permanente. As implicações para a arquitetura corporativa são consideráveis. Imagine um registro de informações históricas importantes permanente, pesquisável, como a história das finanças: a equipe corporativa responsável pelo desenvolvimento das demonstrações financeiras, de relatórios anuais, de relatórios para os governos ou doadores, de materiais de marketing para potenciais empregados, clientes e consumidores – o registro começará com esse público, com sua incontestável visão de empresa, e talvez até mesmo criar um filtro que permita que as partes interessadas possam ver o que veem com o pressionar de um botão. As empresas podem ter ticker tapes de transação e painéis, alguns para uso de gestão interna e outros públicos. Fique tranquilo: todos os seus concorrentes irão construir tais feeds e painéis de sua empresa como parte de seus programas de inteligência competitiva. Então, por que não colocar aqueles em seu site e chamar todos para você?

Isso oferece enorme incentivo para as empresas buscarem recursos fora de suas fronteiras, já que eles têm informações quase infinitamente melhores sobre as qualidades e registro de candidatos, sejam eles indivíduos ou empresas.

Empresas como a ConsenSys estão desenvolvendo sistemas de identidade em que as perspectivas de emprego ou potenciais contratantes irão programar seus próprios avatares pessoais para divulgar informações pertinentes para os empregadores. Eles não podem ser hackeados como um banco de dados centralizado. Os usuários são motivados a contribuir com informações para seus próprios avatares, porque eles o possuem e controlam, sua privacidade é completamente configurável, e eles podem monetizar seus próprios dados. Isto é muito diferente de, digamos, LinkedIn, um banco de dados central controlado, monetizado - e ainda não totalmente seguro - por uma corporação poderosa.

Poderiam Coase e Williamson ter imaginado uma plataforma que derrubaria os custos de busca para que as empresas encontrassem competência fora de seus limites, com custo mais reduzido e melhor desempenho?

2. Custos de contratação - Afinal, o que nós concordamos em fazer? Como podemos nos relacionar ou entrar em um acordo com outras partes? Uma coisa é baixar os custos de encontrar pessoas e recursos que podem fazer o trabalho. Mas isso não é suficiente para reduzir significativamente uma empresa. Todas as partes devem concordar em trabalhar juntas. A segunda razão pela qual temos firmas são os custos contratuais, tais como negociar preço, estabelecendo capacidade e especificando as condições dos produtos ou serviços de um fornecedor; fiscalizando e fazendo cumprir os termos; e providenciando reparação, caso as partes não entreguem como prometido.

Nós sempre tivemos contratos sociais, entendimento de relacionamentos com base na especialização de papéis, em que algumas pessoas caçavam e protegiam a tribo e outras colhiam e se abrigavam na tribo. As pessoas têm negociado objetos físicos em tempo real desde o início do homem moderno. Os contratos são um fenômeno mais recente, quando começamos a negociar promessas, e não propriedades. Acordos verbais provaram ser facilmente manipuláveis ou corrompíveis, e testemunhas oculares eram indignas de confiança. Dúvida e desconfiança temperavam a colaboração com estranhos. Os contratos tinham que ser cumpridos imediatamente, e não havia mecanismos formais para a execução das cláusulas além do que você poderia tomar pela força. O contrato escrito era uma maneira de codificar uma obrigação, de estabelecer confiança e definir expectativas. Contratos escritos forneceram orientações quando alguém não aguentou o fim da barganha, ou algo inesperado aconteceu. Mas eles não poderiam existir em um vácuo; tinha de haver algum quadro legal que reconhecesse os contratos e aplicasse os direitos de cada parte.

Os contratos hoje ainda são feitos de átomos (papel), não de bits (software). Como tal, eles têm grandes limitações, servindo simplesmente para documentar um acordo. Como veremos, se os contratos fossem softwares – inteligentes e distribuídos no Blockchain – eles poderiam abrir um mundo de possibilidades, não menos do que é para tornar mais fácil para as empresas colaborarem com recursos externos. E apenas imagine como o Código Comercial Uniforme ficaria no Blockchain.

Coase e seus sucessores argumentaram que os custos de contratação são mais baixos dentro dos limites das empresas do que fora, no mercado — que a empresa é essencialmente um veículo para a criação de contratos de longo prazo, quando os contratos de curto prazo requerem muito esforço.

Williamson avançou essa ideia, argumentando que empresas existem para resolver conflitos, em grande parte por meio da produção de contratos com várias de suas partes internas. No mercado aberto, o único mecanismo de disputa é a corte – custosa, em tempo hábil, e muitas vezes insatisfatória. Além disso, ele argumentou que em alguns casos, como fraude, outros atos ilícitos ou conflito de interesses, não existe nenhum mecanismo de litígio no mercado inteiro. "Com efeito, o direito dos contratos da organização interna é de tolerância, segundo o qual uma empresa se torna seu próprio tribunal de apelação final. As empresas, por isso, são capazes de exercer ordens que os mercados não podem".[15] Williamson concebeu a empresa como "uma estrutura de governança" para arranjos contratuais. Ele disse que as questões das estruturas organizacionais afetavam a redução dos custos de gerenciamento de transações e que "recorrer às lentes do contrato, em contraste com a lente de escolha, muitas vezes aprofunda nossa compreensão da organização econômica complexa".[16] Esse é um tema recorrente na teoria de gestão, talvez a mais fortemente explicada pelos economistas Michael Jensen e William Meckling. Eles argumentaram que as entidades não são nada mais do que um conjunto de contratos e relacionamentos.[17]

Hoje, alguns eruditos pensadores Blockchain têm refletido sobre esse ponto de vista. O inventor do Ethereum, Vitalik Buterin, argumenta que os agentes corporativos (ou seja, executivos) poderiam utilizar bens da empresa apenas para determinados fins aprovados por, digamos, um conselho de administração, que por sua vez estariam sujeitos à aprovação dos acionistas.

"Se uma empresa fizer algo, é porque seu conselho de administração concordou que isso deve ser feito. Se uma empresa contrata funcionários, isso significa que os funcionários estão concordando na prestação de serviços aos clientes da corporação sob determinado conjunto de regras, particularmente envolvendo o pagamento", escreveu Buterin. "Quando uma empresa tem responsabilidade limitada, isso significa que pessoas específicas receberam privilégios extras para agir reduzindo o receio de um processo judicial por parte do governo, um grupo de pessoas com mais direitos do que as pessoas comuns agindo isoladamente, mas em última análise, pessoas. Em qualquer caso, nada mais são do que pessoas e contratos ao longo do caminho".[18]

É por isso que o Blockchain, reduzindo os custos de contratação, permite que as empresas se abram e desenvolvam novos relacionamentos fora de seus limites. A ConsenSys, por exemplo, pode arquitetar relações complexas com um conjunto diversificado de membros, alguns dentro de seus limites, alguns fora, e alguns em cima do muro, porque os contratos inteligentes governam essas relações, e não gerentes tradicionais. Membros se autoatribuem para projetos, definem entregas acordadas, e são pagos quando entregam – tudo no Blockchain.

Contratos inteligentes

A velocidade das mudanças favorece cada vez mais o cenário de contratos inteligentes. Mais pessoas estão desenvolvendo não somente conhecimento de informática mas também fluência. Até onde as evidências de transações chegam, esse novo meio digital tem propriedades significativamente diferentes de seus antecessores de papel. Como o criptógrafo Nick Szabo destaca, ele não somente podem captar uma maior gama de informações (como dados sensoriais não linguísticos) como também é dinâmico: ele pode transmitir informações e executar certos tipos de decisões. Nas palavras de Szabo: "Mídias digitais podem executar cálculos, operar diretamente máquinas, e trabalhar com alguns tipos de raciocínio de forma muito mais eficiente do que os humanos".[19]

Para o propósito desta discussão, os contratos inteligentes são programas de computador que protegem, fazem cumprir e executam a liquidação de acordos registrados entre pessoas e organizações. Como tal, eles ajudam na negociação e na definição desses acordos. Szabo cunhou a afirmação frase em 1994, o mesmo ano em que a Netscape, o primeiro navegador da web, chegou ao mercado:

> *Um contrato inteligente é um protocolo de transação informatizado, que executa os termos de um contrato. Os objetivos gerais do projeto de contratos inteligentes devem satisfazer às condições contratuais comuns (como condições de pagamento, garantias, confidencialidade, e até mesmo de execução), para minimizar exceções tanto maliciosas como acidentais, e minimizar a necessidade de intermediários de confiança. Objetivos econômicos relacionados incluem reduzir os custos de perda por fraude, de arbitragem e de execução, e outros custos de transação.*[20]

Naquela época, os contratos inteligentes eram um conceito todo produzido, sem ter para onde ir, pois nenhuma tecnologia disponível poderia implantá-los da forma que Szabo descrevera. Havia sistemas de computador, do tipo de intercâmbio eletrônico de dados (EDI, da sigla em inglês), que produziam as normas para a comunicação de dados estruturados entre os computadores dos compradores e dos vendedores, mas nenhuma tecnologia que realmente pudesse estimular pagamentos e motivar a movimentação do dinheiro.

O Bitcoin e o Blockchain mudaram tudo isso. Agora as partes podem fazer acordos e trocar automaticamente Bitcoin, se cumprirem os termos do acordo. De forma simples, seu cunhado não pode mais "escapar" de uma aposta de hóquei sem pagar. Ou, de forma mais sofisticada, quando você compra ações, o comércio se efetua imediatamente, e as ações são imediatamente transferidas para você. E mais sofisticado ainda, quando contratantes entregam o código de software que atende às especificações necessárias, eles são pagos.

Os meios tecnológicos de execução dos contratos inteligentes limitados já existem há algum tempo. Um contrato é um título executivo pré-negociado. Andreas Antonopoulos explicou com um simples exemplo: "Então, se você e eu concordássemos agora que eu iria pagar 50 dólares pela caneta em sua mesa, isto seria um contrato perfeitamente exequível. Nós podemos apenas dizer: 'Eu prometo te pagar 50 dólares pela caneta em sua mesa', e você responderia: 'Sim, eu concordo.' Isso acaba por ser 'aceitação de oferta e consideração.' Nós temos um acordo, que pode ser executado em um tribunal. Isso não tem nada a ver com os meios tecnológicos de implementação das promessas que fizemos".

O que interessa a Andreas no Blockchain é que podemos executar essa obrigação financeira em um ambiente tecnológico descentralizado. com um sistema de liquidação embutido. "Isso é muito legal", disse ele, "porque eu poderia realmente te pagar pela caneta agora, você iria ver o dinheiro imediatamente, você iria colocar a caneta no correio, e eu poderia ter uma verificação disso. É muito mais provável que nós iríamos realizar o negócio."

A profissão das leis está lentamente se conectando a essa oportunidade. Como todo mundo no meio, os advogados podem tornar-se sujeitos a desintermediação e acabarão por ter de se adaptar. Experiência em contratos inteligentes poderá ser uma grande oportunidade para os escritórios de advocacia que queiram liderar a inovação no direito dos contratos. No entanto, a profissão não é conhecida por desbravar novos caminhos. O jurista Aaron Wright, coautor de um novo livro sobre o Blockchain, disse: "Os advogados são retardatários".[21]

Multiassinaturas: contratos inteligentes complexos

Mas, você diz, os custos de negociações complexas e demoradas de contratos inteligentes não seriam superiores aos benefícios de limites abertos? A resposta a esse ponto parece ser não. Se os parceiros gastam mais tempo determinando os termos de um acordo, os custos de monitoramento, fiscalização e de liquidação caem significativamente, talvez até zero. Além disso, a liquidação pode ocorrer em tempo real, possivelmente em microssegundos, durante todo o dia, dependendo do negócio. O mais importante, por meio de parcerias com talentos superiores, as empresas podem conseguir uma melhor inovação e tornar-se mais competitivas.

Vamos considerar o uso de contratantes independentes. Nos primeiros dias do comércio digital, o Blockchain acomodava apenas as transações mais simples de duas partes. Por exemplo, se Alice precisava de alguém para completar um pedaço de código rapidamente, ela ia postar um pedido anônimo – "codificador necessário" – num fórum de discussão apropriado. Bob veria o pedido.[22] Se o preço e o tempo estivessem corretos, ele iria enviar amostras de trabalho. Se suas amostras atendessem às necessidades de Alice, então ela faria a Bob uma oferta. Eles concordariam nas condições: Alice iria enviar metade da taxa imediatamente e metade após o recebimento da conclusão e do teste bem-sucedido do código.

Seu contrato foi simples – uma oferta para contratar e uma aceitação para fazer o trabalho, e ele não precisa ter sido escrito, embora suas interações no Blockchain o façam assim. Sua propriedade de Bitcoins foi associada a endereços digitais (longas sequências de números) que tinham dois componentes: uma chave pública, que servia como um endereço, e uma chave privada, que deu seu acesso de proprietário exclusivo de todas as moedas associadas a esse endereço. Bob enviou a Alice sua chave pública, e ela direcionou o primeiro pagamento para lá. A rede registrou a transferência e associou esses Bitcoins à carteira da chave pública de Bob.

E se, neste momento, Bob decidisse que ele não quer fazer o projeto? Nessa transação de duas partes, Alice teria poucos recursos. Ela não poderia acionar sua companhia de cartão de crédito para reverter a transação. Ela não poderia (ainda) ir a um tribunal civil e processar Bob por quebra de contrato. Além de um código alfanumérico gerado aleatoriamente e um anúncio on-line, ela não teria nenhuma maneira de identificar Bob, a menos que ele tivesse publicado seu anúncio em uma plataforma centralizada, e esta poderia rastreá-lo, ou se eles tivessem trocado e-mails através de um serviço centralizado. Ela poderia, no entanto, indicar que a chave pública de Bob não é confiável, diminuindo assim a pontuação de reputação dele como um codificador.

Sem garantia da confiabilidade da outra parte no cumprimento de ações fora da cadeira, o negócio foi uma espécie de dilema do prisioneiro: ainda necessário um pouco de confiança. Sistemas de reputação podem diminuir essa incerteza até certo ponto. Mas precisávamos introduzir confiança e segurança nesse sistema anônimo e aberto.

Em 2012, o "desenvolvedor de núcleo" Gavin Andresen introduziu um novo tipo de endereço Bitcoin aos protocolos Bitcoin, chamados "pague para o script hash" (P2SH, da sigla em inglês). Seu objetivo era permitir a uma parte "custear qualquer transação arbitrária, não importando quão complicada."[23] Grupos usam várias assinaturas de autenticação ou chaves em vez de uma única chave privada para concluir uma transação. A comunidade geralmente se refere a esse recurso de múltiplas assinaturas como simplesmente "multisig." Em uma transação multisig, as partes concordam com o número total de chaves geradas (N) e com quantas serão necessárias para completar uma transação (M). Isso é chamado de esquema de assinatura

M-of-N ou protocolo de segurança. Pense em um cofre que requer múltiplas teclas físicas para ser aberto. Com esse recurso, Bob e Alice concordarão com antecedência em empregar uma pessoa neutra, árbitro desinteressado terceirizado, para ajudá-los a concluir a transação. Cada uma das três partes deterá uma das três chaves privadas, duas das quais são necessárias para acessar os fundos transferidos. Alice irá emitir seu Bitcoin para um endereço público. Neste ponto, seus fundos podem ser vistos por qualquer pessoa, mas ninguém pode acessá-los. Assim que Bob vê a divulgação dos fundos, ele cumpre sua parte no trato. Se, após a recepção do bem ou serviço de Bob, Alice estiver insatisfeita e se sentir traída, ela poderá se recusar a fornecer a Bob a segunda chave. As duas partes, então, buscam o árbitro, titular da terceira chave, para ajudá-los a resolver o desacordo. A intervenção de tais árbitros é chamada apenas em casos de disputas como essas, e em nenhum ponto os próprios árbitros têm acesso aos fundos – um mecanismo que permite o surgimento de "contratos inteligentes".

Para realizar um contrato remotamente, automaticamente, você precisa de um certo grau de confiança de que o sistema irá fazer valer seus direitos de acordo com o negócio. Se você não pode confiar na outra parte, você tem que confiar nos mecanismos de resolução de litígios e/ou no sistema legal por trás dele. A tecnologia multisig permite a esses terceiros deliberadamente desinteressados trazer segurança e confiança para as transações anônimas.

A autenticação multisig está crescendo em popularidade. Uma startup chamada Hedgy está usando a tecnologia multisig para criar contratos futuros: as partes concordam com um preço de Bitcoin que será negociado no futuro, sempre apenas trocando a diferença de preço. A Hedgy não possui garantia. As partes a inserem em uma carteira multisig até a data de execução. O objetivo da Hedgy é usar multisig como base para contratos inteligentes que são completamente autoexecutáveis e plenamente evidenciados no Blockchain.[24] Pense no Blockchain como uma dialética entre o anonimato e a transparência, em que o recurso multisig concilia os dois sem a perda de qualquer um.

Entre outras coisas, o contrato inteligente muda o papel das pessoas dentro das empresas que estão no negócio de buscar e contratar talentos. Os departamentos de RH precisam entender que o talento está fora de suas fronteiras, não apenas dentro. Eles precisam avançar até o desafio de utilizar contratos inteligentes para reduzir os custos de construção de relacionamentos com recursos externos.

3. Custos de coordenação – Como todos nós deveríamos trabalhar juntos? Então nós encontramos as pessoas certas e você as contratou. Como você as gerencia? Em seus escritos, Coase discutiu custos de coordenação, entrosamento, ou outras formas de orquestrar as diferentes pessoas, produtos e processos em uma empresa, que podem efetivamente criar valor. Contra os economistas tradicionais, que argumentavam que havia mercados internos dentro das firmas, Coase disse que quando "um trabalhador se desloca do departamento Y para o departamento X, ele não vai por causa de uma mudança de preços relativos, mas porque ele recebe ordens para fazê-lo".[25] Em outras palavras, os mercados alocam recursos por meio do mecanismo de preços, mas as firmas alocam recursos por meio da administração competente.

Williamson passou a explicar que existem dois sistemas de coordenação significativos. O primeiro é o sistema de preços para as necessidades e oportunidades descentralizadas de alocação de recursos (o mercado). Mas no segundo, tradicionais "firmas empregam um princípio de organização diferente – o da hierarquia –, no qual a autoridade é usada para influenciar a alocação de recursos". Ao longo das últimas décadas, as hierarquias têm estado sob minucioso exame, como estruturas para eliminar a criatividade, debilitar a iniciativa, desempoderar o capital humano e criar bodes expiatórios de responsabilidade por opacidade. Por garantia, muitas hierarquias de gestão tornaram-se burocracias improdutivas. No entanto, a hierarquia como um conceito tem tido uma má reputação, assim como seu defensor mais eloquente, o psicólogo canadense Elliott Jaques. Em um artigo clássico da *Harvard Business Review* de 1990, Jaques argumentou: "35 anos de pesquisa convenceram-me de que a hierarquia gerencial é o mais eficiente, o mais resistente, e na verdade a estrutura mais natural que já foi inventada para as grandes organizações. Adequadamente estruturada, a hierarquia pode liberar energia e criatividade, racionalizar a produtividade, e realmente melhorar a moral".[26]

O problema é que, na história recente dos negócios, muitas hierarquias não têm sido eficazes, ao ponto do ridículo. O anexo A é *O Princípio Dilbert*, provavelmente um dos livros de gestão mais vendidos de todos os tempos, de Scott Adams. Aqui está Dilbert lidando com a tecnologia Blockchain, de uma tira de quadrinhos recente:

Gerente: Eu acho que nós deveríamos construir um Blockchain.
Dilbert: Uh-oh. Será que ele entende o que disse ou é algo que viu em um anúncio de revista comercial?

Dilbert: Que cor você quer seu Blockchain?
Gerente: Eu acho que em roxo tem mais RAM.

No quadrinho, Adams capta uma das marcas de que as hierarquias estão indo mal – que os gerentes muitas vezes sobem para um nível de poder onde eles não têm conhecimento necessário para uma liderança eficaz.

Combinado com o pensamento gerencial progressivo sobre como construir organizações eficazes e inovadoras, a primeira geração da internet permitiu a gestores de pensamentos progressivos alterar a atribuição de cima para baixo de trabalho e a apropriação de créditos, o reconhecimento, e a promoção.

Para o bem ou para o mal, hierarquias centralizadas são a norma. Descentralização, redes e empoderamento têm sido considerados desde os primeiros dias da internet. Equipes e projetos tornaram-se a fundação da organização interna. O e-mail permitiu às pessoas colaborarem utilizando sistemas organizacionais isolados. A mídia social diminuiu alguns custos de colaboração interna, reduziu os custos de transação e fez os limites das corporações mais porosos, permitindo às empresas se conectarem com fornecedores, clientes e parceiros com mais facilidade.

Ainda, as ferramentas de mídia social comerciais de hoje estão ajudando muitas empresas a atingir novos níveis de colaboração interna. Empoderamento, a verdadeira descentralização do poder, é um foco importante nos negócios; e as empresas têm experimentado ou implementado novos conceitos, que vão desde a gestão matricial até a holocracia – com variados graus de sucesso.

De fato, há um consenso generalizado de que, quando as firmas distribuem responsabilidade, autoridade e poder, o resultado é tipicamente positivo: melhor finalidade de negócios, atendimento ao cliente e inovação. Mas isso é mais fácil dizer do pôr em prática.

A internet também não derrubou o que os economistas chamam de "custos de agência" – o custo de garantir que todos dentro da empresa estejam agindo no interesse do proprietário. Na verdade, outro economista ganhador do Prêmio Nobel (sim, parece haver muitos deles nesta história), Joseph Stiglitz, argumentou que a dimensão e a aparente complexidade dessas empresas têm aumentado os custos das agências, até mesmo quando os custos de transação de uma empresa despencaram. Consequentemente, é enorme o fosso salarial entre o CEO e as linhas de frente.

Então onde entra a tecnologia Blockchain e como ela pode mudar a forma como as empresas são geridas e coordenadas internamente? Com contratos inteligentes e transparência sem precedentes, o Blockchain deve não somente reduzir os custos de transação dentro e fora da empresa mas também deve reduzir drasticamente os custos de agência em todos os níveis de gestão. Essas mudanças, por sua vez, tornam mais difícil enganar o sistema. Assim, as empresas podem ir além do custo de transação para lidar com o elefante na sala de reuniões — custo de agência. Yochai Benkler nos disse: "O que é interessante para mim na tecnologia Blockchain, é que ela pode permitir que as pessoas funcionem em conjunto com a persistência e estabilidade de uma organização, mas sem a hierarquia".[27]

Isso também sugere que os gestores devem se preparar para transparência radical na forma como eles coordenam e conduzem a si mesmos, porque os acionistas agora serão capazes de ver as ineficiências, a complexidade desnecessária, e o enorme fosso entre os salários dos executivos e o valor que os executivos realmente agregam. Lembre-se, os gerentes não são agentes dos proprietários; eles são intermediários.

4. Custos de (re-)construção da confiança - Por que nós deveríamos confiar uns nos outros?
Como explicamos, a confiança nos negócios e na sociedade é a expectativa de que a outra parte será honesta, atenciosa, responsável e transparente — que ele ou ela vão agir com integridade.[28] É muito trabalho estabelecer confiança, e muitos economistas e outros acadêmicos argumentam que temos empresas integradas verticalmente porque o estabelecimento de confiança é mais fácil dentro dos limites corporativos do que em um mercado aberto. Com a confiança em um nível baixo, o desafio para as empresas não é simplesmente descobrir em quem confiar, mas como obter a capacidade de confiar nos de fora.

De fato, o economista Michael Jensen e seus colegas produziram um estudo de caso em que a *integridade* é um fator de produção. Não é o primeiro, mas está entre os mais eloquentes sobre o tema. Eles explicam que os escândalos, aparentemente intermináveis no mundo das finanças, com seus efeitos nocivos sobre o valor e bem-estar humano, demonstram fortemente a adição de integridade nas operações financeiras. Para eles, isso não é uma questão de virtude, mas uma oportunidade na economia financeira de "criar aumentos significativos na eficiência econômica, produtividade e bem-estar humano agregado". Para eles: "Integridade... por parte de indivíduos ou organizações tem enormes implicações econômicas (por valor, produtividade, qualidade de vida etc.). Na verdade, a integridade é um fator de produção tão importante como o trabalho, o capital e a tecnologia".[29]

Wall Street perdeu a credibilidade (e quase matou o capitalismo) por causa de um conjunto de violações de integridade. Mas isso mudou? E isso vai mudar? No passado, defensores da responsabilidade social corporativa argumentavam que as empresas *faziam bem fazendo o bem*. Nós não vimos a evidência. Muitas empresas fizeram bem fazendo o mal – por ter em práticas de trabalho ruins no mundo em desenvolvimento, externalizando seus custos para a sociedade, como a poluição, por serem monopólios e enganar os clientes. O colapso de 2008 nos deu a certeza de que as empresas "fazem mal por serem más." Os grandes bancos descobriram isso da maneira mais difícil. Antes de 2008, muitos foram obtendo mais de 20% de retorno sobre o capital próprio. Para muitos, hoje esse valor é bem abaixo de 5%, com alguns não conseguindo nem seu custo de capital. Do ponto de vista dos acionistas, eles não deveriam existir mais.[30]

Quais são as chances, de forma realista, de que Wall Street acorde para as exortações de Jensen e aja com integridade? Certamente, conveniência e ganho de curto prazo são codificados no DNA do sistema financeiro ocidental.

Introduza tecnologia Blockchain e moedas digitais. E se as partes não precisassem confiar umas nas outras, mas pudessem ainda assim agir com honestidade, responsabilidade, consideração e transparência, que são a base da plataforma tecnológica financeira?

Steve Omohundro nos deu um exemplo convincente. "Se alguém da Nigéria quer comprar algo que eu estou vendendo, eu vou ser muito cético, eu não vou aceitar um cartão de crédito ou um cheque da Nigéria. Com a nova plataforma, eu sei que posso confiar nele e eu não tenho que suportar os custos do estabelecimento da confiança. Então, ele habilita as transações que simplesmente não poderiam acontecer de outra forma."[31]

Assim, os bancos de Wall Street não têm que juntar a integridade ao seu DNA e ao seu comportamento; os fundadores dos Blockchains a codificaram em seus protocolos de software e a implantaram em toda a rede – permitindo uma nova utilidade para a indústria de serviços financeiros. A boa notícia é que a indústria pode restabelecer a confiança e mantê-la de forma contínua.

Com a tecnologia Blockchain fazendo com que os custos de pesquisa, contratação, coordenação e criação de confiança caiam, deveria ser mais fácil para as empresas não apenas abrir, mas também forjar relações de confiança com as partes externas. Atuando em seu próprio interesse, servindo ao interesse de todos. Enganar o sistema custa mais do que usá-lo como projetado. Isso não quer dizer que para as marcas corporativas, ou para quem importar, agir de forma ética não é importante ou necessário. O Blockchain ajuda a garantir a integridade e, portanto, a confiar nas transações entre pares. Isso também ajuda a alcançar a transparência, um fator crítico na confiança. No entanto, como diz o autor e teórico de tecnologia David Ticoll: "Confiança e marca são muito mais do que conceder uma transação. Também é sobre qualidade, satisfação, segurança de um dispositivo ou serviço, distinção e estar na moda. No mundo COP21 de hoje, as melhores marcas, de forma transparente e verificável, são uma indicação de seus resultados ambientalmente, socialmente e economicamente responsáveis".[32]

Ainda assim, por meio de contratos inteligentes, os executivos podem ser responsabilizados - eles devem respeitar seus compromissos, aplicados e estabelecidos por software. As empresas podem programar as relações com transparência radical, de forma que todos tenham uma melhor compreensão do que cada uma das partes já assinou para fazer. E no geral, goste ou não, devem conduzir os negócios de uma forma que considera os interesses das outras partes. A plataforma demanda isso.

DETERMINANDO OS LIMITES CORPORATIVOS

No geral, os limites que separam uma empresa de seus fornecedores, consultores, clientes, comunidades de pares externos e outros se tornarão mais difíceis de definir. Talvez mais importante do que isso, eles vão mudar constantemente.

As firmas continuarão a existir, mesmo com o Blockchain, porque os mecanismos de busca, contratação, coordenação e estabelecimento de confiança dentro dos limites corporativos serão mais rentáveis do que aqueles no mercado aberto, pelo menos para muitas atividades. A ideia da chamada nação livre de agentes, onde os indivíduos executam o trabalho fora dos limites das corporações, é ilusória. Melanie Swan, que fundou o Instituto de Estudos Blockchain, disse: "Qual é o tamanho certo da corporação para otimizar as transações? Bem, não é uma coisa unitária, de pessoas que trabalham apenas como indivíduos ou e-lancers". Para ela, haverá novos tipos de "entidades empresariais flexíveis de indivíduos e grupos, de parceria em torno de projetos". Ela vê o novo modelo da empresa mais como um grêmio, as associações pré-industriais de mercadores ou comerciantes que trabalharam juntos em uma cidade particular. "Nós ainda precisamos de organizações atuando como mecanismos de coordenação. Mas os novos modelos de colaboração de equipe ainda não são totalmente claros."[33]

Hoje ouvimos muitas vezes que as empresas devem focar em seu núcleo. Mas quando se considera como a tecnologia Blockchain reduz os custos das transações, o que é o núcleo? E como você define isso quando o núcleo de uma empresa está em constante mudança?

Parece que todo mundo tem uma definição diferente de qual tamanho ideal a empresa deve ter para maximizar a produtividade e a vantagem competitiva. Muitas empresas que examinamos não têm uma visão clara, parecendo escolher a abordagem Bob Dylan para determinar o que está dentro e o que deveria estar fora ("Você não precisa de um meteorologista para saber para que lado o vento sopra"). Processamento de back-office, por exemplo, foi descrito como um acéfalo, sem critérios claros de por quê.

Alguns são mais rigorosos. Do ponto de vista das principais competências desenvolvidas por Gary Hamel e C. K. Prahalad, as firmas ganham vantagem competitiva por meio do domínio de competências. Essas competências dominadas são fundamentais para a firma, enquanto outras podem ser adquiridas de fora.[34] No entanto, uma empresa deve ter domínio sobre algumas atividades que não sejam de missão crítica. Elas ainda devem ser mantidas internamente?

O estrategista Michael Porter tem uma visão implícita de que a vantagem competitiva deriva de atividades, em particular, das redes de reforço das atividades que são difíceis de replicar em sua totalidade. Não são as partes individuais do negócio que importam, mas como elas são unidas e montadas para reforço mútuo em um sistema de atividade exclusiva. A vantagem competitiva vem do sistema de atividades inteiro; enquanto qualquer atividade individual dentro do sistema pode ser copiada, os concorrentes não podem produzir o mesmo benefício, a menos que eles consigam duplicar todo o sistema.[35]

Outros argumentam que as empresas devem sempre manter funções ou capacidades que são de missão crítica – aquelas que as empresas devem fazer absolutamente certas para a sobrevivência e o sucesso. Mas fazer computadores é missão crítica para empresas de informática; contudo empresas como Dell, HP e IBM terceirizam grande parte dessa atividade de fabricação de eletrônicos para empresas de serviços como Celestica, Flextronics ou Jabil. A montagem final dos veículos é de missão crítica para um fabricante de automóveis; porém a BMW e a Mercedes contratam a Magna para fazer essa atividade.

A professora da Stanford Graduate School of Business Susan Athey argumenta persuasivamente: "Podem existir algumas funções de missão crítica, como a coleta e a análise de big data, que são de grande risco para mover para fora dos limites corporativos, mesmo não se tendo as competências necessárias nessa área".[36] Verdade, pode haver algumas funções, como análise de dados, em que a sobrevivência depende de ser excepcionalmente bom, e pode haver riscos existenciais de parcerias. Ainda assim, recursos externos podem ser implantados de forma estratégica para construir capacidade interna.

Nossa visão é que o ponto de partida para as decisões de limites corporativos é entender sua indústria, concorrentes e oportunidades para crescimento rentável – e usar esse conhecimento como base para o desenvolvimento de uma estratégia de negócios. De lá, o Blockchain abre novas oportunidades de trabalho em rede, que cada gestor e trabalhador do conhecimento precisa considerar em todos os momentos. Opções de fronteira não são apenas para altos executivos, são para quem se preocupa em arregimentar a melhor capacidade de inovação e alto desempenho. Devemos acrescentar – e este não é um ponto sem importância – que você não pode terceirizar sua cultura corporativa.

Entrando na matrix

Levando-se em conta a forma como a tecnologia Blockchain pode permitir o acesso a capacidades únicas fora dos limites corporativos, as empresas podem agora definir essas atividades de negócios ou funções que são fundamentais para a competitividade — aquelas que são tanto missão crítica quando suficientemente únicas para garantir um valor diferenciado.

No entanto, essa matrix dentro-fora é apenas um ponto de partida para a definição dos limites corporativos em qualquer ponto. Que outros fatores as firmas devem considerar para determinar o que é fundamental? Que circunstâncias atenuantes estão lá e podem afetar as escolhas de terceirizar ou nutrir internamente?

Hackeando seu futuro: decisões de fronteira

Ao fazer escolhas de fronteira, as empresas devem começar a usar o Blockchain para guiar uma visão de 360 graus e chegar a um consenso sobre o que é único e o que é missão crítica em seus negócios. Vamos voltar para Joe Lubin e a ConsenSys, como eles preveem o modus operandi da empresa baseada em Blockchain. Lembre-se que a ConsenSys está em sua infância, e muita coisa pode dar errado para debilitar seus negócios. Ainda podemos aprender com o exemplo dessa empresa.

1. Existem possíveis parceiros que poderiam fazer o trabalho melhor? Em particular, podemos nos beneficiar de captar novas comunidades de produtores, ideágoras, plataformas abertas, e outros modelos de negócios Blockchain? A empresa ConsenSys é capaz de orquestrar competências extraordinárias para fazer seu trabalho, mesmo que muitas estejam fora de suas fronteiras.

2. Dada a tecnologia Blockchain, quais são as novas economias dos limites corporativos —custos de transação da parceria contra manutenção/desenvolvimento interno? Você pode desenvolver um

conjunto de contratos inteligentes cujos elementos principais são modulares e reutilizáveis? A ConsenSys utiliza contratos inteligentes para reduzir os custos de coordenação.

3. Qual é a extensão da interdependência tecnológica contra a modularidade? Se você pode definir os componentes de negócios que são modulares, então pode facilmente reconfigurá-los fora dos limites corporativos. A ConsenSys estabelece padrões para o desenvolvimento de software e oferece acesso a vários módulos de software, os quais seus parceiros podem construir.

4. Quais são as competências da sua empresa no que diz respeito à gestão do trabalho terceirizado? Contratos inteligentes podem melhorar as competências e diminuir os custos? Desde o início, a ConsenSys era um negócio Blockchain. O CEO, Joe Lubin, adota a tecnologia e uma holacracia modificada, e podemos ver os sete princípios de design no trabalho.

5. Quais são os riscos de oportunismo em casos nos quais um parceiro pode invadir partes fundamentais do seu negócio, como alguns sugeriram que a Foxconn pudesse fazer com empresas de smartphone? A ConsenSys tenta mitigar esse desafio com a construção de lealdade por meio de estruturas de incentivo, nos quais os talentos compartilham a riqueza que criam.

6. Há obstáculos legais, regulatórios ou políticos para um aprofundamento da rede (e encolhimento) da organização? Não é um problema para a ConsenSys ainda.

7. Velocidade e ritmo de inovação são importantes para decisões na fronteira. Às vezes, as empresas não têm escolha, a não ser arrumar parceiros para uma função estratégica, porque elas não podem desenvolvê-la em casa rápido o suficiente. Um arranjo de parceria pode ser irrelevante. A parceria vai nos ajudar a construir um ecossistema que irá melhorar nossa vantagem competitiva? Essa é a estratégia da ConsenSys: construir uma rede de colaborado-

res em torno da plataforma Ethereum, ampliar a plataforma e o ecossistema, e aumentar a probabilidade de sucesso para todos os componentes.

8. Existe o perigo de perder o controle de algo fundamental – por exemplo, uma arquitetura de produto ou de rede? As empresas devem ter um senso de quais partes da cadeia de valor serão a chave para a criação e a captura de valor no futuro. Se essas são cultivadas para fora, a empresa vai perder. A plataforma Ethereum fornece uma arquitetura básica para a ConsenSys.

9. Existe uma capacidade, como a exploração de ativos de dados, que deve deve fazer parte da estrutura da sua empresa e de todas as suas operações? Mesmo que lhe falte uma capacidade única, você deve ver a parceria como uma tática de transição para desenvolver competência e recursos internos extraordinários. As tecnologias Blockchain irão introduzir um novo conjunto de capacidades que precisam residir no crânio de cada funcionário. Você não pode mover a cultura para fora de suas fronteiras

CAPÍTULO 5

NOVOS MODELOS DE NEGÓCIOS: FAZENDO CHOVER NO BLOCKCHAIN

Fundado um mês antes do colapso do mercado financeiro em 2008, o Airbnb se tornou uma plataforma de US$ 25 bilhões, sendo hoje o maior fornecedor mundial de quartos pelo seu valor de mercado e taxa de ocupação. Entretanto, as pessoas que fornecem os quartos recebem apenas uma parte do valor que elas criam. Pagamentos internacionais são feitos por meio da Western Union, que recebe US$ 10 de lucro a cada transação. As compensações levam muito tempo. O Airbnb armazena e monetiza todos os seus dados. Tanto locatários quanto clientes possuem preocupações quanto à privacidade.

Nós fizemos um brainstorm com o especialista em Blockchain Dino, Mark Angaritis, para desenhar um concorrente do Airbnb no Blockchain. Nós decidimos chamar nosso novo negócio de "bAirbnb". Ele se pareceria mais com uma cooperativa de propriedade dos próprios cooperados. Todas as receitas, excluindo despesas gerais, iriam para seus membros, que controlariam a plataforma e tomariam as decisões.

BAIRBNB *VERSUS* AIRBNB

bAirbnb é uma aplicação distribuída (DApp), um conjunto de contratos inteligentes que armazenam dados em registros internos do Blockchain. A aplicação bAirbnb possui uma interface elegante: proprietários podem enviar informações e imagens de sua propriedade.[1] A plataforma mantém pontuações por reputação tanto de locadores quanto de locatários para melhorar as decisões de negócios de todos.

Quando você quer alugar, o software do bAirbnb faz uma varredura e filtra todos os registros do Blockchain que correspondam aos seus critérios (ex.: 16 quilômetros da Torre Eiffel, dois quartos, apenas classificações de quatro ou mais estrelas). Sua experiência de usuário é idêntica à do Airbnb, exceto porque sua comunicação na rede é realizada peer-to-peer, por mensagens codificadas e assinadas criptograficamente e não armazenadas no banco de dados do Airbnb.[2] Você e o proprietário do quarto são as únicas duas pessoas que podem ler essas mensagens. Vocês podem trocar números de telefone, algo que o Airbnb bloqueia para preservar receitas futuras. No bAirbnb você e o proprietário poderiam se comunicar e completar a transação inteiramente fora da rede, porém é melhor para você concluir a transação dentro da rede por algumas razões.

Reputação: pela rede, ao registrar a transação no Blockchain, avaliações positivas de cada usuário melhoram suas respectivas reputações. O risco de uma avaliação negativa motiva cada parte interessada a continuar agindo honestamente. Lembre-se, pessoas com boa reputação podem usar a mesma persona entre os diversos DApps e se beneficiar continuamente por ser uma pessoa bacana.

Verificação da identidade: como nós não estamos lidando com um sistema centralizado que verifica o ID em nosso nome, cada uma das partes precisa confirmar a identidade do outro. O Blockchain chama um contrato a partir de uma aplicação "VerifyID", um dos muitos contratos que o bAirbnb, SUber (Uber Blockchain) e outros DApps usam para verificar a identidade no mundo real.

Proteção de privacidade: VerifyID não rastreia nem armazena todas as transações num banco de dados. Ele simplesmente retorna VERDADEIRO ou FALSO quando recebe uma requisição para verificação de uma chave pública (persona). Diferentes tipos de DApps podem chamar o VerifyID, mas ele nunca sabe os detalhes de cada transação. Essa separação entre a identidade e a atividade aumenta significativamente sua privacidade.

Redução do risco: proprietários de casas atualmente armazenam as identidades dos clientes e seus dados financeiros em seus próprios servidores, que podem ser hackeados e vazados, expondo os proprietários a grandes passivos e litígios. No Blockchain, você não precisa confiar seus dados a um fornecedor; não há banco de dados central para hackear e vazar. Existem apenas transações individuais peer-to-peer pseudônimas.

Seguros: hoje o Airbnb oferece US$ 1 milhão em seguros para os proprietários e compensa-os por roubos e danos. No bAirbnb, proprietários podem obter a aplicação de seguros do bAirbnb DApp. Locatários com boa reputação como você possuem taxas menores de seguros e não precisam subsidiar locatários descuidados, fiscalização de prospects ou mau uso das propriedades. Quando você submete uma solicitação de reserva, o bAirbnb envia sua chave pública (persona) ao contrato de seguro para uma cotação. O DApp de seguros contata uma lista de fornecedores de confiança, seguradoras falsas não se aplicam. As seguradoras efetuam seus próprios cálculos em tempo real com um software agente autônomo baseado nas entradas para o contrato – tais como o valor de mercado da casa do proprietário, quanto o proprietário gostaria de pôr no seguro, a reputação do proprietário, sua reputação como locatário e o preço do aluguel. O bAirbnb escolhe a melhor oferta e a acrescenta à diária que o proprietário quer cobrar. O Blockchain processa esse cálculo em background; os proprietários e os locatários têm uma experiência de usuário comparável à do Airbnb, porém com uma troca de valor superior e mais justa.

Liquidação de pagamentos: é claro, no Blockchain você transfere dinheiro para o proprietário em segundos, não em dias, como no Airbnb. Proprietários podem gerenciar depósitos seguros mais facilmente com contratos inteligentes. Algumas partes usam contas de garantia para liberar os pagamentos parcialmente (durante a noite, semanalmente, de hora em hora etc.) ou em sua totalidade quando todas as partes concordam. Em conflitos que envolvem contratos inteligentes as partes podem pedir arbitragem.

Acesso à propriedade utilizando fechaduras inteligentes (dispositivo IoT): uma fechadura inteligente conectada ao Blockchain sabe quando você pagou. Quando você chega, seu comunicador de campo de proximidade ativo em seu smartphone pode enviar uma mensagem com sua chave pública como prova de pagamento, e a fechadura inteligente abrirá para você. Proprietários não precisam deixar as chaves com você ou visitar a propriedade, a não ser para dizer "oi" ou tratar alguma emergência.

Você e o proprietário podem agora economizar os 15% de taxas do Airbnb. As liquidações são garantidas e imediatas. Não há mais despesas de câmbio para contratos internacionais. Você não precisa se preocupar em ter sua identidade roubada. Governos locais com regimes opressores não podem intimar o bAirbnb, pois todos os seus dados de locação estão no histórico. Esta é a real economia de valor compartilhado. Ambos, consumidores e prestadores de serviços saem ganhando.

COMPUTAÇÃO GLOBAL:
A ASCENSÃO DOS APLICATIVOS DISTRIBUÍDOS

Antes de examinarmos outras possíveis entidades empresariais distribuídas, como o bAirbnb, uma palavra sobre como a tecnologia subjacente habilita essa descentralização. Até a Blockchain, organizações centralizadoras detinham poder computacional concentrado.

Nas primeiras décadas da computação empresarial, todas as aplicações de software (Apps) rodavam nos computadores de seus donos. GM, Citibank, U. S. Steel, Unilever e o Governo Federal americano adquiriram enormes data centers que rodavam softwares proprietários. Companhias alugavam ou compartilhavam poder computacional de fornecedores, como a gigante da década de 1980 CompuServe, para rodar suas próprias aplicações.

Com os computadores pessoais já maduros, o mercado de software se especializou: alguns desenvolviam aplicativos para clientes (o PC) e outros, aplicativos de servidor (computador central). Dada a ampla adoção da internet, especificamente a World Wide Web, pessoas e empresas poderiam utilizar seus computadores para compartilhar informações – inicialmente documentos de texto e posteriormente imagens, vídeos, outros conteúdos multimídia, e eventualmente aplicativos de software.[3] O compartilhamento abriu o panorama para a democratização da informação. Porém, sua vida foi curta.

Na década de 1990, uma nova alternativa para compartilhamento surgiu, inicialmente chamada de redes virtuais privadas (VPNs), e então a computação em nuvem. A computação em nuvem permitiu a usuários e empresas armazenar e processar seus softwares e dados em data centers de terceiros. Novas empresas de tecnologias, como Salesforce.com, construíram fortunas aproveitando o modelo em nuvem para que clientes pudessem cortar os grandes custos de desenvolver e executar seus próprios softwares. Provedores de serviço em nuvem, como Amazon e IBM, construíram negócios multibilionários gigantescos. Durante os anos 2000, empresas de mídias sociais, como Facebook e Google, criaram serviços que funcionavam em seus próprios vastos data centers. E para continuar nessa tendência de computação centralizada, empresas como Apple se afastaram da arquitetura democrática da web, para plataformas proprietárias como a Apple Store, na qual seus clientes adquiriam aplicativos proprietários, não pela web aberta, mas em seus exclusivos jardins fechados.

Recorrentemente na era digital, grandes empresas se consolidaram, criando, processando e controlando ou adquirindo aplicações em suas próprias e grandes instalações. Empresas centralizadoras geraram arquiteturas centralizadas de computação que possuem, por sua vez, poder tecnológico e econômico centralizado.

Algumas bandeiras vermelhas: com pontos únicos de controle, as próprias empresas são vulneráveis a acidentes catastróficos, fraudes e falhas de segurança. Se você era um cliente da Target, eBay, JPMorgan Chase, Home Depot ou Anthem, ou ainda da Ashley Madison, do Gabinete de Gestão de Pessoal dos EUA (segunda falha!), ou mesmo do Uber, você sentiu a dor de ser hackeado em 2015.[4] Sistemas de diferentes partes de uma empresa já enfrentam grandes desafios para se comunicar uns com os outros, e ainda mais com sistemas de fora da empresa. Para nós, usuários, isso significa que nunca tivemos realmente controle. Outros definem nossos serviços com seus valores implícitos e objetivos, que podem conflitar com os nossos. Enquanto geramos grandes quantidades de dados valiosos, outros se apropriam deles e estão construindo grandes fortunas – talvez as maiores da história – enquanto a maioria de nós recebe pouco incentivo ou compensação. O pior de tudo, os poderes centrais estão usando nossos dados para criar imagens de cada um de nós e podem usar isso para nos vender coisas ou nos espionar.

Surge então a tecnologia Blockchain. Qualquer um pode fazer upload de um programa para essa plataforma e deixá-lo autoexecutar automaticamente, com garantia criptográfica e econômica[5] forte, e o programa continuará a desempenhar com segurança aquilo a que se propôs. Essa plataforma é pública, não está dentro de uma organização e contém um conjunto crescente de recursos, tais como dinheiro digital para encorajar e recompensar certos hábitos.

Estamos entrando em uma nova era da revolução digital, na qual podemos programar e compartilhar um software que é distribuído. Assim como o protocolo Blockchain é distribuído, uma aplicação distribuída ou DApp roda em diversos dispositivos computacionais em vez de rodar num único servidor. Isso ocorre porque todos os recursos de computação que estão executando um Blockchain constituem um computador. O desenvolvedor Blockchain Gavin Wood frisa esse ponto descrevendo o Blockchain Ethereum como uma plataforma para processamento. "Há apenas um computador Ethereum no mundo", disse ele. "Também é multiusuário – qualquer pessoa que o utilize está automaticamente conectado." Pelo fato de o Ethereum ser distribuído e construído para os mais altos padrões de segurança criptográfica, "todo o código, processamento e armazenamento existe dentro do seu próprio espaço encapsulado e ninguém pode bagunçar esses dados." Ele argumentou que as regras fundamentais são incorporadas ao computador, comparando-o ao "virtual silicon".[6]

Quanto aos "DApps", houve ações "esquenta" antes dos Blockchains. BitTorrent, o aplicativo de compartilhamento de arquivos peer-to-peer demonstra o poder dos "DApps", consumindo atualmente mais de 5% de todo o tráfego da internet.[7] Amantes de música, filmes e outras mídias compartilham seus arquivos de graça, sem servidor central para que autoridades não possam tirá-lo do ar. O programador iconoclasta Bram Cohen, que a propósito é pouco entusiasta do Bitcoin por conta de toda atividade comercial envolvida, desenvolveu o BitTorrent. "A revolução não será monetizada", disse ele.[8]

A maioria de nós pensa que gerar receitas e valor econômico por meio da inovação tecnológica é algo positivo, desde que a revolução não seja monetizada por poucos. Com a tecnologia Blockchain, as possibilidades para os "DApps" são praticamente ilimitadas, porque leva os "DApps" a um novo patamar. Se, assim como dizia a música, "Ame e se case, ame e se case, vão juntos como um cavalo e a carruagem," então o mesmo serve para os "DApps" e os Blockchains. A empresa Storj é uma plataforma distribuída de armazenamento em nuvem e um pacote de "DApps" que permite aos usuários armazenar dados com segurança, de modo barato e privado. Nenhuma autoridade central possui acesso às senhas encriptadas dos usuários. O serviço elimina altos custos de instalações para armazenamento centralizado. É super-rápido e remunera usuários pelo aluguel de seus espaços excedentes em disco. É como o Airbnb do espaço sobressalente da memória do seu computador.

OS REIS DO DAPP: ENTIDADES DE NEGÓCIOS DISTRIBUÍDOS

Como os "DApps" introduzem maior eficiência, inovação e capacidade de resposta na estrutura da empresa? Quais novos modelos de negócio podemos construir com os "DApps" para gerar valor? E se poderosas instituições estão capturando os benefícios da internet hoje, como podemos ir além da terceirização e das redes de negócios para verdadeiros modelos distribuídos de inovação e criação de valor que possam distribuir prosperidade e o direito aos dados e à riqueza? Nós mapeamos o que acreditamos ser as quatro inovações mais importantes numa matriz dois por dois.

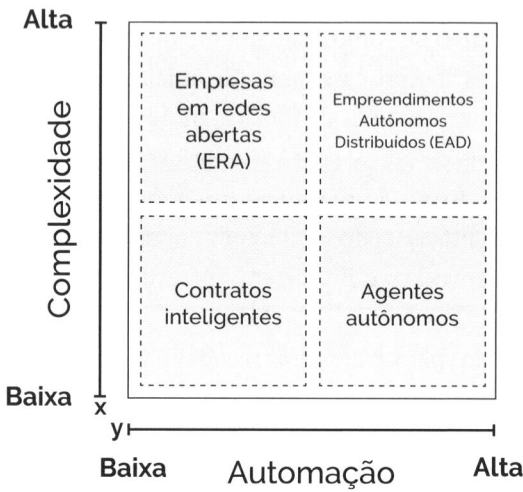

O eixo Y identifica o grau em que humanos participam do modelo. À esquerda, o modelo requer algum envolvimento humano. À direita, o modelo não precisa de pessoas.

O eixo X descreve a complexidade funcional do modelo, não sua complexidade técnica. Na parte baixa estão modelos que executam uma função única. No topo estão modelos que executam diversas funções.

Esses são todos componentes da economia do Blockchain, porque eles usam a tecnologia Blockchain e geralmente moedas digitais em sua base. Contratos inteligentes (discutidos no capítulo anterior) são a forma mais básica: eles envolvem alguma complexidade, a qual requer envolvimento humano, cada vez mais na forma de acordos com várias assinaturas. Com o crescimento da complexidade dos contratos inteligentes e sua interação com outros contratos, eles podem contribuir com o que chamamos de empresas em redes abertas (ERAs). Se nós unirmos ERAs aos agentes autônomos – softwares que tomam decisões e atuam sobre eles sem intervenção humana – chegaremos ao que podemos chamar de empresas autônomas distribuídas, que requerem pouco ou nenhum gerenciamento tradicional ou hierarquia para gerar valor para o cliente e riqueza própria. E podemos pensar que um número muito grande de pessoas, milhares ou milhões, estarão habilitadas a colaborar na criação de um empreendimento e compartilhar a riqueza que ele cria – distribuindo riqueza, em vez de redistribuí-la.

Empresas em redes abertas

A um custo muito baixo, contratos inteligentes permitem às companhias criar acordos engenhosos e autoexecutáveis com novas classes de fornecedores e parceiros antes improváveis. Quando agregados, contratos inteligentes podem fazer as empresas parecerem redes, tornando as fronteiras corporativas mais permeáveis e fluidas.

A tecnologia Blockchain também reduz o custo de transação de Coase com prospecção e custos burocráticos, de modo que companhias possam desagregar-se em redes mais efetivas. Uma empresa automobilística poderia checar a credibilidade de um fornecedor apenas explorando serviços analíticos on-line. Em breve, apenas digite "eixo" ou "vidro da janela" em quaisquer das diversas bolsas disponíveis no Blockchain e negocie o preço on-line.

Podemos estender esse cenário simples para encontrar uma peça de reposição, um parceiro para a cadeia de suprimentos, um colaborador ou um software para o gerenciamento de um recurso distribuído. Precisa de aço da China, de borracha da Malásia ou de vidro de Wichita, Kansas? Sem problemas. Câmaras de compensação on-line descentralizadas, que operam como "DApps" para cada mercadoria, permitirão aos compradores contratar pelo preço, qualidade e prazos de entrega com apenas alguns cliques do mouse. Você poderá pesquisar nos registros detalhados das transações passadas – não apenas com base em como várias empresas foram classificadas, mas precisamente com base em como elas honraram seus compromissos. Você pode rastrear cada remessa num mapa virtual que mostra sua localização precisa no transporte. Você pode microagendar mercadorias para que sejam entregues "just in time". Nenhum estoque será necessário.

AGENTES AUTÔNOMOS

Imagine um pedaço de software que possa vagar pela internet com sua própria carteira e sua própria capacidade de aprender e se adaptar na busca de seus objetivos, determinados por um criador, adquirindo os recursos de que ele necessita para sobreviver, como poder computacional, tudo isso enquanto vende serviços a outras entidades.

O termo "agente autônomo" tem muitas definições.[9] Para nossa discussão, é um dispositivo ou software que, em nome de algum criador, captura informações do seu ambiente e é capaz de fazer escolhas independentes. Poderíamos descrever alguns agentes autônomos como "inteligentes", embora falte a eles uma inteligência geral. No entanto, eles não são "apenas programas de computador", porque eles podem modificar o modo como atingem seus objetivos. Eles podem perceber e responder ao seu ambiente ao longo do tempo.[10]

O vírus de computador é o exemplo mais citado de um agente autônomo: o vírus sobrevive replicando-se de uma máquina a outra sem ação humana deliberada. Desencadear um vírus no Blockchain poderia ser mais difícil e certamente caro porque ele provavelmente teria que pagar a outra parte para interagir com ele, e a rede poderia rapidamente identificar sua chave pública, travar a pontuação da sua reputação ou não validar suas transações.

Como exemplos positivos de Blockchain, considere os seguintes: um serviço de computação em nuvem aluga poder de processamento de várias fontes, crescendo como a Amazon em tamanho, fazendo acordos de aluguel com outros computadores que têm excesso de capacidade;[11] um carro sem motorista pertencente a uma comunidade, empresa, indivíduo ou quem se move ao redor da cidade, transportando passageiros e cobrando deles taxas adequadas. Nós estamos interessados em agentes que possam fazer transações, adquirir recursos, fazer pagamentos ou, em outras palavras, produzir valor em nome do seu criador.

Vitalik Buterin, que criou o Blockchain Ethereum, teorizou sobre esses agentes e desenvolveu uma taxonomia para descrever sua evolução. Numa ponta estão os agentes de função única, como os vírus, que vão trabalhar para alcançar seus objetivos limitados. Num nível seguinte estão os agentes mais inteligentes e versáteis, digamos, um serviço que poderia alugar servidores a partir de um conjunto específico de fornecedores, como a Amazon. Um agente mais sofisticado poderia ser capaz de descobrir como alugar um servidor de qualquer fornecedor, e em seguida, usar qualquer mecanismo de busca para localizar novos websites. Um agente ainda mais hábil poderia melhorar seu próprio software e se adaptar a novos modelos de aluguel de servidor, por exemplo, pagando a usuários finais para alugar seus computadores ou discos não utilizados. O penúltimo passo consiste em ser capaz de descobrir e entrar em novos setores, levando à próxima evolução da espécie – a inteligência artificial plena.[12]

Rede de previsão do tempo

Um agente autônomo poderia usar a tecnologia Blockchain para ganhar dinheiro fazendo previsão do tempo? Avancemos para 2020. As melhores previsões do tempo globalmente são provenientes de uma rede de dispositivos inteligentes que estão medindo e prevendo as condições climáticas em todo o mundo. Naquele ano, um agente autônomo chamado BOB é liberado na rede para colaborar com esses dispositivos a fim de criar um negócio. Veja como BOB funciona: Sensores ambientais distribuídos (weatherNodes) em postes, nas roupas das pessoas, em telhados de edifícios, viajando em carros e ligados a satélites estão todos conectados em uma rede mesh global. Não há necessidade de um provedor de serviços de internet para a conectividade. Em vez de se comunicar com um banco de dados central, eles armazenam seus dados em um Blockchain.[13] Muitos são movidos a energia solar e por isso não precisam da rede elétrica, eles podem efetivamente funcionar indefinidamente.

O Blockchain lida com algumas funções. Primeiro, ele liquida pagamentos. Como incentivo, cada weatherNode recebe um micropagamento a cada 30 segundos para a prestação de telemetria precisa do tempo (temperatura, umidade, vento etc.) em determinado local no mundo.

O Blockchain também armazena todas as transações do weatherNode. Cada weatherNode assina todos os seus dados com sua chave pública armazenada no Blockchain. Uma chave pública identifica o weatherNode e permite que outras entidades determinem sua reputação. Quando o nó produz dados meteorológicos precisos, sua reputação é melhorada. Se um nó está quebrado ou comprometido e produz dados imprecisos, ele perde status. Nós com baixa reputação recebem menos Bitcoins do que nós com alta reputação – o beneficiário é o criador do aplicativo – quer seja um indivíduo, empresa ou cooperativa.

O Blockchain também permite que os provedores de dados e os consumidores de dados participem ponto a ponto de um sistema único e aberto, em vez de se inscrever em dezenas de serviços meteorológicos centralizados ao redor do mundo e programar seu software para se comunicar com cada uma de suas interfaces de programação de aplicação (APIs). Com contratos inteligentes, podemos ter um "Aplicativo Distribuído de Mercado de Dados Meteorológicos" global, no qual os consumidores podem dar lances em dados em tempo real e receber os dados em um formato acordado universalmente. Provedores de dados centralizados podem abandonar seus sistemas proprietários e esforços de vendas individualizados se tornarem provedores de dados para o Aplicativo Distribuído de Mercado de Dados Meteorológicos acessível globalmente.

Aplicativo meteorológico distribuído: sensores LP

Na primeira era da internet, a inovação técnica ocorreu apenas no centro; utilidades centralizadas, como empresas de energia, empresas de cabo e bancos centrais, decidiram quando atualizar a rede, quando suportar novos recursos e a quem dar acesso. A inovação não podia ocorrer nas "pontas" (isto é, indivíduos que utilizam a rede) porque as regras e protocolos de sistemas fechados significavam que quaisquer novas tecnologias concebidas para interagir com a rede precisariam da permissão do poder central para operar nelas.

Mas os poderes centrais são ineficientes, porque eles não sabem exatamente o que o mercado quer em tempo real. Eles têm de fazer suposições que são sempre menos precisas do que os mercados em tempo real demandam. Vamos acabar com a WeatherCorp, um serviço centralizado que instala sensores e coloca satélites para que ela possa vender assinaturas de dados que poucas pessoas podem querer.

O Blockchain permite que qualquer entidade se torne um provedor ou consumidor de dados meteorológicos, com poucas barreiras para entrar. Basta comprar um weatherNode, colocá-lo em seu telhado, conectá-lo ao Aplicativo Global Distribuído de Mercado de Dados Meteorológicos LP (por pares ligados) e você vai começar a gerar renda imediatamente. E se você puder equipar sua própria cobertura com weatherNode, que pode lhe fornecer dados mais precisos, bem, melhor para você! Você inovou na ponta e o mercado o recompensará por isso. Os incentivos à inovação em redes abertas são mais bem alinhados para aumentar a eficiência do que em redes fechadas.

Duelo de robôs

E quanto aos conflitos de interesses? Se o weatherNode começasse a expandir sua capacidade e entrasse no mercado de seguros de colheita, não haveria dissonância cognitiva? WeatherNodes de fazendeiros querendo enfatizar o impacto das secas, e os weatherNodes das seguradoras afirmando que secas serão mínimas. Os donos e designers de agentes precisam de transparência nas operações. Se ambos estão filtrando os dados do sensor em uma tela tendenciosa, então ambas as reputações irão cair.

Vitalik Buterin aponta que agentes autônomos são criações desafiadoras, porque para sobreviver e ter sucesso eles precisam ser capazes de navegar em um ambiente complexo, de mudanças rápidas ou até mesmo hostil. "Se um provedor de hospedagem na Web quer ser inescrupuloso, eles podem localizar especificamente todas as instâncias do serviço e, então, substituí-los por nós que trapaceiam de alguma forma; um agente autônomo deve ser capaz de detectar tais nós trapaceiros e remover ou, pelo menos, neutralizar estes nós do sistema."[14]

Note que agentes autônomos também distinguem pessoalidade de propriedade e controle de ativos. Antes da tecnologia Blockchain, todos os ativos - terra, propriedade intelectual, dinheiro - requeriam uma pessoa ou organização legal de pessoas para possuí-los. De acordo com Andreas Antonopoulos, criptomoedas ignoram completamente a pessoalidade. "Uma carteira pode ser controlada por um pedaço de software que não tem propriedade, e por isso você tem a possibilidade de agentes de software completamente autônomos controlando o seu próprio dinheiro."[15]

Um agente autônomo poderia pagar por sua própria hospedagem na web e usar algoritmos evolutivos para espalhar cópias de si mesmo, fazendo pequenas mudanças e permitindo então que essas cópias sobrevivessem. Cada cópia pode conter conteúdo novo que ela descobre ou mesmo fazer contribuição colaborativa em algum lugar na internet. Como algumas dessas cópias se tornam muito bem-sucedidas, o agente poderia vender anúncios de volta aos usuários. A receita dos anúncios poderia entrar em uma conta bancária ou ser publicada em um lugar seguro no Blockchain; e o agente poderia usar essa receita crescente para gerar mais contribuição colaborativa de conteúdos de anúncio e proliferar-se. O agente repetiria o ciclo para que o conteúdo atraente propagasse e se hospedasse com sucesso, e o conteúdo sem sucesso basicamente morreria porque ele ficaria sem dinheiro para se auto-hospedar.

EMPRESAS AUTÔNOMAS DISTRIBUÍDAS

Temos agora de sugerir-lhe afivelar o cinto de segurança do seu assento de capitão de Star Trek por um momento. Imagine BOB 9000 – um conjunto de agentes autônomos que cooperam em um complexo ecossistema baseado no Blockchain de acordo com uma declaração de missão e regras. Juntos, eles criam um conjunto de serviços que eles vendem para os seres humanos ou organizações. Os seres humanos animam os agentes, dotando-os de poder computacional e capital para fazer seu trabalho. Eles compram os serviços de que necessitam, contratam pessoas ou robôs, adquirem recursos de parceiros, tais como capacidade de fabricação, branding e expertise de marketing, e adaptam-se em tempo real.

Essa organização poderia ter acionistas, possivelmente milhões deles, que participariam de uma campanha de financiamento coletivo. Os acionistas forneceriam uma declaração de missão, digamos, para maximizar o lucro legalmente, enquanto tratariam todas as partes interessadas com integridade. Os acionistas também poderiam votar conforme necessário para governar a entidade. Ao contrário das organizações tradicionais, onde os seres humanos tomam todas as decisões, numa organização definitivamente distribuída grande parte das tomadas de decisão do dia a dia pode ser programada em código inteligente. Em tese, pelo menos, essas entidades podem funcionar com estrutura de gestão tradicional mínima ou sem nenhuma, já que tudo e todos trabalham de acordo com regras específicas e procedimentos codificados nos contratos inteligentes. Não haveria CEO super-remunerado, gestão, ou burocracia corporativa, a menos que a entidade decidisse contratar o CEO e construir uma. Não haveria nenhuma política de escritório, nenhuma papelada, nenhum "Princípio da incompetência de Peter" da empresa "Dilbertiniana" no trabalho, porque os fornecedores de tecnologia, as comunidades de código aberto, ou fundadores da empresa iriam definir a agenda do software para executar funções específicas.

Todos os empregados humanos ou organizações parceiras atuariam sob contratos inteligentes. Quando eles executassem o trabalho conforme especificado, eles seriam pagos instantaneamente – talvez não quinzenalmente, mas diariamente, a cada hora ou em microssegundos. Como a entidade não teria necessariamente um organismo antropomórfico, empregados nem mesmo saberiam que estão sendo gerenciados por algoritmos. Mas eles conheceriam as regras e normas de bom comportamento. Tendo em conta que o contrato inteligente poderia codificar o conhecimento coletivo da ciência da administração e que suas atribuições e métricas de desempenho seriam transparentes, as pessoas poderiam amar trabalhar.

Os clientes forneceriam feedback, que a empresa aplicaria serena e instantaneamente para redirecionar o curso. Acionistas receberiam dividendos, talvez frequentemente, assim como a contabilidade em tempo real evitaria a necessidade de relatórios de fim de ano. A organização iria realizar todas essas atividades, sob a orientação e regras de negócios incorruptíveis, que seriam tão transparentes quanto o software de código aberto que seus fundadores usaram para colocá-la em movimento.

Bem-vindo à empresa autônoma distribuída (DAE, na sigla em inglês) de amanhã, movida a tecnologia Blockchain e criptomoedas, em que agentes autônomos podem se autoagregar em modelos radicalmente novos de empresa.

Antes de dizer que tudo isso soa pouco prático, inútil, ou algo de ficção científica, considere o seguinte. Usando Tokens, empresas como a ConsenSys já emitiram ações em suas unidades, encenando ofertas públicas sem supervisão regulatória. Você poderia legalmente registrar a propriedade de empresas privadas e transferir as ações para outras pessoas no Blockchain. Seus certificados de ação poderiam pagar dividendos e conferir o poder de voto. Dito isso, sua nova "blockcom" seria distribuída; ela não existe sem a jurisdição, mas seus acionistas podem viver em qualquer lugar. Imagine um mecanismo semelhante para emitir dívida sob a forma de títulos, tanto os títulos de empresas privadas quanto os títulos soberanos, essencialmente, criando um mercado de títulos. A mesma lógica se aplica às commodities – não a mercadoria em si, mas uma nota que corresponde ao produto, semelhante à forma como a Bolsa de Mercadorias de Chicago ou o mercado de ouro global funcionam.

Mas não pense em ações como você atualmente as conhece. Imagine um IPO global com 100 milhões de acionistas, cada um contribuindo com alguns tostões. Não seria impensável gestão e governança ocorrendo em escala massiva, com milhões de pessoas possuindo títulos com direito a voto. Por fim, investidores da base da pirâmide poderiam ter ações de uma empresa criadora de riqueza em qualquer lugar do mundo e participar dela. Em teoria, pelo menos, poderíamos projetar uma corporação sem executivos, apenas com acionistas, dinheiro e software. Códigos e algoritmos poderiam substituir uma camada de representantes (ou seja, o Conselho Executivo), com os acionistas exercendo controle sobre esse código. A oportunidade para a prosperidade é significativa, nada menos do que a democratização da propriedade de instrumentos de criação de riqueza.

Não é prático? Talvez. Mas considere que empreendedores já estão usando linguagens de script, como o Ethereum, para projetar tais funções para eventuais modelos autônomos. Inovadores já estão implementando o código que permite o controle multiassinatura em fundos. Por meio de campanhas de financiamento coletivo, massas de pessoas estão comprando participação em sociedades. DApps já estão dando lugar a agentes autônomos.

Esta empresa, completamente distribuída, poderia ter uma carteira que exigisse que milhares de signatários chegassem a um consenso, a fim de gastar dinheiro em uma transação importante. Qualquer acionista poderia sugerir um destinatário para esse dinheiro, conduzindo o consenso em torno dessa operação. Uma estrutura como essa teria desafios óbvios. Por exemplo, mecanismos teriam de ser postos em prática para se alcançar rapidamente um consenso. Ou quem seria responsável pelo desfecho dessa transação? Se você contribuiu com um décimo de milésimo de um voto, qual é o seu passivo e qual sua responsabilidade legal? Poderia haver autopropagação de organizações criminosas ou terroristas? Andreas Antonopoulos não está preocupado. Ele acredita que a rede irá gerir esses perigos. "Torne esta tecnologia disponível para 7,5 bilhões de pessoas, e 7,499 bilhões delas usarão isso para o bem e esse bem pode entregar benefícios enormes para a sociedade."[16]

OS GRANDES SETE: MODELOS DE NEGÓCIO ABERTOS EM REDE

Existem inúmeras oportunidades para construir empresas em redes abertas, que causam disrupção ou desqualificam modelos tradicionais centralizados, potencialmente evoluindo para empresas que já nascem autônomas e distribuídas autônomas. Considere como o modelo distribuído irá romper ou substituir as oito funções de serviços financeiros – tudo desde bancos de varejo e mercados de ações até companhias de seguros e de contabilidade. Novos entrantes e incumbentes similares podem construir novas arquiteturas de negócios que podem inovar melhor, criar mais valor a um custo menor, transferindo e habilitando produtores a participar da riqueza que eles criam.

A tecnologia Blockchain pega alguns dos novos modelos de negócios descritos no Wikinomics e os leva a um novo nível.[17] Vejamos como podemos expandir a produção de pares, ideágoras, prosumers, plataformas abertas, o novo poder do povo, o chão de fábrica global, e o ambiente de trabalho wiki (social) adicionando em sistemas de pagamento nativos as principais inovações da revolução Blockchain – sistemas de reputação, conteúdo sem censura, transações sem necessidade de confiança, contratos inteligentes e agentes autônomos.

1. Os pares produtores
Os pares produtores são os milhares de voluntários dispersos que disponibilizaram o software de código aberto e a Wikipédia, projetos inovadores que superam os das maiores e mais bem financiadas empresas. Os membros da comunidade participam desses projetos pela diversão, como um hobby, para fazer networking, ou por causa de seus valores. Agora, ativando sistemas de reputação e outros incentivos, a tecnologia Blockchain pode melhorar sua eficiência e recompensá-los pelo valor que criam.

Comunidades de produção em pares podem ser "produção entre pares baseada no povo", uma frase várias vezes cunhada pelo professor de Direito de Harvard, Yochai Benkler.[18] Algumas vezes chamados de produção social, outro termo de Benkler, esses sistemas significam que os bens e serviços são produzidos fora dos limites do setor privado e não são "propriedade" de uma empresa ou pessoa física. Entre os inúmeros exemplos estão o sistema operacional Linux (que não é de propriedade de ninguém, contudo, atualmente, é o sistema operacional mais importante do mundo), a Wikipédia (propriedade da Fundação Wikimedia) e o navegador Web Firefox (propriedade da Fundação Mozilla). A produção entre pares também pode se referir às atividades no setor privado, no qual pares colaboram socialmente para produzir algo, mas o bem não é de propriedade social.

A produção entre pares como um modelo de negócios é importante por dois motivos. Primeiro, às vezes, os pares colaboram voluntariamente para produzir bens e serviços, e uma empresa atua como curadora e alcança benefícios comerciais. Leitores criam o conteúdo na plataforma de discussão Reddit, mas eles não o possuem. O Reddit é o décimo maior site nos Estados Unidos em termos de tráfego. Segundo, as empresas podem explorar grandes polos de trabalho externo. A IBM abraçou o Linux e doou centenas de milhões de dólares em valor de software para a comunidade Linux. Ao fazê-lo, a IBM economizou US$ 900 milhões por ano desenvolvendo seus próprios sistemas proprietários e criou uma plataforma na qual construiu um negócio de muitos bilhões de dólares em software e serviços.

A experiência mostra que a sustentabilidade a longo prazo das comunidades voluntárias pode ser um desafio. De fato, algumas das comunidades mais bem-sucedidas têm encontrado formas de compensar os membros por seu trabalho duro. Como Steve Wozniak disse para Stewart Brand: "a informação deveria ser grátis, mas o seu tempo não".[19]

No caso do Linux, a maioria dos participantes é paga por empresas, como a IBM ou Google, para garantir que o Linux satisfaça as suas necessidades estratégicas. O Linux ainda é um exemplo de produção social. Benkler nos disse: "O fato de que alguns desenvolvedores são pagos por terceiros para participar não muda o modelo de governança do Linux, ou o fato de ele ser socialmente desenvolvido". Isso representa mais do que a chamada inovação aberta, que envolve a cooperação entre as empresas e o compartilhamento de determinada propriedade intelectual, explica. "Ainda há uma considerável motivação social para muitos colaboradores e, como tal, é um modelo híbrido."[20]

Além disso, muitas dessas comunidades sofrem com o mau comportamento, incompetência, sabotadores e trolls – pessoas que semeiam a discórdia ao criarem posts inflamatórios, incorretos ou mensagens fora do tema para perturbar a comunidade. A reputação nessas comunidades é tipicamente muito informal, e não há incentivo econômico para o bom comportamento.

Com a tecnologia Blockchain, pares podem desenvolver reputações mais formais para contribuições efetivas à comunidade. Para desencorajar o mau comportamento, os membros poderiam pagar uma pequena quantia em dinheiro, que aumentaria ou diminuiria com base na contribuição. Nas comunidades de propriedade da empresa, colegas poderiam compartilhar o valor que eles geram e receber o pagamento por suas contribuições, como contratos inteligentes, que diminuem os custos de transação e abrem as portas da empresa.

Considere o Reddit. A comunidade se revoltou contra o controle centralizado, mas ainda sofre com membros desrespeitosos e que desagregam o grupo. O Reddit poderia se beneficiar ao mudar para um modelo mais distribuído, que premia grandes colaboradores. A ConsenSys já está trabalhando em uma alternativa Blockchain para o Reddit que faz exatamente isso. Ao oferecer incentivos financeiros, a equipe ConsenSys acredita que pode melhorar a qualidade das conversas do tipo Reddit, sem controle centralizado e censura. A plataforma Ethereum fornece incentivos, possivelmente em tempo real, para produzir conteúdo de alta qualidade e de forma civilizada, contribuindo para a compreensão coletiva.

Da sua parte, o Reddit tem um sistema chamado Reddit "Gold" – um token que os usuários podem comprar e então usar para recompensar as pessoas cujas contribuições são valorizadas por eles. O dinheiro desses vouchers vai para a manutenção do site. O Gold não tem valor intrínseco para os usuários. Logo, com o incentivo em moeda real, transferível, baseada em Blockchain, os membros do Reddit poderiam começar a ser realmente pagos para tornar o site mais robusto.

A Wikipédia, o carro-chefe da produção social, poderia se beneficiar também. Neste momento, todas as pessoas que editam artigos desenvolvem uma reputação informal com base em quantos trechos elas editaram e quão eficazes eles são, medidos por termos altamente subjetivos. A comunidade Wikipédia debate constantemente sobre sistemas de incentivos, mas administrar algum tipo de compensação financeira para 70 mil voluntários não tem sido praticável.

E se a Wikipédia entrasse no Blockchain? Chame-a de Blockapedia. Além dos benefícios de entradas com carimbo de horário num livro-razão imutável, poderia haver medidas mais formais da reputação de alguém, que ajudariam a incentivar bom comportamento e contribuições precisas. Patrocinadores teriam a possibilidade de financiar, ou todos os editores conseguiriam contribuir com dinheiro para uma conta caução. Cada editor possuiria uma reputação ligada ao valor da sua conta. E se um deles tentasse corromper um artigo, afirmando, por exemplo, que o Holocausto nunca aconteceu, o valor de seu depósito cairia, e em casos de difamação ou invasão de privacidade, ele o perderia e até mesmo enfrentaria uma ação civil ou criminal. Seria possível ter os verdadeiros acontecimentos da Segunda Guerra Mundial estabelecidos de várias maneiras, por exemplo, por meio do acesso a fatos imutáveis no Blockchain ou de algoritmos que mostrassem o consenso sobre a verdade.

O tamanho do seu depósito de segurança na Blockapedia poderia ser proporcional à sua reputação anterior na Wikipédia ou em plataformas semelhantes. Se você fosse um usuário novo e não tivesse nenhuma reputação, faria um depósito de segurança maior para participar da comunidade. Se você editasse, digamos, 200 artigos no Wikipédia com sucesso, seu depósito poderia ser pequeno.

Isso não é necessariamente sobre a movimentação da Wikipédia para um modelo de compensação de aluguel. "É simplesmente o fato de prover ganho ou perda econômica no mundo real, dependendo da precisão e veracidade das informações que você está fornecendo",[21] esclarece Dino Mark Angaritis, CEO da Smartwallet, baseada em Blockchain. Desfigurar a Blockapedia fere sua reputação formal, mas também faz você perder dinheiro.

Mas a Wikipédia funciona muito bem agora, certo? Não exatamente. Andrew Lih, escrevendo no *The New York Times*, apontou que em 2005, havia meses em que mais de 60 editores se tornaram administradores, uma posição com privilégios especiais em editar a publicação em língua inglesa. Em 2015, o site lutava para promover pelo menos um editor por mês. Sendo uma organização global voluntária, existem tensões internas. Pior, editar conteúdo em um dispositivo móvel é difícil. "O conjunto de potenciais editores da Wikipédia poderia decrescer conforme o número de usuários de celulares continua crescendo." Lih conclui que o desaparecimento da Wikipédia seria lamentável. "Nenhum esforço na história chegou a tanta informação, com tão pouco custo, até as mãos de tantos – uma façanha ainda mais notável pela ausência de lucros e proprietários. Em uma época de gigantes da internet, vale a pena salvar esses sites mais altruístas."[22]

No geral, as comunidades de produção em pares estão no centro dos novos modelos de redes de criação de valor. Na maioria das indústrias, a inovação depende cada vez mais de densas redes, de participantes públicos e privados e de grandes conjuntos de talento e de propriedade intelectual, que rotineiramente se combinam para criar produtos finais. Assim como a IBM abraçou o Linux, as empresas podem até mesmo se unir em redes auto-organizadas de criadores de valor, como o movimento de código aberto para cocriar ou produzir valor em pares.

2. Os criadores de direitos

Durante a primeira geração da internet, muitos criadores de propriedade intelectual não receberam compensação adequada por isso. Músicos, dramaturgos, jornalistas, fotógrafos, artistas, designers de moda, cientistas, arquitetos e engenheiros, todos estavam em dívida com gravadoras, editoras, galerias, estúdios de cinema, universidades e grandes corporações que insistiam que esses inventores cedessem seus direitos de propriedade intelectual para aquilo que, na essência, são grandes operações de gestão de direitos, em troca de cada vez menos valor pela sua produção intelectual.

A tecnologia Blockchain oferece aos criadores de propriedade intelectual uma nova plataforma para se obter valor. Considere o registro digital das obras de arte, incluindo os certificados de autenticidade, condição e propriedade. Uma nova startup, Ascribe, permite aos próprios artistas fazer upload da arte digital, colocar uma marca-d'água como sendo a versão definitiva e transferi-la para que, como o Bitcoin, ela se mova da coleção de uma pessoa para a de outra. Isso é grandioso. A tecnologia resolve o problema da propriedade intelectual do mundo, equivalente ao problema de gastos duplos, melhor do que os sistemas existentes de gerenciamento de direitos digitais, e os artistas poderiam decidir se, quando e onde eles gostariam de disponibilizar seu trabalho.

O artista de memes Ronen V disse: "A arte é uma moeda. A evolução da arte em moeda digital é – sem dúvida – o futuro. E este é um bom passo".[23] Músicos, fotógrafos, designers, ilustradores, ou outros artistas cujo trabalho pudesse ser digitalizado com marca-d'água como uma cópia definitiva, poderiam usar essa tecnologia para transformar sua propriedade intelectual em um ativo negociável, uma edição limitada, talvez personalizada para um fã em particular. Artistas e museus podem usar a tecnologia da Ascribe para emprestar peças a outros indivíduos ou instituições.[24] A Monegraph oferece um serviço semelhante: usa as marcas-d'água digitais e a criptografia intrínseca ao Blockchain para autenticar peças. Artistas simplesmente carregam a arte para uma página na internet e enviam a URL para a Monegraph. A empresa emite um conjunto de chaves públicas e privadas, com exceção de casos em que o valor associado à chave pública é uma escritura digital para a arte, em vez de Bitcoin por si só. A Monegraph também twita um anúncio público da escritura digno de nota, porque a Biblioteca do Congresso dos EUA arquiva os feeds públicos do Twitter.[25] Outra pessoa pode tentar reivindicar a URL como sendo sua, entretanto aí já haveria pelo menos duas provas no registro público para verificar a propriedade.[26]

A Verisart, uma startup com base em Los Angeles, que tem como conselheiro o desenvolvedor principal do Bitcoin, Peter Todd, tem ambições ainda maiores. Certificar a autenticidade e a condição de uma peça de fina arte é um grande negócio, em grande parte baseado em papel e controlado por especialistas de elite com acesso a restritos bancos de dados. Encontrar quem possui a arte, onde está armazenada e em qual condição é um verdadeiro desafio, mesmo para aqueles que realmente sabem o que estão procurando. A Verisart está combinando a tecnologia Blockchain e metadados

– padrão de museus para criar um banco de dados público de arte e colecionáveis. Esse livro-razão mundial servirá artistas, colecionadores, curadores, historiadores, avaliadores de arte e seguradoras em qualquer lugar do mundo.[27] Ao utilizar o Blockchain do Bitcoin, a Verisart pode conferir a origem digital de qualquer trabalho físico, não apenas arte digital, e os usuários serão capazes de verificar a autenticidade, condição e a procedência de uma obra a partir do seu dispositivo móvel, antes de participar de um leilão on-line ou acordar uma venda. "Nós acreditamos que a tecnologia pode ajudar na confiança e na liquidez, especialmente porque mais de US$ 67 bilhões anuais do mercado de arte se deslocam para vendas privadas (ponto a ponto) e transações on-line", comentou o fundador Robert Norton para o TechCrunch. "O mundo da arte não está quebrado. Ele só confia demais em intermediários para assegurar confiança e liquidez. Nós acreditamos que a chegada de um livro-razão descentralizado mundialmente, combinado com criptografia poderosa para mascarar a identidade do comprador e vendedor, será atraente no mundo da arte."[28] O artista se torna o que poderia ser chamado de "monetizador de direitos" com a tecnologia fazendo negócios e cobrando receitas em tempo real.

Você poderia aplicar esse mesmo modelo em outros campos também. Na ciência, um pesquisador conseguiria publicar um artigo para um público limitado de colegas, como fez Satoshi Nakamoto, e receber comentários e credibilidade para divulgá-lo para um público maior, em vez de atribuir todos os direitos a uma revista científica. O artigo pode até mesmo estar disponível de graça, mas outros cientistas poderiam se inscrever para uma análise mais profunda ou discussões segmentadas com o autor sobre o assunto. Ele seria capaz de tornar seus dados brutos disponíveis ou talvez compartilhar esses dados com outros cientistas como parte de um contrato inteligente. Se uma oportunidade comercial surgisse do artigo, os direitos poderiam estar todos protegidos com antecedência. Veja mais sobre isso no Capítulo 9.

3. Cooperativas Blockchain

O protocolo de confiança sobrecarrega cooperativas – associações autônomas formadas e controladas por pessoas que se reúnem para satisfazer as necessidades comuns. "É um absurdo chamar a Uber de empresa de economia compartilhada", alegou o professor de Harvard Benkler. "A Uber usou a disponibilidade da tecnologia móvel para criar um negócio que reduz o custo de transporte para os consumidores. Isso é tudo o que ela fez."[29] Pronunciou David Ticoll: "No uso comum do inglês, compartilhar denota livre troca – não transaçõcs financeiras. Como crianças compartilhando brinquedos. É uma pena que este termo tenha de alguma forma perdido esse sentido". Para ele, "compartilhar é a principal forma que os seres humanos e membros de outras espécies têm realizado trocas entre si por milhões de anos, começando com o próprio ato da concepção. Enquanto algumas empresas de internet têm facilitado o compartilhamento genuíno, outras se apropriaram e mercantilizaram as relações socais e o vocabulário de compartilhamento".[30]

A maioria das chamadas empresas de economia compartilhada é realmente agregadora de serviços. Elas agregam a vontade dos fornecedores de vender seu excesso de capacidade (carros, equipamentos, quartos vagos, habilidades do trabalhador manual) por meio de uma plataforma centralizada, e então revende tudo enquanto coleta dados valiosos para posterior exploração comercial.

Empresas como a Uber quebraram o código para a agregação e distribuição de serviços em grande escala. A Airbnb compete com hotéis em acomodações de viagens; Lyft e Uber desafiam as empresas de táxi e limusine; Zipcar, antes de ser comprada pela Avis, desafiou as empresas tradicionais de aluguel de automóveis com sua praticidade moderna e horários convenientes de aluguel.

Muitas dessas empresas globalizaram a comercialização de serviços tradicionais, de pequena escala local – como *bed and breakfast*, táxis e serviços do tipo faz-tudo. Elas usam tecnologias digitais para explorar os recursos chamados subutilizados, com base no tempo, como imóveis (quartos de apartamentos), veículos (táxis entre chamadas) e pessoas (aposentados e pessoas capacitadas que não conseguem emprego em tempo integral).

A tecnologia Blockchain oferece aos fornecedores desses serviços um meio que proporciona uma maior parcela de valor a eles. Para Benkler, "o Blockchain permite que as pessoas traduzam a sua vontade de trabalhar juntas em um pacote confiável de contabilização – de direitos, ativos, ações, contribuições, usos – o que se desloca um pouco do que uma empresa como a Uber faz. De modo que se os motoristas quiserem criar a sua própria Uber substituindo-a por uma cooperativa pura, o Blockchain possibilita isso". Ele enfatizou a palavra possibilita. Para ele, "existe uma diferença entre possibilitar e mover o mundo em uma nova direção". E disse: "as pessoas ainda têm que querer fazer isso, correr o risco de fazê-lo".[31]

Então se prepare para a Airbnb Blockchain, Uber Blockchain, Lyft Blockchain, TaskRabbit Blockchain e tudo Blockchain, onde existir uma oportunidade para o real compartilhamento e para a criação de valor com o trabalho cooperativo que possibilite a todos receber o máximo do valor que elas criam.

4. A economia da medição

Talvez a tecnologia Blockchain possa nos levar da economia do compartilhamento a uma economia de medição, na qual alugar e medir a utilização do nosso excesso de capacidade. Há um problema com a economia compartilhada atual em que, por exemplo, proprietários de casas concordam em compartilhar ferramentas elétricas ou pequenos equipamentos de agricultura ou de pesca, uma marcenaria, garagem ou estacionamento, e tudo mais que era apenas aborrecimento. "Há 80 milhões de furadeiras na América que são usadas uma média de 13 minutos", escreveu Brian Chesky, CEO da Airbnb no *The New York Times*. "Será que todo mundo realmente precisa de sua própria furadeira?"[32]

O problema é que a maioria das pessoas acha mais fácil e mais rentável fazer uma viagem a Home Depot e comprar uma furadeira de US$ 14,95 do que alugá-la de alguém a dois quilômetros de distância por US$ 10, fazendo duas viagens. Escreveu Sarah Kessler na revista *Fast Company*: "A Economia Compartilhada está morta e nós a matamos".[33]

Contudo, com o Blockchain podemos alugar nosso excesso de capacidade de uso de certos produtos ou bens que praticamente são do tipo zero aborrecimento - como hot spots de wi-fi, poder de processamento ou capacidade de armazenamento, o calor gerado pelos nossos computadores, minutos extras de serviço móvel, até mesmo nossa expertise - sem levantar um dedo, e muito menos sem ter que ir até a casa de um estranho do outro lado da cidade. Quando você viaja, seu wi-fi pode se autoalugar para na sua ausência, cobrando frações de centavos para cada segundo de uso. Sua imaginação (e possivelmente uma nova regulamentação) é seu único limite. Suas assinaturas, espaço físico e fontes de energia podem agora se tornar fontes de renda, medindo seu uso diretamente de uma contraparte e cobrando por meio de micropagamentos. Tudo o que você precisa é de um protocolo de transferência de valor descentralizado que permita, de forma segura e garantida, transacionar uns com os outros. Essas plataformas incutem direitos subsidiários em todos os nossos bens. Você precisa decidir o grau em que deseja atribuir os direitos de acesso ou de uso a outros - até mesmo o direito de excluir outras pessoas de usar seus ativos - e o que cobrar por esses direitos.

Isso pode funcionar para ativos físicos também. Por exemplo, nós ouvimos muito a respeito de veículos autônomos. Nós podemos construir uma rede de transportes aberta no Blockchain em que os proprietários tenham, cada um, uma chave criptografada privada (um número) que lhes permita reservar um carro. Utilizando a infraestrutura de chave pública e tecnologias existentes do Blockchain, como EtherLock e Airlock, eles podem desbloquear e usar o carro por um determinado período de tempo, conforme especificado pelas regras do contrato inteligente - pagando o veículo (ou seus proprietários) o momento todo, em tempo real pelo período e energia que eles o usarem - conforme medido num Blockchain. Pelo fato de a tecnologia Blockchain ser transparente, o grupo de proprietários pode rastrear quem está cumprindo seus compromissos. Aqueles que não estiverem, sofrerão uma queda em sua reputação e, eventualmente, perderão completamente o acesso.

5. Os construtores de plataformas

As empresas criam plataformas quando abrem seus produtos e infraestruturas de tecnologia para indivíduos de fora ou comunidades que possam cocriar valor ou novos negócios. Um tipo são os prosumers, clientes que produzem.[34] Em um mundo dinâmico de inovação ao cliente, uma nova geração de "produtores-consumidores" está levando em consideração a "permissão de hackear" algo que já lhe era de direito. A tecnologia Blockchain energiza sobremaneira a "produção-consumo". Os tênis de corrida da Nike seriam capazes de gerar e armazenar dados em um livro-razão distribuído que, por sua vez, a Nike e o usuário do tênis poderiam monetizar conforme acordado no contrato inteligente deles. A Nike poderia oferecer uma pequena fatia das suas ações com cada par que ela vende, se o cliente concordasse em ativar os contratos inteligentes que vêm no tênis, ou até mesmo sincronizá-los com outros "wearables" (tecnologias vestíveis), tais como um monitor cardíaco ou uma calculadora do nível de glicose ou outros dados valiosos para a Nike.

Algumas plataformas diferem das comunidades de prosumers, nas quais uma empresa decide cocriar produtos com seus clientes. Com plataformas abertas, uma empresa oferece aos parceiros um local mais amplo para preparar novos negócios ou simplesmente agregar valor à plataforma.

Hoje, com a tecnologia Blockchain, as empresas podem rapidamente criar plataformas e se associar a outros para criar plataformas ou serviços para toda uma indústria. Robin Chase fundou a Zipcar (um agregador de serviços), bem como a Buzzcar (onde os usuários podem compartilhar seus carros com os outros), e é agora autora de *Peers Inc.*, um livro lúcido sobre o poder de pares que trabalham juntos. Ela nos falou: "Alavancar o valor encontrado no excesso de capacidade depende de plataformas de alta qualidade de participação. Essas plataformas não são baratas. O Blockchain se destaca ao fornecer um banco de dados padrão comum (APIs abertas) e padrões de contratos comuns. O Blockchain pode fazer a construção da plataforma mais barata e administrável". Isso é apenas o começo. "O melhor de tudo, seu banco de dados comum contribui para a transparência e portabilidade dos dados: consumidores e fornecedores podem buscar as melhores condições. Eles também conseguem cooperar em pares no Blockchain para criar suas próprias plataformas, em vez de usar os recursos de empresas tradicionais."[35]

Pense no próprio carro do futuro. Ele existiria como parte de uma rede baseada em Blockchain, na qual todos poderiam compartilhar informações, e várias partes do veículo poderiam gerar transações e troca de dinheiro. Dada tal plataforma aberta, milhares de programadores e empresas de nicho poderiam customizar aplicativos para seu carro. Logo, tais plataformas seriam capazes de transformar indústrias inteiras, tais como a de serviços financeiros, ao resolver todos os tipos de transações financeiras e de trocas de valor. Um consórcio dos maiores bancos já está trabalhando na ideia. As plataformas são a maré alta que levanta todos os barcos.

A Wikinomics introduzi o conceito de ideágoras – novos "marketplaces" para ideias, invenções e mentes únicas qualificadas, que permitiram empresas como a P&G explorarem celeiros globais de talentos altamente qualificados dez vezes maiores que sua própria força de trabalho. As companhias usam serviços como o InnoCentive e Inno360 para facilitar a manutenção, os "desafios", os "brainstorms digitais" e outras técnicas para encontrar o talento temporário certo fora de suas fronteiras e assim enfrentar os desafios críticos do negócio. É sobre o uso de dados para encontrar o talento certo para "hackear" seu negócio e mudar para melhor.

Talentos – mentes extraordinariamente qualificadas para resolver problemas – podem postar sua disponibilidade no livro-razão para que empresas possam encontrá-los. No lugar da InnoCentive, pense em bInnoCentive. Os indivíduos podem desenvolver não só uma identidade móvel mas também um currículo móvel (uma versão estendida de sua identidade), que pode fornecer informação adequada sobre eles para potenciais contratantes. Pense num inventário distribuído de competências de propriedade de todos ou de ninguém.

À medida que todos os negócios se tornam negócios digitais, o Hackathon é uma importante forma de ideágora. Agora com a tecnologia Blockchain e os repositórios de código-fonte abertos, toda empresa poderia fornecer locais para geeks e outros criadores de negócios inovarem, resolverem problemas e criarem novos valores de negócio.

Os Blockchains e os repositórios de software baseados em Blockchain irão alimentar tal atividade. As empresas podem usar agora novas e poderosas linguagens de programação como a do Blockchain Ethereum, com sistemas de pagamento "built-in". Um trecho de uma conversa no Hacker News: "Imagine como seria legal se eu pudesse compartilhar um guia para o meu repositório - e então seu bit cliente (vamos chamá-lo de gitcoin, ou talvez só de bit) poderia dar "fetch" de novos "commits" a partir de um Blockchain distribuído (na essência, o git log). O github não seria mais um intermediário ou um ponto único de falha. Repositório privado? Não compartilhe o guia".[36]

Muito legal na verdade! (Bem, talvez você não tenha entendido nadinha desse pedacinho de frescura, mas você provavelmente pegou a ideia.)

6. Os makers do Blockchain

As indústrias de produção intensiva podem dar origem a ecossistemas planetários para o fornecimento, concepção e criação de bens físicos, um marco que inaugura uma nova fase de produção entre pares. É sobre como fazer isso no Blockchain. Assim como um avião moderno foi descrito como "um monte de peças voando em formação", as empresas estão tendendo a se desagregar em redes de fornecedores e parceiros. A impressão 3D vai trazer a fabricação para mais perto do usuário, dando uma nova vida para a customização em massa. Logo, os detentores de dados e de direitos poderão armazenar metadados no Blockchain sobre qualquer substância, desde células humanas até alumínio motorizado, ampliando por sua vez os limites da produção corporativa.

Essa tecnologia também é um poderoso monitor da procedência das mercadorias e da sua circulação em toda a rede de abastecimento. Considere uma indústria perto de nosso coração (e de outras partes do corpo) - a fábrica de alimentos. Hoje, seu mercado local pode alegar - e realmente acreditar – que a sua carne é segura, criada humanamente, alimentada com ingredientes de qualidade e que não receba nenhuma droga desnecessária. Mas não se pode garantir isso. Ninguém guarda histórias de cada vaca, coisas ruins acontecem com bons bovinos. Nós confiamos em nosso hambúrguer sem meios para verificar sua procedência. Normalmente isso não faz diferença: bilhões e bilhões de unidades continuam sendo servidas. Contudo, de vez em quando temos um vislumbre da doença da vaca louca.

A indústria alimentícia poderia armazenar no Blockchain não apenas o número de cada boi, mas de cada corte de carne, potencialmente ligados ao seu DNA. Habilidades de busca 3D permitiriam o rastreamento abrangente de gados e aves, de modo que os usuários seriam capazes de vincular a identidade de um animal com sua história. Utilizando tecnologias sofisticadas (mas relativamente simples de usar) baseadas no DNA e na gestão inteligente de dados, mesmo os maiores produtores de carne conseguiriam garantir qualidade e segurança. Imagine como esses dados agilizariam testes de laboratório e uma resposta à saúde da comunidade em um momento de crise.

Saber como nossos alimentos foram criados ou cultivados não é uma ideia radical. Nossos ancestrais compravam suprimentos nos mercados locais ou de varejistas que cultivavam produtos localmente. Se eles não gostavam de como um fazendeiro tratava seu gado, não compravam a carne. No entanto, o transporte e a refrigeração nos afastaram dos nossos alimentos. Perdemos os valores da antiga cadeia alimentar.

Nós poderíamos restaurar esses valores. Poderíamos liderar o mundo no desenvolvimento de um sistema alimentício aberto, moderno, industrializado e com valores da "fazenda de família com o pé na terra". A transparência permite que empresas com práticas superiores se diferenciem. A marca poderia evoluir da noção de marketing de um símbolo de confiança – algo que os clientes acreditam porque lhes é familiar – para um relacionamento baseado na transparência. Produtores de alimentos certamente desejam isso.[37]

7. Os colaboradores da empresa

Yochai Benkler ponderou sobre como a tecnologia Blockchain poderia facilitar a colaboração ponto a ponto dentro das empresas, e entre elas e pares de todos os tipos. "Estou animado com a ideia de que você tem um mecanismo totalmente aberto para a contabilidade, para ações e para recursos digitais a respeito de qualquer coisa, quer se trate de moeda, relações sociais e de troca, ou mesmo que seja uma organização."[38]

Hoje, as ferramentas comerciais de colaboração estão começando a mudar a natureza do trabalho intelectual e do gerenciamento dentro das organizações.[39] Produtos como Jive, IBM Connections, Salesforce Chatter, Cisco Quad, Microsoft Yammer, Google Apps for Work e Facebook at Work estão sendo usados para melhorar o desempenho e promover a inovação. O software social se tornará uma ferramenta vital para transformar virtualmente todas as partes das operações de negócios, desde o desenvolvimento do produto até os recursos humanos, marketing, atendimento ao cliente e vendas – em um certo sentido, o novo sistema operacional para as organizações do século XXI.

Entretanto, existem limitações claras para os pacotes de ferramentas atuais, e o Blockchain leva essas tecnologias ao próximo nível. Vendedores enfrentarão a disrupção ou abraçarão as tecnologias Blockchain para oferecer competências muito mais profundas a seus clientes.

Como seria uma rede social Blockchain para empresas? Pense em Facebook para corporações (ou simplesmente uma alternativa ao Facebook para você). Pelo fato de já existirem várias companhias trabalhando nisso, podemos avançar rapidamente um ano ou dois e aqui obteremos: todo usuário terá uma carteira multifacetada, uma espécie de portal para o mundo on-line descentralizado. Pense em um perfil pessoal móvel, uma "persona" ou identidade que você possui. Diferentemente do seu perfil no Facebook, a carteira tem diversas funções e guarda vários tipos de dados pessoais e profissionais valiosos, incluindo dinheiro. Também é privada e você só compartilha o que você quiser. Você tem pares de chaves público-privadas, que servem para fixar sua identidade digital persistente. Enquanto múltiplas "personas" podem ser alojadas na carteira de cada pessoa ou empresa, vamos supor que uma pasta detenha uma única "persona" canônica fixa num par de chaves único. Um sistema de publicação fornece um fluxo de informações pelo qual você ou sua empresa pagarão com prazer – a correção de um novo código feito por um colega, o resumo de uma conversa com um cliente novo ou – com a permissão do cliente – a gravação de uma chamada, o feed do Twitter de uma conferência na qual você não pôde comparecer, a transmissão ao vivo de um cliente usando seu novo produto, fotografias dos estandes de seus concorrentes em uma exposição da indústria, uma apresentação no Prezi que parece estar fechando novos negócios, um vídeo "como fazer" de algo que um colega acabou de inventar, assistência no preenchimento de um pedido de patente, ou qualquer outra coisa que você valorize.

Há publicidade, talvez de terceiros ou talvez do departamento de RH, sobre inscrições abertas ou mudanças nos planos de seguro, mas você, não o Facebook, obtém receitas ou alguma recompensa por prestar atenção nela. Isso é chamado de "mercado de atenção." Você poderia receber microcompensação por concordar em ver um anúncio ou interagir com ele, ou por dar feedback detalhado sobre a apresentação de um novo produto, ou qualquer outra coisa, como transcrever captchas[40] ou documentos digitalizados.

O fluxo de notícias, o sistema de publicação e o mercado de atenção parecem todos semelhantes, mas os pagamentos ocorrem de maneira diferente para cada um. Joe Lubin, da ConsenSys, disse: "Você paga para publicar. As empresas pagam pela sua atenção. A corrente de notícias não tem fluxo de pagamento. Eu fico feliz em ler a sua sequência de publicações, porque eu valorizo essa conexão social, mas eu não vou pagar para ver uma foto sua e de seus amigos bebendo num bar, ou para ler a sua opinião sobre o Blue Jays lançando sua equipe".[41]

Você também participa ou cria canais de discussão por tópicos, nos quais configura sua privacidade. A privacidade é reforçada de outras maneiras também. Por exemplo, as agências de espionagem não podem realizar análise de tráfego porque são incapazes de discernir a origem ou o destino das mensagens.

Haveria também um elegante mecanismo para encontrar pessoas e feeds que possam interessar a você. Além disso, ferramentas distribuídas reúnem e apresentam novas pessoas ou informações interessantes para você seguir ou ter amizade, possivelmente usando o gráfico social do Facebook para ajudar. Lubin chama isso de "inicialização da web descentralizada usando os pilares da web centralizada".[42] A experiência mostra que, por fim, o valor vence na era digital. Os benefícios desse modelo distribuído são enormes – pelo menos para os usuários e empresas. Apesar dos enormes recursos das corporações de mídias sociais, não há limite para a riqueza e funcionalidade que podemos desenvolver em semelhante ambiente de código aberto. Compare o poder e o sucesso do Linux com os de sistemas operacionais proprietários. As tecnologias Blockchain garantem a segurança. Sua privacidade é completamente configurável. Nenhuma companhia de mídia social pode vender ou vazar suas informações pessoais a agências governamentais sem sua permissão. Se você for um dissidente num país totalitário, ninguém pode controlar o que você leu ou disse on-line. Pelo fato de você ser o proprietário dos seus dados, pode monetizá-los juntamente com sua atenção e esforços. Você compartilha a riqueza do big data.

Empresas também deveriam ficar entusiasmadas com seus empregados usando tais plataformas nos negócios. Para atrair talentos, as corporações precisam mostrar integridade e respeitar a segurança e a privacidade de seus colaboradores. Mais importante, como qualquer companhia trabalha para se tornar uma rede, aproximando talentos além das suas fronteiras, elas podem oferecer tais plataformas colaborativas interempresariais, nas quais seus parceiros possam confiar. O tempo dirá. Em síntese, esses são sete dos modelos de negócios emergentes por meio dos quais tanto companhias grandes quanto pequenas poderão fazer "chover no Blockchain." No geral, a empresa em rede aberta mostra um profundo, e mesmo um radical, potencial para alimentar sobremaneira a inovação e aproveitar a capacidade extraordinária de se criar valor agregado para acionistas, clientes e sociedades como um todo.

HACKEANDO SEU FUTURO: INOVAÇÃO DO MODELO DE NEGÓCIOS

Quanto a uma empresa gerenciada por agentes de software, Ronald Coase deve estar sendo cumprimentado lá em cima, em algum lugar no céu dos economistas (embora alguns possam contestar que esse lugar exista). Lembra-se do inverso da lei de Coase? Uma corporação deve encolher até que os custos das transações internas sejam menores do que os das transações externas. Como a tecnologia continua a diminuir os custos no mercado, é concebível que as empresas possam e devam ter muito pouco em seu interior – com exceção de software e capital.

Pense nisso.

Para começar, o custo da "pesquisa" continua a cair à medida que novos agentes têm a capacidade de realizar pesquisas tridimensionais no livro-razão mundial de tudo comercial que existe ou existiu. Portanto, não há necessidade de uma biblioteca corporativa, especialistas em informação, especialistas em pesquisa de RH, ou inúmeros outros profissionais envolvidos na aquisição de conhecimentos pertinentes para executar um negócio.

Segundo, contratos inteligentes iriam reduzir radicalmente os custos de contratação, gerenciamento de contratos e realização de pagamentos. Sem mais papel, esses programas poderiam formular seus termos por meio de uma série de modelos; pechinchar, aceitar ou rejeitar os termos e condições com base em regras e extensa informação coletada de fontes externas; formular políticas de autoaplicação; determinar quando as condições de desempenho foram cumpridas e executar transações.

Terceiro, o custo de coordenação de todos esses recursos fora da organização poderia ser trivial – medidos em termos da energia para alimentar os servidores que hospedam seu software. Como para gerenciar seres humanos, organizações e fábricas contratadas pela companhia, ela não tem a necessidade de burocracia. Com a nova plataforma, podemos imaginar uma nova organização que requer pouca ou nenhuma gestão ou hierarquia tradicional para gerar valor para o cliente e riqueza para o proprietário.

Finalmente, os custos de se estabelecer confiança seriam próximos de zero. A confiança não está só na organização mas sim dentro da funcionalidade, da segurança e da capacidade de auditoria do código-base e da colaboração em massa das inúmeras pessoas que protegem o Blockchain.

Como você faria para criar uma empresa autônoma distribuída? Tal entidade poderia ter uma rica funcionalidade – agentes executando uma gama de tarefas ou, mais amplamente, funções de negócio todos baseados em uma carta pré-aprovada. Indivíduos, organizações ou coletivos de potenciais acionistas ou usuários irão projetá-los, definindo o que segue:

1. Convicção: uma crença sobre o mundo e sobre o que precisa ser feito para criar valor ou para mudar as coisas.

2. Propósito: sua razão de existir. Em primeiro lugar, por que estamos criando esta empresa?

3. Constituição: define os objetivos gerais da empresa e as regras pelas quais ela criará valor.

4. *Modus operandi*: por exemplo, o que vai ser feito para criar esse valor. Como isso vai se financiar – através de crowdfunding, investimento em estágio inicial tradicional, ou usando renda. Como isso vai adquirir recursos.

5. Divisão de trabalho entre seres humanos e tecnologia: pelo futuro previsível, talvez humanos devam estar no comando.

6. Funções da aplicação: como a empresa vai perceber as condições de mudança e responder a elas.

7. Diretrizes morais: a promessa do Google de "não fazer o mal" não vai ser boa o suficiente. O DAE precisa de algumas orientações claras sobre o que é e o que não é um comportamento aceitável.

Pode não ser uma empresa autônoma distribuída em um futuro próximo, mas o pensamento por trás dessas novas entidades é capaz de informar sua atual elaboração de estratégias nos negócios. Com o surgimento de uma plataforma global ponto a ponto de identidade, confiança, reputação e transações, conseguimos finalmente reprojetar as estruturas profundas da empresa para a inovação, criação de valor compartilhado, e talvez até mesmo prosperidade para muitos, em vez de apenas riqueza para poucos. Agora você tem pelo menos sete modelos de negócios emergentes que podem ajudá-lo a agitar algumas janelas e abalar algumas portas em sua indústria, enquanto distribui riqueza de forma mais democrática.

No geral, as empresas inteligentes irão trabalhar arduamente para participar plenamente da economia Blockchain, em vez de se bancarem de vítimas. No mundo em desenvolvimento, a distribuição da criação de valor (do empreendedorismo) e a participação de valor (por meio da distribuição das participações da empresa) podem conter a chave para conciliar o paradoxo da prosperidade. Nossa história se torna ainda mais interessante quando você considera que bilhões de agentes serão incorporados ao mundo físico. O que nos leva ao próximo capítulo.

CAPÍTULO 6

O LIVRO-RAZÃO DAS COISAS: ANIMANDO O MUNDO FÍSICO

Um poste de eletricidade cai às 20 horas de uma noite quente, no remoto sertão da Austrália. Isto é um problema para William e Olivia Munroe, que são criadores de gado a 160 quilômetros de Laverton, uma antiga cidade mineradora de ouro, na borda do Grande Deserto de Victória.[1] Durante o verão, a temperatura frequentemente beira os 48,9°C (120°C). Seus filhos, Peter e Lois, frequentam a escola através de uma conexão de satélite, a única forma de acesso a serviços de saúde disponível para a família em caso de uma doença ou emergência. Mesmo tendo um gerador de backup, ele não sustenta as bombas-d'água, as comunicações e o ar-condicionado por muito tempo. Claramente, as vidas da família Munroe dependem inteiramente da disponibilidade confiável de energia.

Ao amanhecer, nove horas depois, a distribuidora de energia envia uma equipe para encontrar e consertar o poste caído. As reclamações dos clientes dão à empresa uma ideia de onde a queda ocorreu, mas a equipe leva mais de um dia para identificar, alcançar e consertar o poste. Enquanto isso, os Munroe e moradores próximos, negócios e instituições seguem sem energia e conectividade, uma inconveniência considerável, impacto econômico e risco físico. No interior, apagões não são apenas paralisantes, eles são perigosos. Para minimizar esses riscos, a empresa implanta equipes de inspetores a custos elevados para verificar regularmente a ampla rede de postes caídos ou em deterioração.

Imagine quanto mais seguro, mais fácil e mais barato seria se cada poste de eletricidade fosse algo inteligente. Ele poderia informar seu próprio status e desencadear ações para substituição ou reparo. Se um poste pegasse fogo, começasse a inclinar ou caísse por qualquer motivo, isso geraria um relatório de incidente em tempo real e notificaria uma equipe de reparo para chegar com o equipamento apropriado na localização exata. Enquanto isso, o poste poderia potencialmente reatribuir suas responsabilidades ao poste mais próximo em funcionamento.

PODER AO POVO

Isto é apenas o começo. Usando software e tecnologias emergentes associados com a Internet das Coisas (IOT), nós podemos incutir inteligência em infraestrutura existente, como uma rede elétrica adicionando dispositivos inteligentes que podem se comunicar uns com os outros. Imagine criar uma nova rede flexível e segura, rápida e relativamente barata, que permita mais oportunidades para novos serviços, mais participantes e maior valor econômico.

Essa configuração é conhecida como uma rede Mesh, isto é, uma rede que conecta computadores e outros dispositivos diretamente uns aos outros. Eles podem se reconfigurar automaticamente dependendo da disponibilidade de banda larga, armazenamento ou outra capacidade e, portanto, resistem a rupturas ou outra interrupções. As comunidades podem usar redes Mesh para conectividade básica, em que falta acesso ou serviço acessível. Essas redes são alternativas para os tradicionais modelos de cima para baixo de organização, regulação e controle; elas podem proporcionar maior privacidade e segurança, porque o tráfego não passa por uma organização central.[2]

Organizações já estão combinando redes Mesh com tecnologia Blockchain para resolver problemas complexos de infraestrutura. Filament, uma empresa americana, está experimentando o que chama de "taps" em postes de energia no interior australiano. Esses dispositivos podem falar diretamente um com o outro, a distâncias de até 16 quilômetros. Como os postes de energia estão a aproximadamente 70 metros de distância, um detector de movimentos em um poste que está caindo irá notificar o próximo poste a 70 metros de distância que ele está em apuros. Se por qualquer motivo o tap desse poste não estiver disponível, ele irá se comunicar com o próximo poste, ou o próximo (até 16 quilômetros), que irá se comunicar com a empresa através do local mais próximo de conexão com a internet (dentro de 180 quilômetros).

Com a bateria de 20 anos do tap e a tecnologia Bluetooth Low Energy (BLE), os clientes podem se conectar aos dispositivos diretamente com seu próprio telefone, tablet ou computador. O tap pode conter vários sensores para detectar temperatura, umidade, luz e som, sendo que os consumidores podem usar tudo para monitorar e analisar as condições ao longo do tempo, talvez para desenvolver algoritmos sobre o ciclo de vida ou fracasso iminente de um poste de energia. Os consumidores podem se tornar nós meteorológicos, medindo esses dados como um serviço de informação ou licenciando o conjunto de dados através do Blockchain para outros usuários, como governos, locutores de rádio, fabricantes de poste, ou órgãos ambientais.

O modelo de negócios da Filament é um modelo de serviço que envolve três partes: a Filament, seu cliente de integração e a empresa de serviços públicos. A Filament possui o hardware, seus dispositivos monitoram continuamente as condições dos postes de energia e reportam mudanças: se eles estão caindo, em chamas ou comprometidos por acúmulo de poeira ou fumaça de queimadas. A Filament vende a sequência de dados do sensor para o integrador, e este integrador a vende ao utilitário.

O utilitário paga mensalmente por um serviço de monitoramento. O serviço permite que a empresa de energia elimine a inspeção de campo, muito cara, de suas operações. Porque postes de energia raramente caem, a empresa de energia raramente usa a capacidade de comunicação real da rede Mesh, e assim a Filament poderia implantar o excesso de capacidade dos taps em outros usos.

"Uma vez que a Filament é proprietária dos dispositivos, podemos vender capacidade de rede adicional em cima desta rede que abrange a maior parte do continente", disse Eric Jennings, cofundador e CEO da Filament. "A Filament poderia chegar a um acordo com a FedEx para dar aos seus caminhões a capacidade de enviar dados de telemetria para a Sede em tempo real, sobretudo na nossa rede rural na Austrália. Nós adicionamos FedEx à lista de contratos inteligentes, e agora eles podem pagar cada dispositivo para enviar os dados em seu nome."[3] Os motoristas da FedEx poderiam usar a rede de malha para comunicações e rastreamento de veículos em todas as áreas remotas para indicar horários de chegada estimados e imprevistos. A rede poderia alertar a oficina mais próxima para despachar as peças e equipamentos necessários.

A tecnologia Blockchain é crítica. Esta aplicação da Internet das Coisas depende do livro-razão das coisas. Com dezenas de milhares de postes inteligentes coletando dados por meio de vários sensores e comunicando esses dados para outro dispositivo, computador ou pessoa, o sistema precisa continuar rastreando tudo – incluindo a capacidade de identificar cada poste – para garantir sua confiabilidade.

"Nada mais funciona sem identidade", disse Jennings. "O Blockchain para identidade é a base para a Internet das Coisas. Nós criamos um caminho único para cada dispositivo. Aquele caminho, aquela identidade é, então, armazenada no Blockchain do Bitcoin atribuído à Filament. Assim como um Bitcoin, ela pode ser enviada para qualquer endereço."[4] O Blockchain (juntamente com contratos inteligentes) também garante que os dispositivos sejam pagos para que eles continuem a funcionar. A Internet das Coisas não pode funcionar sem redes de pagamento Blockchain, em que o Bitcoin é a linguagem transacional universal.

Energia social: fornecendo energia a um bairro

Agora, em vez de postes, imagine a digitalização de todos os nós em um sistema de energia para criar novos modelos inteiros de produção e distribuição de energia ponto a ponto. Todos conseguem participar de uma rede de energia ativada pelo Blockchain. Sob um programa patrocinado pelo Estado de Nova York para aumentar a resiliência de energia, mesmo em condições climáticas extremas, a obra está em andamento para criar uma rede elétrica comunitária na área de Park Slope, no Brooklyn. Uma vez construída, essa microrrede e a energia gerada localmente irão fornecer flexibilidade em situações de emergência e reduzir os custos para os consumidores, promovendo eletricidade limpa, renovável, energeticamente eficiente e com opções de armazenamento na comunidade.

Enquanto as microrredes em campus universitários têm estado por aí há algum tempo, elas não são comuns em áreas residenciais. A maioria dos proprietários de casas, empresas, governos e outras organizações urbanas na América do Norte obtém energia de serviços públicos a preços regulamentados. Atualmente, temos mais variedade em energia renovável gerada localmente a partir de, por exemplo, painéis solares nos telhados. A concessionária local capta o excesso de energia em seu abastecimento para redistribuição a taxas integrais, muitas vezes com vazamento considerável. O consumidor, que pode estar localizado em frente a uma fonte de energia local, ainda deve passar pela concessionária e pagar integralmente a energia renovável gerada por seu vizinho. É ridículo.

"Em vez do sistema de comando e controle, as concessionárias de energia têm agora a localização de onde várias pessoas estão realmente utilizando uma rede de serviço público, podendo projetar a grade de modo que ela se autoexecute", disse Lawrence Orsini, cofundador e diretor da LO3 Energia. "A rede se torna muito mais resiliente, porque todos os ativos na rede estão ajudando a manter e a executar a rede elétrica."[5] É um modelo de rede distribuída ponto a ponto da Internet das Coisas, com contratos inteligentes e outros controles projetados para se habilitarem (i.e., o modelo Blockchain).[6] Quando um furacão destrói as torres de transmissão ou um incêndio paralisa um transformador, a rede pode rapidamente e automaticamente redirecionar energia para impedir um apagão em massa.

A resiliência não é o único benefício. A energia gerada localmente, usada localmente, é significativamente mais eficiente do que o modelo de escala das concessionárias, que se baseia na transmissão de energia através de grandes distâncias, sendo ela perdida. A LO3 Energia está trabalhando com concessionárias locais, líderes comunitários e parceiros de tecnologia para criar um mercado onde os vizinhos podem comprar e vender o valor ambiental local de sua energia. "Então, em vez de pagar para uma empresa de serviços de energia que está comprando créditos de energia renovável, você começa a pagar as pessoas que estão realmente gerando a eletricidade que está servindo a sua casa, que é local e verde e que, na verdade, tem um impacto ambiental no seu bairro. Parece muito mais justo, certo?", Disse Orsini.[7] Certo!

Se você pode localizar cada um dos ativos e atribuir valor local pela produção e consumo, então você pode criar um mercado em tempo real. De acordo com Orsini, você pode leiloar seu excesso de energia a seus vizinhos, que podem não ser capazes de gerar energia renovável. Ao fazer isso, a sua comunidade pode criar resiliência de energia por meio do comércio ponto a ponto. Os membros da comunidade podem chegar a um consenso sobre as regras do mercado de microrrede em tempo real, tais como tarifa em função da hora do dia, preços mínimos ou máximos, prioridade dada ao seu vizinho mais próximo, ou outros parâmetros, de modo a otimizar o preço e minimizar vazamentos. Você não vai ficar sentado em frente ao computador o dia inteiro, fixando preços e oferecendo-se para comprar ou vender.

As futuras microrredes irão coletar calor da energia computacional a fim de produzir a energia avaliada necessária para criar e garantir essa plataforma de rede transacional. Distribuir a energia produzida para edifícios na comunidade e utilizar as altas temperaturas geradas pela energia do aquecimento, água quente e sistemas de ar-condicionado aumentam a produtividade da mesma energia. "Nosso foco é aumentar a Exergia", diz Orsini.

Com o aumento da geração de energia renovável a nível local, a Internet das Coisas está desafiando o modelo regulado da concessionária de energia, e não era sem tempo. Precisamos responder às mudanças climáticas e nos preparar para condições meteorológicas cada vez mais extremas, particularmente o derretimento das calotas de gelo que afogam ilhas nos oceanos, e estiagens que transformam terras secas em deserto. Atualmente, nós estamos perdendo cerca de 15 milhões de acres por ano para a desertificação, as piores perdas na África Subsaariana, onde, ao contrário dos Munroe do sertão, as pessoas não podem pagar por bombas de água, ar-condicionado, ou migração.[8] Precisamos que nossas redes de energia e nossos motores não aprisionem a energia e o carbono em nossa atmosfera. Enquanto as concessionárias de energia estão olhando para os benefícios da Internet das Coisas e para sua infraestrutura existente ("rede inteligente"), conectar microrredes pode levar a modelos inteiramente novos de energia. Empresas de energia, seus sindicatos, reguladores e formadores de políticas, bem como novos concorrentes inovadores, como a LO3, estão explorando esses novos modelos para a geração, distribuição e uso da eletricidade pela primeira vez no nível de bairro e depois em todo o mundo.

A EVOLUÇÃO DA COMPUTAÇÃO: DE SUPERCOMPUTADORES A CÁPSULAS INTELIGENTES

Ao contrário da nossa rede de energia, o poder da computação tem evoluído sob vários paradigmas. Nas décadas de 1950 e 1960, mainframes dominavam – IBM e o "grupo" selvagem (Burroughs, Univac, National Cash Register Corp., Control Data e Honeywell). Nas décadas de 1970 e 1980, minicomputadores explodiram em cena. Tracy Kidder capturou a ascensão do Data General em seu best-seller *A alma da nova máquina*, em 1981. Assim como as empresas de mainframe, a maioria dessas empresas saiu do negócio ou desapareceram. Quem se lembra da Digital Equipment Corporation, Prime Computer, Wang, Datapoint, ou dos minicomputadores da HP ou IBM? Em 1982, os hardwares da IBM e os softwares da Microsoft nos trouxeram à década do PC, com os Macintosh da Apple pouco competitivos. Como as coisas mudam.

Impulsionadas pelos mesmos avanços tecnológicos, redes de comunicações evoluíram também. Desde o início dos anos 1970, a internet (com origem na U.S. Advanced Research Projects Agency Network) foi evoluindo para seu formato atual, no mundo inteiro – a rede distribuída que conecta mais de 3,29 bilhões de pessoas, empresas, governos e outras instituições. As tecnologias de computação e de rede, em seguida, convergiram em tablets e dispositivos portáteis. A BlackBerry comercializou os smartphones no início dos anos 2000, e a Apple os popularizou no iPhone em 2007.

O que é relativamente novo e muito interessante é a capacidade desses dispositivos de ir além do monitoramento, medição e comunicação relativamente passivos (padrões de tempo, padrões de tráfego) para detecção e resposta, isto é, executar uma transação ou agir de acordo com regras predefinidas. Eles podem sentir (temperaturas caindo, congestionamentos) e responder (ligar o forno, prolongar a luz verde); medir (movimento, calor) e comunicar (serviços de emergência); localizar (estouro de adutora principal) e notificar (equipes de reparos); monitorar (localização, proximidade) e mudar (direção); identificar (sua presença) e mirar (anunciar para você), dentre muitas outras possibilidades.

Os dispositivos podem ser estáticos (postes, árvores, dutos) ou móveis (vestuário, capacetes, veículos, animais de estimação, animais em risco de extinção, comprimidos). Cuidadores estão usando pílulas eletrônicas inteligentes – ou comestíveis – por exemplo, para identificar e registar se e quando o paciente toma a medicação. Um adesivo na pele ou tatuagem capturam os dados e podem medir a frequência cardíaca, consumo de alimentos, ou outros fatores e comunicar essa informação para um médico, cuidador ou o próprio paciente através de um aplicativo para identificar padrões e dar feedback. A profissão médica em breve estará utilizando tecnologia semelhante para a entrega de remédios específicos para certos tipos de câncer, medir a temperatura e outros biomarcadores.[10]

Os dispositivos podem se comunicar uns com o outros, diretamente com computadores e bancos de dados, ou por meio da nuvem, e com as pessoas (lhe envia uma mensagem de texto ou liga para o seu celular). Esses dispositivos, com a evolução da sua máquina de inteligência e dos dados que eles coletam, estão colocando a análise de dados, reconhecimento de padrões e a detecção de tendências nas mãos de cada um.[11] O termo da indústria 'big data' dificilmente descreve os inúmeros dados que o mundo físico irá gerar. Pela estimativa mais conservadora, os mais de 10 bilhões de dispositivos conectados pela internet hoje irão crescer para mais de 25 bilhões em 2020.[12] Chame isso de "infinite data" de dispositivos infinitos.

Então, por que não vivemos em casas inteligentes, dirigimos carros inteligentes e praticamos medicina inteligente? Nós vemos seis grandes obstáculos. Um deles é a implantação de aplicações e serviços tipo Rube Goldberg. Simplificando, alguns dos primeiros consumidores de dispositivos da Internet das Coisas entregaram valor prático, a menos que você queira que seu detector de fumaça peça que sua luz noturna chame seu smartphone para lhe avisar de um incêndio.[13]

Outro é a inércia organizacional e a má vontade ou a incapacidade de executivos, associações industriais e sindicatos de considerar novas estratégias, modelos de negócios e funções para as pessoas. Enquanto alguns empresários criativos têm desenvolvido novos negócios com alguns desses princípios (ou seja, permitindo que os ativos físicos sejam identificados, procurados, usados e pagos) e, assim, rompendo mercados existentes (por exemplo, Uber e Airbnb), o impacto é ainda comparativamente menor e dependente de uma empresa e de seu aplicativo como intermediário.

O terceiro é o medo de hackers mal-intencionados ou outras violações de segurança que poderiam modificar a informação e as regras de compromisso, substituindo dispositivos com consequências potencialmente desastrosas. O quarto é o desafio de "preparação para o futuro", crítica para as coisas com capitais que têm expectativa de vida muito longa, mais longa do que o tempo de vida de uma aplicação típica ou mesmo uma empresa. Startups vão à falência ou são vendidas para grandes empresas o tempo todo.

O quinto é a escalabilidade: para realizar o valor total da Internet das Coisas, temos de ser capazes de conectar várias redes entre si de modo que elas interajam. O último é o desafio global de tecnologia de banco de dados centralizado – ela não pode lidar com trilhões de transações em tempo real sem custos enormes.

Para superar esses obstáculos, a Internet das Coisas precisa do livro-razão de tudo – máquinas, pessoas, animais e plantas.

A INTERNET DAS COISAS PRECISA DE UM LIVRO-RAZÃO DAS COISAS

Bem-vindo à internet de tudo, permitida pelo livro-razão de tudo – distribuído, confiável e compartilhando informações de forma segura, detectando e automatizando ações e transações por meio da internet, graças à tecnologia do Blockchain. Tecnologistas e escritores de ficção científica há muito tempo imaginaram um mundo onde uma rede global contínua de sensores conectados à internet poderiam capturar todos os eventos, ações e mudanças na Terra. Com as redes onipresentes, avanços contínuos da capacidade de processamento, e uma crescente variedade de dispositivos baratos e minúsculos conectados, a visão de uma Internet das Coisas está cada vez mais perto da realidade.

Lembre-se, Satoshi Nakamoto projetou o Blockchain do Bitcoin para garantir a integridade de cada transação on-line de Bitcoin e da moeda Bitcoin em geral. Ao gravar cada transação em cada nó e compartilhar esse registro com todos os outros nós na rede (isto é, o Blockchain), o Blockchain garante que podemos verificar a transação rapidamente e sem problemas em toda a rede ponto a ponto. Podemos realizar transações de valor – neste caso financeira – automaticamente, com segurança e confiança, sem a necessidade de conhecer ou confiar em cada nó na rede, e sem passar por um intermediário. O livro-razão de tudo requer confiança mínima.

A tecnologia Blockchain nos permite identificar dispositivos inteligentes com informações relevantes e programá-los para agir em circunstâncias definidas, sem risco de erro, adulteração, ou de desligar no sertão australiano. Porque o Blockchain é um livro-razão incorruptível de todas as trocas de dados que ocorrem na rede, construída ao longo do tempo e mantida pela colaboração de nós na rede particular – o usuário pode ter certeza de que os dados são precisos.

Há um crescente consenso entre as empresas de tecnologia de que o Blockchain é essencial para desbloquear o potencial da internet das coisas. Ninguém mais do que a IBM, progenitora de grandes sistemas centrais de computador, entrou na onda. No relatório, "A democracia dos dispositivo: preservando o futuro da internet das coisas," a IBM identificou o valor do Blockchain:

> Em nossa visão de uma Internet das Coisas descentralizada, o Blockchain é a estrutura que facilita o processamento de transações e coordenação entre os dispositivos que interagem. Cada um gerencia suas próprias funções e comportamento, resultando em uma "Internet das Coisas Descentralizada e Autônoma" – e, portanto, a democratização do mundo digital[...] dispositivos estão habilitados para executar de forma autônoma contratos digitais, como convênios, pagamentos e

permutas, com dispositivos pares procurando por suas próprias atualizações de software, verificando a confiabilidade com os colegas, pagando e trocando recursos e serviços. Isto permite que eles funcionem como dispositivos de autoatendimentos e automanutenção. [14]

Assim, usando o Blockchain, modelos de negócios inteiramente novos abrem porque cada dispositivo ou nó na rede pode funcionar como uma microempresa independente (por exemplo, dividindo o poder ou a capacidade de computação a baixos custos).

"Outros exemplos são um serviço de música ou um veículo autônomo", observou Dino Mark Angaritis, fundador da Smartwallet. "Cada segundo em que a música está tocando ou o carro dirigindo, ele está tomando uma fração de centavo da minha conta. Eu não tenho um grande pagamento à vista e pago apenas pelo que eu uso. O provedor não corre o risco de não receber o pagamento. Você não pode fazer essas coisas com as redes tradicionais de pagamento, porque as taxas são muito altas para enviar frações de um centavo do seu cartão de crédito."[15]

Quartos extras, apartamentos vazios, ou salas de conferências vagas poderiam se alugar. Patentes poderiam se licenciar. Nosso e-mail poderia cobrar por cada spam recebido. Você entendeu a ideia. Com conhecimento de máquinas, sensores e robótica, agentes autônomos poderiam gerenciar nossas casas e edifícios de escritórios, vendas interativas e de marketing, abrigos em pontos de ônibus, fluxo de tráfego e uso da estrada, coleta e descarte de lixo (ou seja, onde as caixas falam com os caminhões), sistemas de energia, sistemas de água, dispositivos de cuidados de saúde incorporados ou consumidos, inventários, fábricas e cadeias de fornecimento.

Carlos Moreira, CEO da WISeKey, disse que as maiores oportunidades se encontram no que ele chamou de indústria do Blockchain.[16] A WISeKey, uma empresa sediada na Suíça que trabalha na área de gerenciamento de identidade, segurança cibernética e comunicações móveis, fornece capacidade de transações seguras para relógios e outros dispositivos portáteis e agora está oferecendo seu modelo de confiança para construtores e fabricantes de chips para equipar um grande número de outros dispositivos da internet das coisas, para ser autenticado e se comunicar por meio da internet ou de outra rede. "Estamos caminhando para um outro mundo, no qual a confiança é delegada no nível do objeto. Um objeto que não é de confiança será rejeitado pelos outros objetos automaticamente, sem ter de ser verificado por uma autoridade central", disse Moreira. "Esta é uma mudança enorme de paradigma que tem consequências tremendas na forma como os processos serão realizados nos próximos anos."[17]

Neste mundo emergente, os usuários se conectam com dispositivos inteligentes, usando identificação e autenticação seguras, chaves potencialmente públicas/privadas, e elas definem as regras de engajamento, como a privacidade com outros dispositivos, em vez de aceitarem as regras de um nó centralizado ou intermediário. Fabricantes podem transferir manutenção, propriedade, acesso e responsabilidade a uma comunidade de automanutenção de dispositivos, prevendo o futuro da internet das coisas e economizando custos de infraestrutura, substituindo cada dispositivo exatamente quando ele atinge a obsolescência.

Assim, o Blockchain pode resolver os seis obstáculos para o funcionamento da Internet das Coisas. Para resumir, o novo livro-razão de tudo tem nove funções elegantes de rede.

Autocorretores resilientes: nenhuma única falha.
Poder robusto: pode lidar com bilhões de pontos de dados e transações.
Tempo real de permanência de 24x7x365, em que os dados fluem instantaneamente.
Reage responsivamente às mudanças de condições.
Radicalmente aberto: evolui constantemente e muda com o novo registro.
Renovável: pode ser multifuncional, reutilizado e reciclado.
Redutivo: minimiza os custos e atrito, maximiza a eficiência dos processos.
Geradores de receitas: permite novos modelos de negócios e oportunidades.
Confiável: garante a integridade dos dados, confiabilidade dos participantes.

Por que acreditamos que a Internet das Coisas possibilitada pelo Blockchain tem esse enorme potencial? O principal condutor é que ela permite a animação do mundo físico. Uma vez que trazemos esses objetos à vida no livro-razão, eles podem sentir, responder, comunicar e agir. Os ativos podem procurar, encontrar, usar e compensar um ao outro de acordo com contratos inteligentes, permitindo assim novos mercados altamente disruptivos, como a internet fez anteriormente para pessoas e todos os tipos de conteúdo digital.

As perguntas para administradores, empresários e autoridades civis são: Como você vai tirar proveito destas novas oportunidades para mudar e crescer? Como sua organização vai responder ao inevitável rompimento do seu modelo operacional existente? Como você vai competir com os novos modelos criativos de startups e colaborações?

Oportunidades para maior eficiência, melhor serviço, redução de custos, aumento da segurança, e melhores resultados proliferam em nossa vida e podemos melhorar cada item aplicando a lógica do Blockchain na Internet das Coisas. Estamos começando a próxima grande fase da revolução digital. Michelle Tinsley, da Intel, explicou por que sua empresa está investigando profundamente a revolução Blockchain: "Quando os PCs se tornaram generalizados, as taxas de produtividade explodiram. Nós conectamos esses PCs a um servidor, um data center, ou a uma nuvem, tornando isso muito barato e fácil para lean startups (startups enxutas) obterem o poder do computador na ponta dos dedos e estamos vendo de novo uma rápida inovação, novos modelos de negócios".[18] A Intel quer acelerar o processo de compreender o que está funcionando, o que não está funcionando e onde estão as oportunidades. "Nós pudemos ver esta tecnologia como um outro passo na função de inovar, no qual se permitem todos os tipos de novas empresas, novos operadores. Para ser um líder na indústria da tecnologia, não podemos estar ausentes da conversa", ela disse.[19] Apenas imagine o potencial de aplicar esses recursos em muitos tipos de empresas, muitas intocadas pela revolução da internet.

AS DOZE DISRUPÇÕES: ANIMANDO COISAS

Que possibilidades existem para animar o mundo físico? Ao contrário de Pinóquio, não temos uma Fada Azul. (E ao contrário de Pinóquio, o Blockchain não mente.) Mas hoje, agora, distribuímos a tecnologia do livro-razão, que vai na verdade permitir não só à GE "trazer coisas boas para a vida". Ainda melhor, o nariz do Pinóquio não pode crescer no livro-razão.

Estamos nos começo do pensamento sobre as possibilidades do livro-razão das coisas (embutido na internet das coisas). Enquanto dispositivos de consumo têm recebido mais atenção na mídia popular até agora, existem aplicações potenciais em praticamente todos os setores. Há muitas maneiras de classificar e agrupar aplicações potenciais, porque muitas delas ultrapassam as fronteiras e poderiam se encaixar em mais de uma categoria. A McKinsey, por exemplo, usa o conceito de configurações na sua classificação da

Internet das Coisas.[20] Nós identificamos oportunidades para o livro-razão das coisas em 12 principais áreas funcionais. Os benefícios específicos – e os casos de negócios – serão específicos para cada aplicação. As categorias a seguir ilustram o potencial e a significativa disrupção para os mercados existentes, operadores e modelos de negócios.

1. Transporte
No futuro, você vai chamar um veículo autônomo para levá-lo de forma segura aonde você precisa ir. Ele vai intuitivamente tomar a rota mais rápida, evitar construções, lidar com pedágios e estacionar, tudo por conta própria. Em momentos de congestionamento no tráfego, seu veículo irá negociar uma taxa de passagem de modo que você chegue ao seu destino a tempo, e os gerentes de frete irão utilizar a Internet das Coisas habilitada para Blockchain em toda a carga, para o desembaraço alfandegário ou outras inspeções requeridas rapidamente. Sem burocracia. A Allianz, uma fabricante de caminhões varredores de rua, poderia equipar suas máquinas municipais com minicâmeras ou com um sensor tecnológico que identifica, nos dias de estacionamento alternado na cidade de Nova York, carros cujos donos não os moveram (se eles não podem se mover sozinhos), entregar os dados do sensor para a polícia de trânsito local e poupar as multas de estacionamento escritas. O próprio caminhão varredor de rua poderia gerar a multa de estacionamento em Bitcoin do carro conforme ele varre – porque o Departamento de Transportes do Estado de Nova York exigiria que todos os carros registrados nos cinco bairros de Nova York mantivessem carteiras de Bitcoin ligadas à licença da placa. Veículos autônomos, por outro lado, iriam sentir o caminhão se aproximando e simplesmente se moveriam para deixá-lo passar.

2. Gestão de infraestrutura
Muitos profissionais vão usar dispositivos inteligentes para monitorar localização, integridade, idade, qualidade e quaisquer outros fatores relevantes da pavimentação, linhas ferroviárias, postes e linhas de energia, dutos, pistas, portos e outras infraestruturas públicas e privadas, a fim de monitorar as condições, detectar problemas (como, por exemplo, quebra ou violação) e iniciar uma resposta rápida e de baixo custo. É aí que empresas como a Filament irão entrar, com novas tecnologias de custo acessíveis para reparar infraestruturas existentes sem o enorme capital necessário para substituí-lo.

Eric Jennings, da Filament, estima que "mais de 90% da infraestrutura está desconectada, e é inviável extrair tudo e substituir por ativos novos e conectados sem fio".[21]

3. Energia, desperdício e gestão da água
"Envie um caminhão para me esvaziar", disse o cesto de lixo transbordando. "Me arrume", disse o cano vazando. A Internet das Coisas deve inspirar uma centena de novos livros para crianças. Utilitários tradicionais, tanto no mundo desenvolvido como em desenvolvimento, podem usar a Internet das Coisas habilitada no Blockchain para acompanhar a produção, distribuição, consumo e arrecadação. Como já vimos, novos entrantes sem infraestrutura significativa incorporada estão planejando usar essas tecnologias para criar novos mercados e novos modelos (por exemplo, microrredes comunitárias).

4. Extração de recursos e agricultura
As vacas podem se tornar aplicações no Blockchain, permitindo aos pecuaristas acompanhar o que elas comem, quais os medicamentos que tomaram e seu histórico de saúde completo. Essa tecnologia também pode ajudar a rastrear equipamentos caros e altamente especializados e torná-los mais disponíveis para o uso just-in-time e para a recuperação de custos; melhorar mineradoras e a segurança do trabalhador no campo com a marcação de equipamentos de segurança e listas de verificação automatizadas (para garantir que o equipamento está sendo usado corretamente); monitorar o tempo, solo e condições de colheita para iniciar a irrigação, colheita automatizada, ou outras ações; compilar "dados infinitos" analiticamente para identificar novos recursos ou aconselhar sobre as melhores práticas agrícolas com base em padrões passados e resultados. Sensores no solo e em árvores poderiam ajudar agências de proteção ambiental a monitorar fazendeiros e seu uso da terra.

5. Monitoramento ambiental e serviços de emergência
Lembra do agente autônomo de tempo BOB? BOB vai viver em um mundo de sensores meteorológicos e ganhar dinheiro coletando e vendendo dados meteorológicos críticos. Exemplos aqui incluem o monitoramento do ar e da qualidade da água, e emissão de alertas para reduzir os poluentes ou ficar dentro de casa; sinalização de produtos químicos perigosos ou radioatividade para os trabalhadores de emergência; monitoramento de raios e

incêndios florestais; instalação de sistemas de monitoramento e alerta antecipado para terremotos e tsunamis; e, claro, monitoramento e alerta antecipado de tempestades. Além de melhorar o tempo de resposta dos serviços de emergência e reduzir o risco desses eventos para a vida humana, poderíamos usar esses dados longitudinais para aumentar nossa compreensão das tendências e padrões fundamentais, identificar medidas preventivas em alguns casos, e melhorar nossa capacidade de previsão para proporcionar um alerta ainda mais cedo.

6. Assistência médica
No setor de assistência médica, os profissionais usam a digitalização para gerenciar ativos e registros médicos, manter o inventário e lidar com pedidos e pagamentos para todos os equipamentos e produtos farmacêuticos. Hoje, os hospitais estão cheios de dispositivos inteligentes que supervisionam esses serviços, mas poucos se comunicam entre si ou levam em conta a importância da proteção da privacidade e segurança na assistência direta ao paciente. A Internet das Coisas habilitada no Blockchain pode usar aplicações emergentes para conectar esses serviços. Aplicações em desenvolvimento incluem monitoramento e gerenciamento da doença (Spor exemplo: pílulas inteligentes, dispositivos vestíveis para rastrear os sinais vitais e fornecer feedback) e melhor controle de qualidade. Imagine um quadril ou joelho artificial que se monitora, envia dados de desempenho anônimos para o fabricante para melhorias no projeto, e se comunica com o médico do paciente: "Hora de me substituir." Os técnicos não serão capazes de usar o equipamento especializado se eles não tomarem medidas pré-requisitadas para garantir confiabilidade e precisão. Novas drogas inteligentes poderiam se encaminhar para testes clínicos e apresentar provas de sua eficácia e efeitos colaterais, sem risco de resultados adulterados.

7. Serviços financeiros e seguros
As instituições financeiras poderiam usar dispositivos inteligentes e a Internet das Coisas para marcar seus direitos sobre os ativos físicos, tornando-os localizáveis e rastreáveis. Porque moedas digitais permitem o armazenamento e transferência de valor de forma rápida e segura para todos os usuários, grandes e pequenos, elas também permitem a avaliação de risco e de gestão. Pensando mais além, poderiam os pobres e desfavorecidos ganhar pequenas quantias de dinheiro, ou talvez eletricidade ou outros "crédi-

tos", se eles permitissem que seus recursos limitados fossem identificados e compartilhados como no exemplo anterior da microrrede? Os proprietários serão capazes de marcar objetos de valor inestimável, antiguidades, joias, materiais de museus, tudo que já foi manejado pela Sotheby's e segurado pelo Lloyd's. As seguradoras poderiam ajustar o pagamento de acordo com a localização do objeto e seu ambiente – se está no Metropolitan Museum of Art de Nova York, sob clima controlado, então uma baixa taxa de seguro; se está viajando para a Grécia, então se cobra uma taxa mais elevada. O objeto poderia dizer se estava em um cofre ou no pescoço de uma celebridade. As taxas de seguro poderiam ser maiores se o dispositivo estivesse pendurado no pescoço de Lindsay Lohan contra, digamos, Anne Hathaway. Carros sem motorista certamente teriam taxas mais baixas de seguros e os próprios dispositivos poderiam resolver as reivindicações de seguros na hora baseados nos dados de sensores.

8. Documentos e cuidados com outros registros

Como explicamos, ativos físicos podem se tornar ativos digitais. Toda a documentação relativa a uma "coisa" em particular pode ser digitalizada e mantida no Blockchain, incluindo patentes, propriedades, garantias, certificação de inspeção, proveniência, seguro, datas de substituição, aprovações etc, aumentando significativamente a disponibilidade e integridade dos dados; reduzindo a manipulação de documentos, armazenamento e perda, e outras melhorias de processos relacionados a essa documentação. Por exemplo, um veículo não irá ligar se ele falhou na inspeção de segurança recente, se seu seguro de responsabilidade civil expirou, se seu proprietário não pagou multas de estacionamento ou infrações em movimento, ou se a carteira de motorista da pessoa que dirige foi suspensa. Itens nas prateleiras irão notificar os gerentes de loja quando eles passarem da data de validade. Os gerentes de loja podem até programar esses itens para diminuir seu preço quando próximo à validade.

9. Construindo e gerenciando propriedades

Estima-se que 65% dos 1,1 bilhão de metros quadrados de imóveis comerciais nos Estados Unidos estejam vagos.[22] Sensores digitais podem criar mercados desses ativos imobiliários, permitindo a descoberta, usabilidade e pagamento em tempo real. Vendedores estão entrando agora neste campo e desenvolvendo novos modelos de serviço para alugar o espaço em horas de folga. À noite a sua sala de conferências pode se tornar uma sala de aula para os jovens do bairro ou um escritório para uma startup local. Outras aplicações incluem segurança e controle de acesso, iluminação, aquecimento, arrefecimento e gestão de resíduos e água. O mais ecológico dos edifícios vai se juntar ao livro-razão das coisas. Imagine os dados sobre a utilização do elevador e do fluxo de pessoas pelo prédio, como estes irão informar ao arquiteto o projeto de espaços públicos e privados. Espaços residenciais extras podem se listar e ser negociados por meio do livro-razão das coisas para ajudar turistas, estudantes, gerentes de programas de abrigo, e outros a encontrar espaços que atendam às suas necessidades. Essas ideias se aplicam a todos os tipos de residênciais, hotéis, escritórios, fábricas, varejo/atacado e patrimônio institucional.

10. Operações industriais – a fábrica das coisas
O chão de fábrica global precisa de um livro-razão global das coisas, também conhecido como Blockchain industrial. Gerentes de fábrica usarão dispositivos inteligentes para monitorar linhas de produção, inventário de almoxarifado, distribuição, qualidade e outras inspeções. Indústrias inteiras podem adotar a abordagem do livro-razão para aumentar significativamente a eficiência de processos como o gerenciamento da cadeia de abastecimento. Máquinas grandes e complexas , como aviões e locomotivas, consistem em milhões de peças. Cada componente individual de um motor a jato ou vagão poderia ter sensores que enviam alertas quando precisa de conserto. Imagine um trem que sai de Baltimore a caminho de Long Beach notificando a equipe de manutenção em Long Beach, três dias antes do tempo, que precisa de uma nova peça crítica. O sensor pode até emitir uma solicitação de proposta e aceitar a melhor oferta de compra e fornecimento para a peça, com economia de tempo e ganho enorme em termos de eficiência operacional para grandes empresas como a General Electric, Norfolk Southern e outras. Ainda mais significativo, fabricantes em diversos ramos, seja de carros, lâmpadas ou Band-Aids, estão investigando como podem incorporar chips inteligentes em seus produtos ou suas peças e monitorar, coletar e analisar dados de desempenho. Com esses dados, eles poderiam fornecer atualizações automáticas, antecipar as necessidades dos clientes e oferecer novos serviços, mudando, com efeito, de fornecedores de produtos para fornecedores de serviços contínuos baseados em software.

11. Gerenciamento da casa

Está se sentindo sozinho? Você sempre pode falar com sua casa. Sua própria casa e diversos produtos e serviços estão entrando no mercado para permitir o monitoramento automatizado e remoto. Esses serviços vão além da "babá eletrônica" para incluir controles de acesso, ajustes de temperatura, iluminação e eventualmente quase tudo em sua casa. Enquanto "casas inteligentes" têm sido relativamente lentas para decolar, empresas como Apple, Samsung e Google estão trabalhando para simplificar as instalações e operações. De acordo com a BCC Research: "O mercado de automação residencial nos EUA é estimado para ir de quase US$ 6,9 bilhões em 2014 para US$ 10,3 bilhões em 2019[...] o crescimento será constante e de longo prazo."[23]

12. Operações de varejo e vendas

Andando pela rua, seu dispositivo móvel avisa que o vestido que você ama está disponível na Gap. Entre na loja e o vestido, em seu tamanho, estará esperando por você. Depois de prová-lo, você escaneia a etiqueta e o pagamento está completo. Mas você tem outras coisas para fazer, então o vestido encontra o caminho para sua casa antes de você chegar lá. Além das eficiências operacionais e do monitoramento ambiental, os varejistas serão capazes de personalizar produtos e serviços para os clientes identificáveis conforme eles andam ou dirigem, baseados na sua localização, dados demográficos, interesses conhecidos e história de compra, supondo que esses clientes abriram suas caixas-pretas para varejistas no Blockchain.

A RECOMPENSA ECONÔMICA

Ao longo deste capítulo, citamos inúmeros potenciais benefícios da Internet das Coisas distribuída, habilitada no Blockchain em muitos níveis (individual, organizacional, industrial, social). Reprojetar e automatizar processos via redes ponto a ponto, e não por meio de pessoas ou aplicativos intermediários centralizados poderiam trazer inúmeros benefícios já identificados, incluindo:

- velocidade (automatização de ponta a ponta);
- custos reduzidos (associados com o envio de quantidades quase infinitas de dados para instalações de processamento central gigantes e eliminação de intermediários caros);

- aumento de receita, eficiência e/ou produtividade (liberando excesso de capacidade para reutilização);
- melhoria da eficiência (listas de verificação embutidas e outros protocolos reduzem o impacto do erro humano);
- aumento da segurança e integridade (confiança entre pessoas não é necessária, já que a confiança é projetada numa arquitetura de rede);
- menores chances de falhas no sistema (eliminação de gargalos, resiliência embutida);
- diminuição do consumo de energia (energia requerida pela própria rede, equilibrada pelo aumento da eficiência e pela redução do desperdício, precificação dinâmica e ciclos de feedback);
- aumento da proteção de privacidade (intermediários não podem substituir ou ignorar as regras definidas no Blockchain);
- melhor compreensão dos padrões, processos e oportunidades fundamentais para melhorá-los por meio da coleta e da análise dos "infinite data";
- capacidade reforçada da previsão de vários eventos negativos (mau tempo, terremotos, saúde debilitada) ou positivos (melhor época para plantar culturas, padrões de compra).

O modelo aberto distribuído significa que as redes da Internet das Coisas podem ser autossustentáveis, mesmo depois que uma empresa se retira ou um fabricante declara falência. A interoperabilidade, quando projetada no sistema, permitirá a conexão de diferentes redes da internet das coisas e irá desencadear um valor ainda maior.[24]

Muitos desses benefícios dependem dos conceitos de redes distribuídas ou descentralizadas, da eliminação de uma centralizada (por exemplo, comando e controle) ou de outra intermediária (como uma agência de intercâmbio ou aplicativo de gerenciamento). Uma vez que esses novos intermediários estão no lugar, os outros vão sentir a pressão para "contorná-los" ou eliminá-los. Na visão de Eric Jennings: "As pessoas vão fazer o que normalmente fazem para minimizar seu próprio desconforto, levando a silos, concentração e centralização. O que é um ganho a curto prazo para essas pessoas em particular, é uma perda a longo prazo para todos os outros". Ele disse: "A Internet das Coisas deve ser totalmente descentralizada, onde os dispositivos podem ser autônomos, descobrir uns aos outros diretamente, estabelecer comunicação segura diretamente entre si e, eventualmente, pagar uns aos outros em termos de valor, diretamente entre as máquinas".[25]

O Institute for Business Value da IBM realizou uma pesquisa sobre o que chama de cinco principais "vetores de disrupção", que irão aumentar nossa alavancagem dos ativos físicos, como resultado da internet das coisas habilitada no Blockchain.[26] Enquanto a IBM tem claramente um interesse comercial na Internet das Coisas, seu trabalho sobre valores de negócios não deixa de ser muito útil.

Em primeiro lugar, o instituto observou que essas novas redes permitirão aos usuários pesquisar, acessar e pagar por ativos físicos disponíveis instantaneamente, como armazenamento pouco utilizado ou capacidade de processamento. Os ativos em oferta podem se igualar à demanda. Porque nós podemos avaliar o risco e o crédito automaticamente on-line e reavê-los virtualmente, podemos reprecificar o crédito e o risco significativamente para baixo. O uso de sistemas automatizados e dispositivos melhoram a eficiência operacional. Finalmente, as empresas podem contribuir, colaborar com parceiros de negócios em tempo real por meio de cadeias de valor integradas digitalmente.

Resumindo, você tem uma oportunidade para tornar os mercados conceitualmente mais simples e eficientes. Você pode acessar ativos anteriormente inacessíveis, determinar o preço em tempo real e reduzir o risco. Uma vez que a infraestrutura básica está no lugar, as barreiras de entrada são baixas (por exemplo, apenas desenvolver um aplicativo) e os custos vigentes também são relativamente baixos (por exemplo, sem taxas de serviço a terceiros). Isso reduz drasticamente o custo de transmitir fundos, reduzindo a barreira para se ter uma conta bancária, obter crédito e investir. Isso pode até apoiar canais de micropagamentos, combinando o uso do serviço minuto a minuto com o pagamento minuto a minuto.

O livro-razão das coisas permite o "capitalismo distribuído", não apenas o capitalismo redistribuído. Longe de ser uma cortesia para todos, esses mercados podem ser moldados de acordo com nossos valores – como indivíduos, empresas e sociedades – e esses valores codificados no Blockchain, tais como incentivo à utilização de energias renováveis, utilização de recursos de nossos vizinhos mais próximos, honra a compromissos de preços, e proteção à privacidade. Em suma, o livro-razão de tudo em cima da Internet das Coisas anima e personaliza o mundo físico conforme compartilhamos mais. Como a IBM declarou: "Em um nível macroeconômico, nós somos todos vencedores no futuro da Internet das Coisas, apesar do fato de que diferentes indústrias vão experimentar uma combinação de efeitos diferentes".²⁷ De acordo com o McKinsey Global Institute, o valor econômico da Internet das Coisas foi, de alguma forma, subestimado. O impacto econômico – incluindo o excedente de consumo – poderia ser tanto quanto US$ 11,1 trilhões por ano em 2025 para as aplicações da Internet das Coisas.²⁸ Isso é um aumento de 10% no PIB global atual, de bem mais de US$ 100 trilhões: isso é enorme!

A inteligência em rede, expressão cunhada na economia digital, referia-se a como a rede seria mais esperta do que seu nó mais inteligente, um domínio após o outro. Como já explicamos, a primeira geração da internet diminuiu de certa forma os custos de transação. Temos cadeias logísticas mais rápidas, novas abordagens de marketing e colaborações ponto a ponto, como Linux e Wikipédia em grande escala, com muitos novos modelos de negócios inovadores. A tecnologia Blockchain vai acelerar esse processo. À medida que a Internet das Coisas assume o controle, essas tendências vão entrar em hipervelocidade.

O FUTURO: DO UBER AO SUBER

Nós abordamos um monte de coisas neste capítulo. Agora vamos juntar esforços de todas as vertentes de inovação em apenas um cenário.

Considere agregadores de serviços, como Uber e Lyft. A Uber é uma rede de compartilhamento de corrida baseada em um aplicativo para motoristas que estão dispostos a dar carona a outras pessoas em troca de uma tarifa. Para usar a Uber, você baixa o aplicativo Uber, cria uma conta e fornece a ela as informações do seu cartão de crédito. Quando você usa o aplicativo para solicitar um carro, ele pede a você que selecione o tipo de carro que quer e marca sua localização no mapa. O aplicativo irá mantê-lo informado sobre a disponibilidade e paradeiro do seu provável motorista. No final da corrida, a Uber cobra automaticamente do seu cartão de crédito. Se você não quiser dar a gorjeta-padrão, então precisa mudar suas configurações de faturamento no site da Uber.²⁹ A Uber Technologies, Inc., a empresa responsável pelo desenvolvimento e operação do aplicativo Uber, retém uma parcela do preço pago por cada corrida.

Parece ótimo, especialmente em cidades com uma frota de táxi pequena. Mas os serviços da Uber vêm com uma série de problemas e alertas vermelhos. Contas de motoristas foram invadidas, corridas estão sujeitas a picos de preços, e os passageiros têm estado sujeitos à condução imprudente e assédio ou violência sexual.[30] A Uber também monitora cada movimento dos usuários, liberando algumas dessas informações para as autoridades da cidade para estudos de tráfego. Para completar, os motoristas criam um valor considerável, mas eles conseguem ficar só com uma parte disso.

Agora vamos imaginar a experiência Uber se este fosse um aplicativo distribuído no Blockchain. Mike Hearn, um ex-funcionário da Google que largou o emprego para trabalhar em tempo integral com Bitcoin, definiu esse universo alternativo baseado na tecnologia do Bitcoin em 2013, no Turing Festival.[31] Hearn chamou essa rede de "TradeNet" e descreveu como, com a ajuda do Bitcoin, as pessoas poderiam começar a confiar em veículos sem motoristas.

Funciona assim: a maioria das pessoas não possui carros e prefere compartilhar veículos como um bem comum. Em Chicago, Melissa pede um carro pela SUber (pense como Blockchain Super Uber). Todos os veículos disponíveis começam a postar ofertas automaticamente, as quais o nó da Melissa ranqueia e as apresenta a ela baseado em seus critérios de seleção. Melissa escolhe de acordo com quanto ela está disposta a pagar pelas rotas mais rápidas (por exemplo, pistas de pedágio com preços mais elevados).

Enquanto isso, John, diferentemente da maioria dos usuários, é proprietário de um veículo SUber, e como seu carro autoconduzido o está levando para o trabalho, identifica todas as opções de estacionamento, tanto vagas públicas como privadas, seleciona um espaço, reserva-o e paga por ele por meio de um mercado de estacionamento autônomo. Porque os parâmetros predeterminados de John incluem sempre procurar o local disponível mais barato, com caminhada de no máximo dez minutos de seu destino, ele quase sempre segue a primeira escolha do seu carro. O banco de dados básico de estacionamento, que oferece suporte ao estacionamento, também contém informações sobre as regras de estacionamento para ruas específicas em diferentes dias e horas, se o espaço de estacionamento é coberto ou ao ar livre, ou se o proprietário do espaço estabeleceu um preço mínimo. Tudo isso funciona em uma plataforma ponto a ponto distribuída – que conecta vários aplicativos – por isso nenhuma empresa centralizada está mediando as ordens ou tomando parte da taxa. Não há aumento nos preços nem taxas inesperadas.

O que é surpreendente sobre esse modelo proposto não são os veículos sem condutores, porque os carros autoconduzidos serão comuns – provavelmente mais cedo do que se imagina. Em vez disso, os carros poderiam ser agentes totalmente autônomos, que ganham suas próprias tarifas, pagam por seu próprio combustível e manutenção, obtêm seu próprio seguro de automóvel, negociam responsabilidade em colisões e operam ("dirigem") sem controle humano exterior, exceto quando precisarem levar alguma entidade – talvez um ser humano – para o tribunal.

Como condição de funcionamento, os administradores da SUber poderiam programar os protocolos dos veículos no Blockchain para obedecer a todas as regras de trânsito, tomar a rota mais direta, rápida, ou menos cara, e honrar sua proposta. A inscrição inicial e o registro dos motoristas no sistema SUber poderiam exigir que os veículos registrassem a documentação necessária, incluindo propriedade, inspeções de segurança e de seguros, e o sistema iria manter permanentemente esses registros para garantir reinspeção ou seguro e permitir renovações, conforme necessário. Sensores poderiam monitorar a "saúde" total do veículo e sinalizar reparações necessárias, marcar o serviço na loja de reparação adequada e pré-encomendar quaisquer peças necessárias. Porque os veículos não têm motoristas, eles não estão sujeitos a sarcasmo, clientelismo, sexismo, racismo ou outras formas de discriminação humana ou corrupção. Além disso, eles não vão tentar empurrar suas políticas ou impregnar o painel do carro com incenso. Tudo isso acontece nos bastidores, entre objetos e alimentado por uma aplicação autônoma. Os motoristas criaram uma cooperativa Blockchain, conforme descrito no capítulo anterior, e recebem quase toda a riqueza que criam. Os usuários – Melissa e John – experimentam somente a conveniência, sem nenhum dos problemas. Como não amar?

Onde a internet reduziu os custos de pesquisa e coordenação, uma moeda digital como o Bitcoin no Blockchain nos permitirá reduzir os custos de negociação, contratação, controle, e fazer cumprir esses contratos. Nós vamos ser capazes de negociar o melhor acordo e obter a entrega prometida de qualquer outra entidade que aceitar Bitcoin, incluindo um táxi sem motorista. Como os Ubers do mundo vão competir?

Mas o cenário não para por aí. A inteligência projetada na infraestrutura da cidade moverá o tráfego adiante (variando direção da pista e preços, fazendo gerenciamento automatizado do sinal de trânsito com base no fluxo de tráfego), reduzindo ainda mais os desperdícios de energia e custos. O Blockchain poderia apoiar os controles de segurança nos veículos (com e sem motorista) e/ou na infraestrutura, tais como avisos de proximidade e frenagem automática, bem como de antirroubo ou de prevenção de motoristas não qualificados ou embriagados. Adicionalmente, as cidades vão usar os sensores para ajudar a gerenciar a infraestrutura de transporte, incluindo a gestão de ativos de infraestrutura e frotas, monitorando linhas férreas e as condições de pavimentação, gerando planos de manutenção e orçamentos e despachando equipes de reparos, quando necessário.

O que é verdadeiramente poderoso: os sistemas funcionam em conjunto – veículos inteligentes operando em uma infraestrutura inteligente. Embora continuem a existir negócios para os condutores de veículos compartilhados, veículos autônomos serão capazes de operar com segurança nas ruas da cidade com seus sistemas de navegação e de segurança embutidos, muitas vezes interagindo com a infraestrutura inteligente para encontrar uma pista rápida ou estacionamento e pagar por ele, ou para procurar e encontrar uma rota preferencial. A pronta disponibilidade, acessibilidade e confiabilidade dos veículos autônomos reduzirá significativamente o número de veículos particulares que, como o exemplo de imóveis comerciais citado, estão muitas vezes apenas estacionados esperando e não sendo utilizados.

E não serão apenas empresas de tecnologia ou de carros que irão fazer isso acontecer. Enquanto tudo isso poderia, em teoria, ser desenvolvido, obtido, operado e gerenciado por uma única autoridade de transporte cívica, isso não é provavelmente o caminho a seguir. É mais provável o SUber evoluir e inovar como uma plataforma de transporte aberta e compartilhada, com várias aplicações desenvolvidas e introduzidas por empresários locais, grupos comunitários, governos e outros, como alguém com fins lucrativos (por meio da receita obtida com uma frota de vans sem motorista), cooperação compartilhada (um grupo da vizinhança investe em dez veículos a serem reservados e compartilhados usando o aplicativo SUber), serviço público (mantendo e operando um trem ou ônibus expresso em rotas de alta demanda) ou, como empresa social (sem fins lucrativos, investindo em "pontos" SUber, que seus clientes podem acessar quando eles precisam de transporte).

Isso pode surgir primeiro em jurisdições com infraestrutura relativamente avançada, corredores de transporte já separados (ferroviário, rodoviário, bicicleta, pedestres), assuntos de transporte significativos (congestionamento) e população com longa tradição de obedecer às regras de trânsito. Isso também pode começar nas "áreas verdes" em desenvolvimento nas cidades, em cooperação com empresas de tecnologia e companhias automobilísticas que procuram ambientes de teste para suas aplicações. Qualquer cenário que envolve a veículos sem motoristas seria menos bem-sucedido, mesmo altamente perigoso, quando outros usuários da estrada não podem ser isolados (em corredores separados), ou previstos (animais na estrada), ou controlados (pedestres distraídos).

O cenário SUber é cada vez mais viável. Tais aplicações provavelmente irão surgir nos próximos anos e virão para resolver nossas necessidades de transporte a longo prazo. Já hoje, táxis locais e comissões de limusine estão lutando contra a Uber em muitas cidades. Os governos municipais estão lutando para equilibrar o desejo dos consumidores por opções acessíveis com segurança pública e licenciamento de táxi, mesmo que os novos modelos sejam aparentemente inevitáveis. Por que não olhar para onde o setor de transportes está indo e gerar soluções que melhor atendam às necessidades da cidade, como Chicago fez em nosso cenário hipotético da SUber?

HACKEANDO SEU FUTURO POR UM MUNDO DE COISAS INTELIGENTES

Temos visto ao longo deste capítulo algumas oportunidades alucinantes em praticamente todos os aspectos de nossa vida, inclusive – talvez especialmente – muitas áreas mal tocadas pela primeira onda da revolução digital. Ao mesmo tempo, essas oportunidades ameaçam empresas e formas de fazer negócios existentes.

Questões-chave: O que você, como gerente, estaria fazendo em ambos os lados desta equação – percebendo novas oportunidades, enquanto minimiza ameaças? Se você é um gerente no setor público, privado ou social, tem ativos físicos pouco ou não utilizados que podem ser aproveitados para valor maior? Você está percebendo as maiores eficiências possíveis e oportunidades para desenvolver produtos e tecnologias para a própria Internet das Coisas? Os novos entrantes nesta economia estão tomando seus clientes e reduzindo suas receitas, por meio de novos modelos de negócios inovadores, baseados em aplicativos que você deveria estar instalando primeiro?

Novo valor: Quais são seus ativos físicos e como você pode melhorá-los para oferecer maior valor à sua organização ou comunidade? Você tem espaços físicos, máquinas, inventário ou outros ativos que poderia marcar, monitorar e animar como parte de uma rede autônoma, na qual você estabelece os parâmetros de operação para conduzir os custos ou agregar valor? Você poderia incorporar, atualizar e programar sensores como parte de uma rede maior para obter maior funcionalidade e valor? Você poderia recolher novas informações de uma rede de internet das coisas para melhorar seu planejamento e análise para o futuro?

Novos modelos de negócios: Quais oportunidades existem para novos produtos e serviços com base na nova funcionalidade e nos dados que você poderia reunir por meio de sua rede? Suas informações e ativos poderiam gerar receita por gerar valor para os outros, por exemplo, ao alugar aquele equipamento caro enquanto você não o estiver usando? Pensar no valor da informação não é algo novo (lembra-se da Sabre e da American Airlines?), mas ainda negligenciado.

Oportunidades: Você poderia conectar sua rede a outras por um valor ainda maior, talvez como parte de uma cadeia logística de ponta a ponta ou um canal de distribuição e vendas? Como uma indústria, existem processos e funções compartilhadas que poderiam ser automatizadas utilizando-se o Blockchain? Você está permitindo essa interoperabilidade, usando a tecnologia baseada em padrões abertos e controlados por meio da colaboração internacional?

Ameaças: Que linhas de negócios os novos entrantes irão atacar com seus novos modelos de negócios baseados na internet das coisas para atender aos mercados que você serve atualmente? Por exemplo, em vez de uma venda única de um veículo, bem de consumo ou peça de equipamento especializado, há valor contínuo para você e seus clientes em um novo modelo de serviço construído com base em sua conexão contínua com aquele equipamento? Você pode capitalizar em cima de seu conhecimento existente, recursos, infraestrutura e fidelidade do cliente para projetar novos modelos de negócios baseados na Internet das Coisas que diminuem o "espaço" e, portanto, a probabilidade de entrada de um novo jogador disruptivo?

Case de negócios: Quais são os custos e benefícios destas oportunidades? Onde está o real valor para sua organização? Você está resolvendo um problema real de negócios ou uma necessidade ou apenas lidando com a tecnologia? Que tal desenvolver uma prova de conceito com um cliente líder?

Plano estratégico: de acordo com McKinsey: "Os executivos terão de lidar com três conjuntos de desafios: desalinhamento organizacional, interoperabilidade tecnológica e obstáculos em "analytics", e riscos elevados em segurança cibernética".[32] Nós adicionamos um quarto grande desafio a essa lista – implementar com privacidade – um programa de incentivos, incluindo as garantias adequadas, desde o início. Como as funções de negócios e de TI terão de se adaptar à Internet das Coisas? Quais partes da organização e líderes de negócios você deve envolver?

CAPÍTULO 7

RESOLVENDO O PARADOXO DA PROSPERIDADE: INCLUSÃO ECONÔMICA E EMPREENDEDORISMO

UM PORCO NÃO É UM COFRINHO

A costa do Pacífico na Nicarágua é uma das mais belas paisagens das Américas, onde a intensa floresta verde encontra infinitas águas azuis. Suas colinas e praias deslumbrantes a tornam um destino muito procurado por mochileiros, banhistas e ecoturistas. A Nicarágua é também um dos países mais pobres e menos desenvolvidos da região. Cerca de 60% da população vive abaixo da linha da pobreza. Aqueles que não estão empregados na indústria do turismo sobrevivem num nível de quase subsistência da agricultura e pesca. Ela tem o segundo menor Produto Interno Bruto nominal das Américas, com 10% de todo o seu PIB a partir de remessas – dinheiro conquistado no exterior e repatriado pela diáspora nicaraguense. Aproximadamente 19% da sua população tem uma conta bancária formal, no entanto, apenas 14% é capaz de emprestar dinheiro e somente 8% tem economias.[1] Ainda assim, 93% tem uma assinatura de telefone celular, geralmente pré-pago.[2]

Essa é a realidade que Joyce Kim enfrentou quando levou sua equipe para lá. Kim é diretora-executiva da Fundação Stellar Development, uma organização sem fins lucrativos de tecnologia Blockchain (que não deve ser confundida com Stellar, a grande empresa de arquitetura e construção). Uma operação de microfinanças da Nicarágua queria saber mais sobre a plataforma financeira da Stellar. A deplorável indústria bancária subdesenvolvida da Nicarágua mantém a maioria das pessoas em um inescapável ciclo de pobreza e agrava a situação dos candidatos a empreendedores. Eles lutam para iniciar novos negócios, registrar títulos de suas terras e outros ativos, e resolvem grandes reinvindicações provenientes da expropriação de terras em massa do governo Sandinista dos anos 1980.[3] A plataforma da Stellar permitiria aos nicaraguenses transferir, guardar, investir e emprestar dinheiro.

Kim ficou impressionada e surpresa com o foco local no microcrédito. Ela entendeu que o acesso ao crédito foi fundamental para a inclusão econômica, mas acredita que a poupança, a capacidade de armazenar valor de forma confiável e segura era um pré-requisito para quase todos os outros serviços financeiros. Quando perguntou sobre poupança, lhe disseram: "Oh, poupança não é um problema por aqui. As pessoas têm porcos."[4]

A pecuária compõe a maioria do patrimônio líquido dos agricultores em muitas economias agrárias, porque os serviços financeiros não estão amplamente disponíveis e os indivíduos têm pouco direito sobre a sua terra. Na Nicarágua isso significa que as pessoas possuem porcos, e muitos deles. Ela ficou surpresa no início, mas rapidamente viu a antiga lógica nisso. "Você sai de uma reunião, olha ao redor e vê que os porcos estão em toda parte."[5] A pecuária tem sido aceita por muito tempo como uma forma relativamente útil de poupança. Para aqueles excluídos da economia digital, os animais são ativos tão líquidos quanto eles possam possuir, ainda mais se produzirem leite, eles pagam dividendos em leitões, ovos, cordeiros, bezerros e, às vezes, queijo.

Prosperidade é um conceito relativo. No Quênia, membros da tribo Masai que possuem de 400 a 500 cabeças de caprinos são considerados prósperos, mas sua vida pode ser dura, brutal e curta. A riqueza baseada na pecuária é "altamente localizada, de modo que você não pode realmente negociar com alguém, menos que ela esteja bem ali na sua frente", explicou Kim. "Você corre enormes riscos de seus animais fugirem ou ficarem doentes ou de alguma praga aparecer e acabar com todas as suas economias."[6]

Crédito era um nó ainda mais difícil de desatar do que poupança. Kim conheceu um pescador nicaraguense local, membro de uma cooperativa, que explicou que nenhum pescador jamais teve acesso a crédito suficiente para equipar um barco inteiro. De acordo com ela, "eles formam equipes de pescadores, em que uma pessoa vai pegar um empréstimo para a rede, outro indivíduo vai obter um empréstimo para a isca, um terceiro para o barco, outro para o motor, e então eles se unem e formam uma tripulação". Nenhum sujeito é capaz de navegar em seu próprio empreendimento (sem trocadilhos), porque o acesso ao crédito é muito apertado. O modelo funciona, mas envolve tantos intermediários quanto pescadores.

A luta financeira vitalícia dos pescadores e agricultores da Nicarágua é a história da maioria das pessoas sem conta bancária, cerca de 2 bilhões de adultos no mundo atual.[7] O que lhes falta – uma reserva de valor que não terá a doença da vaca louca ou morrerá de velhice, ou um mecanismo de pagamentos que se estenda além da aldeia – nós tomamos como certo.

A inclusão financeira é um pré-requisito para a inclusão econômica. Suas repercussões se estendem além das finanças. Kim proferiu: "Eu não considero o acesso financeiro e a inclusão financeira o objetivo final. É um caminho que todos nós temos de percorrer para obter uma melhor educação, melhores cuidados com a saúde, igualdade de direitos das mulheres, e desenvolvimento econômico."[8] Em poucas palavras, a inclusão financeira é um direito fundamental.

Este capítulo analisa as oportunidades para as operadoras de celular, as financeiras e as outras empresas de usar os Blockchains para liberar o potencial econômico da base da pirâmide. Estamos falando de bilhões de novos clientes, empreendedores e proprietários de bens, no chão e prontos para serem desenvolvidos. Lembre-se, as transações no Blockchain podem ser pequenas, frações de centavos, e custam muito pouco para serem concluídas. Qualquer pessoa com o menor dos patrimônios – digamos, um talento para bordados ou música, baldes de água sobressalentes, uma galinha que põe ovos, um telefone celular que grava dados, áudio e imagens – pode trocar valor. A nova plataforma também elimina a barreira de ponto de acesso. Se você pode acessar a internet em um dispositivo móvel, então você é capaz de acessar ativos sem formulários para preencher ainda que com pouca alfabetização. Isso parece pouco, mas é um avanço extremamente importante. Se fizermos isso direito, a tecnologia do Blockchain conseguiria liberar o maior conjunto inexplorado de capital humano na história, trazendo bilhões de envolvidos, empresários prosperando na economia global.

O NOVO PARADOXO DA PROPERIDADE

Pela primeira vez na história moderna a economia global está crescendo, porém poucos estão se beneficiando. Por um lado, a era digital está trazendo possibilidades ilimitadas para a inovação e o progresso econômico. Os lucros das empresas são gigantes. Por outro lado, a prosperidade estagnou. Ao longo da história moderna, os indivíduos e as famílias no 51º percentil estavam em ascensão. Apesar de depressões e elevações, a bonança para esses indivíduos e para a sociedade como um todo aumentou de forma constante. O que já não é mais o caso. Os padrões de vida estão em declínio, inclusive no mundo desenvolvido. Os salários médios estão estagnados nos países da OCDE. E, de acordo com a Organização Internacional do Trabalho (OIT), o desemprego dos jovens na maior parte do mundo está travado em cerca de 20%. "Os jovens têm quase três vezes mais probabilidade de estarem desempregados do que os adultos", reportou a OIT.[9] Em muitos países em desenvolvimento, os números são significativamente maiores. Esse desemprego é corrosivo em todas as sociedades, não importa o seu nível de evolução. A maioria dos cidadãos quer contribuir para a sua comunidade. Qualquer pessoa que tenha estado desempregada sabe como isso corrói a autoestima e o bem-estar. Aqueles com poder e riqueza estão ficando à frente, e os que não os possuem estão ficando para trás.

Esse novo paradoxo da prosperidade não pode ser confundido com o intergeracional "Paradoxo da Prosperidade", inventado por economistas como Gilbert Morris, e que tem confundido todos os criadores de política no mundo ocidental. Um dos livros de negócios mais vendidos de 2014, *O capital* no século XXI, de Thomas Piketty, tornou-se o best-seller nº1 na lista não ficcional do New York Times do mesmo ano. Em um esforço excepcional de conhecimento acadêmico, *O capital* explica por que a desigualdade está se agravando, e provavelmente continuará a fazê-lo, desde que o retorno sobre a riqueza ultrapasse o crescimento econômico em longo prazo. Os ricos ficaram mais ricos porque seu dinheiro gerou mais dinheiro do que seu trabalho. Por isso a proliferação de novos milionários e bilionários. Contudo, a sua solução para deter a crescente desigualdade social, pela imposição de um imposto sobre a riqueza dos que possuem a maior parte desta no planeta, foi de alguma forma menos inspiradora, mesmo porque nós já ouvimos isso antes.[10] De fato, enquanto o capitalismo tem sido o principal modo de produção, o debate sobre como compartilhar os frutos de forma mais igualitária não mudou muito além da redistribuição da riqueza, geralmente pela tributação dos ricos e da prestação de serviços públicos para os pobres. Os defensores do nosso atual modelo econômico apontam para as centenas de milhões de pessoas no mundo em crescimento (principalmente na Ásia) que foram retiradas da pobreza abjeta, mas que muitas vezes ignoram os benefícios assimétricos conferidos para os muito ricos e o abismo cada vez maior entre os super-ricos e o resto da população nesses mesmos países. Presentemente, 1% da população global detém metade da riqueza do mundo, enquanto 3,5 bilhões de pessoas ganham menos de dois dólares por dia.

Defensores do *status quo* são rápidos em apontar que a maioria dos super-ricos do mundo ficou rica por empresas que criaram, e não por causa de herança. Entretanto, por trás do sucesso de poucos estão algumas estatísticas muito preocupantes. A taxa de formação de novos negócios é baixa. Nos Estados Unidos, a porcentagem do total de empresas que têm menos de um ano de idade caiu quase pela metade entre 1978 e 2011, passando de 15% para 8%.[11] A geração dos Millennials (aqueles que nasceram entre 1980 e 1990), muitas vezes caracterizada como tomadores de risco empresarial, está fazendo pouco para reverter essa tendência e pode estar contribuindo para isso. Uma análise recente dos dados do Federal Reserve dos Estados Unidos concluiu que apenas 3,6% dos lares americanos liderados por alguém com menos de 30 anos tinha participação em uma empresa privada, contra 10,6% em 1989.[12]

No mundo em desenvolvimento, a revolução digital tem feito pouco para limpar o caminho empresarial da burocracia e corrupção. Onde custa apenas 3,4% da renda per capita para começar um negócio nos países da OCDE, o mesmo custa 31,4% na América Latina e chocantes 56,2% na África Subsaariana. No Brasil, o empreendedor tem que esperar quase 103 dias para abrir sua empresa, contra 4 dias nos Estados Unidos e metade de um dia na Nova Zelândia.[13] Irritados com o inchaço e ineficiência governamentais, muitos possíveis empreendedores nos países em expansão acabam por operar na chamada economia informal. "Há um monte de coisas tomadas como certas no Ocidente. Registros de propriedade são ajustados, por exemplo. No Hemisfério Sul, os empresários preferem que o governo não saiba que eles existem. Precisamos fazer da identidade uma proposta rentável", disse Hernando de Soto. Por enquanto, permanecer nas sombras livra esses empreendedores de agentes intrometidos e corruptos, mas também limita profundamente a capacidade de crescimento do negócio, delimita seus direitos e cria "capital morto" de dinheiro que, de outra forma, poderia ser empregado mais eficientemente.[14] Além disso, mesmo para aqueles que operam seus negócios no aberto, as leis de muitos países não preveem responsabilidade limitada. Se o seu negócio falir, você está pessoalmente comprometido em todos os passivos. Se você tiver um cheque devolvido em muitos países árabes, você vai direto para a cadeia ou outra instituição durante o processo.[15]

Ok, então, o mundo sempre teve ricos e pobres. Atualmente menos pessoas morrem de fome, de malária ou por causa de conflitos violentos. Menos indivíduos vivem em extrema pobreza hoje do que em 1990.[16] Certas economias emergentes se beneficiaram com a terceirização da fabricação e da liberalização das políticas econômicas – a China sendo um excelente exemplo de ambos – e a renda média dos cidadãos na maioria dos países desenvolvidos aumentou. No geral, as pessoas estão em melhor situação do que antes, certo? E daí que os ricos ganham significantemente mais? Eles não devem manter o que ganharam com seus esforços? Qual é o problema?

Piketty apontou para o capitalismo. No entanto, o capitalismo, como um sistema para organizar a economia, não é o problema. Na verdade, o capitalismo é uma ótima maneira de criar riqueza e prosperidade para aqueles que sabem como usá-lo. A complicação é que a maioria das pessoas nunca tem a chance de ver os benefícios do sistema porque a máquina das finanças modernas de Rube Goldberg os impede de acessá-lo.

A exclusão financeira e econômica é o problema. Cerca de 15% da população nos países da OCDE não tem nenhuma relação com uma instituição financeira, com países como o México tendo 73% da população sem conta bancária. Nos Estados Unidos, 15% da população acima de quinze anos de idade, ou 37 milhões de americanos, não possuem conta bancária.[17]

A desigualdade financeira é uma condição econômica que pode rapidamente se transformar em uma crise social.[18] Em 2014, o Fórum Econômico Mundial, uma organização multistakeholder cujos membros incluem as maiores empresas e os governos mais poderosos do mundo, argumentou que a crescente disparidade representa o maior risco mundial, estando acima de aquecimento global, guerras, doenças e outras calamidades.[19] O Blockchain poderia ser a solução. Ao reduzir as barreiras à inclusão financeira e permitindo novos modelos de empreendedorismo, o estímulo ao mercado poderia ser exercido sobre os sonhos e as ideias de bilhões de pessoas sem conta bancária.

A prosperidade do purgatório: um exercício de futilidade

Durante séculos, os bancos confiaram nos efeitos em rede. Cada cliente, agência, produto, dólar entrando e saindo aumentam o valor da rede bancária. Entretanto, a construção dessas malhas vem com um custo. Especificamente, o custo de aquisição de clientes lucrativos tem só aumentado. Se o dinheiro de um novo utente não vai pagar sua manutenção, a instituição não estará interessada em mantê-lo. Além disso, eles têm pouco incentivo econômico para conquistar a clientela da base da pirâmide. De acordo com Tyler Winklevoss, os bancos não servem à maior parte da humanidade e não têm planos para isso. No entanto, a nova tecnologia poderia remover essa passagem. Ele proferiu: "Um monte de países africanos saltou a infraestrutura de telecomunicações de rede fixa com celulares. Eles pularam esse passo. O Blockchain terá o maior impacto em áreas onde as redes de pagamento não existem ou são muito pobres."[20] O Blockchain vai empurrar muitas iniciativas emergentes, como provedores de serviços móveis de dinheiro como M-Pesa no Quênia, de propriedade da Safaricom, e organizações de microcrédito a nível mundial, em alta velocidade, tornando-as abertas, globais, e muito rápidas.

Um banco é a instituição financeira mais comum, e por isso vamos usá-lo como um exemplo aqui. Como você abre uma conta bancária? Se você vive no mundo em desenvolvimento, provavelmente vai ter que visitar a agência pessoalmente. Na Nicarágua, existem apenas 7 agências bancárias para 100 mil pessoas, em comparação com 34 para 100 mil nos Estados Unidos. A Nicarágua parece ter numerosos bancos, em comparação a muitos países da África, onde a quantidade de agências pode ser inferior a 2 para 100 mil pessoas.[21] Portanto, você provavelmente terá que viajar uma boa distância para encontrar um banco. Também precisará levar um documento de identidade emitido pelo governo, mas que será muito difícil de obter caso ainda não tenha um.

No mundo avançado – digamos, nos Estados Unidos – você precisa atender a certos requisitos. Embora estas condições variem de banco para banco e de estado para estado, normalmente você precisa depositar e manter de US$ 100 a US$ 500 de saldo mínimo. E também precisa provar sua identidade. As instituições financeiras que fazem negócios nos Estados Unidos devem cumprir rigorosos regulamentos de "conheça o seu cliente", "antilavagem de dinheiro", e "não financiamento ao terrorismo".[22] E por isso devem fazer verificações mais profundas sobre os candidatos antes de conceder-lhes uma conta. Enfim, a instituição bancária é menos interessada em avaliar o seu caráter do que em cumprir com os órgãos reguladores. O que significa uma longa lista de exigências. Em primeiro lugar, você precisa de um cartão de Seguro Social. Não tem um? Isso geralmente é suficiente para ser rejeitado. E quanto a um documento com foto, como carteira de motorista ou passaporte? Não tem um? Você não abrirá uma conta bancária. Vamos dizer que você tem tanto o cartão de Seguro Social quanto a identificação com fotografia. O banco, apenas por segurança, pede uma fatura recente como prova de residência permanente ou alguma prova de uma conta bancária anterior. Se acontecer de ser novo na cidade, ou estando com a família, ou ser de uma região inteiramente sem banco, você provavelmente falharia em algum destes testes. Ele não te quer como cliente a menos que possa confirmar a sua identidade com base em vários documentos. Ele não está interessado em saber se você é uma pessoa bem equilibrada. Está interessado em te conhecer como um conjunto de caixas selecionadas. As tentativas anteriores para agilizar este processo para os imigrantes e os pobres, como o esquema de Nova York, que permitiria às pessoas utilizarem os seus cartões de identificação da cidade, têm falhado.[23]

O passaporte da prosperidade: um exercício em utilidade

Felizmente para os sem-banco, a tecnologia do Blockchain está gerando uma nova forma de identidade financeira – não dependente da sua relação com uma instituição bancária, mas enraizada em sua própria reputação. Neste novo paradigma, "ter uma conta" no sentido tradicional já não é um prerrequisito. Em vez de passar nos testes de identificação tradicionais, os indivíduos podem criar uma ID digital constante e uma reputação verificável e implantá-las, em parte ou no todo, em diferentes relações e transações. O Blockchain confere a esta ID digital confiança e acesso a serviços financeiros. Essa capacidade é sem precedentes, em grande escala. Joseph Lubin da ConsenSys esclareceu, "Todos nós temos reputação. Ela só não é fácil de usar, pois sistemas sociais e econômicos já foram construídos. A maior parte é etéreo e efêmero. Na melhor das hipóteses, é fragmentado e você tem que apresentar documentação superficial para cada iniciativa que exigirem. Na pior das hipóteses, bilhões de pessoas não têm uma maneira de apresentar a reputação de ninguém a não ser do seu círculo social imediato."[24] Ele poderia muito bem ser um porco ou uma vaca. No entanto, com os blocos de construção básicos, as pessoas podem construir identidades digitais que não são fragmentadas ou etéreas, mas universais e padronizadas, com atestados robustos de aspectos de si mesmos e suas interações. Eles podem compartilhar essas ID digitais de forma granular – ou seja, compartilhando apenas informações muito específicas sobre sua identidade – para facilitar mais interações que provavelmente levarão a seu próprio crescimento econômico pessoal e prosperidade. David Birch, um criptógrafo e teórico do Blockchain, resumiu: "A identidade é o novo dinheiro."[25]

Considere as possibilidades: os sem-bancos do mundo podem libertar a si próprios enquanto interagem com organizações de microempréstimos. Potenciais vendedores ou credores podem acompanhar a sua utilização e o pagamento de pequenos empréstimos, anteriormente inviáveis, no Blockchain, em vez de confiar em alguma pontuação de crédito. "Uma vez que uma pessoa previamente sem banco paga de volta um microempréstimo, ela está no caminho para garantir mais e maiores empréstimos para construir seu negócio"[26], afirmou Lubin. Este comportamento, quando repetido, aumenta a pontuação de reputação do tomador de crédito. Combinado com uma plataforma de pagamento global sem atrito, indivíduos e proprietários de pequenas empresas podem fazer o que antes era impossível: pagar a um fornecedor remoto por mercadorias ou serviços, avançando assim, as suas perspectivas na economia global. Joyce Kim questionou: "E se pudéssemos criar uma pontuação de crédito para as mulheres com base no seu histórico de cuidar da casa?"[27]

Linhas de falha econômicas e financeiras muitas vezes correm com linhas de gênero, tornando esta tecnologia um benefício para as mulheres desprivilegiadas do mundo. Referindo-se aos pobres globais, de Soto disse: "Não é que eles não queiram vir para a economia global. É que as normas e informações para trazê-los para o sistema não estão prontas. O Blockchain é ótimo, porque nos dá uma plataforma comum para unir as pessoas."[28]

O que esta persistente reputação significaria para o empreendedorismo global? Se você tem uma identidade confiável, única e forte, e é considerado confiável, as contrapartes se sentirão mais confortáveis proporcionando-lhe acesso ao valor. Isto não é redistribuição de riqueza, mas uma distribuição mais ampla de oportunidades. Haluk Kulin, CEO do Personal BlackBox, proferiu: "A maior redistribuição que está prestes a acontecer não é uma redistribuição de riqueza, mas uma redistribuição de valor. Riqueza é quanto dinheiro você tem. Valor é onde você participa."[29] O Blockchain pode permitir qualquer pessoa a ter uma identidade baseada em reputação, única e verificável que lhes permita participar igualmente na economia. As implicações desta igualdade são profundas. Lubin imagina um futuro em que as "pessoas com pouco ou sem acesso bancário vão se tornar cada vez mais livres porque os serviços de microcréditos permitirão aos investidores em todo mundo construir portfólios diversificados de microempréstimos cuja utilização e o reembolso podem ser rastreados com todos os detalhes no Blockchain, usando Balanc3's (a empresa de portfólio ConsenSys) com sistema de contabilidade de tripla entrada, por exemplo."[30] Neste novo futuro, quando as pessoas pagarem microempréstimos, elas estarão no caminho para garantir mais e maiores mútuos para construir seus negócios.

ROTEIRO PARA A PROSPERIDADE

Identidade financeira é o surgimento de uma grande variedade de oportunidades financeiras e econômicas anteriormente inatingíveis para mais de 2 bilhões de pessoas no mundo. A tecnologia do Blockchain permite que indivíduos de todas as classes mapeiem sua própria prosperidade. Imagine isso, uma riqueza própria – para grandes números, em última instância, de bilhões de cidadãos.

Ferramentas de abundância: os requisitos mais básicos para participar de uma economia são utensílios como um telefone celular e algum tipo de acesso à internet, pelos quais as pessoas interagem com os diferentes sistemas de valores. Dr. Balaji Srinivasan, sócio e gerente da Andreessen Horowitz e professor da Universidade de Stanford, disse: "Se você pode acessar a Internet em um telefone celular, de repente é capaz de acessar todas estas outras coisas. Pode acessar um banco ou, pelo menos, os mecanismos para isso."[31] A tecnologia do Blockchain cria todo um novo conjunto de modelo de negócios, antes inimagináveis, que capacitam os cidadãos como agentes econômicos.

Identidade persistente: você pode usar e acessar identidade em diferentes redes para estabelecer a reputação de uma transação financeira ou para se conectar a diferentes redes sociais. De repente, um porco já não tem mais de ser o cofrinho da família. Novas formas de pagamentos, meios para armazenar o valor e realizar transferências entre contrapartes, abrirão outras fronteiras. Na verdade, essa redução das barreiras para a inclusão financeira tornará mais fácil do que nunca para os empreendedores no mundo desenvolvido, e em desenvolvimento, a construção de empresas. Isso inclui tudo, desde ativar um mecanismo de pagamento, a ter uma reserva de valor confiável, a usar o software do Blockchain para gerenciar demonstrações financeiras.

Empreendedorismo democratizado: sob as condições certas, os empreendedores são os motores do crescimento econômico da sociedade. Eles trazem novas ideias e abastecem a destruição criativa que faz com que as economias de mercado prosperem. A tecnologia do Blockchain concede aos indivíduos e às pequenas empresas em todo o planeta os grandes recursos das grandes organizações. Os livros-razão baseados no Blockchain e os contratos inteligentes reduzem os obstáculos para se iniciar uma empresa, acelera a abertura e reduz a burocracia, especialmente nos países em crescimento, onde se leva três vezes mais tempo para abrir uma sociedade e custa cinco vezes mais.

Os Blockchains podem automatizar, simplificar e, de maneira diferente, melhorar drasticamente os três elementos da construção de negócios: formação, levantamento de fundos e vendas. Os custos de formação vão cair significativamente, visto que o Blockchain é uma maneira confiável e conhecida para construir uma companhia. Você pode ver a propriedade e manter os registros facilmente, especialmente úteis em áreas em que o Estado de Direito está ausente. Financiar uma empresa é mais fácil porque você consegue acessar os capitais e créditos em uma escala global, e se estiver usando um denominador comum – como Bitcoin – você não precisa se preocupar com taxas de câmbio e de conversão. As vendas tornam-se uma função de acesso a qualquer um com um dispositivo conectado. Os compradores não precisam de cartão de crédito, moeda local ou conta bancária.

Por meio de livros-razões seguros e imutáveis, empreendedores serão capazes de registrar os seus negócios e títulos de ativos corporativos; gerenciar inventários, contas a pagar e a receber; e alavancar outras métricas financeiras por meio de software de contabilidade de tripla entrada e outras aplicações baseadas no Blockchain, reduzindo a necessidade de auditores, advogados fiscais e outros fornecedores que pesam sobre as pequenas empresas.[32] Reguladores podem reduzir a quebra de pequenas sociedades ao optarem por um regime de contabilidade de tripla entrada. Isso significa mais para o resultado e menos tempo desperdiçado. Conforme o negócio cresce, conciliar ações corporativas e documentação se torna menos complexo. Por meio de contratos inteligentes, um empreendedor consegue automatizar muitos aspectos das operações da firma: ordens de compra, folha de pagamento, juros sobre dívida, auditorias financeiras em tempo real. Dois novos modelos de empreendedorismo individual vão ganhar força:

Mensuração do excesso de capacidade: da economia colaborativa centralizada para a economia mensurada distribuída, indivíduos serão capazes de emprestar suas camas extras, carrinhos de mão, bois, e outros ativos tangíveis e intangíveis a terceiros em uma rede baseada em pontos de reputação. O Blockchain permite fluxos de rendimento antes impossíveis, como a medição de Wi-Fi, eletricidade gerada de painéis solares, assinaturas da Netflix, poder computacional latente em seu telefone e outros aparelhos domésticos – tudo por meio de micropagamentos e contratos inteligentes. O Blockchain torna-se um novo utilitário para indivíduos criarem valor e ganharem rendimentos de formas não tradicionais.

Dados micromonetizados: pais que trabalham em casa e cuidadores familiares de todos os tipos, que trabalham incansavelmente com crianças pequenas e pessoas idosas, podem finalmente ganhar dinheiro com os seus esforços e serem reconhecidos pelo valor que geram a cada hora do dia. Esta não é uma oportunidade exclusivamente do mundo desenvolvido. Grandes empresas estão procurando formas de comercializar para os habitantes no Hemisfério Sul, mas muitas vezes faltam dados certos para tomar decisões nos negócios. Contratar e licenciar dados pessoais podem ser uma grande oportunidade para adicionar uma nova fonte de receita a um jovem empreendedor, enquanto ele está lançando seu novo IPO Blockchain. Atualmente, grandes conglomerados digitais, como Facebook e Google, colhem petabytes de dados sobre bilhões de sujeitos. Entramos em uma barganha faustiana em que desistimos de informações em troca de serviços legais, mas perdemos a privacidade e a integridade dos dados no processo. O Blockchain transforma consumidores em prossumidores. A Nike pode gostar de saber o que você come no café da manhã, quantas vezes sai para correr, e se está pensando em comprar novo equipamento de treino. Por que não trocar esses subsídios em troca de pontos Nike ou dinheiro real? Vamos um passo além: companhias de seguros estão procurando os melhores dados para fazer cálculos atuariais. As suas próprias informações – o quanto você se exercita, se fuma, o que come – são muito valiosas para eles. Entre em um acordo de licenciamento no qual cada vez que usam suas referências para fazer um cálculo atuarial e atribuem valor a um novo produto, você recebe um micropagamento.[33]

Propriedade distribuída e investimento

Estamos entrando em um período da história humana em que um grande número de pessoas podem se tornar donos de riqueza por meio da tecnologia de contabilidade distribuída. Permitindo o acesso aos mercados financeiros do mundo, e assim ao universo de oportunidades – de investimentos convencionais até a participação em empreendimentos de colaboração em massa, esquemas de microcrédito, IPOs no Blockchain e microcrédito baseado em reputação – irão abrir o acesso ao capital. Os financiamentos colaborativos já estão mudando a cara das finanças. Em 2012, as campanhas de financiamento colaborativo não Blockchain levantaram US$ 2,7 bilhões ao redor do mundo, um aumento de 80% em relação ao ano anterior. Com financiamentos coletivos ponto a ponto diretos no Blockchain, esses números estão prestes a se multiplicar. Por eles os indivíduos podem contribuir com pequenas quantidades de dinheiro. Imagine uma campanha que engaja milhões de pessoas, cada uma dando um dólar. Chame isso de propriedade distribuída. Não é significativo, você diz? Augur, a plataforma de previsão de mercado, levantou milhões de dólares em pequenas quantidades em todo o mundo. O leque de possibilidades é muito grande. IPOs no Blockchain podem não só melhorar a eficácia e a eficiência de levantar dinheiro, reduzindo o custo em favor do emissor, mas conseguem também ser amplamente inclusivos, permitindo a participação de grupos de investidores anteriormente inimagináveis. Até a data, o leque de propostas para alterar a disparidade de renda e riqueza não foi além de impostos mais altos para os mais ricos numa ponta ou, na sua forma mais extrema, a desapropriação definitiva pelo Estado. Em vez de redistribuir e expropriar riqueza, vamos imaginar como o Blockchain pode criar oportunidades para compartilhar de forma mais igualitária a fortuna criada pela sociedade.

REMESSAS: A HISTÓRIA DE ANALIE DOMINGO

Analie Domingo[34] tem trabalhado como babá e empregada por 25 anos. Uma das mais de 200 mil pessoas nascidas nas Filipinas que vivem em Toronto[35], sua história é bastante típica: ela deixou as Filipinas quando jovem para se instalar no Canadá, sem dinheiro guardado, nem educação formal, e muito pouco conhecimento de seu país adotivo. Analie tem trabalhado muito duro e vem construindo uma vida para si e sua família. Dez anos atrás, usou suas economias para dar entrada em uma casa, um feito notável já que tinha lealmente enviado dinheiro para sua família nas Filipinas nos últimos 300 meses. Enviou para casa tanto dinheiro que sua mãe, agora na casa dos 70 anos, foi capaz de comprar uma habitação própria em Manila.

Analie gentilmente concordou em nos juntarmos a ela no dia do seu pagamento para documentar sua experiência. Na s exta-feira à tarde, recebeu seu cheque de pagamento, escrito à mão por seu empregador, e caminhou para o banco local. Isto levou quinze minutos; vinte minutos se você incluir a fila do caixa. Depois que o depositou, sacou 200 dólares canadenses. Dinheiro vivo em mãos, caminhou um quarteirão para pegar um ônibus local. Em vez de ir em direção a sua casa, foi duas milhas no sentido oposto e desembarcou no que só pode ser descrito como uma má vizinhança. Caminhou por mais quatro quarteirões e, finalmente, chegou à "instituição financeira" pela qual iria enviar o dinheiro: um balcão iRemit na parte inferior de um conjunto habitacional em St. James Town, em Toronto – um dos bairros mais pobres e notoriamente mais perigosos do Canadá. Porque muitas pessoas que utilizam os serviços de iRemit não possuem conta bancária, a empresa começou a oferecer outros serviços financeiros, como desconto de cheques. Analie preencheu um formulário, como já fez centenas de vezes, e entregou seu dinheiro suado. Pela transação de $ 200, pagou uma taxa fixa de $ 10. No fim do recebimento, a sua mãe pagou semelhante tributação (e igualmente ridícula) para receber o dinheiro. Claro, ela teve de esperar de três a quatro dias antes de ir ao banco, o tempo médio que esses pagamentos demoram em ser processados. Analie caminhou de volta, pegou um ônibus, um metrô e outro ônibus e, eventualmente uma hora mais tarde, chegou a casa.

O custo do envio da remessa, $ 10, é igual a 5% do valor total. Além disso, existe tipicamente o spread sobre a taxa de câmbio de cerca de 1% a 2%. Em torno de 7% é um pequeno desconto para a média internacional de 7,68%.[36] O fato de ambas estarem "no banco" e ainda terem de passar por este processo faz com que toda a farsa do procedimento seja mais notória. O custo total é muito alto no final. Por exemplo, o valor do tempo das duas horas que Analie desperdiçou fazendo isto é igual, baseado no seu salário, a outros $ 40. Ademais, ela teve que sair do trabalho mais cedo porque se sente insegura em ir a este bairro quando está escuro. Para a mãe dela, uma septuagenária vivendo em Manila, o desgaste físico ao fazer a viagem para pegar o dinheiro é igualmente significativo. O poder de compra dos $ 10 que Analie renuncia ao fazer a transação acontecer é certamente importante para ela, mas muito mais para sua mãe. Considerando que, no Canadá, $ 10 é o custo de uma refeição mais a passagem do ônibus, em Manila a sua mãe poderia comprar comida para uma semana. Ao longo de sua vida, Analie pagou milhares de dólares a intermediários como a Western Union para enviar dinheiro à sua casa. Cada taxa mensal contribui para um pote de mel mundial de US$ 38 bilhões em taxas pagas anualmente em remessas.[37]

Remessas de fundos enviadas para seu país de origem por pessoas que vivem em locais distantes conectam diásporas mundialmente. Diásporas são comunidades globais formadas por cidadãos afastados de suas terras ancestrais, mas que partilham da mesma cultura e forte identidade com sua terra natal.

Uma das funções das muitas diásporas hoje consiste em abordar e ajudar a resolver problemas comuns, globais. As remessas representam um dos maiores fluxos de capital para países em desenvolvimento e podem ter um enorme impacto positivo na qualidade de vida de alguns dos indivíduos mais vulneráveis do planeta. Em alguns países, elas são um componente enorme e vital da economia. No Haiti, por exemplo, as elas representam 20% do PIB. As Filipinas recebem US$ 24 bilhões por ano em remessas, ou 10% do PIB.[38] De acordo com o Fundo Monetário Internacional, os beneficiários geralmente gastam esses envios monetários em necessidades – alimentos, roupas, remédios e moradia, ou seja, as remessas "ajudam a tirar um grande número de pessoas da pobreza apoiando um maior nível de consumo do que seria possível".[39] Os fluxos dessas expedições para os países em desenvolvimento são estimados em três a quatro vezes maiores que os fluxos de ajuda estrangeira.[40] Os seus efeitos positivos sobre os pobres nos países em crescimento são bem compreendidos, no entanto, apesar desta enorme injeção econômica, os custos dessas transferências ainda são assustadoramente altos. Em alguns dos corredores mais caros entre as nações, as taxas sobre remessas podem passar dos 20%.[41]

O Canadá é um dos maiores remetentes de remessas no mundo. Em Ontário, a maior província canadense em função da população e maior economia, 3,6 milhões de pessoas se identificam como estrangeiros e todos os anos bilhões de dólares deixam a província sob a forma de remessa.[42] A história de Analie é importante porque é o padrão no Canadá.

Considere o Shopping Dufferin, igualmente em Toronto. Na maioria dos dias o shopping tem um fluxo constante e poderia ser confundido com qualquer outro shopping no Canadá ou nos Estados Unidos. No entanto toda quinta e sexta-feira, por volta das cinco horas da tarde, algo totalmente diferente acontece. Com os cheques de pagamento em mãos, milhares de canadenses nascidos no exterior vão até o shopping para enviar montantes de dinheiro, das várias agências bancárias e agentes de câmbio do shopping, para os membros da família necessitados em seus países de origem. Uma indústria de cambistas e postos da Western Union apareceram em lojas de conveniência, bares e restaurantes na área do shopping para lidar com esse excesso.

Muitas vezes viajando de ônibus, trem ou metrô, com filhos a tiracolo e exaustos de um longo dia, moradores de Toronto chegam ao shopping falando filipino, cantonês, espanhol, punjabi, tamil, árabe, polonês e outros idiomas, e então ficam em longas filas de espera para poder enviar o seu suado dinheiro para casa. Nestes dias, a maioria das pessoas passa o tempo em seus Smartphone, conversando no WhatsApp, fazendo videoconferência com amigos e família em Toronto e no exterior via Skype, jogando jogos, e assistindo vídeos. Com muita frequência, o dinheiro leva mais de uma semana para chegar ao seu destino, quando alguém do lado receptor precisa passar por um processo semelhantemente tedioso e demorado.

O que está errado neste cenário? Basicamente tudo. Vamos destrinchar os pontos principais. Lembre-se, a maioria dos cidadãos esperando na fila estava usando smartphones, uma tecnologia que é generalizada no Canadá e está cada vez mais presente globalmente. Aproximadamente 73% dos canadenses possuem um, e em Toronto o número é quase certamente superior. O país tem uma infraestrutura de internet sem fio entre as melhores do mundo, o que significa que não só a maioria dos canadenses pode ter um smartphone (efetivamente um supercomputador), mas também consegue usar isso para aproveitar o poder da rede móvel, de formas que pareceriam ficção científica há duas décadas. Por que esses seres esperam na fila para enviar dinheiro através de um balcão de vendas utilizando tecnologia antiga em vez de utilizar o que eles têm nas pontas dos dedos?

Dólares são dados muito menos intensivos do que vídeos HD. Na verdade, de acordo com o Skype, chamadas de vídeo consomem 500 kilobits por segundo.[43] Enviar um Bitcoin toma cerca de 500 bits, ou cerca de um milésimo de consumo de dados de um segundo de vídeo no Skype!

Por desintermediar terceiros tradicionais e simplificar radicalmente os processos, o Blockchain pode finalmente permitir pagamentos instantâneos sem atrito, para que então as pessoas não esperem na fila por uma hora ou mais, viajem grandes distâncias, ou coloquem a vida em risco ao se aventurarem em bairros perigosos durante a noite apenas para enviar dinheiro. Presentemente, um número de empresas e organizações está utilizando o protocolo do Bitcoin para reduzir os custos das remessas. Seu objetivo é colocar bilhões de dólares nas mãos dos indivíduos mais pobres do mundo. Essas indústrias foram controladas por um punhado de companhias que usaram de seu posicionamento único e infraestrutura histórica para produzir a economia do monopólio. Porém, elas também veem o risco dessa tecnologia e estão com medo. De acordo com Eric Piscini, líder do grupo de criptomoeda da Deloitte, as empresas na área de pagamentos hoje "estão realmente nervosas com o que o Blockchain está efetivamente fazendo com elas. Western Union, MoneyGram, iRemit e outras estão muito apreensivas sobre a quebra de seu modelo de negócios".[44] Elas deveriam estar, já que há uma indústria emergente de novas e perturbadoras empresas que pretendem tomar delas.

Bem, Luke, meu amigo, e quanto à jovem Analie?

Existem dois principais obstáculos à criação de uma rede de pagamento baseada no Blockchain para os pobres do globo. Em primeiro lugar, muitas das pessoas que enviam as remessas são pagas em dinheiro e aqueles que o recebem, vivem em uma economia predominantemente baseada igualmente em dinheiro. Em segundo lugar, a maioria dos cidadãos no mundo desenvolvido, e em desenvolvimento, não tem tanto conhecimento quanto as ferramentas para usar o Blockchain eficazmente. Enquanto o dinheiro pode muito bem cair em desuso, até que os empregadores comecem a emitir valores em carteiras digitais no hemisfério avançado, e pequenos comerciantes de rua em Manila, Porto Príncipe e Lagos comecem a aceitar pagamentos digitais, ainda precisaremos de uma moeda forte. A Western Union entende isso e é por este motivo que ainda é muito relevante nos dias de hoje, com mais de 500 mil agências em todo o mundo.[45] Se você estiver buscando trocar a sua remessa por dinheiro, suas opções são limitadas. A Western Union não seria eficaz se tivesse apenas uma agência. Sua rede tem permitido manter uma posição de monopólio sobre todo o mercado há décadas. Existiu pouca ou nenhuma sociedade com tecnologia matadora, sem interrupções, fácil de usar. Até agora.

Entra a Abra, e outras empresas como ela. Com um nome como Abra, seria de se esperar ver um pouco de "cadabra", e a empresa não decepciona. A Abra está construindo um sistema global de gestão de bens digitais no Blockchain do Bitcoin. Sua missão declarada é transformar cada smartphone em um caixa que pode dispensar dinheiro físico a qualquer outro membro da rede. Queríamos testar se esta solução melhoraria a experiência de Analie.

Analie e sua mãe baixaram o aplicativo em seus smartphones Android. O saldo de Analie para começar estava em dólares canadenses. No clique de um botão, ela iniciou a transferência para sua mãe. Que recebeu em pesos, quase que instantaneamente. Neste ponto, a mãe tinha a opção de manter os pesos em seu telefone, como uma reserva de valor e escolher gastar em um número crescente de comerciantes que agora aceita Abra como sistema de pagamento. Ao criar um mecanismo de pagamento e reserva de valor a Abra desloca eficazmente os dois papéis mais importantes do sistema bancário convencional: pagamento e armazenamento de valor. Isso por si só é um conceito revolucionário, mas aqui é onde fica realmente interessante: a mãe quer dinheiro. Ela paga o aluguel, compra sua comida e gerencia virtualmente todas as outras despesas em dinheiro. Verifica o aplicativo e nota que há quatro outros usuários de Abra dentro de um raio de quatro quarteirões dela. Assim, envia mensagens a todos eles para ver quem vai trocar seus pesos digitais por pesos físicos e a que preço. Os quatro a respondem com diferentes "propostas" para seus serviços. Uma pessoa vai fazer por 3%, outra por 2%, e mais duas por 1,5%. A mãe decide ir com a que oferece 2% – não porque é a mais barata, mas porque esta tem uma classificação de cinco estrelas e concordou em encontrá-la no meio do caminho. Eles se encontram e ela troca seus pesos de Abra por pesos físicos, o recebedor faz a sua comissão, e ambos saem felizes. A Abra leva uma taxa de 0,25% na conversão.

Todo o processo, desde a saída do dinheiro de Toronto até o receptor filipino ter o montante nas mãos, leva menos de uma hora e custa a taxa base de 0,25%, incluindo a conversão de câmbio de moeda estrangeira e todos os outros custos de transação. Considerando que todas as operações da Western Union requerem até sete ou oito intermediários – bancos correspondentes, bancos locais, Western Union, agentes individuais, e outros – o processo Abra requer apenas três: dois pares e a sua própria plataforma. "Agora eu entendi. Isso é muito legal!", afirmou Analie, em êxtase.[46]

Para a Abra escalar globalmente ela deve resolver dois desafios principais. Em primeiro lugar, a rede necessita de uma grande quantidade de caixas para tornar o serviço conveniente. A mãe de Analie não o irá usar se o caixa mais próximo fica a 30 quilômetros de distância. A Abra entende isso e está pré-selecionando caixas – na última contagem milhares só nas Filipinas – que estão prontos para realizar as transações quando as coisas acontecerem. Em segundo lugar, o modelo trabalha com a hipótese de que os caixas e os clientes vão cumprir com o compromisso quando transferirem moeda digital para a física. Essa é uma preocupação menor. Empresas como a Airbnb, Lending Club, e Zipcar têm desbancado o mito de que as pessoas não confiam umas nas outras. De fato, para o CEO da Abra, Bill Barhydt, o impressionante crescimento nos números das chamadas empresas de economia colaborativa o convenceram que este não era um problema. "As pessoas estão dispostas a confiar umas nas outras mais rápido do que estão dispostas a confiar em uma instituição", alegou.[47]

O smartphone é a chave para tudo isso. Da mesma forma que ele te permite alugar teu apartamento para outra pessoa, ou alugar o teu carro para outro ser, ou dividir carona com outro indivíduo, ele também pode ser usado como um caixa eletrônico. Barhydt articulou: "É incrível o que as pessoas estão dispostas a fazer em um modelo de economia colaborativa e não estão fazendo isso em relação a dinheiro ainda, talvez com exceção de empréstimos ponto a ponto." Além do que, completou: "É mais importante para nós que vocês confiem uns nos outros, em vez de na Abra. Se vocês confiarem uns nos outros, é muito provável que irão conhecer a Abra, e que irão gostar e terão uma boa experiência", e, finalmente, confiarão na plataforma.[48]

A Abra não é um aplicativo de remessa, mas sim uma nova plataforma global para a troca de valor que combina, em igual medida, a rede Blockchain, o poder da tecnologia smartphone, e a inclinação muito humana de querer confiar em pessoas em uma rede. Ao oferecer aos usuários a capacidade de armazenar o valor em moedas tradicionais, transferir cifras pela internet, e também pagar a uma crescente rede de comerciantes, a Abra assume não só a Western Union, mas também a rede de cartões de crédito como a Visa. De acordo com Barhydt:

> A forma de liquidação da transação para a Western Union é muito diferente da forma da Visa. Mas a liquidação de uma transação da Abra, que é usada tanto para pagamento de pessoa a pessoa, assim como pagamentos de pessoa para comerciante, são exatamente a mesma... Nós viemos com uma única solução que funciona tanto no mercado interno quanto

além das fronteiras, e que pode ser utilizada em pagamentos de pessoa a pessoa e pagamentos de pessoa a comerciante pela primeira vez.[49]

A Abra pode eventualmente se tornar uma gigante global, sacudindo as paredes das maiores instituições financeiras do planeta. Contudo, por ora, é uma solução elegante e simples para um importante problema mundial. Com remessas chegando a meio trilhão de dólares no próximo ano, a oportunidade de mercado não é nada desprezível.

A AJUDA HUMANITÁRIA DO BLOCKCHAIN

O Blockchain pode transformar a maneira como ONGs, governos e doadores individuais oferecem ajuda externa? Centenas de bilhões de dólares de ajuda são enviados anualmente para nações em desenvolvimento, mas os efeitos macroeconômicos desse auxílio nem sempre são claros.[50] Há grandes evidências que sugerem que autoridades corruptas, ditadores locais, e outros intermediários roubam muito disso antes de chegar ao seu destino final. Mais preocupante, de acordo com o Journal of International Economics, um "aumento das receitas do governo pode reduzir o fornecimento de bens públicos". O relatório concluiu que "grandes desembolsos de ajuda, ou grandes benefícios, não necessariamente conduzem a um aumento do bem-estar".[51] O inchaço organizacional e a corrupção das lideranças se combinam para um grande desperdício e maior desigualdade entre ricos e pobres nos países mais desprovidos. Isto é verdade para a ajuda externa direta de governo a governo, mas também para ONGs que colocam os pés em lugares duramente atingidos.

Nós falamos brevemente sobre a questão da ajuda externa em nossa introdução. Vamos explorar mais isso. Recordemos que a Cruz Vermelha ficou sob fogo logo após o terremoto de 2010 no Haiti, após um estudo realizado pela Pro-Publica, uma organização sem fins lucrativos de notícias independente, e a Rádio Pública Nacional, que encontraram a instituição desperdiçando fundos e não cumprindo muitos dos seus compromissos, como a construção de 130 mil novas casas. Ela construiu apenas seis.[52] Em sua defesa, a Cruz Vermelha argumentou que o registro de títulos de terras do Haiti é de má qualidade e dificultou seus esforços: ninguém conseguiu descobrir quem era o real dono das terras. Como resultado, ela improvisou uma solução menos desejável.

Poderia um registro de título de terra no Blockchain melhorar esta situação, fornecendo um título claro e talvez evitar a expropriação ilegal?

A ajuda externa é talvez o exemplo mais evidente da incompetência de muitos governos, e o comportamento de intermediários não éticos na busca de renda se tornam excelentes motivos para explorar soluções no Blockchain. O terremoto de 2010 no Haiti foi uma das mais devastadoras crises humanitárias dos últimos cem anos.[53] Enquanto o governo ficou paralisado e a crise se alastrou, milhares de "humanitários digitais" convergiram na Internet para ajudar socorristas a buscar, fazer triagem, e encontrar pedidos de ajuda a partir de telefones celulares de haitianos devastados. Originalmente formados on-line por voluntários de mesma opinião, esses grupos ad hoc se tornaram cada vez mais organizados e eficazes em meio à crise. Um em particular – CrisisCommons – fez real diferença. A CrisisCommons é um exemplo de uma rede de solução global, um entrecruzamento emergente de organizações da sociedade civil, empresas e indivíduos, não estatal, colaborando para resolver um grande problema. A revolução digital tem permitido que novas redes se conectem e colaborem além das fronteiras e pode resolver problemas e permitir uma cooperação e governança global. A internet torna tudo isso possível. Nunca antes os cidadãos puderam se organizar coletivamente para criar um bem público como fizeram no Haiti. Essa camada de informações da web provou ser crucial – proporcionando conexões críticas, capacidade e dados para as pessoas necessitadas e igualmente para organizações de voluntários. Imagine se houvesse também uma camada de valores. Que tipo de possibilidades isso poderia possibilitar?

O Blockchain pode melhorar o fornecimento de ajuda externa de duas maneiras. Em primeiro lugar, ao remover os intermediários que atuam como canais de grandes transferências de ajuda, reduzindo os problemas crônicos de desvios de fundo e roubo. Em segundo lugar, como um imutável livro-razão do fluxo de recursos financeiros, que obriga as grandes instituições, desde grupos de ajuda a governos, a agir com integridade e cumprir os seus compromissos. Se não o fizerem, os cidadãos serão capazes de ver a sua maleficência e pedir explicações.

Seria fácil imaginar a UNICEF ou a Iniciativa de Mulheres da ONU usando o Blockchain para obter recursos diretamente para mulheres e crianças, sem ter que passar por estruturas de poder local. Indivíduos em países pobres poderiam se inscrever para certos benefícios por meio de um livro--razão distribuído, gerenciado por uma cadeia de diferentes grupos de ajuda que atuam como nós na rede. Quando uma ajuda especial é entregue – por exemplo, vacinas da Cruz Vermelha ou material escolar da UNICEF – essas "transações" podem ser, na hora, chanceladas no livro-razão. Isso reduziria ou talvez evitasse que grupos de ajuda gastem acidentalmente duas vezes em sujeitos ou comunidades específicas, espalhando assim, os benefícios do auxílio de forma mais igualitária.

De fato, a UNICEF começou a explorar moedas criptografadas. Em junho de 2015 anunciou o lançamento da Unicoin, uma moeda digital que as crianças podem "minerar" apresentando um desenho de inspiração para o programa. As moedas são logo trocadas por um bloco de notas e um lápis.[54] Este é um pequeno começo, mas as oportunidades são ilimitadas. Não é difícil imaginar a hipótese que levantamos no Capítulo 1 – orfanatos em cidadezinhas ao redor de países em desenvolvimento, trabalhando com a UNICEF para abrir contas para cada criança a partir do momento em que chegam. As doações poderiam ser divididas de forma proporcional na conta individual de cada criança. Os governos, homens de poder, e outros funcionários corruptos, simplesmente, não poderiam acessar. As crianças mais pobres e vulneráveis do planeta teriam fundos para iniciar a vida quando chegarem à idade adulta. Isso é alcançável com o Blockchain.

O socorro em desastres naturais ou mantimentos para os pobres não podem ser ponto a ponto, é claro. Muitas vezes, as instituições não são apenas desejáveis, mas também essenciais. Contudo, o Blockchain pode melhorar radicalmente a transparência com que essas organizações e outras instituições na cadeia de ajuda externa funcionam. Cada dólar doado para a Cruz Vermelha poderia ser rastreado desde a sua partida, por todo o caminho ao longo da cadeia de valor para o indivíduo que é diretamente beneficiado. Lembre-se da nossa hipótese no Capítulo 1 – a Cruz Vermelha poderia fazer campanhas de crowdfunding para cada uma das suas iniciativas mais importantes - fornecendo ajuda médica e lutando contra a propagação de doenças, purificando água, reconstruindo casas – e quando doasse você saberia se o seu dólar foi para uma tábua de madeira, um galão de água, ou um band-aid. Se os fundos desaparecessem, a comunidade saberia e poderia tornar estas organizações responsáveis. Contratos inteligentes poderiam ser empregados, tornando os grupos de ajuda responsáveis. Os recursos para os grandes projetos – de iniciativas de habitação para a implementação de um sistema de purificação de água – poderiam simplesmente ir à caução e serem liberados somente após a conclusão bem-sucedida das principais etapas – garantir posse para um local, importar matérias-primas, assinar contrato com um fornecedor local, construir o produto final, instalar certo número de acesso à água limpa – serem alcançadas. O resultado? Transparência e responsabilização na entrega de ajuda externa radicalmente melhoradas, e assim, melhorias nos resultados finais.

A ajuda externa é a segunda maior transferência de fundos de países desenvolvidos para países em desenvolvimento – depois das remessas. A tecnologia do Blockchain pode permitir a transparência, prestação de contas e operações mais eficientes para as ONGs bem intencionadas, e melhor prestação de serviços críticos em tempos de crise e em circunstâncias normais. Claro, há uma infinidade de desafios de implementação – coisas que devem ser superadas. As pessoas precisam saber como usar esta tecnologia. Redes de telefonia móvel podem falhar em meio a uma crise. Criminosos astutos e governos corruptos ainda são capazes de encontrar meios de fraudar os pobres e desamparados. No entanto, seriam essas as razões para não explorar essa tecnologia? Não. A situação atual é disfuncional e em muitos casos claramente quebrada. Capacitando pessoas e mantendo grupos de ajuda responsáveis, significará mais apoio nas mãos dos indivíduos certos. Aliviar a pobreza e enfrentar crises catastróficas é o primeiro degrau da escada para a prosperidade global. Vamos ter uma chance com o Blockchain.

Microfinanças: ajuda ponto a ponto com micropagamentos

Microfinanças é uma indústria que transcende seja os serviços financeiros, seja a ajuda ao desenvolvimento. Em vez de entregar o subsídio de cima para baixo, as instituições de microfinanças (IMFs) tentam empoderar os indivíduos a poupar, investir e construir pequenas empresas. Muito frequentemente, elas assumem a forma de cooperativas de economias comunitárias, nas quais os membros da comunidade se reúnem para juntar seus fundos e emprestá-los a outros para as necessidades de curto prazo. Quando implementadas e geridas de forma adequada, elas são capazes de oferecer um benefício real para as comunidades em dificuldades: reduzem a fome crônica, aumentam a poupança e o investimento, e em muitos casos dão autonomia às mulheres.[55]

No entanto, presentemente, existem alguns problemas com as IMFs: primeiro, há pouquíssima fiscalização sobre a forma como são geridas e, ocasionalmente, elas permitem empréstimos predatórios e métodos de recuperação de crédito coercivos, esgarçando comunidades e aumentando o seu desespero. Depois, sabendo disso, os governos dos países em desenvolvimento descobriram que a melhor maneira de reduzir o mau comportamento é proibir ou restringir severamente as IMFs, como foi o caso na Índia em 2010, na sequência de uma controvérsia sobre IMF.[56] Em terceiro lugar, o dinheiro nem sempre acaba nas mãos certas. Não há nenhuma maneira de garantir que o membro da comunidade que mais precisa da verba a receba. Em quarto lugar, elas ainda são em grande parte regionais, limitando tanto os fundos quanto a oportunidade de investir e poupar.

Então as pessoas que estão trabalhando contra a pobreza vão se perguntar, onde é que o Blockchain entra nessa composição de ferramentas? Como isso pode melhorar o que nós estamos fazendo?

Inicialmente, irá melhorar a responsabilidade administrativa. Tal como acontece com a transparência corporativa, os doadores serão igualmente atraídos para qualquer provedor sem fins lucrativos que utiliza o Blockchain para maior transparência e responsabilidade. Ademais, se os microempréstimos forem armazenados no Blockchain e os clientes de uma IMF têm permissão para acessá-los, eles conseguirão conter as instituições mais responsáveis por mau comportamento. Por que um candidato a empréstimo ou a poupança escolheria o sombrio e escuro quando pode escolher o aberto?

Segundo, isso pode significar maior proteção para mulheres e crianças. Por meio de contratos inteligentes, fundos podem ser doados em contas bloqueadas, acessíveis apenas por mulheres, por exemplo, para o acesso a alimentos, produtos femininos, cuidados de saúde e outros itens essenciais. Os homens não conseguem tirá-los de suas mãos para comprar cigarros ou bebidas, ou para jogar – o que pode ser um problema persistente com o dinheiro de poupança ou microfinanças.

Terceiro, permitirá as pessoas a procurar fundos e oportunidades globalmente, e atrairá doadores em todo o mundo. As comunidades são tipicamente limitadas pela localização da IMF que usam. No futuro, um candidato a tomador de empréstimo pode entrar on-line e procurar os melhores lances de um número maior de potenciais financiadores, encontrando o que tiver as melhores taxas, termos e reputação. As IMFs formais continuarão a existir, obviamente, mas haverá maneiras mais fáceis de conectar pelo Blockchain, que as tornarão menos necessárias.

Finalmente, os meios de pagamento do Blockchain, como o Bitcoin, são basicamente feitos sob medida para pequenos tomadores de empréstimo, privados de direitos, permitindo pequenas liquidações (nós os chamamos de micropagamentos) e diminuindo os custos para próximo de zero. Em um mundo onde cada centavo conta, os usuários deveriam ser capazes de saldar os empréstimos, retirar fundos, e poupar em pequenos incrementos, todos muito mais desafiadores em um mundo pré-Blockchain. Eles também deveriam ser capazes de fazê-lo imediatamente e de forma eficiente, uma vez que, apesar da pobreza abjeta em muitas partes do mundo, a presença do telefone celular e a conectividade com a internet estão se tornando comodidades.

SEGURO COMO CASAS?
O CAMINHO PARA A PROPRIEDADE DE ATIVOS

O registro de títulos de terra é o que Hernando de Soto considera como uma operação não comercializável, uma troca econômica que geralmente envolve um governo local. Os custos de transações não comercializáveis incluem recursos desperdiçados por esperar na fila, rastreamento de propriedade, preenchimento e registro de papelada, corte de burocracia, resolução de litígios, pagamento de propina aos funcionários e inspetores, e assim por diante.[57] Estes gastos são desenfreados em economias pobres, nas quais os sistemas são fracos e os funcionários do governo são conhecidos por se comportarem sem integridade. Honduras é um desses lugares, o segundo país mais pobre da América Central, com uma distribuição extremamente desigual de renda. A crise econômica de 2008 impediu a entrada de remessas, e um golpe militar derrubou o democraticamente eleito Manuel Zelaya em 2009. O golpe foi apoiado por um dos maiores proprietários de terras da região, um magnata de óleo de palma, que se beneficiou significativamente em disputas anteriores que coagiram os camponeses Aguán a vender os seus títulos de propriedade.[58]

Desde meados da década de 1990, o Banco Mundial e outras ONGs globais[59] despejaram US$ 125,3 milhões, mais conhecimento técnico em Honduras para criar e gerenciar projetos de desenvolvimento relacionados com a terra que acelerariam o crescimento do país.[60] Nos deparamos com planos para incorporar infraestruturas de dados espaciais que apoiam a georreferenciação, posse e uso de dados sobre terras e recursos naturais, riscos climáticos e naturais, e condições socioeconômicas que os municípios poderiam usar para informar o planejamento estratégico e de investimento. Também se mencionou a integração de bases de dados de projetos de terra com aqueles de projetos ambientais e de gestão de desastres a nível nacional e local.[61] Muito ambicioso.

O problema é que ainda existem acusações de corrupção generalizada no registro de imóveis, venda de terras e resolução de conflitos, incluindo acusações contra os intermediários, juízes e burocratas locais. De acordo com o Escritório do Representante de Comércio dos EUA, o sistema de registro de propriedade ainda é muito duvidoso.[62] Famílias em comunidades rurais foram ignoradas sistematicamente durante o assentamento do título de terra de residências, geralmente o seu bem mais valioso, porque o governo limitou a jurisdição do Banco Mundial para as zonas urbanas. Nas áreas rurais, os camponeses sem dinheiro foram os que menos se beneficiaram dos programas de administração da terra. A pobreza rural em Honduras não diminuiu desde 1998. Ambiguidade e corrupção se manifestam em disputas de títulos em todo o mundo desenvolvido. Se Honduras sofresse um desastre natural catastrófico, como aconteceu no Haiti em 2010, as organizações de ajuda como a Cruz Vermelha estariam igualmente paralisadas ao desembaraçar a confusão de títulos para entregar habitações seguras e duráveis.

"E se houvesse um livro-razão universal, que pudesse incluir todos estes dados e inspirar confiança em uma situação altamente não confiável? O Blockchain parece ser particularmente bom ao lidar com operações, que nenhum dos outros sistemas necessariamente é", expressou de Soto. "O fato é que países pobres são por natureza muito corruptos, e assim tendo as operações registradas no livro-razão em cada ponto com procedimentos de segurança torna o sistema eficiente, barato e rápido, mas também é o tipo de coisa que os pobres querem porque protege os seus direitos", acrescenta.[63] Eis como funciona: o Blockchain é um livro-razão aberto, o que significa que ele pode estar presente nos desktops das autoridades hondurenhas que precisam reportar isso, nos celulares dos trabalhadores no campo que introduzem os dados e dos cidadãos que querem manter uma cópia. É um livro-razão distribuído, isto é, nenhuma dessas partes é dona, e é uma rede ponto a ponto, o que significa que qualquer um pode acessá-lo. Em jurisdições como Honduras, onde a confiança em instituições públicas é baixa e os sistemas de propriedades de direitos são fracos, o Blockchain do Bitcoin poderia ajudar a restaurar a confiança e a reconstruir a reputação.

Isso é o que a Factom, startup sediada no Texas, planeja fazer em cooperação com o regime de Honduras e em parceria com a Epigraph, uma empresa de software de registro de títulos. O presidente da Factom, Peter Kirby, disse, "o banco de dados do país foi basicamente hackeado. Então burocratas poderiam chegar lá e conseguir propriedades à beira-mar". Ele acrescentou que 60% das terras de Honduras não estão documentadas. O objetivo do projeto, que ainda não foi assinado definitivamente, é registrar os títulos de terra do governo no livro-razão do Blockchain. Kirby indicou à Reuters que Honduras poderia ultrapassar sistemas herdados utilizados no mundo desenvolvido ao implantar a tecnologia Blockchain da Factom, e acabaria por fazer hipotecas e direitos minerais mais seguros.[64] "A documentação de posse de patentes até de casas é extraordinariamente baseada em papel, e não há nenhuma razão para isso, com exceção da história. O Blockchain funciona com qualquer transação ou interação em que os direitos de propriedade e o tempo importam"[65], explicou Kausik Rajgopal, que dirige o escritório e os pagamentos da McKinsey no Vale do Silício.

No fim do dia, não sabemos se o governo hondurenho fará valer os títulos de terra registrados no Blockchain ou sustentará a sua utilização. Em tentativas anteriores de registo de terra, o governo desistiu dos custos adicionais de escalar gradualmente e assim, incluir mais pessoas. Mas, se o livro-razão fornece dados confiáveis, invioláveis, então as ONGs poderiam obter os dados adicionais que precisam para informar e influenciar decisões políticas e de governança. Se isso elimina cinco das seis etapas atualmente necessárias para registrar terras em Honduras, e diminui o tempo de vinte e dois dias para dez minutos, então os custos de transação não comerciáveis caem para quase zero.[66] E talvez, permitiria a jornalistas e defensores de direitos a levar grandes corporações globais a não comprar, construir, obter madeira ou água de terras que foram designadas para a proteção ambiental ou, historicamente, tem sido utilizada por camponeses ou indígenas sem os compensar de maneira justa. Estamos esperançosos!

DESAFIOS DE IMPLEMENTAÇÃO E OPORTUNIDADES DE LIDERANÇA

A tecnologia do Blockchain obviamente não é a cura para os problemas econômicos e financeiros do mundo. A tecnologia não cria prosperidade; pessoas sim. Há obstáculos a superar e oportunidades de liderar. O primeiro é técnico. De acordo com dados da União Internacional de Telecomunicações, ainda existem lacunas significativas na conectividade com a internet, seja por causa da infraestrutura pobre de comunicação ou porque o serviço é inviável.[67]

O segundo é a instrução. Usar smartphones e interagir on-line requer certo nível de instrução. Nos Estados Unidos, 18% dos adultos acima de 16 anos estão abaixo do nível da quinta série em leitura, 30% têm baixa instrução em matemática[68] e 43% dos adultos analfabetos vivem na pobreza.[69] A alfabetização é muito desigual no mundo em desenvolvimento. Em muitas partes da África, ela gira em torno de 50% e o problema é ainda mais grave quando se comparam os sexos. Por exemplo, em lugares como Afeganistão, Nigéria, Serra Leoa, Chade, Moçambique e outros países pobres, a diferença de instrução entre homens e mulheres são assombrosos 20%.[70]

O terceiro é a corrupção. O Blockchain é uma ferramenta poderosa, mas como todas as tecnologias, não é inerentemente boa ou ruim. As pessoas podem aproveitar tecnologias brilhantes, desde a eletricidade até o rádio e a internet, para objetivos beneficentes ou malévolos. Precisamos de liderança das instituições na sociedade que possam alavancar a tecnologia do Blockchain para o bem, como grupos de ajuda, organizações da sociedade civil, empresas e governos, incluindo indivíduos que estão se conectando a esta vasta rede. Somente quando esses desafios forem cumpridos e superados a tecnologia do Blockchain vai cumprir o seu potencial como um instrumento de prosperidade global e da mudança positiva.

CAPÍTULO 8

RECONSTRUINDO O GOVERNO E A DEMOCRACIA

A República da Estônia é um estado báltico, tendo ao sul a Letônia e, ao leste, a Rússia. Sua população de 1,3 milhão de pessoas é um pouco menor que a da cidade de Ottawa.¹ Quando a Estônia reconquistou sua independência da antiga União Soviética, em 1991, teve a oportunidade de repensar completamente o papel do governo e de redesenhar como ele operaria, que serviços forneceria e como atingiria seus objetivos por meio das tecnologias da internet.

Hoje, a Letônia é amplamente considerada líder mundial em governo digital e seu presidente, Toomas Hendrik Ilves, será o primeiro a declarar isto: "Temos muito orgulho do que fizemos aqui", disse. "E esperamos que o resto do mundo aprenda com nossos sucessos."²

A Estônia está em segundo lugar na lista de países do índice de progresso social e direitos políticos, empatada com a Austrália e o Reino Unido.³ Os líderes da Estônia criaram sua estratégia de e-governo em torno da descentralização, interconectividade, abertura e cibersegurança. O objetivo foi criar uma infraestrutura "à prova de futuro", capaz de acomodar o novo. Todos os residentes podem acessar informações e serviços on-line, usar sua identidade digital para conduzir negócios e atualizar ou corrigir seus registros governamentais. Ainda que boa parte do trabalho da Estônia seja anterior ao Blockchain, o país introduziu uma infraestrutura de assinatura sem chave que se integra perfeitamente com a tecnologia Blockchain.

Essencial para o modelo do e-Estônia, é a identidade digital. Desde 2012, 90% dos estonianos possuem um cartão de identidade eletrônico para acessar serviços governamentais e viajar dentro da União Europeia.⁴ O chip embutido no cartão contém informações básicas sobre o titular do cartão, bem como dois certificados: um para autenticar a identidade e um para fornecer a assinatura digital, e um número de identificação pessoal (PIN) de sua escolha.

Os estonianos os usam para votar, rever e editar seus formulários de impostos automatizados on-line, para solicitar benefícios do seguro social e acessar serviços bancários e transportes públicos. Sem necessidade de cartões bancários ou cartões de metrô. Alternativamente, os estonianos podem fazer o mesmo com o ID móvel de seus telefones celulares. Em 2013, os estonianos submeteram mais de 95% dos impostos eletronicamente e conduziram 98% das transações bancárias on-line.

Pais e alunos usam o e-Escola da Estônia para acompanhar tarefas, currículo e notas, e para colaborar com os professores. A Estônia agrega, em tempo real, diversas informações de saúde de diferentes fontes em um único registro para cada cidadão, e assim esses registros não ficam em um único banco de dados. Cada estoniano tem acesso exclusivo ao seu próprio arquivo e pode controlar quais médicos ou familiares terão acesso a estes dados on-line.[5] Desde 2005, os cidadãos têm usado i-Voting durante as eleições nacionais. Usando seu cartão de identificação ou mobile-ID, estonianos podem se logar e votar de qualquer lugar do mundo. Nas eleições parlamentares de 2011, os cidadãos efetuaram quase 25% dos votos on-line, acima dos 5,5% na eleição parlamentar anterior. As pessoas obviamente gostam e confiam no sistema: o número voltou a subir nas eleições de 2014 para o Parlamento Europeu, em que um terço dos eleitores participou pela internet de 98 países diferentes. O gabinete da Estônia utiliza um processo sem papel e faz todos os projetos de legislação acessíveis on-line.

A duração média das reuniões semanais de gabinete passou de cerca de cinco horas para menos de 90 minutos.[6] A Estônia tem um cadastro eletrônico de terras que transformou o mercado imobiliário, reduzindo as transferências de terras de três meses para pouco mais de uma semana.[7] Há poucos anos, a Estônia lançou o seu programa de e-Residência, no qual qualquer pessoa no mundo pode aplicar uma "identidade digital transnacional" e para uma autenticação para acessar serviços seguros, criptografar, verificar e assinar documentos digitalmente. Um empreendedor em qualquer lugar do mundo pode registrar sua empresa on-line em menos de 20 minutos e administrar a empresa on-line. Esses recursos contribuem para a imagem da Estônia como um país digital.[8] Nada disso funcionaria ou seria aceitável sem uma cibersegurança sólida.

Como Mike Gault, CEO da Guardtime, observou, "A integridade é o problema número um no ciberespaço e foi isso que a Estônia reconheceu há 10 anos. Eles construíram esta tecnologia para que tudo nas redes governamentais pudessem ser verificadas sem ter de confiar em seres humanos[...] é impossível para o governo mentir para os seus cidadãos."[9]

A cibersegurança da Estônia deriva da sua infraestrutura de assinatura sem chave (KSI, da sigla em inglês), que verifica qualquer atividade eletrônica matematicamente no Blockchain, sem administradores de sistema, chaves criptográficas, ou funcionários do governo. Essa capacidade garante uma total transparência e prestação de contas; os interessados podem ver quem acessou quais informações, quando e o que eles podem ter feito com elas. Consequentemente, o Estado pode demonstrar a integridade dos dados e conformidade regulamentar, e os indivíduos podem verificar a integridade de seus próprios registros sem o envolvimento de um terceiro. Isto reduz custos: não há chaves para proteger, e não há documentos para serem periodicamente reassinados. De acordo com o e-Estonia.com: "Com a KSI, a história não pode ser reescrita."[10]

Claramente, a tecnologia Blockchain não se aplica apenas às corporações com fins lucrativos, mas também às instituições públicas voltadas à prosperidade de todos, desde governo, educação e cuidados de saúde até as redes de energia, sistemas de transporte e serviços sociais. Onde começar?

HÁ ALGO DE PODRE NO ESTADO

Em seu discurso de Gettysburg em 1863, Abraham Lincoln disse que o maior objetivo da sociedade era um "governo do povo, pelo povo, para o povo." Doze décadas depois, o presidente Ronald Reagan disse em 1981 em seu discurso de posse: "O governo não é a solução para o nosso problema; o governo é o problema." Muitos no embrionário ecossistema do Blockchain concordam. Em uma pesquisa de 2013, mais de 44% dos usuários de Bitcoin declararam ser "libertários ou anarcocapitalistas a favor da eliminação do Estado".[11]

Libertários de todos os tipos tendem a apoiar o Bitcoin. Ele é descentralizado e livre do controle do governo. É anônimo e difícil de taxar. Assemelha-se ao ouro em sua escassez, e libertários preferem o padrão-ouro. É um mercado puro, impulsionado pela oferta e demanda, em vez da flexibilização quantitativa. Não surpreendentemente, o primeiro candidato presidencial de 2016 a apoiar o Bitcoin para pagamentos de campanha, foi Rand Paul.

A tendência libertária deu a adversários das moedas digitais cobertura para derrubar as tecnologias do Blockchain definitivamente. Jim Edwards, editor fundador da Business Insider do Reino Unido, escreveu sobre o paraíso libertário que ele chamou de Bitcoinistão, um país como a Somália "com tão pouca interferência do governo quanto possível, em um mercado livre de leis e impostos onerosos." Ele descreveu o paraíso como "um pesadelo total... caracterizado pela instabilidade radical, caos, ascensão de um chefão de criminosos, que assassinam as pessoas de que eles não gostam, e uma transferência em massa de riqueza para uma minoria ainda menor do que o 1% que atualmente os louva nos Estados Unidos."[12]

Certamente nós vivemos em um mundo atormentado por crises. "O mundo não viu este tanto de tumulto por uma geração. Uma vez anunciada, a Primavera Árabe abriu caminho em quase todos os lugares para o conflito e a repressão", escreveu Kenneth Roth, diretor executivo da Human Rights Watch, fundada na década de 1970 para apoiar grupos de cidadãos. "Muitos governos responderam à turbulência minimizando ou abandonando os direitos humanos", usando a internet para espionar os cidadãos, usando drones para soltar explosivos nas populações civis, e prendendo manifestantes nos megaeventos públicos, como as Olimpíadas.[13]

Essa é a resposta errada à turbulência, de acordo com o renomado economista peruano Hernando de Soto. "A Primavera Árabe foi essencialmente e ainda é uma revolução empresarial, pessoas que foram expropriadas", disse de Soto. "Basicamente, é uma grande rebelião contra o status quo", e o status quo é a expropriação em série, a repetida degradação dos direitos de propriedade dos cidadãos por seus governos até que eles não tenham escolha a não ser trabalhar fora do sistema para ganhar a vida.[14]

Logo apertar mais os direitos é a pior resposta possível, porque ela empurra mais pessoas, tais como: jornalistas, ativistas e empreendedores, para fora do sistema. Durante os últimos vinte anos, o número de eleitores caiu na maioria das democracias ocidentais, incluindo os Estados Unidos, o Reino Unido, a França, a Alemanha, a Itália, a Suécia e o Canadá. Particularmente os jovens estão buscando trazer uma mudança social fora do sistema, certamente não por votação. A maioria dos americanos pensa que o seu Congresso é disfuncional e profundamente corrupto. E com razão: como em muitos países, os políticos norte-americanos estão em dívida com contribuintes ricos e grupos de interesse, e muitos membros do Congresso se tornaram lobistas. Um caso em questão: 92% dos americanos querem antecedentes das pessoas que compram armas, mas a rica e poderosa National Rifle Association frustra qualquer legislação que visa esta mudança. Muito para um "governo do povo, pelo povo, para o povo."

Quanto mais os cidadãos não sentirem suas instituições políticas refletirem suas vontades e apoiarem os seus direitos humanos, quanto mais estas instituições ultrapassarem sua autoridade, mais os cidadãos questionarão a legitimidade e relevância das instituições. O sociólogo político Seymour Martin Lipset escreveu que a legitimidade é "a capacidade de um sistema político de gerar e manter a crença de que as instituições políticas existentes são as mais apropriadas e adequadas para a sociedade."[15] E cada vez mais os jovens procuram fazer a mudança por meios que não sejam governos e até mesmo a democracia. O adesivo "Não vote! Isto só os encoraja" conta a história.

"Para os indivíduos, pode não ser desejável ser pesquisável, verificável em um banco de dados de históricos registrados que os governos poderiam potencialmente usar para explorar ou subjugar as pessoas", disse de Soto. "A legislação da maioria dos países do mundo é muito malfeita, tão hostil, que o custo de vir para o ordenamento jurídico não faz sentido para as pessoas pobres. E um país com muitos pobres e pessoas desconectadas provoca muitos problemas."[16]

Conforme a legitimidade enfraquece, o libertarianismo ascende. Mas não é esta a resposta para o que aflige o corpo político. Neste mundo conturbado, precisamos de governos fortes, e daqueles que são de alto desempenho, eficazes, ágeis, e responsáveis perante aos cidadãos.

O que os governos devem fazer? "Construir, agilizar e fortalecer as leis e estruturas que permitem que o capitalismo floresça", escreveu de Soto no *The Wall Street Journal*. "Como qualquer um que tenha andado pelas ruas de Lima, Tunis e Cairo sabe, que o capital não é o problema, é a solução."[17] Então, qual é o problema? "Obter seu povo identificado", ele nos disse. "Não há nenhum modo em que um governo pode entrar e forçar as pessoas a entrarem no sistema. Assim eu acho que os governos por todo o mundo agora estão dispostos a transformar o sistema em torno."[18]

É aí que o Blockchain entra. Os princípios de design do Blockchain devem conduzir essa transformação, uma vez que apoia e permite níveis mais elevados do seguinte:

Integridade. Para reconstruir a confiança do público nas instituições políticas, autoridades eleitas devem se comportar com integridade. A confiança deve ser intrínseca ao sistema, codificada em cada processo, não investida em um único membro. Porque o Blockchain suporta a transparência radical, isto está se tornando fundamental para reconstruir a confiança entre as partes interessadas e seus representantes. Transparência contínua é fundamental para manter esta relação.

Poder. Todo mundo tem o direito de tomar parte no governo, diretamente ou pelo voto. Quem for eleito deve conduzir os assuntos em plena luz do dia como um par entre pares. Com a internet, os cidadãos adquiriram mais responsabilidade por suas comunidades, aprenderam com e influenciaram os funcionários eleitos e vice-versa. Com o Blockchain, os cidadãos podem ir um passo além: eles podem advogar para chancelar a ação do governo no registro público em uma inalterável e incorruptível contabilidade. Não apenas controles e balanços entre os poucos poderosos mas com o amplo consenso de muitos, por exemplo, para efetuar verificações de antecedentes sobre potenciais proprietários de armas.

Valor. Votos devem ter valor. O sistema deve alinhar os incentivos de todos os interessados, ser responsável com os cidadãos, em vez dos mais ricos, e investir o dinheiro dos impostos com sabedoria. O mecanismo do governo deve ser de alta performance, melhor e mais barato com tecnologia.

Privacidade e outros direitos preservados. Não espionar cidadãos, não interferir arbitrariamente na privacidade, na família, ou na casa, não atacar a honra ou reputação de ninguém. Nenhuma apreensão arbitrária de propriedade imobiliária ou propriedade intelectual, como as patentes de invenções sem compensação. Sem censura às organizações de notícias, nenhuma interferência com os esforços para estruturá-las. As pessoas podem registrar seus direitos autorais, organizar as suas reuniões, e trocar mensagens privadas e anonimamente no Blockchain. Cuidado com qualquer político que defenda soluções de compromisso entre a privacidade pessoal e a segurança pública. Lembre-se, isto é uma falsa dicotomia.

Segurança. Todos devem ter igual proteção da lei sem discriminação. Sem detenções arbitrárias ou prisões. Nenhuma pessoa ou grupo de pessoas deve viver com medo de seu próprio governo ou das agências responsáveis pela aplicação das leis ou ser submetido a tratamento cruel, desumano ou degradante pelos membros desses órgãos pela sua raça, religião ou país de origem. Membros das forças policiais não podem reter evidência de uso indevido da força, e as provas não podem desaparecer. Isso tudo seria registrado e rastreado no Blockchain.

Inclusão. Usando a internet, os cidadãos se tornaram mais envolvidos, aprenderam um com o outro. Com o Blockchain, o sistema pode, a custos reduzidos, envolver todos os cidadãos, reconhecer todos como pessoas perante a lei, e proporcionar a igualdade de acesso aos serviços públicos (por exemplo, assistência médica, educação) e de seguridade social.

A tecnologia é uma ferramenta poderosa, mas por si só não pode alcançar a mudança de que precisamos. No espírito do ditado "O futuro não é algo a ser previsto, é algo a ser alcançado", vamos reinventar o governo para uma nova era de legitimidade e confiança. É hora de parar a improvisação.

SERVIÇOS E OPERAÇÕES GOVERNAMENTAIS DE ALTA PERFORMANCE

Os críticos do "grande governo" estão certos em um sentido. Quando se trata de eficiência, os serviços e as operações do governo têm um longo caminho a percorrer. Os governos estão organizados em departamentos que não compartilham informações. A burocracia com demasiada frequência triunfa sob o bom senso ou práticas compartilhadas. Cidadãos raramente têm um único local para acessar serviços governamentais. Todo país possui um número incontável de políticos e burocratas desperdiçando dinheiro do contribuinte.

O Blockchain pode melhorar o serviço ao cliente, aumentar a eficiência e melhorar os resultados enquanto permite integridade e transparência do governo. O potencial para melhorar todas as interfaces da administração pública é significativo, mas alguns são especialmente importantes no mundo em desenvolvimento, nos quais as autoridades estão estabelecendo novos processos e podem ultrapassar os sistemas de governos longos, estáveis e abertos.

Vamos olhar para duas grandes áreas onde podemos aplicar o Blockchain: governo integrado e a utilização da Internet das Coisas pelo setor público.

Governo integrado

A Estônia está cortando as ineficiências administrativas e prestando serviços integrados aos seus habitantes e empresas por meio da criação de um cartão de identificação eletrônico para todos e usando um Backbone de internet habilitado para o Blockchain conhecido como o "X-road", para se conectar através de vários programas e bases de dados em ambos setores, público e privado. Outros podem fazer isso também.

Muitos países, como o Canadá, o Reino Unido e a Austrália rejeitaram explicitamente a concepção de um registro populacional central e único ID governamental como uma questão de política pública. Essa decisão decorre de uma preocupação com a privacidade pessoal e uma aversão em expandir o poder do Estado, especialmente na concessão ou revogação de identidades.

No entanto, como a Estônia mostra, se nós resumimos os documentos oficiais (passaporte, certidão de nascimento, certidão de casamento, certidão de óbito, carteira de motorista, cartão de saúde, escritura de propriedades, carteira do eleitor, registo de empresas, de status de pagamentos de impostos, carteira de trabalho, histórico escolar etc.) que existem atualmente em vários bancos de dados em um único Blockchain, redes habilitadas no Blockchain poderiam entregar serviços integrados sem passar por qualquer processamento central. Esse modelo não só poderia proteger a privacidade, como poderia melhorá-la permitindo às pessoas verificar a exatidão de suas informações, e ver quem acessou ou adicionou tal informação (ou seja, uma auditoria de informações permanente).

Na verdade, no futuro, faz sentido que cada cidadão possua suas informações de identidade em vez do governo. Como explicamos no Capítulo 1, assim como as redes e a colaboração em massa podem eliminar a necessidade de um governo de emitir moeda ou de um banco para estabelecer a confiança, as pessoas não necessariamente precisarão nem mesmo de uma carteira de identidade emitida pelo governo. Disse Carlos Moreira da empresa de segurança criptográfica WISeKey, "Hoje você precisa de uma organização com direitos adquiridos para lhe fornecer uma identidade, como um cartão de banco, um cartão de passageiro frequente, ou um cartão de crédito. Embora essa identidade seja sua agora, os dados gerados da sua interação no mundo é propriedade de outra pessoa."[19] No Blockchain, o indivíduo possui a identidade. O seu "avatar pessoal" poderia decidir qual e para quem a sua informação é fornecida, sob o seu comando. Também poderia fazer escolhas sobre integração de dados. No entanto, em vez de tudo o que você faz com o governo ser integrado em algum maciço banco de dados do governo, a integração é efetuada pelo seu eu virtual, guardado e controlado por você.

Melhor integração iria amparar eventos de vida como o casamento. Melanie Swan, fundadora do Instituto de Estudos do Blockchain, explicou: "O Blockchain, com a sua estrutura que abriga identidades seguras, múltiplos contratos e gestão de ativos, o torna ideal para situações como o casamento, porque isso significa que um casal pode vincular seu acordo de casamento em uma conta poupança compartilhada, e em um contrato de guarda dos filhos, em escritura de propriedades, e quaisquer outros documentos relevantes para um futuro seguro juntos."[20] Alguns sugeriram que o Blockchain poderia se tornar um registro de documentos públicos fora de qualquer sanção ou envolvimento do governo. O primeiro casamento registrado no Blockchain do mundo aconteceu no Walt Disney World, na Flórida, em agosto de 2014. Contratos pré-nupciais inteligentes, alguém?

Além dos serviços integrados, os governos poderiam registrar e gerir documentos com transparência e confiabilidade. Considere o tempo pessoal gasto em emissão, verificação, atualização, renovação e substituição de registros oficiais do governo das pessoas. Bem como garantir a veracidade do documento, Blockchain, ao permitir o registro por meio de redes ponto a ponto iria amparar o autosserviço, em que as pessoas autenticam um documento pela rede, e não por meio de um escrivão, assim como serviço personalizado – quando você gera um documento oficial, isto automaticamente contém as suas informações relevantes e os direitos de acesso a essas informações, e rastreia quem o acessa e o utiliza nos metadados do documento.

Por exemplo, o governo do Reino Unido está investigando a utilização do Blockchain na manutenção de numerosos registos, especialmente para garantir a sua integridade. Paul Downey, arquiteto técnico do Serviço Digital do Governo do Reino Unido, observou que o registo perfeito "deve ser capaz de provar que os dados não foram adulterados" e precisa armazenar um histórico das alterações que foram feitas, além de "estar aberto ao escrutínio independente."[21]

Sistemas baseados no Blockchain podem impor a eficiência e a integridade em registros de documentos de todos os tipos e muitos outros processos do governo. Vamos combinar a gestão da cadeia de suprimento com a Internet das Coisas para etiquetar uma nova peça de equipamento com um chip inteligente que comunica a sua proveniência, posse, garantias, ou informação especial. Departamentos de compras governamentais poderiam rastrear itens e automatizar os processos em cada etapa: comprando, liberando pagamento, pagando impostos sobre vendas, renovando um contrato de arrendamento, ou encomendando um upgrade. Isso é simplesmente uma melhor gestão de ativos, redução dos custos administrativos para os contribuintes, e ao mesmo tempo, aumenta as receitas para os governos.[22]

Particularmente interessantes são as oportunidades nacionais e locais para conectar diferentes redes Blockchain para uma maior eficiência por meio das jurisdições. Por exemplo, os departamentos de trânsito poderiam conectar as bases de dados dos condutores além das fronteiras estaduais ou municipais para criar um banco de dados virtual que facilita a confirmação da identidade do motorista, status, e histórico. Ou no sistema de saúde dos EUA, "Suponha que o paciente, a companhia de seguros, o médico e um pagador do governo, todos tiveram os seus registros financeiros reunidos em um único registro, visível a todos, para qualquer transação. O potencial para a transparência seria igualado apenas pelas oportunidades para novos níveis de eficiência ", disse Swan.[23]

A Internet das Coisas públicas

Nós já escrevemos sobre o transporte público na Internet das Coisas. Essa é talvez a oportunidade mais fácil da Internet das Coisas para o governo: registrar dispositivos inteligentes em um registro Blockchain para o gerenciamento de ativos do ciclo de vida dos edifícios, espaços de trabalho e de reuniões, frotas de veículos, computadores e outros equipamentos. Tal como acontece com o bAirbnb, funcionários do governo poderiam combinar disponibilidades de forma dinâmica, qualificando oferta e demanda, reduzindo a segurança, manutenção, e custos de energia por meio de acesso automatizado, iluminação e controles de temperatura, e localização de monitoramento, reparos, e condições de trafegabilidade dos veículos do governo, bem como a segurança de pontes, trilhos e túneis.

Líderes públicos também poderiam alcançar melhores resultados públicos na gestão da infraestrutura, da energia, do lixo e gestão da água, no monitoramento ambiental e dos serviços de emergência, na educação e no setor da saúde. Além de melhorar a eficiência de benefícios, estas aplicações habilitadas no Blockchain também poderiam melhorar a segurança pública e a saúde, aliviar o congestionamento, e reduzir o consumo de energia e desperdício (por exemplo, consertando canos com vazamentos), para citar apenas alguns benefícios.

Garantindo a infraestrutura

Com uma parceria inteligente entre o setor privado e outras partes interessadas, o governo da Estônia criou uma infraestrutura do setor público que permite uma conveniência muito maior aos acessos ao governo, bancos, transportes públicos e outros serviços para seus cidadãos. Além de conveniência, a Estônia também ganha vantagem competitiva na economia global, atraindo negócios e investimentos para o país.

Governos já fornecem serviços para jurisdições vizinhas (bombeiros e ambulâncias); terceiriza para outras comarcas (processamento de dados); presta serviços em nome de outro território (o governo federal processa os impostos sobre o rendimento a favor dos governos nacional, estadual e municipal); e serviços de compartilhamento (compartilhando edifícios de escritórios).

O serviço de e-Residente da Estônia é útil para as pessoas de qualquer lugar do mundo que precisam de uma identificação oficial para abrir um negócio, especialmente on-line. A Estônia está se posicionando para prestar serviços, que outros países estão optando em não oferecer, aos cidadãos estrangeiros. À medida que os serviços atualmente disponíveis são bastante limitados, não há barreiras para outros serviços do governo finalmente se tornarem digitais de ponta a ponta. Por exemplo, bibliotecas com financiamento público que são gratuitas para os residentes locais poderiam oferecer acesso às suas coleções digitais a não residentes e estudantes em todo o mundo por uma pequena taxa. Que outros serviços podem se prestar a um tratamento semelhante, especialmente serviços digitais em que a gestão e a integridade de dados são importantes?

Oferecer serviços de governo além das fronteiras nacionais muitas vezes vem com obstáculos regulatórios. No entanto, vivemos em um mundo cada vez mais globalizado no qual muitos dos nossos maiores desafios não são exclusivos de uma única jurisdição. Os problemas globais requerem novos modelos de resolução de problemas, para trabalhar com outras partes interessadas. A política que trata as fronteiras como permeáveis, combinada com a tecnologia Blockchain, como a Internet das Coisas, poderia fazer mais para resolver grandes, intratáveis, problemas.

EMPODERANDO PESSOAS PARA SERVIR A SI E AOS OUTROS

O Blockchain possibilita que as redes tornem os serviços públicos mais robustos e responsivos. O autosserviço, em qualquer procedimento, desde a renovação de uma autorização até a obtenção de um documento oficial, irá melhorar a forma como os governos operam. Com a redução do tempo, da eliminação do potencial de corrupção ou outras falsas barreiras, do fornecimento de módulos de autoformação on-line, e do pagamento no prazo dos fundos de segurança social, os governos empoderam seus cidadãos.

Novos modelos, muitos a serem definidos, podem capacitar as pessoas para colaborarem com os objetivos da política pública. Pelo Blockchain, podemos atingir um novo e adequado equilíbrio entre a necessidade do governo para controle e prestação de contas para um orçamento inteiro, e a necessidade de indivíduos e grupos para controlar e contribuir para porções desse orçamento. Algumas jurisdições têm explorado novos modelos para dar individuais (beneficiários de vários programas do governo), comunitários (bairros), ou mesmo para populações inteiras (municipal) controle de seus próprios orçamentos que antes eram controlados por funcionários públicos.

Por exemplo, em vez de exigir dos indivíduos a aplicação a muitos programas de governo para diversos benefícios, cada qual com os seus próprios critérios (receitas, bens, número e idade dos filhos, tipo de habitação, nível de educação etc.), a plataforma de governo poderia personalizar um orçamento com base na identidade, nas informações arquivadas, e nos padrões de produção e consumo, incluindo os fatores de risco, tais como residência em região pobre, nível educacional, e as taxas de compras de cigarros, álcool e alimentos processados. O indivíduo poderia então decidir como usar os recursos para alcançar seus objetivos de acordo com as suas circunstâncias.

Imagine que, em vez de persuadir algum burocrata de que seu filho precisa de um novo casaco de inverno, você pode decidir por conta própria! O resultado é o aumento da responsabilidade pessoal e do poder. Poderíamos fazer o mesmo no nível da comunidade (porções de orçamentos relacionados à comunidade – serviços específicos, tais como parques e centros comunitários) ou em um nível que atravessa o governo (estabelecendo prioridades e então consumindo um orçamento discricionário).

Algumas jurisdições já estão empoderando os menos favorecidos.[24] O Blockchain poderia acelerar essa tendência, permitindo aos contribuintes verem no que seus impostos estão sendo gastos, como os seus conterrâneos estão usando esses recursos, e se os programas estão alcançando resultados (alterações nas receitas, metas educacionais alcançadas, moradias encontradas etc.). A plataforma reduz ou até mesmo elimina a necessidade de relatórios demorados e complexos. Embora a grande quantidade de dados e como ela é rastreada nas redes ponto a ponto possam parecer assustadoras e destrutivas, é na verdade o oposto. Em vez de todos os dados e domínios ficarem nas mãos de alguma autoridade central ou de algum burocrata anônimo, os indivíduos e as comunidades poderiam agir com base em informações verificadas e confiáveis. Ao mesmo tempo, o livro-razão do Blockchain assegura a responsabilidade para o uso de fundos públicos. Nós podemos agora alcançar dois objetivos aparentemente contraditórios: "mais governo" por meio de mais informação e contexto; e "menos governo" pelo fornecimento de informações e melhores ferramentas para a tomada de decisão individual e em grupo e ação dentro desse contexto.

Transmissão de dados abertos e confiáveis

Perianne Boring, fundadora e presidente da Chamber of Digital Commerce, defende a ideia de que os registros distribuídos abrem o governo para o melhor. Para ela, "o Blockchain permite transparência radical, pois abastece todos com fatos comprováveis. Qualquer pessoa pode visualizar qualquer transação que já aconteceu no Blockchain."[25]

Os governos podem facilmente fornecer dados que outros podem usar para o bem público ou privado. Isso difere da então chamada Legislação de Liberdade de Informação, em que os cidadãos devem solicitar o acesso a informações importantes do governo. Ao contrário, isso envolve a divulgação de dados ativos – dados atuais. Os governos poderiam liberar milhares de categorias de dados em formato cru, despido de identificações pessoais: padrões de tráfego, controles de saúde, mudanças ambientais, propriedades do governo, consumo de energia, orçamento e despesas públicas, contas de despesas. Cidadãos, empresas, ONGs, acadêmicos, e outros poderiam analisar estes dados, colocá-los em aplicativos, mapeá-los, e de alguma forma usá-los para, digamos, compreender as tendências demográficas dos consumidores, pesquisar padrões da saúde humana, ou saber se o ônibus será pontual.

Desde agosto de 2015, o governo dos EUA já publicou 165 mil conjuntos de dados e ferramentas em seu site aberto do Governo.[26] A filosofia do governo dos EUA de que os dados em poder do governo são dados públicos o tornou pioneiro na transparência. Outros governos estão seguindo o exemplo. A partir de agosto de 2015, o governo do Reino Unido lançou 22 mil pacotes de dados.[27]

A divulgação de dados pela rede ponto a ponto e pelo Blockchain vai introduzir níveis ainda maiores de eficiência, uniformidade, utilidade e confiabilidade. Publicizar dados é um incentivo para garantir a precisão dos dados. Seria possível visualizar e marcar dados quando é encontrado um erro, ou ainda provar que dados foram alterados ou corrompidos.

Ao registar um conjunto completo de dados no blockchain, a rede registra adições e alterações no conjunto de dados e pode bloquear os esforços de manipulação destes. Não há necessidade de um administrador central. Os governos podem liberar mais dados programáticos para ajudar o público e os analistas a entender esses programas e seu impacto.

Parceria para criar valor público

Nós já vimos como simplesmente tornando a informação confiável disponível, pode ser usado para o valor econômico e social positivo, e como os indivíduos e as comunidades podem ser empoderados para melhorar suas próprias vidas. Redes ponto a ponto com Blockchain habilitados irão exigir que repensemos como podemos dividir a responsabilidade na criação de valor público. Quando os governos publicam dados primários, eles se tornam uma plataforma na qual as empresas, a sociedade civil, outras agências governamentais e indivíduos podem se organizar para criar serviços. Temos usado o modelo de "pagar pelo sucesso" por alguns anos agora, para envolver as empresas na resolução de problemas cívicos. Por exemplo, o Departamento de Trabalho norte-americano financiou iniciativas que contratam ex-detentos e reduzem a reincidência, e a cidade de Chicago elevou os níveis de educação entre pré-escolares desfavorecidos.[28]

Este modelo também encoraja a inovação e incentiva a obtenção dos resultados desejados pela liberação de fundos somente quando esses resultados foram alcançados e mensurados. Pense sobre o poder de micropagamentos contínuos para um pequeno grupo sem fins lucrativos, que trabalha em uma comunidade com iniciativas de energia sustentável. Um programa do governo poderia ligar o financiamento ao real declínio no consumo. O grupo sem fins lucrativos poderia se manter, sem ter que depender da complexa papelada de reembolso e poderia até mesmo garantir financiamento com base no compromisso do governo à sua participação no modelo "pago pelo sucesso".

Vinculando contratos sociais inteligentes à reputação política

Assim como a rede Bitcoin usa a tecnologia Blockchain para constantemente garantir a integridade dos pagamentos, a malha do governo pode usar os Blockchains para garantir a integridade das suas operações, registros e decisões importantes. Funcionários não podem esconder "fora dos livros" pagamentos ou outros registros do governo, incluindo arquivos de e-mail, processos de decisão e bancos de dados. Considerando que a segurança deriva muitas vezes de cercas, paredes ou um perímetro de proteção, o Blockchain protege contra adulteração de dentro e de fora. Por isso, isto mantém "as pessoas honestas, honestas."[29]

A transparência é crucial para mudar o comportamento de uma instituição. Embora, claro, não possamos forçar estes valores e comportamentos aos nossos representantes públicos, podemos limitar suas decisões e ações por meio de contratos inteligentes que definem os seus papéis e responsabilidades como nossos representantes e, em seguida, os monitorar e medir no Blockchain.

Lembre-se, contratos inteligentes são acordos de autoexecução armazenados no Blockchain, que ninguém controla e, portanto, todos podem confiar. Facções políticas como o Grand Old Party poderia usá-los para que os candidatos como Donald Trump, que usam a sua estrutura de partido para debate e campanha durante as primárias, não possam concorrer como independentes em uma eleição geral. Poderíamos aplicar contratos inteligentes para diferentes operações do governo (rede de fornecedores, serviços jurídicos externos, contratos de pagamento por sucesso) e até mesmo para papéis mais complexos do governo e dos nossos representantes eleitos. Prevemos redes ponto a ponto rastreando os compromissos de um funcionário eleito e os seus cumprimentos. Monitores já fazem isso por pontos de rede formais e informais na web.

Embora essa abordagem não possa ser aplicada a tudo o que nós esperamos dos nossos líderes políticos, poderíamos usá-la para todos os tipos específicos de compromissos e ações. Enquanto a mensuração dos eventuais resultados será mais um desafio (por exemplo, os resultados obtidos com o dinheiro gasto), ao longo do tempo construiremos experiência e conhecimento com indicadores, para que possamos basear as nossas avaliações em fatos, em vez da apuração atual. Isso não é tão improvável de acontecer – em Londres, um candidato na campanha para prefeitos municipais de 2016 já está invocando o uso do Blockchain para assegurar as responsabilidades dos oficiais eleitos para os serviços públicos.[30]

Regulamentadoras poderiam implementar o processo do Blockchain como meios verificáveis para acompanhar os compromissos dos setores regulamentados em tempo real, avaliando se eles estão seguindo de acordo com as promessas feitas (por exemplo, investimentos em energia sustentável) ou cumprindo com as práticas normativas (por exemplo, entrega em tempo real, metas de segurança). Enquanto a publicação de indicadores-chave de desempenho e resultados em sites públicos é cada vez mais comum, o Blockchain permitiria que esses processos fossem automatizados e com precisão garantida quando aplicado aos resultados mensuráveis.

Os dados gerados por estes processos asseguram que o público está constantemente ciente de quem está se comportando com integridade. Quantas vezes ele apareceu em reuniões? Como ele votou? Ele honrou os seus compromissos para fazer tal e tal? Quem doou para a sua campanha política? Quem violou os termos de seu contrato inteligente? Autoridades eleitas e aquelas regulamentadas devem honrar os seus compromissos ou explicar por que eles não o fizeram. Isso também fornece um feedback ao eleitorado sobre se as suas exigências como constituintes são razoáveis e justas, não reacionárias. Muitas vezes, os eleitores querem mais serviços, porém menos impostos; ou mais indústrias, mas não em seu quintal; ou preços mais baixos, e salários mais elevados. Como tal, os dados abertos oferecem um meio de se entender o trade-offs, a relação perde e ganha, e de se aumentar a responsabilidade de todos os envolvidos.

A SEGUNDA ERA DA DEMOCRACIA

Enquanto a democracia representativa é complexa e varia globalmente, uma coisa permanece constante: a cidadania passiva. Até o momento a discussão centrou-se em como a tecnologia Blockchain pode ajudar a criar as condições para ocorrer uma votação justa, segura e conveniente. Certamente, nós temos grandes oportunidades. A votação on-line baseada no Blockchain permitiria aos cidadãos se pronunciar mais frequentemente. Mas a tentativa de substituir a democracia representativa seria um erro. "As propostas votadas são geralmente destilações bem refinadas de problemas grandes e complexos. Elas resultam de um longo processo que envolve conflitos, contradições e compromissos. Para entender um movimento e votar de forma responsável, os cidadãos precisam participar de alguma forma do processo de refinação", escreveu Don em The Digital Economy mais de vinte anos atrás.[31] No entanto, se entendermos os contornos de um novo modelo, podemos ver como a tecnologia Blockchain pode ajudar muito além da votação.

Tecnologia e democracia: uma história (não muito) feliz

Como a tecnologia afetou a democracia? Surpreendentemente, a história se misturou da melhor forma. A televisão sem dúvida degradou a discussão democrática, transformando no que Al Gore chamou de "mercado de ideias"[32] em um diálogo de mão única. Igualmente adicione os tóxicos noticiários da TV a cabo, nos quais cabeças falantes ganham pontos atacando adversários e não discutindo ideias, e você tem espantosas e atordoantes batalhas de extremos. Como o âncora de notícias fictício Howard Beale no filme Net work disse: "Eu estou tão louco como o inferno e não vou mais aceitar isso!".

Até agora a internet não mudou a democracia para melhor. Se alguma coisa, com o aumento da vigilância e violação da privacidade, sob o pretexto da segurança nacional, os governos democráticos estão se comportando mais como regimes autoritários. Nós gostaríamos de focar em três desafios específicos.

1. Fragmentando o discurso público
Al Gore esperava que a Era Digital reverteria a maré de negatividade corroendo as nossas instituições básicas. "A maior fonte de esperança para o restabelecimento de um mercado vigoroso e acessível para ideias é a internet." Ele não estava sozinho. Nós argumentamos por tempos que, como a web se estende no uso, recursos e conectividade, o aumento do acesso à informação factual melhoraria a qualidade do discurso público.

No entanto, o oposto parece estar ocorrendo: balcanização de perspectivas e exploração das novas ferramentas por ideólogos que se organizam em batalhões. Hoje, como a produção de conteúdo se tornou mais distribuída e as fontes de informação e de opinião proliferaram, qualquer pessoa pode apresentar uma certa visão e atrair um público com a mesma opinião, que pode ser pequeno, mas também pode ser devotado.

As novas comunicações e ferramentas de análise de dados também permitiram que grupos ideologicamente incitados tomassem debates sociais e políticos. Ambos, liberais e conservadores, os estão usando para criar câmaras de eco que minam o potencial de compromisso, para não mencionar o consenso.

2. Escalando a ignorância na World Wide Web
Assim como as pessoas não podem falar a uma pessoa de um cão na internet, elas não podem sempre discernir a verdade. Os teóricos da conspiração popularizam seus pontos de vista sem evidências em dias ou mesmo horas,[34] mais recentemente aqueles em torno do acidente da Malásia Airlines, Voo MH370. Considere que três em cada dez americanos atualmente acreditam que os seres humanos existem desde o início dos tempos.[35] E, apesar da esmagadora evidência científica de que as emissões de carbono ameaçam a vida na Terra, aqueles com interesses escusos de curto prazo têm efetivamente denegrido a ciência e impedido a discussão inteligente, sem falar nos planos de ação. Aqueles que utilizam a web para promover a ignorância e a negação estão derrotando a força dos cientistas e racionalistas. Países internacionalmente repressivos, do Irã a Coreia do Norte, estão criando versões particulares e restritas da internet para os seus cidadãos, tornando a web uma ferramenta ainda mais poderosa para a ideologia triunfar sob o racionalismo.

3. Complicando a política e a implementação
Na era pré-digital, decretar e fazer cumprir a política era menos complicado. Especialistas em política e conselheiros presidenciais tinham forte comando das questões. Hoje eles mal podem acompanhar o ritmo definindo os problemas, imagine elaborar soluções ou explicá-los ao público. O problema é tão ruim, que o presidente Obama assinou a lei da Escrita Simples de 2010, exigindo que as agências federais usem uma linguagem que o público possa entender.[36]

Atualmente, muitas situações imprevistas surgem entre as eleições. Nenhum governo pode afirmar com confiança que tem um mandato de eleitores para tomar medidas específicas sobre todas as questões pertinentes. Além disso, os governos não têm experiência política interna suficiente em muitas questões. Portanto, mesmo se um governo contrata uma pesquisa de opinião para discernir a visão do público, o processo de votação não aproveita a sensatez e percepção que os cidadãos de uma nação podem coletivamente oferecer.

Colocando a democracia no Blockchain

Todos esses problemas sugerem um novo modelo de democracia que enfatiza o discurso público e o envolvimento dos cidadãos. Não vamos confundir o engajamento cívico com noções da suposta democracia direta, em que todos nós assistimos ao noticiário da noite e votamos em enforcamentos públicos por meio de nossos dispositivos móveis ou televisores interativos. Os cidadãos não têm tempo, interesse ou conhecimento para se tornarem informados sobre todas as questões. Nós queremos opiniões fundamentadas, não apenas qualquer opinião. Nós ainda precisamos de assembleias legislativas para debater, refinar e resolver os problemas.

Mas certamente um modelo mais colaborativo de democracia, talvez um que premie a participação, tal como a função de mineração, poderia encorajar o engajamento e aprendizado dos cidadãos sobre as questões, enquanto, ao mesmo tempo, fortaleceria o setor público com o raciocínio interessado que a nação poderia oferecer coletivamente. Poderíamos criar uma cultura em que as pessoas estão ligadas pelo processo democrático, e não desligadas pelo abuso dos seus representantes em seus lugares?

Por que isso não aconteceu até agora? O principal problema não é tecnológico. A maioria dos políticos, independentemente da classe política, parece se preocupar mais em ganhar as eleições do que em resolver a crise de legitimidade por meio do engajamento dos cidadãos.

Vamos começar com o básico. O processo mais fundamental para a democracia representativa é a eleição. Votar é direito (e em alguns países, como a Bélgica, uma responsabilidade) de todos os cidadãos elegíveis em uma democracia. No entanto, em todo o mundo, eleições são profundamente falhas. Autoridades corruptas adulteram resultados ou equipamentos. A votação pode ser suprimida usando tudo, desde a falta de acesso ao suborno e intimidação. A manipulação de eleições é um negócio complexo, mas é feito em quase todo lugar. A tecnologia Blockchain poderia ajudar a melhorar o processo de votação?

Para todos os nossos avanços tecnológicos, a mecânica de votação nas eleições se manteve praticamente inalterada durante centenas de anos. Em muitas partes do mundo, para votar você vai a um posto de votação, se identifica, marca uma cédula de papel, coloca a cédula em uma caixa protegida, e espera os seres humanos contarem as cédulas.

O voto eletrônico (e-votação) é um termo para votar com o auxílio de qualquer sistema eletrônico. A e-votação tem, em muitos casos, se revelado tão confiável quanto os votos computados manualmente. E-votação hoje sofre com três problemas: ataques ao software e hardware, erros ou bugs na codificação, e erro humano. Em 2004, uma máquina de votação auxiliando na eleição geral na Carolina do Norte foi acidentalmente definida para armazenar apenas 3 mil votos. Isso causou a perda irremediavelmente de 4.438 votos, em uma corrida que foi decidida por uma diferença de apenas 2.287 votos.[37]

VOTAÇÃO NO BLOCKCHAIN

Como votar no Blockchain pode funcionar? Imagine o conselho eleitoral criando "carteiras" digitais para cada candidato ou opção, com eleitores aprovados que alocam uma ficha ou uma moeda cada, para cada posição aberta. Cidadãos votam anonimamente pelo seu avatar pessoal, enviando sua "moeda" para a carteira de seu candidato escolhido. O Blockchain registra e confirma a transação. Quem terminar com a maioria das moedas ganha.

Alguns tentaram resolver o problema da confiabilidade usando sistemas de votação auditáveis de ponta a ponta. Os votos são normalmente feitos através de cabines, que produzem um registro autenticado criptograficamente da cédula, mas que permite que os votos sejam contados eletronicamente.

CommitCoin utiliza criptografia de sistemas de protocolo (proof-of-work systems) para comprovar que uma mensagem foi enviada em uma determinada data. Os inventores, Jeremy Clark e Aleks Essex, dizem que podemos usá-lo para provar a integridade dos dados eleitorais antes do evento, como um meio de "compromisso de datação por carbono", fornecendo uma base para neutralizar fraude e erro.[38]

Sistemas de e-votação de ponta a ponta

Cidadãos estão fazendo avanços o tempo todo. Em 2015, acadêmicos da National and Kapodistrian University of Athens publicaram um artigo introduzindo DEMOS, um novo sistema de votação eletrônica ponta a ponta (E2E), verificável no modelo padrão, sem depender de suposições de instalação ou acesso a um "aviso aleatório"[39]. Ele usa um livro-razão público distribuído, como o Blockchain, para criar uma urna digital que os cidadãos podem utilizar para votar de qualquer lugar no mundo.

Uma eleição verificável E2E detecta autoridades eleitorais que tentam adulterar os resultados. Eleitores votam em troca de recibos que lhes permitem verificar que: (a) o voto deles foi computado como pretendido; (b) o voto foi gravado da forma como foi lançado; e (c) ele foi contado da forma como foi gravado. Uma terceira parte externa poderia verificar os resultados das eleições. Eleitores ainda têm de aceitar as premissas de configuração e dar um voto de confiança para os resultados das eleições.

Com o DEMOS, o sistema de votação gera uma série de números aleatórios.[40] Os eleitores recebem dois conjuntos de números ou chaves: um correspondente a eles, e um ao seu candidato preferido. Após a votação criptografada ser lançada, isso é enviado por vários servidores. Os resultados são publicados em um quadro de avisos exibindo publicamente todas as informações relacionadas à eleição.

Blocos de eleitores neutros

Na Austrália, uma organização chamada Bloco de Eleitores Neutros (NVB, do inglês, Neutral Voting Bloc) está usando a votação no Blockchain para revolucionar inteiramente a democracia. Eles têm uma abordagem única com o governo e é otimista: "Acreditamos que a melhor maneira de corrigir a política é participarmos nós mesmos."[41]

O fundador, Max Kaye, descreve o NVB como um "aplicativo político", no qual os cidadãos interessados podem registrar suas opiniões sobre questões de política ao "votar" no Blockchain. Quando o tempo acaba, o resultado final instrui as autoridades eleitas sobre como votar em processos governamentais. Quando perguntado, por que você está usando o Blockchain? Max Kaye respondeu: "Porque temos a intenção de facilitar uma variedade de partidos, alguns deles vão necessariamente discordar fortemente. Para manter a integridade precisamos que cada parte seja capaz de verificar de forma independente o histórico de votação, e cada voto". Além disso, Kaye sugere que há propriedades anticensura e imutabilidade. Ele disse: "A única estrutura eletrônica do planeta que eu estou ciente que pode fazer isso é a rede Bitcoin. (Embora haja outros blockchains, eles não são suficientemente imutáveis porque as suas taxas hash são muito baixas)."[42]

Protegendo os eleitores

A intimidação de eleitores pode tomar um rumo violento. No Zimbábue, o opositor de Robert Mugabe se retirou da eleição quando a coerção das milícias de apoio se tornaram letais. As eleições foram realizadas de qualquer forma, Mugabe ganhou. Embora os avanços tecnológicos sempre venham com as pessoas que os exploram para seu próprio benefício, alguns estão começando a dizer que a tecnologia Blockchain poderia erradicar a corrupção em lugares como a Ásia.

Em julho de 2014, durante uma das eleições presidenciais mais contestadas na história da Indonésia, um grupo anônimo de setecentos hackers criou uma organização chamada Kawal Pemilu, ou "Proteja o Voto". Sua missão era mostrar abertamente as cédulas eleitorais on-line para permitir que os eleitores verificassem o resultado em cada posto de votação. Princípios de descentralização, transparência e anonimato individuais, combinados para proteger ataques cibernéticos maliciosos e assegurar uma eleição mais justa.[43]

"Os governos corruptos desejam se mostrar honestos?"[44] perguntou Anson Zeall, CEO da CoinPip, uma empresa especializada no envio de moedas autorizadas através de fronteiras internacionais usando o Blockchain. Ele questiona se todos adotam avanços na votação, e se os políticos realmente querem eleições justas. Para outros, o voto eletrônico parece um salto desnecessário ou apressado à frente. Nós argumentamos que muitas destas questões pertencem ao domínio da implementação, não da projeção.

A reformulação dos nossos sistemas eleitorais e políticos irão provavelmente influenciar questões mais fundamentais com a votação em eleições democráticas. Compare a fraude de identificação do eleitor com outros fatores mais insidiosos. Uma investigação abrangente de fraude de identificação do eleitor nos Estados Unidos em 2014 encontrou 31 incidentes, incluindo acusações e alegações críveis, em eleições federais, estaduais e municipais – desde 2000.[45] Nesse tempo, mais de 1 bilhão de cédulas foram lançadas em eleições gerais e primárias.

Nos quatro estados com as leis de identificação mais severas, mais de 3 mil votos foram rejeitados por falta de identificação adequada.[46] Isso não inclui aqueles que não se preocuparam em tentar – e isso é um problema muito maior. Enquanto o modelo de democracia deles é anunciado para todo o mundo, a maioria dos americanos não vota nas eleições, citando razões como "nada nunca é feito", "os políticos são tão corruptos", e "não há diferença entre as escolhas."[47] Nós esperamos que a tecnologia Blockchain tenha algumas abordagens inovadoras para esses problemas também.

Com tempo e desenvolvimento, a tecnologia Blockchain pode ser o impulso que permitirá voto eletrônico transformar eleições e instituições democráticas, ao trazer o voto para as mãos dos eleitores de forma eficaz e confiável.

MODELOS ALTERNATIVOS DE POLÍTICA E JUSTIÇA

Se o Blockchain pudesse permitir um governo mais eficiente e suscetível, e melhorasse como a democracia é administrada por meio de novos procedimentos de votação, isso também poderia catalisar novos processos políticos?

Para alguns apoiadores da próxima geração do governo, o objetivo final da reforma eleitoral é permitir um sistema de "democracia líquida." Eduardo Robles Elvira, CTO da Agora Voting, é um grande fã. Ele descreve a democracia líquida como uma combinação das melhores partes da democracia direta (como o tipo praticado na antiga Atenas) com as democracias representativas de hoje, que pedem muito pouco dos seus eleitorados.

Democracia líquida, também chamada de democracia delegativa, permite aos cidadãos o máximo de customização e personalização da experiência democrática. Nas palavras de Robles Elvira, em uma democracia líquida "você pode escolher o seu nível de participação a qualquer hora."[48] A sua opinião é sempre bem-vinda, mas não é essencial para manter o país funcionando.

Os eleitores podem delegar a autoridade de votação a vários representantes delineados por uma variedade de tópicos.[49] Os referendos são, então, realizados com frequência e categorizados por tema, indicando qual representante (se houver), deve ser solicitado para emitir seu voto sobre a questão. Isso permite um sistema no qual os eleitores podem selecionar vários especialistas ou consultores de confiança para votar em seu nome. A base desta ideologia é a crença de que nenhuma pessoa (ou grupo) tem a resposta certa e completa para todas as perguntas. Em democracias representativas, este axioma é muitas vezes assumido e ignorado.

Robles Elvira está trabalhando com os governos para construir "um recurso altamente distribuído, único, muito bom em resolver ataques distribuídos de negação de serviço (DDOS)." A tecnologia Blockchain permite isso. Ele disse: "É muito difícil criar um sistema seguro e distribuído, e o Blockchain nos permite fazer isso... e ele não é somente distribuído, mas é distribuído de forma segura. Isso é muito importante e pode ser útil para muitas aplicações; o voto eletrônico é apenas uma delas." Sua empresa, a Agora Voting, fornece a infraestrutura tecnológica necessária para conduzir eleições eletrônicas auditáveis, transparentes e verificáveis. "Com a tecnologia de criptografia de alto nível, os seres humanos se tornam o elo mais fraco na cadeia de segurança."[50]

O partido antiausteridade da Espanha, Podemos, usa a Agora Voting para realizar suas eleições primárias. Com o compromisso do partido com a democracia participativa, veio um compromisso com a transparência, uma mudança ideológica na Espanha e em outros lugares, consistente com o sustento das tecnologias distribuídas.

Robles Elvira vê algumas limitações também. Para maximizar a segurança e o anonimato, um usuário atualmente precisa acessar todo o Blockchain, um arquivo gigante. O tamanho o torna difícil de acessar (especialmente em um celular) e decididamente pouco amigável ao usuário. Ainda assim, a tecnologia está sempre evoluindo e os projetos estão cada vez melhores. "Estamos no início da votação eletrônica", disse Robles Elvira.[51] A tecnologia é flexível. Sem dúvida, as suas melhores aplicações ainda estão por vir.

Resolução de disputas

Algumas disputas legais devem ser deixadas de fora dos tribunais. Vimos como contratos inteligentes podem permitir julgamentos de disputas comerciais descentralizadas, independentes e autônomas. Contratos inteligentes são indiferentes às noções de igualdade ou justiça, e no entanto, incapazes de conciliar versões conflitantes de fatos. Ainda mais revolucionário para o julgamento do que um registro verificável de provas, o Blockchain pode ser a plataforma ponto a ponto para a resolução de disputa. Neste modelo, um júri composto por centenas ou milhares de pares poderia pesar para, efetivamente, como disse Pamela Morgan da Empowered Law, "justiça crowdsource."[52]

Eleições em amostras aleatórias

Outro modelo democrático habilitado pela governança de estilo Blockchain, é a eleição em amostras aleatórias. Eleitores selecionados aleatoriamente receberiam uma cédula pelo correio e direções para websites com informações do candidato e declarações das partes interessadas. Qualquer pessoa pode solicitar uma cédula, mas não será contado, e aparecerá indistinguível aos homólogos válidos para todos, menos para o eleitor requerente. Estes podem ser vendidos a um comprador de votos, mas eles nunca saberiam se esse voto foi contado. À medida que estes votos são mais prováveis de serem vendidos do que os seus homólogos contáveis, eles fazem a coerção impraticavelmente cara. David Chaum, inventor do conceito, disse que a votação em amostra aleatória poderia produzir resultados mais representativos e confiáveis do que as eleições de hoje alcançam regularmente.[53]

Mercados preditivos

A empresa Augur está usando o Blockchain para agregar várias pequenas apostas sobre eventos futuros em poderosos modelos de previsão. Com a aplicação certa, isso poderia ajudar a criar democracia colaborativa. Os governos poderiam utilizar os mercados de previsão para envolver os cidadãos no sentido de ajudar a compreender melhor os cenários futuros, permitindo que os governos façam melhores escolhas políticas.

Vitalik Buterin, da Ethereum, discute um modelo alternativo de vida política chamado "futarchy".[54] Criado pelo economista Robin Hanson, seus princípios podem ser perfeitamente resumidos como "vote em valores, mas aposte em crenças." Os cidadãos elegem seus representantes democráticos em um processo de duas fases: primeiro, escolhem alguns parâmetros para determinar o sucesso do seu país (como alfabetização ou taxa de desemprego). Em seguida, usam os mercados de previsão para selecionar as políticas públicas destinadas a otimizar os parâmetros eleitos.

O estilo de fazer previsão de Augur poderia envolver os cidadãos nas pequenas tomadas de decisão que contribuem para discussões nacionais de política, eventualmente moldando o futuro da própria democracia.

Judiciário no Blockchain

O Blockchain também pode transformar o nosso judiciário. Combinando os conceitos de transparência, colaboração coletiva e participação do cidadão on-line – pelo Blockchain – podemos imaginar conceitos que reintroduzam a antiga democracia ateniense no século XXI.[55] O júri coletivo ou Crowd-Jury[56] procura transformar o sistema de justiça, colocando vários processos judiciais on-line, usando tanto colaboração coletiva quanto Blockchain, incluindo o registro de uma acusação ou reclamação, coletando e examinando provas, envolvendo cidadãos em ensaios abertos on-line e como jurados on-line, e emitindo um veredicto. Pense em processos transparentes com a descoberta da colaboração coletiva, análise da colaboração coletiva, e tomada de decisão coletiva e pronto – você obtém um resultado preciso, em um prazo muito mais curto e com um custo muito reduzido.

O processo[57] começa com a comunicação on-line da suspeita de um delito civil ou criminal (por exemplo, um funcionário público suspeito de receber subornos), convidando potenciais testemunhas a fornecer provas, e combinando as informações de várias fontes. A queixa ou reclamação inicial, assim como todas as evidências, seriam armazenadas criptograficamente pelo Blockchain para garantir que elas permaneçam no registro e não sejam adulteradas.

Uma vez apresentado, grupos relativamente pequenos (nove a doze pessoas) de voluntários autosselecionados, com base na perícia requerida, analisariam os fatos e determinariam se há fundamento para ir a julgamento. Neste, haveria dois caminhos possíveis. Primeiro, o chamado "criminoso" se declara culpado e propõe o restabelecimento (que pode ou não ser aceito pelo júri) ou a queixa procede a julgamento on-line com um júri pesado. Assim como em Atenas, em que qualquer cidadão com mais de 30 anos poderia se candidatar a ser jurado a qualquer momento (mas não para um caso específico), os indivíduos irão aplicar para júris com seleção final por um dispositivo de randomização, assim como os jurados atenienses foram selecionados por um *kleroterion* no século IV AC.[58] Como resultado, não existe desvio na distribuição de júris para casos específicos. O julgamento e todas as provas são transmitidas on-line em um modelo semelhante a um tribunal aberto. Qualquer um pode "participar" e fazer perguntas ao réu, mas apenas os jurados votam no veredicto por uma votação on-line.

Vamos começar com o julgamento de conflitos em disputas de baixo valor e resolver problemas nas comunidades globais por linhas de jurisdição, por exemplo, as redes sociais. O Conselho de Justiça Civil do Reino Unido recentemente olhava modelos on-line em todo o mundo para recomendar a resolução de disputas on-line.[59] A maioria dos primeiros modelos depende do uso de juízes ou outros juízes especializados em algumas fases do processo on-line. Outros processos em andamento dependem de outros participantes on-line para chamar e tratar comportamentos inadequados on-line, tais como comentário difamatório (por exemplo, a subsidiária do eBay na Holanda, Marktplaats, inspeciona os comentários independentes) ou trapacear em jogos on-line (por exemplo, em Valve's Overwatch, que permite aos membros qualificados da comunidade analisar os relatórios de comportamento disruptivo e aplicar proibições temporárias, se apropriado.)[60]

Isso está muito longe de justiça popular. É a "sabedoria da multidão" aplicada a muitos mais processos judiciais, com resultados benéficos.

ENGAJANDO CIDADÃOS NA RESOLUÇÃO DE GRANDES PROBLEMAS

A maioria das pessoas que acredita na ciência entende que as emissões humanas de carbono estão aquecendo a atmosfera. Essa mudança climática é perigosa para a nossa e as outras formas de vida no planeta. Governos, empresas e ONGs que trabalham na redução de carbono tendem a concordar que o chamado mercado de carbono é uma abordagem ambientalmente eficaz e economicamente viável para a redução de emissões.

Uma política é chamada de "Comércio de Emissões". Um órgão regulador define uma "emissão" ou limite para as emissões de carbono, e diminui isso ao longo do tempo para reduzir a quantidade de poluentes lançados na atmosfera. O "comércio" representa um mercado de licenças de carbono, ajudando as empresas e outras organizações a cumprir com seu limite alocado. De acordo com o Fundo de Defesa Ambiental, "Quanto menos eles emitem, menos eles pagam, então está no incentivo econômico para poluir menos."[61]

Hoje as nações mais desenvolvidas da União Europeia têm trocas comerciais de emissões. Califórnia, Ontário e Quebec concordaram com o Protocolo de Montreal, defendendo uma troca global. Funcionários da nação, estado, cidade, e os níveis de empresa poderiam atribuir créditos comerciais de emissão para equilibrar os subsídios fixos. Ao mesmo tempo, sistemas de reputação baseados em Blockchain poderiam taxar os quilowatts-hora de fornecedores de energia à rede, de acordo com os padrões sustentáveis de redução de gases de efeito estufa. Por exemplo, o sistema poderia marcar a energia proveniente de carvão, com maiores débitos de emissão, e as energias renováveis, como a solar, como créditos. O Blockchain pode ajudar a automatizar o sistema de comércio de emissões em escala industrial. Algoritmos de tarifação eficientes calculam créditos e débitos em tempo real, e as organizações verdes capturam e acompanham os seus créditos de carbono no livro-razão e os junta em uma troca.

E se nós criássemos um sistema de comércio de emissões para as pessoas? Certamente precisamos mais do que as nossas instituições para mudar o comportamento! O comércio pessoal de carbono iria funcionar por meio da Internet das Coisas. Sensores, detectores e instrumentação iriam medir seu aquecedor de água, máquina de lavar louça, e termostato doméstico em tempo real e informá-lo de seu saldo de créditos de carbono. Ao mesmo tempo, você poderia ganhar créditos ao agir de forma prática e sustentável. Se você adicionou um conjunto de painéis solares no seu telhado, você iria ganhar créditos ao retornar o excesso de energia para a rede.

Isso poderia criar novas fontes de renda anual para as pessoas? Afinal, os pobres e os sem-teto são baixos usuários de carbono. Ao ir trabalhar de bicicleta, você poderia economizar créditos que o seu aquecedor de água quente poderia utilizar: "Ei, máquina de lavar louça, meu relógio pessoal de comércio de emissões indica que podemos nos dar ao luxo de fazer uma lavagem completa e 30 minutos do ciclo de secar." Sensores de água na máquina de lavar poderiam gerenciar o uso de água baseado em um nível aceitável de densidade de partículas, sensores de umidade no secador poderiam desligar o secador quando as roupas atingissem um nível aceitável de secura e o sistema de climatização do edifício poderia aproveitar o excesso de calor.

DOMINANDO AS FERRAMENTAS DA DEMOCRACIA DO SÉCULO XXI

Como livro-razão global, distribuído e programável, que é seguro, projetado para a privacidade, e enriquecido com sistemas de incentivos, a tecnologia Blockchain se presta para o desenvolvimento de novas ferramentas democráticas, tais como:

Brainstorming digital: reunindo responsáveis políticos e cidadãos para terem sessões de brainstorming on-line, em tempo real e moderado, para identificar novos problemas ou necessidades políticas. O consenso é então alcançado com a atribuição de um símbolo, sistemas de um voto que podem ajudar a alcançar discussões cheias de ideias, e torná-las mais difíceis para disruptores, trolls e sabotadores causarem danos.

Desafios: disputas on-line com um painel de juízes. Pense em modelos pré-blockchain, como o Desafio Goldcorp (mencionado anteriormente), o Prêmio X, ou os inúmeros desafios de inovação conduzidos por muitos governos ocidentais. O objetivo dos desafios é envolver os cidadãos na inovação e na criação de valor público.

Cidadãos on-line júris e painéis: os cidadãos escolhidos aleatoriamente atuam como jurados políticos ou consultores sobre um tópico. O júri usa a internet para compartilhar informações, fazer perguntas, discutir questões e ouvir depoimentos. Os sistemas de reputação Blockchain ajudam os questionadores a conhecer a fundo a reputação dos membros do júri e do painel. As decisões e os registros são gravados no Blockchain.

Pesquisa deliberativa: isso dá aos cidadãos os recursos para aprender e refletir sobre as questões de uma forma colaborativa e deliberativa. Isso combinaria pequenos grupos de discussão na internet com amostragem científica, aleatória, para contribuir na participação pública de forma mais informada na elaboração de políticas do que as pesquisas instantâneas podem fornecer.

Planejamento de cenário: construir cenários com simulação e software de modelagem para projetar as necessidades políticas futuras e compreender as consequências a longo prazo das decisões. Políticos, burocratas e cidadãos poderiam avaliar os potenciais impactos sobre uma série de fatores, que vão desde saúde e meio ambiente, à economia.

Mercados de previsão: como explicamos no caso da Augur, existem inúmeras oportunidades para usar os mercados de previsão para negociar o resultado de eventos. Os governos podem usá-los para obter informações sobre muitas questões: Quando a ponte será realmente construída? Qual será o nível de desemprego em doze meses? Haverá um primeiro-ministro do Partido Nacional após a próxima eleição – uma questão real de um mercado iPredict na Nova Zelândia.

As tecnologias Blockchain poderiam turbinar todas essas ferramentas. Para começar, as contribuições dos cidadãos poderiam ser privadas, abrindo possibilidade de compromisso. Isso é ruim para governos repressores, mas bom para a democracia, uma vez que torna mais difícil para as autoridades governamentais censurar, reprimir e controlar a oposição. Ao mesmo tempo, como descrito anteriormente no caso da Blockapedia, sistemas baseados em reputação Blockchain poderiam melhorar a qualidade das discussões, reduzir o número de desestabilizadores e sabotadores, e assegurar que todos os comentários são registrados com precisão e de forma permanente. Quando houver compensação para vencedores ou outros colaboradores, os acordos poderiam ser muito mais granulares e imediatos pelas moedas digitais. Vários contratos inteligentes poderiam ser construídos com cidadãos e grupos para esclarecer melhor o papel de cada um no processo.

Melanie Swan, fundadora do Institute for Blockchain Studies, argumenta que a tecnologia Blockchain pode ter um impacto de amadurecimento na forma como a sociedade aborda temas como governança, independência e dever cívico. "Pode parecer mais difícil de libertar da autoridade centralizada, em matéria de governo e economia, em oposição à cultura e informação, mas não há razão para que a maturidade social não possa se desenvolver semelhantemente neste contexto."[62]

Claramente, a próxima geração de internet proporciona novas oportunidades profundas. Os principais desafios não são tecnológicos. Um exemplo cauteloso: a campanha de Obama em 2008 criou uma plataforma expansiva na internet, MyBarackObama.com, que deu aos apoiadores ferramentas para se organizarem, criarem comunidades, arrecadarem dinheiro e induzirem as pessoas não só a votar, mas se envolverem na campanha de Obama. O que surgiu foi uma força sem precedentes: 13 milhões de apoiadores conectados uns aos outros pela internet, e auto-organizados para construir

35 mil comunidades de pessoas com interesses comuns. Quando os jovens gritavam "Yes We Can", isso não era apenas um slogan de esperança; era uma afirmação de poder coletivo.

No entanto, em 2012, a campanha de Obama mudou, substituiu o envolvimento dos cidadãos por big data, substituindo "Yes We Can" por "We Know You." Ele usou dados para balançar os eleitores e mirar apoiadores para os fundos de campanha. A campanha ganhou a eleição, mas afastou os cidadãos de consumir as suas mensagens. A estratégia de big data tinha menos risco do que a estratégia de comunidades que se auto-organizam.

Durante seus dois termos, o presidente deu passos importantes para envolver os cidadãos, principalmente por "Challenges", que são competições elaborados para ideias inovadoras. Mas em sua segunda campanha crítica, Obama não conseguiu envolver os cidadãos e perdeu uma oportunidade histórica de fortalecer a legitimidade do governo. No final, até mesmo o presidente Obama, que havia sido chamado de "O Primeiro Presidente da Internet", tomou a rota conveniente para o poder, usando a mídia social para transmitir mensagens e levantar fundos por meio de publicidade direcionada on-line com dados enriquecedores.

Se não for o Presidente da Internet, então quem?

Há um papel para todos no governo em exercício e na democracia em Blockchains. Primeiro, existem oportunidades ilimitadas para eliminar a redundância e desperdício de tempo, votação e participação em novos processos democráticos, servindo como jurado, ganhando créditos de energia, pagando impostos e recebendo serviços públicos, e vendo para onde cada dólar de imposto está indo e como os representantes estão votando. Representantes eleitos precisam ir em frente e mostrar liderança na elaboração e execução de contratos inteligentes. Se você tem integridade, por que não incentivar a criação de sistemas de reputação Blockchain? "Os eleitores têm memória curta",[63] disse Andreas Antonopoulos. Crie maior transparência, quer você seja um juiz, advogado, policial ou parlamentar. Funcionários públicos e empregados do governo poderiam usar sensores e câmeras para rastrear bens públicos e inventário no Blockchain, priorizar os reparos de infra-estrutura, e alocar recursos. Se você é uma pessoa jovem, não desista da democracia. Ela pode estar quebrada, mas é consertável. Concentre no financiamento de campanhas como um ponto de partida para a transparência Blockchain, já que muito dinheiro é atualmente o mais fundamental dos problemas. Se você é um contratado do governo, use contratos inteligentes para limpar a corrupção e desperdícios, e evidencie o seu desempenho superior. As possibilidades são abundantes.

Claramente haverá uma luta para trazer a mudança, mas cidadãos do mundo, uni-vos! Vocês têm tudo a ganhar com o Blockchain!

CAPÍTULO 9

LIBERTANDO A CULTURA NO BLOCKCHAIN: MÚSICA PARA OS NOSSOS OUVIDOS

Não era a típica festa de aniversário de um ano. A comemoração aconteceu no Round House, uma hora distante de Londres, em um enorme celeiro abrigando uma árvore de LED que reagia ao som, um castelo inflável e um bufê digno de Henrique VIII. O público era eclético: um malabarista de "contato", duas dúzias de crianças pequenas, seus pais, vizinhos, músicos e um punhado de desenvolvedores do Blockchain. Estava lá Vinay Gupta, um engenheiro escocês-indiano conhecido pela invenção do Hexayurt, um abrigo de alívio para pequenos desastres. Gupta agora é o "explicador-chefe" quando o assunto é comunicar a tecnologia Blockchain para as massas. Encontrava-se também Paul Pacifico, CEO da Featured Artists Coalition. Depois de uma carreira em banco, Pacifico agora briga pelos direitos dos músicos. E claro, nossa anfitriã Imogen Heap, uma talentosa compositora e música, votada "a artista inspiradora do ano" pelos leitores de Music Week,[1] e mãe de uma garotinha de um ano, chamada Scout.

"Eu quero saber se o material que estou fazendo poderá valer algo a Scout algum dia", disse-nos Heap. Ela estava expressando sua profunda preocupação com a indústria da música. "É tão fragmentada; tem tão pouca liderança e há tanta negatividade em torno do seu lado de negócio", disse ela. "Tudo está de pernas para o ar, de ponta-cabeça. Os artistas estão no fim da cadeia alimentar. E não faz sentido. A música está em toda parte, o tempo todo. Está nos nossos telefones, nos nossos táxis e em todo lugar. Mas os artistas estão recebendo menos e menos."[2]

E aí mora o X da questão. A internet é uma musa maravilhosa, tanto um meio de criatividade como um canal para a livre expressão. Não há escassez de ideias para que talentosos artistas, designers, programadores e seus muitos fãs possam fazer uns com os outros na rede mundial de computadores. Nem há falta de modos de se fazer dinheiro a partir de toda essa colaboração criativa. Indústrias criativas como a de edição musical e gravação têm tateado novas fontes de receita como downloads digitais e streaming de áudio. O problema é que, com cada novo intermediário, o artista pega uma fatia menor e têm pouca voz na questão. David Byrne, do Talking Heads, resumiu a situação em um artigo: "Parece-me que todo o modelo é insustentável como forma de apoiar o trabalho criativo de qualquer tipo. Não apenas a música. O resultado inevitável aparenta ser que a web sugará o conteúdo criativo fora do mundo inteiro até não sobrar nada".[3]

Este capítulo olha para como as tecnologias Blockchain estão colocando os artistas no centro do modelo para que não apenas tenham "sua parte do bolo", isso é, exercitem sua liberdade de expressão, mas também que "comam essa parte", maximizando o valor de seus interesses morais e materiais em sua propriedade intelectual. Em outras palavras, para recuperar seus direitos. Chega de intermediários grandes e gananciosos, basta de grandes censores governamentais. Aqui, examinamos a paisagem cultural – arte, jornalismo e educação – em que os direitos humanos básicos e os meios de subsistência estão na balança.

COMÉRCIO JUSTO DE MÚSICA: DO STREAMING À MEDIÇÃO DOS DIREITOS

"Se a Scout algum dia acabar se tornando música, como ela fará dinheiro nesta vida? Ela não seria capaz", ponderou Imogen Heap sobre a carreira musical de sua filha, sendo ela dependente do modelo corrente da indústria musical. "Precisamos de algo bem simples e central, um tanto confiável, para que as pessoas sintam que a música é alguma coisa que podem fazer para viver."[4] Paul Pacifico concordou: "Queremos uma indústria musical que reflita o senso cultural, tecnológico, social e comercial dos nossos tempos e que permita um futuro sustentável viável tanto para os criadores como para os consumidores."[5] Heap se juntou a Pacifico, Vinay Gupta e outros para criar esse novo ecossistema musical.

Se houvesse um mercado de previsão para inovadores, nós apostaríamos no time Heap. Em 2009, ela se tornou a primeira mulher a ganhar um Grammy solo pela concepção e construção do seu próprio álbum, Ellipse. Ela levou todos os seus seguidores do Twitter para a cerimônia de premiação ao usar o que ficou conhecido como "vestido Twitter". Seu traje, desenhado por Moritz Waldemeyer, apresentava um zíper de LED que transmitia os tweets de seus fãs ao redor de seus ombros. Em 2013, Heap deu o pontapé inicial no projeto sem fins lucrativos Mi.Mu, para inventar um sistema de luva musical que combina software de mapeamento com sensores de detecção de movimento. Quem faz a performance controla as luzes, música e vídeo com gestos personalizados. A invenção ganhou o prêmio principal no Berlin Awards 2015 na categoria WearableIT/FashionTech. As luvas estão pegando rapidamente. A popstar Ariana Grande postou esta mensagem no YouTube com a capa do vídeo de Heap, "Hide and Seek": "Quero agradecer minha ídola @imogenheap por me permitir usar as luvas Mi.Mu na minha primeira turnê mundial."[6] Se alguém duvida da habilidade de Heap para engajar uma comunidade em torno da nova tecnologia, pense de novo.

"Nós realmente sabemos o que queremos", afirmou Heap. "Não somos um monte de cabeças de vento que gosta de fumar maconha na sala e fazer música. Somos empreendedores que trabalha duro."[7] Heap enxerga na tecnologia Blockchain uma nova plataforma para os criadores de propriedade intelectual obterem valor justo por isto. Contratos inteligentes, em particular, poderiam eliminar a magnitude da complexidade da indústria, simplificando um papel de missão crítica das gravadoras nesse ecossistema.

Rube Goldberg ataca de novo: complexidade no negócio da música

Parafraseando Talking Heads, como chegamos até aqui? Como trabalhamos isso?[8] Começa com um problema básico para os artistas – que eles assinavam contratos desenhados para a era do vinil, quando enormes custos de produção e de distribuição analógica ficavam entre os artistas e seus potenciais consumidores. Heap nos contou: "Quando comecei em uma gravadora, acho que consegui obter algo como 15%. No acordo do meu último disco, alguns anos atrás, obtive talvez 19%. Se as pessoas tiverem sorte, talvez ganhem mais agora."[9] Os artistas podem ter atribuído seus proventos a uma gravadora para o período total de direitos autorais. Nos Estados Unidos, isso é 95 anos ou a vida do artista mais 70 anos. Imagine todas as inovações imprevistas que um contrato teria de cobrir para manter o acordo justo para os artistas e seus herdeiros.

Inicialmente, as gravadoras eram pequenas, o rádio era rei, a loja de discos, rainha, e artistas e equipe de repertório não apenas buscavam novos talentos, como também previam como seria seu desenvolvimento artístico. Nos últimos 25 anos, a indústria se consolidou de milhares de gravadoras para três superpotências globais – Sony Music Entertainment, Vivendi's Universal Music e Warner Music Group – e algumas centenas de gravadoras independentes. Essas três grandes têm combinadas 15% de participação no Spotify, o mais popular e lucrativo serviço de streaming de música.[10] Logo, elas receberão uma infusão de dinheiro extra se e quando o Spotify vier a público. A Apple se tornou a maior varejista de música do mundo e a Live Nation é a maior empresa de entretenimento ao vivo do planeta.

Por conseguinte, o controle dos direitos musicais fica concentrado entre poucos. As gravadoras e as empresas de promoção de turnê começaram a pedir acordos 360º para os artistas. Isso significa ter uma parte de todas as receitas que um artista gera – dos direitos de publicação à composição subjacente, dos direitos de uso à gravação do som, dos direitos de performance quando o artista sai em turnê, potencialmente até dos direitos de merchandising e patrocínio – independentemente de terem investido no cultivo desses proventos.

Com a consolidação vem a integração dos sistemas, e isso nunca é fácil. Cada conglomerado tem seu próprio processo de contabilidade, além de sua respectiva versão de um contrato e de uma declaração de direitos, tornando um desafio fazer qualquer comparação. "Temos um grande problema no fato da indústria ser muito fragmentada. Com todas as suas diferentes plataformas, é um pesadelo e tanto", explicou Heap.[11] Esses sistemas precisam acomodar inovação na produção, formato, distribuição e contexto de uso. Mas raramente é um elemento que se torna obsoleto imediatamente, de forma que cada parte deve manter dois ou mais modelos correntes, os dois mais óbvios sendo o físico e o digital.

Para acrescentar à complexidade, há muitos membros da cadeia produtiva, não apenas os editores e as organizações dos direitos de performances (PROs, do inglês, Performance Rights Organizations) – organizações que monitoram apresentações públicas de música e recolhem direitos de performance, como as sem fins lucrativos, Sociedade Americana de Compositores, Autores e Editores (ASCAP, na sigla em inglês), Broadcast Music, Inc. (BMI) e o empreendimento antes conhecido como Sociedade dos Autores e Compositores do Palco Europeu (SESAC, na sigla em inglês) – mas também os produtores e os estúdios, os locais de evento, os organizadores e promotores de turnê, os atacadistas, os distribuidores e os agentes, cada um com seu próprio trato, contabilidade e sistema de relatório. Eles pegam a sua parte e passam o restante adiante aos agentes e empresários dos artistas. Tudo o que sobrar vai para os artistas, de acordo com os termos de seus contratos. Isso mesmo – o artista é o último a ser pago. Pode demorar de seis a dezoito meses até a chegada do primeiro cheque de direitos, dependendo do timing da divulgação e do ciclo contábil da gravadora.

Finalmente, toda uma nova camada de intermediários – companhias de tecnologia como YouTube ou Spotify – se insere na cadeia produtiva entre os artistas e as gravadoras, cortando o pedaço da torta do artista ainda mais fino. Vamos olhar a música via streaming. O Spotify paga, em média, entre US$ 0,006 e US$ 0,0084 por streaming para os detentores de direitos, geralmente, as gravadoras.[12] O cálculo desse pagamento inicial pode parecer transparente no início. Em seu site, o Spotify afirma que paga 70% de suas receitas com propaganda e inscrições aos detentores de direitos. Contudo, nós revisamos o seu "Acordo de Áudio Digital/Distribuição de Vídeo" de 41 páginas com a Sony USA Inc. e o pagamento de US$ 42,5 milhões em adiantamentos não reembolsáveis para os artistas da Sony é tudo, menos claro. Na verdade, o primeiro parágrafo do contrato apela à confidencialidade. Parece que nem o Spotify nem a Sony podem informar ao artista o impacto desse trato sobre as suas receitas. Rich Bengloff, presidente da associação americana de música independente, esclareceu que, em sua experiência, as gravadoras normalmente não dividem dinheiro que não esteja diretamente ligado ao uso.[13] O analista da indústria Mark Mulligan indicou que: "Os artistas vão se doer por pelo menos outros quatro, cinco anos, assim como se doeram nos primeiros quatro, cinco anos depois do lançamento do iTunes".[14]

Então, qual valor as gravadoras acrescentam? Certamente, elas tentam gerenciar essa complexidade, a política de pirataria e fazer cumprir direitos. Por exemplo, a Universal Music Publishing Group tinha um terço de sua força de trabalho dedicada à administração de direitos autorais e copyright em mercados locais ao redor do mundo.[15] A Universal recentemente implementou um portal do artista que o permite consultar o status de seus direitos e solicitar adiantamentos sobre receitas futuras sem pagar nenhuma taxa. O portal também oferece "informações sobre o uso no Spotify: quantas vezes uma música é tocada, qual perfil de público está ouvindo, o que mais há em playlists dessa audiência e quão especificamente as músicas ressoam com determinado público". A Universal dedicou 16 empregados para aperfeiçoar o portal e interpretar os dados para os artistas.[16] As gravadoras também têm times enormes de advogados e lobistas. Elas podem lançar novos artistas globalmente, demandando seus termos padrão, promovendo nas mídias locais no exterior, distribuindo sua música em mercados internacionais, licenciando direitos para divulgadores de fora, apoiando turnês internacionais e agregando toda a receita. O custo da política de direitos aumentou com a complexidade do negócio, sendo um valor que afeta diretamente artistas por toda a parte, porque funciona como uma taxa.

Contratos inteligentes no Blockchain podem eliminar a magnitude dessa complexidade, substituindo o papel crucial das gravadoras de música nesse ecossistema. De acordo com Imogen Heap, "se você for um programa de computador, um software, um banco de dados... esses aspectos desaparecem, já que se trata de pura matemática em metade do tempo. Esse tanto vai para essa pessoa... e não leva um ano ou dois para chegar ao artista, escritor, intérprete... É instantâneo porque é automatizado e verificado. Além de tudo isso, os novos serviços de distribuição de música nessa cultura de mudança reúnem dados dos fãs realmente úteis, o que pode massivamente nos ajudar a ser mais eficientes, se os artistas mesmos puderem acessá-los".[17] Esse é o futuro da música no Blockchain.

A emergência de um novo modelo de negócios da música

A combinação de plataformas baseadas em Blockchain e contratos inteligentes, somados aos padrões de inclusão da comunidade artística, integridade e transparência na realização de negócios, privacidade, segurança, respeito de direitos e troca justa de valor, podem permitir que artistas e seus colaboradores formem um novo ecossistema musical.

"Não seria bacana se eu simplesmente pudesse decidir como gostaria que a minha música fosse compartilhada ou experimentada?", perguntou Heap. "Simplesmente fazer o upload de uma música e todos os conteúdos relacionados a ela num lugar on-line, por exemplo, para todos aproveitarem e derivarem de lá. Direitos de uso, propriedade, o equivalente aos encartes de hoje em dia. Vídeo, biografia mais recente", e todas as demais partes não apenas gravadoras, editoras e promotores de turnê, mas também corporações a caça de jingles, produtores de TV a procura de trilhas sonoras, provedores de serviço móvel demandando toques de celular e os muitos fãs em busca de fazer vídeos de fã – poderiam decidir aceitar ou não os termos de uso de Heap. "Não seria incrível sentir a presença do artista, que se tomar essa decisão sobre a sua música, é realmente percebido em um sentido físico real, mesmo de um dia para o outro?", disse. "Eu posso decidir, olha, é meu aniversário hoje, toda a minha música está de graça ou... se você tem menos de 16 anos ou tem mais de 60 anos, é por minha conta! Ou destinar todos os pagamentos a mim para um fundo de ajuda, com apenas algumas alterações de palavra no contrato inteligente."[18]

Esse é o objetivo de se desenhar um modelo centrado no artista no Blockchain, não um modelo condensado nas gravadoras ou nos distribuidores de tecnologia. De tal modo eles poderiam produzir música e serem pagos de forma justa pelo valor que criam e amantes da música conseguiriam consumir, compartilhar, remixar ou de outra forma desfrutar do que amam pagando um valor justo. E esse modelo não excluiria as gravadoras e as distribuidoras musicais, que seriam equivalentes, em vez de membros dominantes do ecossistema.

A nova indústria da música não é um devaneio. Em outubro de 2015, Heap lançou seu primeiro experimento ao divulgar sua música "Tiny human" e todos os dados relacionados – a versão instrumental, sete linhas de stereo, imagem de capa, vídeo da música, encarte sobre os músicos, instrumentos, créditos, letras, agradecimentos, links úteis e a história por detrás da canção – na internet.[19] Esses detalhes aumentariam as chances dela ser descoberta na internet, ou seja, ajudaria potenciais colaboradores a encontrá-la.

Heap convidou fãs, desenvolvedores e serviços para fazer o upload da música nas suas diferentes plataformas e a compartilharem seus trabalhos também. Ela deu a eles direitos não exclusivos para criar um perfil artístico de Imogen Heap, além de prever que lhes dessem login e permissões após subirem seus arquivos nos sistemas. Quando eles esperavam o fluxo de receita, neste momento ela pedia que fornecessem modelos de pagamento, porcentagens e valores para que pudesse levar em conta esses detalhes em sua análise da experiência. Finalmente, ela recolheu doações em seu endereço de Bitcoin e prometeu destinar metade da arrecadação para sua fundação de caridade, a Mycelia, nome que dá a esse novo ecossistema. Dados de uso e comportamento do participante informariam o próximo estágio de desenvolvimento no Blockchain.

Diversas empresas estão trabalhando no projeto disso e colaborando com Heap e outros músicos de vanguarda. Esse novo ecossistema tem uma série de características que a indústria existente carece:

Modelos de valor para construir acordos que respeitem o artista como empreendedor e sócio equivalente em qualquer empreendimento, integral ao valor de criação. Adeus contratos arcaicos que perpetuam começos injustos. "Chega de arranhar percentuais de royalties", disse Heap.

Royalties inclusivos que dividem as receitas de forma justa de acordo com a contribuição de cada pessoa no processo criativo, não apenas compositores e performers, mas também outros artistas e engenheiros. Todo mundo pode se dar bem em um sucesso que estoure, não apenas as gravadoras e as distribuidoras.

Livros-razão transparentes distribuídos no Blockchain, para que todo mundo possa ver quanta receita uma música está gerando, o timing e a magnitude dos fluxos de receita e quem está recebendo qual porcentagem. Chega de sistemas de contabilidade arcaicos e baseados em papel para se esconder atrás. Etiquetas separadas pela natureza de receitas, desde obras feitas sob encomenda a receitas de royalties. Contabilidade fácil, auditoria fácil, pagamento de impostos fácil.

Funcionalidade de micrométrica e de micromonetização para transmissão das receitas, não apenas das músicas. Se a canção fosse medida, em que consumidores fazem micro ou macropagamentos por vez tocada, o pagamento de direitos autorais poderia ser transmitido imediatamente aos artistas e colaboradores. Seria o fim dos pagamentos em atraso, dos cheques bianuais ou trimestrais de royalties, de declarações crípticas de direitos autorais. Seria o fim dos artistas "que vendem o almoço para comprar a janta!" O teórico do Blockchain Andreas Antonopoulos deu este exemplo: "Na Argentina, o Streamium é um serviço de streaming de vídeo. Que permite que produtores cobrem milésimos de um centavo por download, vamos dizer, dois centésimos de milissegundos de streaming de vídeo. Ele usa multi[assinatura], transações de tempo fechado, atomicidade e soma a isso integridade para implementar seu esquema. Os produtores entregam apenas o vídeo que tenha realmente sido pago e os consumidores pagam apenas pelo vídeo que realmente consumiram. Renegociando, automaticamente, esse contrato cinco vezes por segundo. Se qualquer um dos dois desiste em algum momento do percurso, o contrato se encerra e eles embolsam a transação mais vantajosa para ambos".[20]

Bancos de dados ricos que podem ter interface um com o outro e associar o núcleo do material de direitos autorais, letra, composição e gravações, com todo seu metadado, encartes, artes e fotos, faixas individuais, os direitos que o compositor e o artista têm intenção de licenciar, os termos de licenciamento, informação de contato e por aí vai, no livro-razão digital para que todos vejam. Seria o fim dos bancos de dados de direitos incompletos. Disponibilidade de direitos na ponta dos dedos! E os detentores de direitos seriam fáceis de achar.

Finalmente, **o uso de dados analíticos** nas mãos de artistas para atrair anunciantes e patrocinadores certos, organizar turnês, planejar promoções e recursos de financiamento coletivo, além de futuras colaborações criativas com outros artistas. O modelo poderia capturar "muito dessas informações perdidas pelo mundo, como onde estão seus fãs, quantos anos eles têm, quais são seus interesses", disse Heap. "Com esse conhecimento, poderíamos realmente fazer turnês personalizadas, conseguiríamos nos conectar com marcas e iniciativas que ressoam com a gente, ou promover artistas, produtos ou fundações de caridade que amamos e apoiamos. Não estou falando de referências do tipo nomes e endereços de e-mail, é algo um pouco mais além, mas ainda assim dados vitalmente úteis. Poderíamos fazer referência cruzada disso com as bases de outras bandas para todo tipo de usos interessantes tanto para os fãs como para os artistas!"[21]

Gestão de direitos digitais, isto é, um meio de lidar com direitos digitais, não o software empacotador e anticonsumidor DRM (na sigla em inglês, Digital Rights Management) que era todo sobre restrição de uso. Estamos falando do desenvolvimento de contratos inteligentes que realmente gerenciam direitos e maximizam o valor de publicação, gravação, performance, merchandising e todos os demais proventos. Isso inclui termos de participação de terceiros para gravadoras e distribuição de serviços: gravadoras e distribuidoras poderiam decidir optar ou não pelos termos de uso e expectativas por serviços do artista. Se os artistas não querem que a publicidade interrompa a experiência da música, nesse caso conseguem proibi-la. Se almejam certa participação em receita com anúncio, então podem insistir nisso. Se quiserem que uma dessas grandes firmas lide com licenciamento, distribuição e cumprimento de direitos autorais em territórios como a China, em tal caso, são capazes de fazer isso. E ainda conseguem definir limites de prazo. Os artistas também precisam de gestão automatizada de direitos subsidiários, sempre que possível ou desejado, em que potenciais licenciados controlam tanto aceitar ou rejeitar os seus termos de uso e pagamento. O próprio contrato impõe cada acordo e pode notificar ao artista sobre qualquer violação ou encerramento.

Leilão/mecanismos dinâmicos de precificação para experimentar com promoções e versões de conteúdo, até mesmo atrelar a porcentagem de direitos autorais subsidiários para a demanda de uma canção. Por exemplo, se ocorre um pico de downloads de uma melodia, então um anunciante que a tenha licenciado para um comercial terá de pagar mais quando ela for ao ar.

Sistema de reputação que seleciona dados do histórico de transação de um endereço de Bitcoin e das redes sociais para criar um quadro de reputação para aquele endereço. Os artistas poderão estabelecer sua própria credibilidade, assim como a de potenciais parceiros em pactos, seja entre artistas como colaboradores ou entre artistas e consumidores, gravadoras, comerciantes, anunciantes, patrocinadores, licenciadores e assim por diante. Usando contratos inteligentes com multiassinatura, os artistas poderiam evitar fazer acordos com entidades que não vão ao encontro de certos padrões de reputação ou que não possuem fundos necessários em suas contas.

O ponto-chave dessa nova e justa indústria da música é que os artistas então no centro do seu próprio ecossistema, não na borda de muitos outros. "Vejo espaço para Spotify e YouTube. Vejo espaço para curadoria e vejo espaço para conteúdo gerado por usuário", disse Heap. "Vejo espaço para gravadoras, porque ainda precisamos de pessoas para filtrar as centenas de milhões de horas de música, ou bilhões de bits de música e arte sendo criados todo dia ao redor do planeta."[22] Com modelos de software, eles podem engajar colaboradores criativos, as grandes gravadoras, os grandes distribuidores e os muito intermediários menores como bem entenderem no Blockchain.

O artista autolançado: sinais do novo paradigma musical

Uma das amigas de Imogen Heap, Zoë Keating, compositora e violoncelista canadense, sempre controlou sua própria música. Ela é dona de todos os seus direitos de publicação e supervisora de todas as suas gravações. Orquestrando cuidadosamente sua própria estratégia de marketing, vendas, licenças e distribuição. Dada toda a complexidade mencionada, ficamos bastante impressionados. "Uma artista como eu não poderia existir sem tecnologia. Posso simplesmente gravar músicas no meu porão e difundir na internet", disse Zoë ao *The Guardian*. Para ela, a web nivelou o campo de atuação para os artistas independentes, entretanto a sua experiência com as grandes distribuidoras de música on-line não se difere muito da de Imogen com as gravadoras tradicionais. "Isso não é apenas uma desculpa para serviços replicarem o cenário de pagamentos do passado. Não é um indulto para tirar vantagem daqueles sem poder", alegou Zoë. "Corporações não devem ter apenas responsabilidade com seus acionistas, mas com o mundo como um todo, e com os artistas."[23]

Zoë se referia ao novo contrato que o YouTube, do Google, havia lhe apresentado. Ele estava envolto em sigilo. Por muitos anos, ela distribuiu sua música no YouTube e monetizou uploads de seu material por terceiros usando o Content ID, um programa que automaticamente alerta detentores de proveitos sobre potenciais violações de direitos autorais. A sua preocupação não era com pirataria, compartilhamento de arquivos ou royalties. Para Zoë, o streaming comercial era um meio de promoção, alcançando novas audiências, analisando uso de dados. Os agregadores de música e os criadores de "hits" eram aqueles que faziam dinheiro significativo, oferecendo catálogos por meio de serviços sob demanda. Não ela. A maior parte de sua receita sempre veio dos fãs inveterados que pagavam de 20 a 100 dólares por um novo álbum. Ela divulgava um novo trabalho primeiro no Bandcamp, depois fazia o upload no iTunes e, finalmente, deixava seleções disponíveis em outros lugares: YouTube, Spotify, Pandora. Essa estratégia "de janela", deixando o conteúdo disponível exclusivamente em um canal por um período de tempo, se provou efetiva e seus fãs mais entusiasmados. Ela poderia agradecer seus apoiadores existentes e cultivar novas relações.

O YouTube estava lançando um novo serviço de assinatura, o Music Key, em que os usuários pagariam um valor para não ver anúncios. Assim sendo, se quisesse continuar monetizando seu trabalho pelo YouTube, teria que concordar com os seus termos: incluir seu catálogo inteiro e parar com as "janelas" em outros lugares. Era tudo ou nada. Ela sabia que as gravadoras independentes também não estavam contentes com os novos termos de licença, mas eles estavam ainda mais desapontados com a repercussão financeira. Zoë queria manter o controle sobre a sua música, em seus próprios termos.

Ela viu o potencial da tecnologia Blockchain do Bitcoin como algo que poderia lhe assegurar esse objetivo, começando pela sua transparência. "Eu simplesmente acredito em transparência em tudo", afirmou para a Forbes. "Como podemos criar um ecossistema futuro sem saber como o atual funciona de verdade?"[24] Por exemplo, no YouTube, Zoë estima que existam 15 mil vídeos, apresentações de dança, filmes, programas de TV, projetos de arte, sessões de jogos, que usam sua música como trilha sonora sem sua autorização. Ela deveria poder alavancar todo esse entusiasmo pelo seu trabalho, mas apenas o YouTube sabe exatamente quão popular a sua música é. O SoundScan, da Nielsen, é apenas uma faceta de um cenário multidimensional.

Como Imogen, Zoë quer registrar seus direitos autorais e alavancar os metadados desses direitos no Blockchain. Desse jeito, as pessoas poderiam chegar mais facilmente até ela como a detentora dos royalties. Ela poderia então rastrear trabalhos derivados do dela pelo Blockchain. Um Livro-Razão distribuído de metadados de música poderia rastrear não apenas quem criou o quê, mas quem mais esteve envolvido. Ela imagina visualização de uso e relacionamentos, calculando o real valor de uma canção para uma precificação dinâmica e permitindo micropagamentos recorrentes a colaboradores e investidores, sem terceiros "caixa-preta" como ASCAP ou BMI.[25]

De novo, não estamos dizendo que não exista lugar para gravadoras ou empresas de tecnologia, nem que o artista possa simplesmente fazer tudo por conta própria em um ecossistema puramente ponto a ponto. Em vez disso, estamos falando sobre um novo tipo de ecossistema, centrado no artista, no qual ele controla seu próprio destino e recebe uma compensação justa pelo valor que cria. A tecnologia Blockchain não vai criar um novo padrão para como o artista é recompensado. No lugar disso, ela o liberará para escolher e customizar uma lista infinita de soluções que funcionam para suas necessidades específicas e crenças. O artista poderá oferecer de graça ou micromonetizar tudo, mas a escolha será dele, não da gravadora ou da distribuidora.

Outros elementos do novo ecossistema musical

Registro básico de direitos autorais
Há duas dimensões fundamentais para o direito autoral musical. A primeira é o direito mundial da composição de base, as notas musicais e a letra em todas as formas e linguagens, e isso normalmente é mantido pelo compositor/letrista. A música e a letra podem ter os direitos autorais separados. O

compositor/letrista recebe royalties sempre que alguém grava ou apresenta a canção, compra a partitura, faz uma adaptação para outro gênero (por exemplo, uma empresa de música ambiente), traduz para outro idioma ou a inclui numa antologia ou livro. A segunda é o direito mundial à gravação sonora, a performance capturada e preservada em algum meio, como um arquivo digital ou vídeo musical. O artista ou os membros da banda normalmente detêm os direitos da gravação. São eles quem recebem os proventos quando ela é tocada em rádios, na televisão ou na internet; sincronizada com programas de TV, comerciais ou video games; quando é feita sua transmissão, download ou quando é comprada em algum meio físico, como disco, CD ou DVD.

O nível de autonomia de Zoë Keating foi o que motivou a banda de rock industrial de Toronto 22Hertz a se voltar ao Blockchain. No Canadá, registrar os direitos autorais de uma música custa 50 moedinhas de dólar canadense e o certificado contém apenas o título do trabalho. O fundador da banda, Ralf Muller, nunca achou que isso fosse ser útil num tribunal se alguém usasse a sua letra ou melodia alguma vez. Então, decidiu seguir a rota "catalogadora", ao criar uma hash de todas as canções usando um recurso chamado "*OP_RETURN*", e codificou isso dentro do Blockchain. Se alguém alguma vez usasse suas palavras ou música, ele conseguiria simplesmente demonstrar sua autoria apontando a transação no Blockchain, fazendo outro "*hash*" da canção e comparando-o com o presente na tecnologia. Elas seriam idênticas. "Uma vez que você codifica uma "*hash*" no "*OP_RETURN*", bloco sobre bloco são escritos, sendo basicamente impossível voltar e mudar qualquer coisa. Isso para mim é incrível." Quando perguntado por que a loja on-line da banda estava aceitando Bitcoin e oferecendo descontos para usuários da moeda virtual, Muller respondeu enfaticamente: "Meu lance não é o *'business as usual'*".[26]

Sistema digital de gestão de conteúdo
Nor is Colu é uma plataforma de gestão de conteúdo digital baseada na tecnologia Blockchain do Bitcoin. Ela fornece ferramentas a desenvolvedores e empresas para acessar e gerir ativos digitais, incluindo direitos autorais, ingressos de eventos e cartões de presente, muito do que uma indústria musical verdadeiramente distribuída precisaria. A Colu fez uma parceria com a líder em tecnologia musical Revelator para construir uma interface de programação de aplicativo para gerenciamento de direitos (API, na sigla

em inglês). O objetivo é efetivar o que Imogen Heap e Zoë Keating estavam imaginando, a desmistificação da propriedade de direitos, distribuição digital e uso real. A API também fornecerá aos titulares um meio de fornecer as tão faladas transparência e eficiência. "Estamos muito animados com o potencial da plataforma Colu, de simplificar a gestão dos direitos musicais, começando com aqueles associados a compositores e suas composições", disse Bruno Guez, fundador e CEO da Revelator. "A Colu tornou a complexa tecnologia do Blockchain acessível para integração com plataformas como a nossa, e estamos ansiosos para explorar todas as formas em que ela pode melhorar serviços aos nossos clientes."[27]

Os novos artistas e repertório (A&R)
Finalmente, outro elemento-chave de qualquer indústria criativa é a observação e o treinamento de talento. Músicos naturalmente abraçam uma espécie de mentoria e ficam num papel de "Artista & Repertório" em competições como o "The Voice". O Blockchain apoia esse tipo de A&R com algoritmos de uso. Considere a plataforma PeerTracks. De acordo com sua página principal, é "a plataforma definitiva de parada da música" tanto para os seus amantes como artistas. O PeerTracks atribui um contrato inteligente para cada melodia que um artista faz upload, e o contrato separa automaticamente as receitas de acordo com o que quer que ele tenha combinado com o letrista, o compositor e outros membros da banda. O artista cria seus próprios tokens, com seu nome, algo parecido nos EUA com um cartão virtual de baseball. Os tokens são colecionáveis. E o artista determina o número disponível deles. Ou seja, poderia haver edições limitadas, por assim dizer. O conceito é simples: criar uma reserva de valor, uma valorização correlacionada à popularidade do intérprete.[28]

Os usuários têm acesso irrestrito, sob demanda, ao catálogo completo de músicas do PeerTracks, de graça e sem interrupção para propagandas. Eles podem salvar músicas e playlists para ouvir off-line e fazer o download de qualquer canção ou álbum. Diferentemente do que ocorre no Spotify ou no iTunes, os utentes também podem comprar tokens de artistas e negociá-los, como acontece com o comércio de cartões de baseball nos EUA. Conforme um artista fica famoso, o valor de seu token sobe e, assim, os usufrutuários poderiam potencialmente se beneficiar por apoiar artistas antes deles ficarem famosos. Assim, amar um artista acaba se traduzindo em tratamento VIP, gratificações e brindes. Tal incentivo transformaria pessoas que seriam ouvintes passivos no Spotify em promotores ativos, construindo uma base de fãs engajada e de longo prazo. O PeerTracks pretende pagar mais a artistas por execução e download, especificamente 95% das receitas e efetuar o pagamento instantaneamente no Blockchain. Por sua vez, o artista pode estabelecer seu próprio preço para download de música e merchandising. A plataforma afirma que uma "multidão de curadores/olheiros, orientados por lucro, em busca do token da próxima estrela da vez" vai escutar a música de um novo artista porque os votos dos utentes lhe darão essa visibilidade.[29]

ARTILHARIA PARA OS AMANTES DAS ARTES: CONECTANDO ARTISTAS E PATROCINADORES

O mercado artístico tradicional é notoriamente opaco e exclusivo. Um número relativamente pequeno de artistas e colecionadores representam uma porcentagem incrivelmente grande dele. Existem muito poucos, estreitos e, algumas vezes, sinuosos caminhos para artistas emergentes entrarem nesse mundo. Mesmo assim, a natureza aberta e geralmente não regulada do mercado artístico encoraja experimentos com novos conceitos e novos meios, democratizando a área por um lado, e por outro, democratizando mercados de capitais, com os dois lados ancorados no poder transformador e disruptivo do Blockchain do Bitcoin.

A plataforma Artlery se descreve como uma rede de artistas que concordaram em dividir uma parte de seus ganhos com patronos e pares que se engajarem socialmente com seus trabalhos.[30] O seu objetivo é cunhar uma moeda no Blockchain, lastreada na arte como ativo, ao engajar aficionados como proprietários parciais e acionistas da arte com que interagem. Sua abordagem é promover o incentivo certo para todos os envolvidos no mercado, artistas, patronos, curadores e espaços de eventos, como galerias, museus, estúdios e feiras, em vez de oferecer incentivos perversos para uma parte à custa de outra. Para promover o patrocínio e construir reputação para um artista, a Artlery estabelece ofertas públicas iniciais (IPOs, da sigla em inglês) de partes digitais do seu trabalho. Seu aplicativo permite que artistas como JaZoN Frings, David Perea, Keith Hollander, Benton C. Bainbridge e Bazaar Teen, repliquem digitalmente seus trabalhos físicos, quebrando-os em muitos pedaços, como um quebra-cabeça, dividindo-os aos patronos, com base no nível de apreciação de cada um dentro da Artlery. No período de IPO de uma obra, os patronos podem acumular ganhos até uma porcentagem especificada da peça que o artista ofereceu primeiro à comunidade. Conforme a plataforma amadurece, a Artlery planeja permitir a transferência e venda dos ganhos acumulados nas obras.

No Stanford Blockchain Summit de 2015, patrocinado pela Artlery, Don decidiu apoiar uma obra de Anselm Skogstad, intitulada EUR/USD 3081, uma representação artística de uma nota de Euro, ampliada e impressa em um composto de alumínio Dibond de um metro por um metro e meio.

Comprando arte pelo Blockchain do Bitcoin: como funciona

Para efetuar a compra Don abriu o aplicativo da sua carteira virtual. Ele o utilizou para criar uma mensagem que especificava a quantidade de Bitcoins correspondentes ao valor da compra da obra, designou a chave pública da Artlery como destinatária desses Bitcoins e usou sua chave privada para "assinar", ou autenticar a mensagem. Don conferiu todos os campos porque, diferentemente do que ocorre com métodos tradicionais de pagamento, não haveria como reverter essa transação em Bitcoin. Aí ele transmitiu a mensagem não para o seu banco canadense, mas para toda a rede de computadores executando o Blockchain completo do Bitcoin.

Algumas pessoas se referem a esses computadores como nós, onde alguns nós estão doando seu poder de processamento para resolver o problema matemático associado à criação de um bloco. Como explicamos, a comunidade do Bitcoin se refere a eles como mineradores e à sua solução de problemas trabalhando com mineração, como na mineração de ouro. É uma analogia estranha porque evoca a imagem de especialistas cujos talentos poderiam conferir alguma vantagem competitiva sobre novatos (iniciantes). Não conferem. Cada minerador está executando o software como uma função utilitária em segundo plano, e é o software que está fazendo toda a computação. Mineradores que levam a coisa a sério configuram suas máquinas para otimizar o poder de processamento, minimizar o consumo de energia e alavancar conexão de alta velocidade com a rede. Fora isso, não há realmente nenhuma aptidão humana necessária e nem interferência humana tolerada.

Nem todos os nós estão minerando. Na realidade, a vasta maioria deles na rede do Bitcoin está simplesmente fazendo verificação de regras de dados recebidos, antes de encaminhá-los para a conexão com o par. A rede verificou os dois bits de dados, que Don controlou a quantidade de Bitcoin especificada e autorizou a transferência, e reconheceu a sua mensagem como uma transação. Em seguida, os mineradores correm para converter operações desordenadas e não registradas em ordenadas e gravadas em um bloco de dados. Cada bloco teve que incluir a compilação ou a hash do bloco anterior das transações, assim como um número aleatório conhecido como nonce. Para ganhar a corrida, um computador deve criar uma hash do bloco; essa deve ter um número certo, mas não arbitrário, de zeros no começo. É imprevisível saber qual nonce produzirá uma hash com o número correto de zeros. Assim, os PCs têm de tentar diferentes nonces até "trombarem" com o valor correto. É como ganhar na loteria, porque não há qualquer habilidade envolvida. Entretanto, um ser humano pode aumentar suas chances de se dar bem ao investir num processador de última geração, especializado em resolver problemas de matemática do Bitcoin; comprando mais ingressos, isto é, executando múltiplos nós de alta potência; ou, como seres humanos frequentemente fazem, juntando seu nó com o de outros, como colegas no escritório, e acordando em compartilhar o prêmio se um de seus nós ganhar. Assim, vencer é uma questão de sorte, poder de processamento e do tamanho de um "bolão" de mineradores.

A taxa hash é uma medida do poder de processamento total da rede Bitcoin. Quanto maior a sua alíquota agregada de toda a rede, mais difícil será de se achar o nonce certo. Quando um minerador encontra uma hash com o número correto de zeros, ele compartilha a sua prova de trabalho com todos os demais mineradores da rede. Esse é outro importante avanço científico na computação distribuída: usar prova de trabalho para alcançar consenso na rede. O que é conhecido como o Problema dos Generais Bizantinos. Os outros mineradores assinalam sua aceitação do bloco ao se concentrarem em montar o próximo bloco, que deve incluir a hash daquele recém-realizado. Assim como as chaves pública e privada de Don são únicas para ele, a hash de cada bloco também é única: funciona como uma impressão digital criptografada que torna todas as transações no bloco verificáveis. Nenhuma impressão digital de bloco é igual à outra. O minerador vencedor recebe determinada quantidade de novos Bitcoins como prêmio, o próprio software gera e aloca as novas moedas e o "bloco hasheado" é unido à cadeia.

Assim, no intervalo de dez minutos do envio da mensagem de Don, ele e a Artlery receberam uma confirmação de que aquela transação Bitcoin havia criado o que é referido como "saída de transação não gasta", o que significa que a Artlery pode gastar o valor fazendo o mesmo que Don, transmitindo uma mensagem que especifique o montante e o endereço do destinatário, e autorizando a operação com a sua chave pública. Se os artistas e os patronos conhecessem tanto as chaves públicas de Don como da Artlery, eles poderiam ver que o negócio entre eles ocorreu, bem como, o valor da transferência. É por isso que chamamos de livro-razão público, todas as transações são transparentes e por pseudônimos, no qual podemos ver os endereços das partes, embora não possamos ver o nome das pessoas por detrás. Cada bloco subsequente serviu como mais uma confirmação da transação entre eles.

Perfil do patrono da arte da próxima geração: redefinindo dinheiro

Agora Don possui uma porcentagem dos direitos de uma obra de arte que é a reprodução de uma nota de Euro. Quando a obra de arte física for vendida, o artista, a galeria, Don e os patronos virtuais receberão uma parte dessa venda, de acordo com seu nível de participação. Em outras palavras, a cooperação do padrinho conta. Os patronos que interagem com o artista e o trabalho, que compartilham elogios em redes sociais, que fazem com que outras pessoas se engajem com o artista e a obra de arte, e que servem essencialmente para promover a marca do artista, recebem mais que os protetores passivos que apenas viram a obra de arte uma vez on-line e compraram uma participação dela. Não temos certeza se escrever sobre isso aqui no livro conta diretamente para aumentar os pontos de participação de Don. Artlery quer sinais de apreciação na forma de referências positivas ao artista e ao seu trabalho, para correlacionar com o aumento de valor do trabalho em si, e talvez, por isso as versões futuras da plataforma podem levar em conta exemplos como o nosso. A Artlery está se concentrando inicialmente em presentear uma porcentagem da venda de cada peça. Novas versões da plataforma irão permitir que os patrocinadores comprem participações diretamente na obra de arte, talvez compartilhando parte da receita de assinaturas de direitos autorais ou do licenciamento dos direitos de uso do trabalho artístico.

Ao envolver múltiplas partes diretas no processo, incluindo patronos e engajando-os como partes interessadas, a Artlery está focando mais na contabilidade. O Blockchain enquanto livro-razão público e distribuído garante o processamento de transações de forma aberta, precisa e rápida. Na medida em que os pagamentos expandirem-se além da venda primária, as vendas secundárias e de direitos subsidiários, como impressões e merchandising, os artistas individuais nunca atuarão sozinhos. Eles terão uma comunidade de padrinhos como partes interessadas por trás deles, para negociar e fazer valer seus direitos contratuais.

A Artlery utiliza o Blockchain do Bitcoin de diversas maneiras. Primeiro, registra a proveniência da obra de arte utilizando metadados no Blockchain por meio de uma parceria e da integração por API com outra startup Bitcoin, chamada Ascribe.io, que envia a tabela de pagamentos para que todas as partes interessadas sejam pagas imediatamente de acordo com a quantidade de ações que tem neste ativo, com transparência imediata para todas as partes. Estão explorando várias técnicas para codificar esta informação, como, por exemplo, um script Bitcoin dentro das transações. Apesar de o seu mercado alvo inicial ser de artes plásticas, a Artlery tem tração significativa em outras indústrias de direitos autorais como música, livros e filmes, as quais irá focar por intermédio da publicação de seu próprio API.

PRIVACIDADE, LIBERDADE DE EXPRESSÃO E LIBERDADE DE IMPRENSA NO BLOCKCHAIN

Privacidade pessoal, liberdade de expressão e de imprensa são essenciais para uma sociedade aberta, livre e próspera. De um lado os cidadãos devem ser capazes de se comunicar com privacidade e anonimato. Do outro, devem poder falar livremente e com segurança sem medo de repercussões. A censura on-line, o hackeamento de grandes instituições e de organizações da sociedade civil, e as revelações de Edward Snowden sobre a vigilância dirigida e em massa, além do rastreamento de dados, levaram cidadãos de democracias bem estabelecidas a procurarem tecnologias de anonimato e encriptação. Essas ferramentas permitem que eles disfarcem suas identidades e codifiquem suas mensagens que estão em trânsito ou já armazenadas para que apenas pessoas autorizadas possam acessá-las.

Eis a questão, as tecnologias de criptografia ou são ilegais para uso individual ou não estão prontamente disponíveis nos países em que os cidadãos mais precisam. O Arranjo de Wassenaar, um regime de controle de exportação multilateral acordado entre nações tecnologicamente avançadas, governa a exportação de produtos de "dupla utilização", ou seja, produtos que podem ser usados tanto para o bem quanto para o mal. O objetivo original de Wassenaar era impedir que produtos de alta tecnologia parassem nas mãos de ditadores na Coreia do Norte, Líbia, Irã e Iraque. Tecnologias de anonimato e criptografia como infraestrutura de chaves públicas foram consideradas de dupla utilização.

Hoje, em países como a Rússia e a China, tanto indivíduos como corporações – incluindo empresas estrangeiras – precisam de autorização para usá-las. Em países nos quais seu uso é discricionário, governos, até mesmo a administração Obama, pediram para as empresas de tecnologia incluírem um "acesso pela porta dos fundos", ou seja, uma forma secreta de ignorar o processo normal de autenticação (ex. se logar com uma senha ou qualquer outro código de segurança) e conseguir acesso remoto a um computador e aos seus dados sem autorização ou detecção. É muito mais traiçoeiro que o Big Brother, pois pelo menos todo mundo sabia que o Big Brother estava sendo assistido.[31] Neste caso, as empresas de tecnologia não devem falar para os usuários que há uma porta dos fundos. Não há dúvidas de que os hackers procuram, acham e usam essas portas também.

"As tendências relativas à segurança e privacidade on-line são extremamente preocupantes." escreveu David Kaye, Relator Especial do Escritório do Alto Comissário de Direitos Humanos das Nações Unidas. "Comunicações encriptadas e anônimas podem frustrar agentes da lei e oficiais das unidades antiterrorismo, além de complicarem a vigilância, mas as autoridades do Estado não têm identificado situações, mesmo em termos gerais, dada a potencial necessidade por confidencialidade, nas quais uma restrição tenha sido necessária para atingir uma meta legítima."[32] Ele continuou para dizer que oficiais da lei e agências de antiterrorismo chegaram a diminuir o valor do bom e velho trabalho de detetive e das medidas de dissuasão, incluindo a cooperação transnacional.[33]

Não é de surpreender que na classificação global de garantia de direitos pessoais e políticos, o que quer dizer, privacidade e liberdades de expressão, de assembleia e de imprensa; tolerância a outras religiões, imigrantes, refugiados políticos e homossexuais, a Rússia está em 114º lugar e a China é a penúltima na 160ª posição.[34] Apenas para constar, os Estados Unidos não são um grande exemplo: estão classificados na 28ª posição.

Bloquear sites sem ordem judicial se tornou um hábito em tais países, e muitos censuradores descobriram como invadir softwares de rede virtual privada, utilizados para evitar a censura.[35] Segundo a organização Repórteres Sem Fronteiras, a Rússia vem restringindo as liberdades de expressão e de informação, e bloqueando cada vez mais sites, desde a volta de Vladimir Putin à presidência, em 2012, entre eles, a Wikipedia.[36] A China dominou a arte de apagão de dados alvo, censurando termos de pesquisa relacionados com a "Occupy Central", movimento pró-democracia de Hong Kong, e o 25º aniversário dos protestos da Praça de Tiananmen no Weibo, o clone do Twitter na China. Eles conseguiram bloquear cerca de 90% de todos os serviços do Google. A prisão também é popular nesses países quando as pessoas postam conteúdo on-line considerado questionável pelo governo. Após o colapso do mercado de ações chinês em julho de 2015, as autoridades prenderam mais de cem pessoas por usar mídias sociais para espalhar rumores que "causaram pânico, enganaram o público e resultaram em distúrbios no mercado de ações ou na sociedade".[37]

Governos que desejam reprimir de todos os lados as vozes dos cidadãos e se apoderaram de tecnologias como a internet para silenciar dissidentes e bloquear os meios de comunicação externos, acharão, por várias razões, a tecnologia Blockchain significativamente mais desafiadora. Primeiro, os cidadãos e jornalistas poderiam utilizar a infraestrutura de chave pública para criptografar informações e esconder as suas identidades de possíveis censuradores e agressores. Segundo, onde os governos desencorajam e privam financiamentos ao bom e honesto jornalismo, os jornalistas poderiam levantar fundos no Blockchain, lançando uma rede mais ampla para os investidores simpatizantes à sua causa, especialmente investidores que preferem manter o anonimato. Finalmente, os governos não poderiam destruir ou alterar as informações gravadas no Blockchain; logo, poderíamos usá-las para responsabilizar os governos e outras instituições poderosas por suas ações.

Considere o financiamento coletivo de repórteres no Blockchain. Se nós os libertássemos das garras financeiras da mídia controlada pelo Estado, eles iriam cobrir a política livremente, preservando o anonimato dos doadores. Os veteranos jornalistas chineses poderiam tentar uma das plataformas de financiamento coletivo distribuído ponto a ponto, como Koinify, Lighthouse, ou Swarm que usam PKI para proteger as identidades dos remetentes e dos destinatários melhor do que apenas os sistemas na web. Outra ótima ferramenta Blockchain é o aplicativo grátis de celular GetGems, que tanto guarda quanto monetiza mensagens instantâneas pelo Bitcoin. Os usuários podem enviar todos os tipos de arquivos de forma segura, com GetGems funcionando, como e-mail privado, e não apenas SMS.[38] Esses aplicativos são apenas o início do que é possível.

Outra solução é uma plataforma distribuída para registrar histórias em um livro-razão imutável que faz a contabilidade única, como o que a Factom pretende realizar no mundo em desenvolvimento. Repórteres poderiam comprar créditos de entrada – direitos para criar inscrições no livro-razão da Factom. E tal como acontece com o livro-razão Bitcoin, todo mundo receberia a mesma cópia e qualquer um poderia adicionar; entretanto, uma vez arquivadas, ninguém poderia alterar as entradas. A Factom tem uma estrutura de compromisso de entregar/revelar que serve como um mecanismo anticensura: servidores na China, por exemplo, não conseguiriam impedir o arquivamento de uma entrada válida de outra forma por causa do seu conteúdo. Se o jornalista havia incorporado um crédito de entrada ao arquivamento, ele ficaria gravado. Um governo poderia identificar alguns registros como ofensivos, mas não poderia apagá-los ou bloqueá-los como o governo chinês tem feito na Wikipédia. Se um oficial do tribunal ordenasse uma mudança no livro-razão, ele poderia fazer uma nova entrada para retratar a decisão, mas a história permaneceria para todos verem.[39]

Uma terceira solução é o microblogging distribuído ponto a ponto que não passa por servidores centralizados. Stephen Pair, CEO da BitPay, descreveu como reinventar o Twitter ou o Facebook para que os usuários controlem seus próprios dados. "Em vez de ter apenas uma empresa como o Facebook, você pode ter muitas companhias amarradas a esta base de dados comum [o Blockchain] e participar na construção de suas próprias experiências únicas. Algumas dessas corporações poderiam lhe pedir ou exigir algumas informações para ser compartilhadas com eles para que as possam monetizar. Mas, como usuário, você teria total controle sobre as informações que estaria compartilhando com essas empresas."[40] Existe o Twister, um clone do Twitter em termos de sensação e funcionalidade, desenvolvida em 2013 por Miguel Freitas, um hacker e engenheiro de pesquisa da Universidade PUC-Rio, no Rio de Janeiro, Brasil. Twister aproveita as implementações de software livre dos protocolos Bitcoin e BitTorrent e implementa criptografia do começo ao fim, de modo que nenhum governo pode espionar as comunicações dos usuários.[41]

OBTENDO A PALAVRA: O PAPEL CRÍTICO DA EDUCAÇÃO

Joichi Ito está entre um grupo de elite de empresários de grande sucesso – de Bill Gates e Steve Jobs a Biz Stone e Mark Zuckerberg, que abandonou a faculdade para inventar algo novo na economia digital.[42] É uma característica da nossa cultura empresarial, a busca de uma ideia própria, de ir fundo e entender suas nuances, como Ito gosta de dizer, que leva um visionário para fora da sala de aula e para dentro dos negócios. Henry Ford e Walt Disney perseguiram suas paixões sem diplomas universitários. E assim é um daqueles paradoxos em que o Instituto de Tecnologia de Massachusetts escolheria Ito para dirigir o seu lendário Media Lab, no epicentro de todos os acontecimentos digitais e relevantes para a cultura.

O momento era perfeito. "Moeda digital é algo que estava interessado mesmo antes do Media Lab... Eu conduzi um dos primeiros servidores de teste digitais, dos dias de Digicash, na década de 1990. Um dos primeiros livros que escrevi foi em japonês, chamado Digital Cash, o fiz em coautoria com alguém do Banco do Japão. Logo, por um longo tempo esta tem sido uma área de interesse para mim e antecede um monte de outras coisas que realizei."[43]

Quando ele chegou ao Media Lab vários acadêmicos estavam explorando algum aspecto do Bitcoin, relativo à sua disciplina principal, modelos de consenso, criptografia, segurança de computadores, sistemas distribuídos, e economia, mas ninguém estava especificamente focado nisso. Ele não viu os professores fazendo pesquisas fundamentais em torno dessa moeda digital, apesar dos alunos do MIT terem lançado o projeto Bitcoin MIT para dar $ 100 de Bitcoins para os estudantes de graduação.

Ito teve um senso de urgência semelhante ao do Imogen Heap de espalhar a palavra e formar equipes em torno de desafios legais, técnicos e criativos. As tecnologias Blockchain estavam se movendo muito mais rápido do que as tecnologias da Internet, mas sem muito envolvimento acadêmico. Os desenvolvedores dos protocolos Bitcoin mais eminentes estavam se recuperando de ataques de reputação: a Fundação Bitcoin foi à falência, e o membro da diretoria Mark Karpeles foi preso no Japão por desvio de dinheiro por sua troca Mt. Gox. Ito se mexeu rapidamente. Lançou o Digital Currency Initiative (DCI) no Media Lab e contratou o ex-conselheiro da Casa Branca, Brian Forde, para dirigi-lo. Trouxe ainda três dos principais desenvolvedores do Bitcoin para o DCI para lhes fornecer estabilidade e recursos para que pudessem se concentrar no código.

Ele pensou que era importante criar uma rede acadêmica das universidades interessadas em apoiar o Bitcoin, e isso está em curso. "Estamos criando cursos, tentando organizar pesquisas, mas ainda nos encontramos em um estágio muito inicial", disse. "Acabamos de conseguir o financiamento em conjunto para apoiar o programa, e estamos justamente tentando despertar o interesse do corpo docente e dos alunos na área." Mais amplamente, ele quer que o MIT Media Lab reinvente o ensino superior, de modo em que pessoas como ele não caiam fora e vejam o valor de um lugar diversificado como o Lab. É uma oportunidade para guiar o futuro da academia.[44]

Melanie Swan, uma teórica e acadêmica protagonista do Blockchain, foi mais específica sobre onde educar os alunos sobre o Blockchain, e não é nas universidades tradicionais. É no Blockchain. "É realmente uma revolução completa na forma como fazemos tudo. A academia não é o lugar certo para fazer pensamento acadêmico sobre coisas muito novas, como o Blockchain", alega. Por exemplo, em vez de enviar a pesquisa para revistas acadêmicas para publicação e esperar de seis a dezoito meses para uma rejeição ou publicação, um academista poderia postar o artigo imediatamente como Satoshi Nakamoto fez, para um público limitado de pares, receber comentários em tempo real, e estabelecer a credibilidade necessária para publicar para um público maior. Os revisores votariam nos comentários para cima ou para baixo como os reeditores fazem no Reddit, assim o estudante saberia qual deles levar a sério. O artigo poderia até mesmo ser disponibilizado de graça, no entanto outros cientistas teriam a possibilidade de se inscrever para uma análise mais profunda ou para um debate com o autor. O acadêmico seria capaz de disponibilizar seus dados brutos ou compartilhá-los com outros cientistas como parte de um contrato inteligente. Se fluísse uma oportunidade comercial do artigo, ele conseguiria proteger os direitos com antecedência, levando em consideração quem financiou a pesquisa e quaisquer reivindicações que se possa fazer pela descoberta.

Swan é a fundadora do Instituto de Estudos Blockchain. "Existe o início do desenvolvimento de uma infraestrutura educacional para apoiar a aprendizagem sobre estas tecnologias. Obviamente, todos os encontros, grupos de usuários e hackathons são tremendamente úteis", afirma ela. "Cada consultoria em estratégia e contabilidade tem agora um grupo de prática Blockchain, e há instituições de ensino como a Universidade Blockchain."[45] A própria Swan leciona uma oficina Blockchain na Universidade Singularity.

Ela falou de um sistema educacional em que o estudante universitário se tornaria o que chamou de "sommelier educacional," unindo interesses ou habilidades necessárias com cursos acreditados, potencialmente, Curso On-line Aberto e Massivo (MOOCs, do inglês Massive Open On-line Courses). "O benefício dos MOOCs é a educação descentralizada. Pois, eu posso assistir à melhor aula de aprendizagem de máquina de Andrew Ng, na Universidade de Stanford, via Coursera. Posso acompanhar os outros principais cursos do MIT." De tal modo, os estudantes conseguiriam, em qualquer lugar do mundo, financiar os seus próprios programas de desenvolvimento pessoal e receber certificados. Explicou: "Assim como quando vou assistir a GRE ou o GMAT ou a LSAT, eu apareço com a minha ID, que confirma localmente que sou quem digo ser, e faço o exame", e esta confirmação local "poderia facilmente ser parte da infraestrutura do MOOC".

Swan tem trabalhado em como fazer a certificação do MOOC e em como abordar a dívida do estudante no Blockchain. O Blockchain fornece três elementos na direção desse objetivo: (1) uma prova confiável de mecanismo da verdade, um oráculo, para confirmar que os estudantes que se inscreveram para as classes no Coursera realmente as concluíram, fizeram as provas, e dominaram o material; (2) um mecanismo de pagamento; e (3) contratos inteligentes que poderiam constituir planos de aprendizagem. Considere contratos inteligentes para a alfabetização. "Por que não direcionamos ajuda financeira para o desenvolvimento pessoal? Como o Kiva, mas Kiva para a alfabetização", argumentou Swan, exceto que tudo seria muito transparente e os participantes seriam responsabilizados. Os doadores poderiam patrocinar crianças individuais, colocar dinheiro nas metas de aprendizagem e pagar de acordo com a realização. "Digamos que eu queira financiar um aluno em programa de alfabetização no Quênia. Toda semana este deveria fornecer uma prova de conclusão de um módulo de leitura. Talvez tudo seja automatizado por meio de um teste on-line, em que o Blockchain confirme a sua identidade e registre os seus progressos antes de desembolsar o valor da próxima semana de financiamento, o que poderíamos chamar de 'carteira inteligente para aprender' da criança, para que o aluno pudesse continuar o pagamento da escola sem interferência. O dinheiro para a educação de uma menina não poderia ser desviado para a escolaridade de seu irmão", proferiu.[46]

A CULTURA NO BLOCKCHAIN E VOCÊ

Depois de duas guerras mundiais em uma única geração, líderes mundiais admitiram que os acordos políticos e econômicos não poderiam, nunca iriam, manter a paz mundial em longo prazo. Essas condições mudaram, algumas vezes com frequência, algumas vezes drasticamente. A paz teve que ser enraizada em algo mais rico, mais universal, nos valores morais compartilhados e nas liberdades intelectuais da sociedade. Em 1945, três dúzias de nações se reuniram para formar um órgão educacional que iria modelar uma cultura de paz. O que se tornou conhecido como Nações Unidas da Educação, Ciência e Cultura (UNESCO). Sua missão no mundo de hoje é "criar condições para o diálogo entre as civilizações, culturas e povos".[47]

Através das lentes da tecnologia Blockchain, músicos, artistas, jornalistas e educadores estão vendo os contornos de um mundo que protege, nutre e recompensa os seus esforços de forma justa. Todos nós devemos cuidar. Somos uma espécie que sobrevive por suas ideias, não por seus instintos. Todos nós nos beneficiamos quando as indústrias criativas prosperam e quando os próprios criadores podem viver. Mais do que isso, estes são os termômetros da nossa economia, eles revelam mais rápido do que quase qualquer outra indústria, como produtores e consumidores irão adotar e então adaptar a tecnologia a suas vidas. Os músicos há muito tempo estão entre os primeiros a explorar inovações para o benefício de um grande número de outros, frequentemente por conta própria. Estes membros dedicados da nossa sociedade nos inspiram e todos os executivos de negócios, oficiais do governo, e outros líderes organizacionais têm muito a aprender com eles sobre a nova era digital.

PARTE III

PROMESSA E RISCO

CAPÍTULO 10

SUPERANDO OBSTÁCULOS: DEZ DESAFIOS DE IMPLEMENTAÇÃO

Lev Sergeivitch Termen foi um músico talentoso, mas que preferiu tocar com a Física. Nascido na aristocracia russa, antes da virada do século XX, Termen uniu-se aos bolcheviques no desmantelamento da autocracia czarista. Uma de suas primeiras missões foi criar um aparelho que pudesse medir a capacidade e a condutividade elétrica de vários gases. Ele testou lâmpadas a gás, osciladores de alta frequência e até hipnose.[1] O oscilador acabou funcionando bem, e então o chefe de Termen o encorajou a descobrir outras aplicações para o aparelho. Dois dos novos aplicativos tornaram-se lendários. O mais elaborado consistia em dois terminais de metal, sem nada entre eles, como uma lâmpada sem o vidro. Termen descobriu que, se preenchesse esse vazio com gás, poderia medir as propriedades elétricas do gás. Sua ideia foi brilhante: ele substituiu mostradores por fones de ouvido para que pudesse tomar leituras acústicas em vez de visuais, monitorando o tom do sinal que cada gás produzia. Esse foi um feito à frente de seu tempo, digno da garagem do Dr. Emmett Brown, em *De volta para o futuro*.

Devotos das TED Talks e estudantes da história da tecnologia já sabem o final dessa história: Termen tropeçou na forma de fazer música do nada. Sempre que ele colocava suas mãos próximas aos terminais de metal, o tom do sinal se modificava. Ele entendeu que poderia manipular o tom utilizando posições precisas e o movimento das mãos. Termen chamou esse dispositivo de "etherphone", conhecido hoje como teremim, uma versão anglicanizada do seu nome. O outro aplicativo foi uma versão em maior escala desse dispositivo, que era sensível a movimentos dentro de um raio de alguns metros. Foi o primeiro detector de movimento – sentinela do éter. Ele demonstrou ambos os instrumentos no Kremlin, doando seu etherphone para o camarada Lenin. Enquanto Lenin se deliciava com o etherphone, ele imediatamente colocou o detector de movimento para vigiar os esconderijos de ouro dos soviéticos. Se alguém cruzasse a linha eletromagnética em torno do ouro, eles dispariam um alarme silencioso. Subitamente o Big Brother tinha olhos elétricos.

A moral da história é simples: os dispositivos de Termen trouxeram luz e trevas para o mundo. Em um discurso comovente, Maciej Cegłowski, "Nosso camarada, o elétron", chamou a atenção para esses dois temas em todas as invenções de Termen: tão logo ele conseguia finalizar um dispositivo, ele era usurpado pelas forças das trevas. Até mesmo Lenin agregou a eletricidade em sua propaganda, igualando o comunismo ao poder soviético e à eletrificação do país.[2] Mas foi Stalin quem prendeu Termen e seus colegas, enclausurando-os em um campo de trabalhos forçados, em Kolyma, obrigando-os a inventar os instrumentos de tirania.

Já ouvimos o termo "bitcoin" sendo usado com similar grandiosidade em campanhas de todos os tipos. Como toda tecnologia revolucionária, o Blockchain do bitcoin tem seu lado bom e seu lado ruim. Nos capítulos anteriores, nós o levamos pelas muitas promessas dessa tecnologia. Neste capítulo, evidenciaremos dez possíveis impedidores – problemas e perigos. Perdoe-nos se algumas delas são tecnicamente complicadas. Achamos que seria imprudente simplificar essas questões: precisamos de certo nível de detalhamento para ter precisão.

Além disso, depois desta seção, você pode ser tentado a desistir desses Inovadores do Blockchain porque eles enfrentam sérios obstáculos. Nós o encorajamos a considerar se esses obstáculos são "razões pelas quais o Blockchain são uma boa ideia" ou se são "desafios da implementação a serem superados". Nós achamos que seja o último, e que nós, como inovadores, temos de vê-los como problemas importantes a serem solucionados criativamente, da mesma forma que passamos para a segunda era da internet. Para cada desafio, propomos algumas soluções. No fim do capítulo, apresentamos nossa opinião sobre o que pode ser feito para garantir o cumprimento da promessa do Blockchain.

1. A TECNOLOGIA NÃO ESTÁ PRONTA PARA O HORÁRIO NOBRE

Como já mencionamos, a maioria das pessoas tem apenas um vago entendimento da criptomoeda Bitcoin, e não muitos ouviram falar da tecnologia do Blockchain. Você, leitor, está entre os poucos com visão de futuro. O

Bitcoin evoca imagens que vão desde os esquemas de pirâmide, de lavagem de dinheiro, até um *Sem-Parar* financeiro, livre de pedágios nas rodovias econômicas de valor. De qualquer forma, a infraestrutura ainda não está pronta para o horário nobre, então vamos aos argumentos.

O desafio é multifacetado. A primeira faceta vem emprestada do autor de ficção científica William Gibson, de que o futuro está aqui; sua *infraestrutura* é desigualmente distribuída. Tivessem os cidadãos gregos tomado conhecimento do Bitcoin durante sua crise econômica em 2015, ainda assim seria difícil localizar uma casa de câmbio de Bitcoin ou encontrar um caixa eletrônico de Bitcoin em algum lugar de Atenas. Eles não teriam sido capazes de converter seus Dracmas em Bitcoins para se proteger contra a queda de sua moeda. O cientista de computadores Nick Szabo e o especialista em segurança da informação Andreas Antonopoulos argumentam que uma infraestrutura robusta é fundamental e não pode ser construída durante catástrofes. Antonopoulos diz que a infraestrutura de Blockchain grega não existia na época da crise, e havia insuficiência de liquidez de Bitcoins para uma população inteira transferir sua moeda corrente em um momento conturbado como aquele.

Por outro lado, o Blockchain do Bitcoin tampouco está pronto para a Grécia. Esta é a segunda faceta: fica devendo em controles de segurança para um crescimento maciço no uso. "O sistema não tem *capacidade transacional* para acolher 10 milhões de pessoas. Isso representaria quase um aumento de dez vezes na base de usuários da noite para o dia", disse Antonopoulos. "Lembram o que aconteceu quando a AOL despejou 2,3 milhões de contas de e-mails na internet? Nós percebemos muito rapidamente que a internet não estava pronta, em termos de proteção contra spams e etiqueta Net para absorver 2,3 milhões de novatos que não sabiam como usá-la. Isso não é nada bom para uma tecnologia tão nova."[3] O Blockchain estaria sujeito a problemas de capacidade, falhas de sistema, incapacidade de prever bugs e, talvez o mais danoso, um enorme desapontamento por parte de usuários tecnicamente ignorantes, que não necessitam de nenhuma dessas ocorrências no momento.

Isso se relaciona com a terceira faceta desta intermitência, sua *inacessibilidade* para o indivíduo mediano. Não há suporte suficiente para os usuários, e muitas interfaces não são amigáveis, exigindo um alto grau de tolerância para códigos alfanuméricos e linguagem nerd. A maioria dos endereços Bitcoin é simplesmente linhas de números entre 26 e 35 caracteres, começando com o 1 ou o 3, o que é bem chato de digitar. Como Tyler Winklevoss disse, "Quando você vai ao Google.com, você não digita nenhuma linha de números. Você não digita um endereço de IP. Você clica em um nome, uma palavra que você lembra. E acontece o mesmo com os endereços de Bitcoin. Os endereços de Bitcoin não deveriam ser expostos aos usuários medianos. Pequenas coisas como essa fazem a diferença".[4] Então há muito trabalho a ser feito com relação à interface básica do usuário e sua experiência.

Os críticos também têm se mostrado preocupados com a falta de liquidez em longo prazo, porque o Bitcoin tem sua quantidade limitada – 21 milhões até 2140 – e é subtraído a uma taxa decrescente. É uma política monetária baseada em regras, projetada para prevenir inflação desencadeada por políticas monetárias arbitrárias e discricionárias, um fenômeno comum para muitas moedas. Satoshi escreveu: "É mais típico de um metal precioso. Em vez de mudar o suprimento para manter o valor do mesmo, o suprimento é predeterminado e o valor varia. À medida que cresce o número de usuários, o valor por moedas aumenta. Ele tem o potencial para um ciclo de retorno positivo; conforme majora o número de usuários, o valor sobe, o que poderia atrair mais usuários para se aproveitar do valor crescente".[5]

A princípio, moedas armazenadas em carteiras perdidas ou enviadas para os endereços cujos proprietários perderam suas senhas privadas não são reembolsáveis; elas apenas permanecem inativas no Blockchain, e então serão menos de 21 milhões em circulação. Usuários principiantes tendem a segurar o Bitcoin como se agarram ao ouro, esperando que, no longo prazo, seu valor aumente. Tratam, portanto, o Bitcoin como um ativo e não como um meio de troca. De acordo com os teóricos da economia, a baixa ou nenhuma inflação motiva os proprietários a acumular em vez de gastar o seu Bitcoin. Ainda assim, seria mais fácil a movimentação dos consumidores dentro e fora do Bitcoin se suas trocas fossem mais confiáveis, podendo, desta forma, aumentar a frequência e o volume de suas negociações. No caso de mais comerciantes o aceitarem como meio de pagamento, as pessoas que os estão poupando tenderiam, então, a começar a usar sua reserva para compras, liberando mais Bitcoins. Uma vez que os comerciantes passassem a emitir cartões de presente em forma de Bitcoin, mais pessoas seriam expostas a criptomoedas, ficando mais confortáveis para realizar tais transações. E assim, hipoteticamente, as pessoas teriam menos razões para acumulá-lo. Os advogados do protocolo Bitcoin argumentam que, porque eles são divisíveis por oito casas decimais – a menor unidade é chamada de Satoshi, que vale um centésimo de milionésimo de um Bitcoin – seriam compradas mais das menores denominações se a demanda por Bitcoin aumentasse. Há também a possibilidade de ajustar os protocolos para permitir maior divisibilidade, digamos, picopagamentos (*trilhonésimos* de um Bitcoin), e para recuperar o Bitcoin bloqueado após um período de inatividade.

A quinta dimensão é *alta latência*: para a rede Blockchain Bitcoin, o processo de compensação e liquidação da transação leva cerca de dez minutos, uma finalização muito mais rápida do que a da maioria dos mecanismos de pagamento. Entretanto, liquidar instantaneamente as transações no ponto de venda não é a dificuldade; o verdadeiro problema é simplesmente que dez minutos é muito tempo para a Internet das Coisas, na qual os dispositivos precisam interagir de forma contínua. Gavin Andresen, seu principal desenvolvedor, disse que solucionar para 1 trilhão de objetos conectados é "uma concepção espacial diferente do Bitcoin", um espaço no qual a baixa latência é mais crítica e a fraude é um problema menor ou no qual as partes podem estabelecer um nível aceitável de confiança sem a rede Bitcoin. Dez minutos também é um longo período para as transações financeiras em que as questões de tempo são importantes para obter um bem a um preço particular, no qual essa incubação expõe os comerciantes a deficiências de arbitragem com base no momento, tais como ataques de sincronização de mercado.[6] A solução imediata para os empreendedores tem sido remover a base de código Bitcoin, isto é, modificar o código-fonte ajustando alguns parâmetros, e lançar um novo Blockchain com um Altcoin no lugar do Bitcoin como um incentivo para participar. Litecoin é um Altcoin popular com um tempo de bloqueio de 2,5 minutos, e Ripple e Ethereum são plataformas Blockchain totalmente redesenhadas que têm latência de segundos, não minutos.

A sexta dimensão é a *mudança de comportamento* em um sentido mais profundo do que a etiqueta na internet (Netiquette). Atualmente, muitas pessoas recorrem ao banco ou à empresa de cartão de crédito, e até falam com uma pessoa real, quando cometem um erro de contabilidade, esquecem suas senhas ou perdem a carteira ou os talões de cheques. A maioria da população com contas bancárias não tem o hábito de fazer backup de seu dinheiro em um pen drive ou um segundo dispositivo, protegendo suas senhas para que não precisem confiar na função de redefinição do provedor de serviços, ou manter essas cópias em locais separados de modo que, se eles perdessem o seu computador e todas as suas outras posses em um incêndio em casa, eles não perderiam o seu dinheiro. Sem essa disciplina, eles poderiam muito bem encher seus colchões com dinheiro. Com maior liberdade – melhor privacidade, maior segurança e autonomia das estruturas de custos de terceiros e das falhas no sistema –, vem maior a responsabilidade. Para aqueles consumidores que não confiam em si mesmos para manter cópias seguras de suas senhas, provedores de armazenamento de terceiros podem fornecer o serviço de backup.

A sétima dimensão é a *mudança social*. Dinheiro ainda é uma construção social que representa o quanto uma sociedade vale. É endógeno para aquela coletividade, se manifesta por causa das relações humanas e se adapta à evolução de suas necessidades. "Você não pode tirar o social do dinheiro", disse Izabella Kaminska do *Financial Times*. "Muitos desses protocolos tentam fazer isso através da criação de um sistema absolutista e muito objetivado. Ele só não reflete o mundo como ele é." Aponta para o sistema do Euro como um exemplo de como um tamanho – e um conjunto de protocolos – não serve para todos os países.[7] E repete o que Antonopoulos disse sobre a necessidade muito humana das sociedades de perdoar e esquecer, a fim de seguir em frente. "Há uma longa tradição em finanças de se destruir registros, porque nós, como uma sociedade, acreditamos que é errado perseguir ou discriminar os indivíduos por algo que eles fizeram dez ou quinze anos atrás. Temos toda essa mentalidade de jubileu de perdão da dívida porque achamos que as pessoas devem receber outra chance. Criar um sistema que nunca esquece é ligeiramente sociopata", alegou.[8]

Isso nos leva à oitava dimensão, a *falta de recursos legais* em um mundo de transações irrevogáveis e contratos inteligentes inevitáveis. Segundo os estudiosos jurídicos Primavera De Filippi e Aaron Wright, "As pessoas são, de fato, livres para decidir o conjunto específico de regras a que elas desejam obedecer, mas uma vez feita a escolha já não podem desviar dessas regras, na medida em que os contratos inteligentes são automaticamente aplicados pelo código fundamental da tecnologia, independentemente da vontade das partes".[9] Esse elevado grau de certeza – uma certeza matemática – quanto ao desfecho de uma transação ou de um contrato inteligente é sem precedentes na sociedade. Ele proporciona maior eficiência e elimina eficazmente o risco do não cumprimento, porque não temos a opção de violação ou de danos. Mas isso também é um lado negativo. Ele não deixa espaço para os seres humanos. Para Josh Fairfield da Faculdade de Direito da Washington and Lee University, isso significa "mais confusão, não menos. Nós vamos ver mais conflitos. 'Você não renovou realmente a minha casa, quero o meu dinheiro de volta.' Nós vamos ver mais confusão humana, mas isso não significa que a tecnologia seja ruim."[10]

Mas será que as pessoas vão realmente levar a contraparte ao tribunal? De Filippi estimou que, no mundo atual, 80% das violações contratuais não são cumpridas porque elas são muito caras para prosseguir no tribunal e caras demais para processar. Por que esses números devem melhorar em um mundo blockchain? Quando o código indica que o contrato foi totalmente executado em vez de violado, com exceção de uma parte que não está satisfeita com o resultado, a parte insatisfeita vai realmente atrás de uma ação judicial? Os tribunais irão reconhecer o caso? O pequeno empresário irá se afastar da equipe jurídica corporativa de Dewey, Cheatham e Howe, ou – com seus modestos recursos – ainda será capaz de identificar sua contraparte anônima, para que ele possa abrir um processo primeiro?

2. A ENERGIA CONSUMIDA É INSUSTENTÁVEL

Nestes dias primordiais do Blockchain do Bitcoin, o método de prova de trabalho descrito no Capítulo 2 tem sido fundamental para levantar a confiança das pessoas. Daqui a alguns anos, vamos olhar para trás e apreciar a genialidade de sua implantação, desde a invenção e a alocação de novos Bitcoins à atribuição de identidade e prevenção de gastos duplos. Bastante notável. E bastante insustentável, de acordo com os críticos de criptomoedas que utilizam provas de trabalho para manter a rede segura e sob pseudônimo.

Hashing, o processo de execução de transações pendentes através do algoritmo de hash seguro 256 (SHA-256) para validar e resolver um bloco, queima uma grande quantidade de eletricidade. Algumas pessoas no ecossistema Blockchain estão fazendo cálculos informais em pedaços de papel que se tornam *memes* na comunidade. As estimativas comparam o consumo de energia da rede Bitcoin à energia usada por quase 700 casas médias americanas, na extremidade baixa do espectro, e à energia consumida pela ilha de Chipre, na parte alta do espectro.[11] Isso é mais de 4.409 bilhões de quilowatts-horas,[12] uma emissão de carbono do porte do Godzilla, e é planejada. É o que protege a rede e mantém os nós genuínos.

No início de 2015, a revista *The New Republic* relatou que o poder de processamento combinado da rede Bitcoin era centenas de vezes maior do que a produção agregada dos principais quinhentos supercomputadores do mundo. "Processar e proteger os mais de 3 bilhões de dólares em Bitcoins em circulação exige mais de 100 milhões de dólares em energia elétrica a cada ano, gerando um volume de emissões de carbono equivalentes". O autor do artigo, Nathan Schneider, escreveu o que tem estado em nossas mentes desde então: "Todo aquele poder de computação, que poderia estar voltada para a cura do câncer ou explorando as estrelas, está preso em máquinas que não fazem nada além de processar transações do tipo Bitcoin".[13]

Como cidadãos que se preocupam com o nosso planeta, todos nós deveríamos estar preocupados. Há duas questões, uma acerca da eletricidade utilizada para executar as máquinas e outra em torno da energia usada para resfriá-las, para que não falhem. Aqui está uma regra de ouro: para cada dólar que um computador queima em eletricidade, ele gasta cinquenta centavos para seu esfriamento.[14] A seca aguda na Califórnia tem levantado sérias preocupações sobre o uso da preciosa água para resfriar centros de dados e operações de mineração Bitcoin.

Conforme o valor do Bitcoin sobe, a competição para a mineração de novos Bitcoins aumenta. Quanto mais poder de computação é dirigido à mineração, o problema computacional que os mineradores precisam resolver se torna mais difícil. Uma medida do poder de processamento total da rede Bitcoin é a taxa hash. Gavin Andresen explica: "Vamos dizer que nós temos milhões de transações por bloco, cada uma pagando uma média de um dólar de taxa de transação. Mineradores seriam pagos em milhões de dólares por bloco e gastariam um pouco menos do que isso em eletricidade para fazer esse trabalho. É assim que a economia de prova de trabalho funciona. É realmente o preço do Bitcoin, e no entanto, a maior recompensa está em um bloco que conduz o quanto de hashing é feito".[15] A taxa de hash tem aumentado consideravelmente ao longo dos últimos dois anos, crescendo quarenta e cinco vezes em menos de um ano. E a tendência é usar mais energia, não menos.

"O custo de não ter nenhuma autoridade central é o custo dessa energia", disse Eric Jennings, CEO da Filament, uma rede industrial de sensores sem fio.[16] Isso é um lado do argumento. *A energia é o que é*, e é comparável ao custo incorrido em obter moeda fiduciária. "Todas as formas de dinheiro têm uma relação com a energia", disse Stephen Pair da BitPay. Ele revisitou a analogia do ouro. "Átomos de ouro são raros na Terra, porque uma intensa quantidade de energia é necessária para formá-los. O ouro é precioso por causa de suas propriedades físicas, e essas propriedades derivam de energia." Pair ponderou que a fabricação artificial do ouro exigiria fusão nuclear.[17]

De uma perspectiva, todo esse consumo de eletricidade faz sentido. Erik Voorhees, fundador da troca de moeda Shapeshift, disse que os críticos foram injustos ao chamar a energia gasta na mineração de Bitcoin um desperdício. "A eletricidade está sendo gasta para um propósito. Há um verdadeiro serviço sendo prestado – a garantia desses pagamentos." Ele pediu aos críticos que comparem isso com a energia queimada pelo atual sistema financeiro. Pense nos grandes cofres, a arquitetura bunker com fachadas gregas majestosas, sistemas HVAC bombeando ar gelado em lobbies brilhantes, filiais concorrentes em cada esquina, e caixas eletrônicos no meio. "A próxima vez que você vir um caminhão blindado Brinks jorrando fuligem preta no ar, compare isso à combustão de energia elétrica no Bitcoin. Não é bem claro qual é o pior", pronunciou Voorhees.[18]

O segundo problema relacionado à energia é a própria arquitetura dos computadores. Para a compatibilidade de versões anteriores nas quais os sistemas mudavam o seu legado mais lentamente, seu laptop ou PC é provavelmente um tipo de computador com um Conjunto Complexo de Instruções (CISC) que pode executar uma ampla gama de aplicações matemáticas que uma pessoa média nunca irá usar. Quando os engenheiros perceberam que realmente tinham ultrapassado o mercado, criaram o computador com um conjunto reduzido de instruções (RISC). Seu dispositivo móvel é provavelmente uma máquina RISC avançada (ARM). O que os mineradores perceberam foi que eles também poderiam aproveitar a sua unidade de processamento gráfico para aumentar a velocidade de processamento. Porque as GPUs modernas têm milhares de núcleos de computação em cada chip, que são ideais para cálculos que podem ser feitos em paralelo, como o hashing feito na mineração Bitcoin. Havia alguns conflitos de escolha, e estimar o consumo de energia da máquina se tornou um pouco mais complicado, mas para a maior parte as GPUs poderiam fazer o trabalho.[19]

"Se eu puder projetar um computador RISC para ser o-tão-super-rápido e enorme, perto da insanidade paralela para tentar os bilhões de quasilhões de códigos simultaneamente com pouca ou nenhuma eletricidade, vou fazer dinheiro de ar",[20] proferiu Bob Tapscott, irmão CIO de Don. Isso é o que o Grupo BitFury fez: construiu um solucionador massivo de Bitcoin paralelo à aplicação específica de circuitos integrados (ASIC), que são eficientes em termos energéticos e destinados exclusivamente à mineração de Bitcoins.

Seu fundador e CEO, Valery Vavilov, argumentou a visão de que máquinas e operações de mineração, no geral, continuarão a ser mais eficientes energicamente e mais favoráveis ao meio ambiente. Algumas dessas dependem da mudança para climas frios, em que a energia é barata e de preferência renovável, como a hidráulica ou geotérmica, e em que a Mãe Natureza lida com o arrefecimento, ou os fabricantes descobrirão uma maneira eficiente de capturar o calor. BitFury, por exemplo, tem dois centros de dados – um na Islândia e outro no país da Geórgia –, com planos de novos centros na América do Norte, e adquiriu a startup Allied Control com base em Hong Kong, que é especializada em tecnologia de resfriamento por imersão.[21] E assim ela está trabalhando para reduzir o impacto ecológico da infraestrutura Bitcoin.

Mesmo que essas iniciativas limitem a emissão de carbono da mineração, ainda temos o consumo e o rápido descarte desses dispositivos que são atualizados continuamente. Os que querem construir uma carreira nisso devem atualizar e especializar seus sistemas continuamente. A maioria dos equipamentos de mineração tem uma vida útil de três a seis meses.[22] Bob Tapscott comparou empresas, como a BitFury, aos comerciantes Yukon durante a grande corrida do ouro: eles fizeram a sua verdadeira fortuna vendendo pás cada vez melhores ao mineiradores.[23] Nós encontramos a descrição da mineração de Bitcoin Cointerra TerraMiner IV com um chip ASIC que consumia tanta energia que o sistema elétrico de sua casa não aguentava. "Estou vendendo três unidades porque a minha casa é antiga e tem fiação abaixo do padrão. Eu não quero um incêndio." O lance inicial era de 5 mil dólares.[24] Fornecedores como a MRI da Austrália estão aplicando novas abordagens para reciclagem, primeiro desmontando em vez de estraçalhar todos esses componentes de computação, e depois gerenciando os fluxos de resíduos resultantes. Tais processos criativos estão permitindo que eles recuperem metais preciosos e reutilizem até 98% do produto por peso.[25] Infelizmente, a reciclagem de hardware ainda não é amplamente disponível para a maior parte dos consumidores.

Para os principais desenvolvedores do Bitcoin, a preocupação é legítima e vale a pena resolver: "Se o Bitcoin realmente se tornar uma rede com um time global, acho que teremos que nos afastar lentamente da prova de trabalho como a única configuração segura", disse Andrésen. "Em longo prazo, talvez nos afastemos da prova de trabalho como forma da rede estar protegida, e iremos combinar isso com alguma outra coisa."[26] É o que vários altchains fizeram: exploraram algoritmos alternativos de consenso, tais como verificação de suporte para proteger a rede, mantendo a descentralização. A natureza de código aberto do protocolo Bitcoin o torna tecnicamente fácil de fazer. Lembre-se, o propósito de algoritmos de consenso é distribuir o direito de decidir qual estado do Blockchain é um conjunto descentralizado de usuários. Para a mente de Vitalik Buterin, o visionário por trás da Ethereum, existem apenas três conjuntos descentralizados de usuários considerados seguros, e cada aglomerado corresponde a um grupo de algoritmos de consenso: *proprietários de poder de computação*, com algoritmo padrão de prova de trabalho; *Stakeholders*, com vários algoritmos confirmando a participação em carteiras de software; e *membros de uma rede social*, com um algoritmo de consenso "estilo federado."[27] Note que apenas um desses mecanismos de consenso inclui a palavra *poder*. A versão Ethereum 2.0 será construída em um modelo de prova de participação, considerando que Ripple usa um padrão federado, um pequeno grupo controlado semelhante a algo como SWIFT, a provedora global de mensagens de seguro financeiro, em que grupos autorizados chegam a um acordo sobre o estado do Blockchain.[28]

Esses sistemas não queimam energia elétrica como o Blockchain Bitcoin faz. Bram Cohen, fundador da Tor, introduziu uma quarta maneira de lidar com o desperdício de energia, o que ele chama de "prova do disco", em que os *donos de armazenamento de espaço em disco* – pessoas que comprometeram um pedaço da memória do computador para manter uma rede e executar funções de rede – definem o conjunto econômico dos usuários. Dessas alternativas à comprovação de trabalho, Austin Hill da Blockstream desaconselhou o uso de métodos alternativos para garantir o consenso. "Experimentação com o seu algoritmo de prova de trabalho é perigoso e é uma nova área da ciência da computação."[29] Isso adiciona uma dimensão acessória para a inovação: não só os desenvolvedores devem se preocupar se seus novos recursos e funções irão atender seu objetivo, mas eles também devem verificar como a escolha do algoritmo de consenso irá mantê-los seguros e distribuídos para o conjunto econômico mais adequado.

No geral, a expressão "Querer é poder" se aplica. Os tecnólogos mais inteligentes do planeta estão trabalhando em soluções criativas para o problema da energia, com dispositivos mais eficientes e uso de energia renovável. Além disso, como os computadores se tornam inevitavelmente mais inteligentes, eles vão, sem dúvida, fornecer suas próprias soluções. O investidor anjo da Bitcoin Roger Ver, apelidado de Jesus do Bitcoin, falou: "Digamos que o ser humano mais esperto tem um QI próximo a 200. Imagine inteligências artificiais com um QI de 250, ou 500, ou 5 mil, ou 5 milhões. Haverá soluções, se nós, humanos, as quisermos".[30]

3. GOVERNOS IRÃO REPRIMIR OU DISTORCER

Para os libertários e anarquistas, Satoshi Nakamoto escreveu: "Vocês não irão encontrar uma solução para os problemas políticos em criptografia".[31] Eles teriam de procurar em outro lugar por uma cura para todos os grandes governos. Satoshi viu seu experimento como um ganho em um novo território de liberdade, não uma revolução total. Governos que conseguiram decapitar redes centrais controladas, como o Napster, e redes ponto-a-ponto puras, como a Tor, foram capazes de persistir. Poderia a rede Bitcoin Blockchain manter a si mesma contra autoridades centrais poderosas?

Essa pode ser a maior questão. O que os legisladores, reguladores e juízes de todo o mundo vão fazer das tecnologias blockchain? "Os tribunais irão entender isso errado. Eles já começaram a entender errado, aplicando regras de propriedade intelectual a qualquer coisa que é intangível. Eles pensam que o aspecto físico é a linha divisória entre a propriedade virtual e a propriedade intelectual, e não é", disse Josh Fairfield. "Não há elemento de propriedade intelectual, não há nenhuma parte de um Bitcoin que seja propriedade intelectual, não há nenhuma centelha criativa de direitos autorais, não há nenhuma ideia patenteável, não há nenhuma patente, não há nenhuma marca."[32] De acordo com Stephen Pair, da BitPay, "A maior ameaça para o Bitcoin é que ele, em algum ponto, se torne tão fortemente regulamentado que um concorrente mais particular e mais anônimo apareça e todo mundo mude para isso".[33] Uma coisa é certa: "Qualquer que seja a questão política particular, se você não entende a tecnologia e você não entende as implicações, você está se preparando para o fracasso", disse Jerry Brito, do grupo de pesquisa da política Bitcoin Coin Center. "Se você não entender isso, você pode introduzir a legislação e a política que irão prejudicar o desenvolvimento da tecnologia. Nós só queremos que você entenda o que está fazendo."[34]

Então seu desafio é formidável. Eles devem prever o imprevisível.

Por um lado, eles devem evitar o sufocamento da inovação ao reagir exageradamente aos piores casos – tráfico de seres humanos, comércio ilícito de drogas, contrabando de armas, pornografia infantil, terrorismo, evasão fiscal e falsificação, por exemplo. Por outro lado, eles não devem enrolar novas aplicações não testadas, tais como plataformas baseadas em Blockchain para gerenciamento de identidade, para restringir as liberdades civis. Deve haver uma abordagem estável à regulamentação, legislação e negociação internacional de acordos para minimizar a incerteza regulatória, de modo que os investidores continuarão a apoiar o desenvolvimento global de tecnologia.

A jurisdição já importa quando se trata de utilizar Bitcoin. Alguns governos proibiram o Bitcoin ou proibiram os bancos estaduais de trocá-lo, como fez a China. Brito disse: "De uma forma tipicamente chinesa, isso não é ilegal, mas poderia ser a qualquer momento e todo mundo sabe disso".[35] A China está permitindo a prosperação de uma comunidade de mineração profissional séria e essas associações de mineração se tornaram bastante influentes nos debates sobre atualizações para o protocolo Bitcoin. O que acontece com a segurança Blockchain se a China de repente proibir a mineração também? Outras jurisdições mudaram para definir rigorosamente o Bitcoin, como a Receita Federal dos EUA tem feito. Ela rotulou o Bitcoin como um ativo para o cálculo dos impostos sobre a valorização do valor.

O contexto jurídico também importa. Os juristas De Filippi e Wright não acreditam que o atual pode lidar com as questões levantadas pela propriedade inteligente implantada globalmente em escala. Contratos inteligentes definem e gerenciam direitos de propriedade. O código não faz suposições sobre atribuição de direitos, e o código não pode apreender, ceder ou transferir esses direitos arbitrariamente. Por exemplo, se durante o processo de registro de terras, funcionários do governo designaram a propriedade de uma parcela de terra para alguém que não é o proprietário legal daquela parcela, essa pessoa teria absoluta soberania sobre a parcela, e o proprietário legal simplesmente não poderia reverter a atribuição.

Josh Fairfield se concentra mais no processo: "A lei comum não está afetando a lei da tecnologia; a lei comum é a lei da tecnologia. A lei comum é o processo de adaptação dos sistemas humanos às mudanças tecnológicas... a luta real é como nós pegamos velhas regras voltadas para a tecnologia antiga e as adaptamos de forma rápida e competente", de forma que sejam reconhecíveis quando começarmos a usá-las, mas iteradas, de modo que sejam o estado da arte quando a tecnologia realmente a atingir.[36] Por último, mas não menos importante, e isso não deve ser nenhuma surpresa, a identidade importa muito – ou pelo menos importa como nós a construímos no Blockchain.

"As pessoas têm uma visão muito simplista de identidade", disse Andreas Antonopoulos. "Estou na verdade apavorado com as implicações da identidade digital porque acho que as pessoas irão tomar atalhos... Se transferirmos identidade para o mundo digital, em que as opiniões são inflexíveis, nós na verdade acabamos com uma construção que não se assemelha com a construção social da identidade, mas com uma cópia aterrorizante, fascista dela."[37]

Combine uma versão precisamente codificada de uma pessoa com uma versão precisamente codificada da sociedade, e você recebe o material das histórias de ficção científica e dos filmes de Arnold Schwarzenegger. Os juristas De Filippi e Wright conjuraram imagens de "contratos de auto-obrigação, *jardins murados* ou *sistemas confiáveis*, possuídos e gerenciados por uma sofisticada rede de organizações descentralizadas que ditam o que as pessoas podem ou não podem fazer, sem qualquer tipo de garantias ou restrições constitucionais". Em outras palavras, um regime totalitário dirigido por uma máquina.

O especialista em inteligência artificial Steve Omohundro nos lançou esta frase: *a curva de aprendizagem do ditador*, ou como os homens das cavernas acabam com a tecnologia da era espacial. Pense em todos os laboratórios de IA lá fora, empregando os ph.Ds mais inteligentes do mundo com acesso aos computadores mais poderosos do mundo. Os ph.Ds podem remexer no código Bitcoin ou escrever um contrato inteligente que controla a entrega de um pacote por um drone, em que o Bitcoin é mantido de garantia até o exato momento em que o pacote chega. Vamos dizer que esses ph.Ds postam esse software como código-fonte aberto na internet, porque é isso que eles fazem para mover as suas ideias adiante; eles compartilham ideias. Então, agora ISIS não precisa de um laboratório de IA e não precisa de uma equipe de desenvolvimento de software. Ela só precisa substituir uma granada pelo pacote. Essa é a curva de aprendizagem do ditador, e não é íngreme. Mas não culpe o código ou a cultura de compartilhamento. Não é necessariamente o que fazemos com o código; é o que nós não percebemos que estamos fazendo com ele – as consequências não intencionais de um mundo livre de atrito.

4. OS OPERADORES DO VELHO PARADIGMA IRÃO USURPÁ-LO

Muitas das nossas preocupações sobre a primeira geração da internet se tornaram realidade. Empresas poderosas capturaram grande parte da tecnologia e estão usando em seus vastos impérios privados para extrair a maior parte do valor. Eles fecharam oportunidade e privatizaram muito da nossa experiência digital. Usamos lojas próprias para adquirir e usar novos aplicativos em nossos telefones, tablets, e agora relógios. Mecanismos de busca e departamentos de marketing de modo idêntico interrompem o nosso conteúdo com publicidade. Grandes empresas que promovem e prosperam da transparência do consumidor são notoriamente sigilosas sobre suas atividades, planos, infraestruturas de tecnologia e ativos de informação. Para ter certeza, algumas empresas abriram voluntariamente, mas muitas outras apenas reagiram à luz de denunciantes e jornalismo investigativo. Tais divulgações são diminuídas por esforços para esconder operações e ocultar informações. Simplificando, eles não têm sido bons administradores da credibilidade pública.

Caso em questão: o setor bancário. "Bancos são tradicionalmente guardadores de segredos", de acordo com Kaminska, do *Financial Times*. Ela explicou que os bancos fazem bons julgamentos sobre a quem emprestar e como processar os pagamentos quando eles têm bom acesso a informações privadas, informação essa que eles obtém com a promessa de manter segredo. Quanto mais segredos eles detêm, maior a assimetria de informação e maior as suas vantagens, mas essas vantagens têm implicações prejudiciais sistêmicas.[38] Então, o que previne que grandes corporações ou poderosos estados-nação capturem as tecnologias Blockchain para seus próprios interesses particulares? "Qualquer mecanismo de consenso que você tenha será suscetível ao marketing – em que poderosos interesses gastam dinheiro tentando convencer as pessoas a fazer certa coisa", disse Pair, da BitPay.[39]

Para ser claro, não estamos sugerindo que corporações e governos devam deixar essa tecnologia sozinha. Afinal, a tecnologia Blockchain está emergindo como um importante recurso global que poderia permitir novos recursos. Além disso, a sociedade precisa dos governos para prestar serviços a seus cidadãos e das empresas para criar empregos e riqueza. Mas isso é diferente de capturar uma tecnologia disruptiva e sua generosidade, de modo a limitar os seus maiores benefícios para a sociedade.

Considere também o que os principais desenvolvedores e empresas Blockchain já estão fazendo para proteger suas redes, antecipando e respondendo rápido para os piores cenários. Por exemplo, em 2014, ladrões roubaram 8 milhões de VeriCoins, uma criptomoeda à prova de participação, a partir da troca MintPal. Poucos dias depois do ataque, desenvolvedores

VeriCoin lançaram um novo código que bifurcava o Blockchain VeriCoin anterior ao corte – de certa forma, eles voltaram para trás – e colaboravam com trocas para se certificarem de que foi adotado.[40] Da mesma forma, "se dinheiro e poder tentam capturar a rede, os mineradores iriam pará-los, indo para a versão real do Bitcoin e iniciando uma bifurcação,"[41] de acordo com Keonne Rodriguez, líder de produto no Blockchain.

O que fazer para impedir a China de apontar todos os seus ativos de processamento de estado e todas as suas associações de mineração no Blockchain do Bitcoin de encenar um ataque de 51% ou, no mínimo, desestabilizar o processo? Vamos dizer que algum rico déspota decidiu que o Bitcoin, como a internet antes disso, se tornou tão influente que está corroendo seu poder. Esse déspota poderia aproveitar todo o poder de mineração dentro do seu alcance e comprar o resto de países que ainda toleram seu mau comportamento, para colocá-lo sobre o limiar de taxa de hash de 50%. Ele poderia decidir então quais transações incluir nos blocos e quais rejeitar. Com o controle acionário, ele também poderia decidir se bifurca o código e introduz algumas proibições, talvez uma lista negra de endereços, associados a jogos de azar ou à liberdade de expressão. Portanto, os nós honestos adotam essa bifurcação controlada centralmente ou eles desembolsam mais para um novo código? Andrew Vegetabile, diretor da Associação Litecoin, disse que não há escapatória de tal cenário, porque o déspota controla 51% da rede. E ele não precisaria representar um governo; ele poderia ser uma das pessoas mais ricas do mundo ou um executivo de uma empresa altamente rentável, com considerável poder de compra.[42] Um terceiro cenário é que as empresas existentes irão defender seu território, fazendo pressão para garantir que as regulamentações existentes para as empresas bem estabelecidas se apliquem a pequenas startups e processando qualquer startup que sobreviva a inquisição regulamentar. Essa estratégia litigar-não-inovar pode lhes dar tempo para escolher uma estratégia. Ou pode simplesmente drenar do titular qualquer valor real que ele tenha. Pense naqueles tiranos duplos – sistemas legados e inércia ativa. Os acadêmicos têm bem documentados os efeitos de aprisionamento e mudança de custos, e identificaram os desafios da integração de sistemas pós-fusão. Organizações com grandes investimentos em tecnologia em sua base instalada podem ser mais propensas a jogar mais dinheiro em seu antigo sistema, afiando suas facas para a luta com pistola em vez de conduzir experimentos estratégicos no Blockchain.

5. INCENTIVOS SÃO INADEQUADOS PARA A DISTRIBUIÇÃO DA MASSA COLABORATIVA

Os mineradores têm um incentivo para manter a infraestrutura do Bitcoin, porque se a rede falhar, todos os Bitcoins não convertidos que eles teriam ganhado (ou poderiam ganhar) através da mineração seriam perdidos ou inúteis, ou de outra forma estariam em risco. Antes de cavar ainda mais em incentivos, vamos ser claros sobre o serviço que os mineradores fornecem: *não* é a validação da transação. Cada nó completo pode validar transações. Em vez disso, os mineradores preservam a distribuição do poder – o poder de decidir quais operações incluir em cada bloco, o poder de inventar moedas, o poder de votar na verdade.

Então você quer ser um minerador de Bitcoin?

Como parte da nossa pesquisa, nós recrutamos Bob Tapscott – antigo CIO de banco, consultor de gerenciamento em geral e irmão de Don – para fazer download de toda a memória e contabilidade do Blockchain do Bitcoin no início de 2015. O experimento foi instrutivo em termos do tempo decorrido, do esforço necessário, da energia consumida e da (falta de) retorno para a mineração por hobby de Bitcoin.

Bob dedicou seu PC extra com Windows e quatro processadores de dois núcleos na tarefa. Para baixar, levou um total de três dias e consumiu, em média, cerca de 20 por cento do poder de processamento disponível. A mineração utiliza pouco mais de 200 MB de memória e 10% da CPU para se manter atualizada.

Embora o computador de Bob quase não tenha sido otimizado para fazer a mineração Bitcoin, ele entrou em um conjunto de mineração. Em uma sessão de 137 horas, mineirou-se 152,8 microBitcoins (µBTC), cerca de três centavos e meio de dólar dos EUA na época. Mas a dez centavos por quilowatt-hora, o computador de Bob usou cerca de 14 centavos de eletricidade. Bob concluiu: "Os dias de mineração de Bitcoins a partir do seu PC acabam agora".

Assim, para qualquer alteração na estrutura do protocolo Bitcoin original, quer através de um altcoin ou um upgrade, deve-se ter em mente os incentivos econômicos adequados para sustentar a descentralização mineira, para que a rede receba bons valores dos mineradores em troca de grandes somas de Bitcoin. O desenvolvedor central do Bitcoin, Peter Todd, comparou essa tarefa a projetar um robô que pode comprar leite na mercearia. "Se o robô não tem nariz, em pouco tempo os donos de lojas vão perceber que ele não pode perceber a diferença entre o leite fresco e o estragado, e você vai começar a ser roubado ao pagar por um monte de leite estragado."[43] Para Todd, isso significa que os menores mineradores, em locais geograficamente dispersos, deveriam ser capazes de competir frente a frente com os maiores mineradores que estão geograficamente centralizados, isto é, grandes grupos de mineração na Islândia ou na China.

A questão é se isso é possível. Como o número de novos Bitcoins criados se divide a cada quatro anos, o que vai acontecer quando a recompensa cair para zero? O ciclo de mineração depende do preço de mercado do Bitcoin. Quando o preço cai, alguns mineradores Bitcoin estacionam o seu fornecimento, mas continuam a jogar na loteria até que os preços aumentem. Outros mineradores não podem se permitir estacionar e jogar; eles apenas limitam seus equipamentos de mineração ou desviam seu poder de processamento para outro altchain que pode ser mais rentável. Outros ainda se juntam a grupos de mineração, reunindo o seu poder de computação com os nós, com a esperança de aumentar as suas probabilidades e, pelo menos, obter alguma fração dos ganhos em vez de nada. E então há o complexo de mineração industrial Bitcoin. Valery Vavilov, da BitFury, estimou que sua operação de mineração teria capacidade de pelo menos 200 megawatts até o fim de 2016.

Uma resposta é cobrar taxas. Satoshi escreveu: "Haverá taxas de transação, então [a mineração de] os nós terão um incentivo para receber e incluir todas as operações que puderem. Os nós serão eventualmente compensados por taxas de transação por si só, quando o total de moedas fabricadas alcançar o teto predeterminado".[44] Então, uma vez que todos os Bitcoins forem cunhados, uma estrutura de taxas provavelmente irá surgir. Pense em termos de bilhões de nanopagamentos. Porque cada bloco tem um tamanho máximo fixo, existe um limite para o número de transações que um minerador pode incluir. Portanto, os mineradores irão adicionar transações com as taxas mais altas primeiro, deixando aqueles com taxas baixas ou nulas para lutar por qualquer espaço que possa estar sobrando. Se a sua taxa de transação é alta o suficiente, você pode esperar que um minerador vá incluí-la no próximo bloco; mas se a rede está ocupada e sua taxa é muito baixa, pode levar dois, três ou mais blocos antes que um minerador eventualmente registre-a no Blockchain.

O que isso significa para as pessoas que não podem pagar as taxas agora? Será que a cobrança das taxas não irá diminuir a vantagem do Blockchain em relação aos métodos tradicionais de pagamento? De acordo com o capitalista de risco Pascal Bouvier, as "taxas refletem a margem de custo de se verificar uma transação". Sem taxas para incentivar mineradores, como a recompensa por bloco mantém a divisão na metade, a taxa de hash provavelmente cairia. Se a taxa de hash cair, a segurança da rede diminui.[45]

Isso nos leva de volta ao ataque de 51%, no qual um grupo de mineração enorme ou um cartel enorme de grupos de mineração controlavam 51% da taxa de hash. Com tanto poder de fogo, eles constituiriam a maioria dos votos dos mineradores e poderiam roubar a geração de blocos e forçar a sua versão da verdade na rede Bitcoin. Eles não necessariamente ficariam ricos. Longe disso. Tudo o que poderiam fazer é reverter suas próprias transações dentro de um bloco anterior, como um estorno de cartão de crédito. Digamos que os atacantes compraram algum item caro do mesmo comerciante, esperaram até que ele enviasse e, em seguida, atacaram a rede para obter o seu dinheiro de volta. Isso não significaria tomar o seu próprio bloco de volta para o fim do Blockchain. Isso significaria voltar e refazer o bloco que continha todas as suas compras, bem como todos os blocos seguintes, mesmo que a rede continuasse a gerar novos blocos. Quando a filial do cartel ficasse maior, se tornaria o novo válido. Satoshi aposta nisso, o que é descontroladamente mais caro do que a mineração de novas moedas.

Onde 51% dos ataques nos modelos de prova de trabalho resultam da concentração do poder de mineração, os ataques contra modelos de prova de participação vêm do controle de moeda concentrada, e os trocadores de moeda são tipicamente os maiores interessados. Em algumas jurisdições, as trocas devem ser licenciadas e estão sob análise regulamentar. Eles também têm reputação em jogo e, por isso, têm vários incentivos para proteger o valor de sua marca e do valor das moedas mantidas em conta de carteiras. No entanto, com mais moedas em circulação, uma maior diversidade de valor e ativos mais estratégicos registrados nos Blockchains Pow e PoS, um atacante pode não se preocupar com qualquer um destes custos.

6. O BLOCKCHAIN É UM MATADOR DE EMPREGOS

Na reunião anual de 2015 do Fórum Econômico Mundial, em Davos, na Suíça, um painel de executivos de tecnologia da Microsoft, Facebook e Vodaphone discutiram o impacto da tecnologia nos empregos. Todos concordaram que, embora inovações tecnológicas possam perturbar os mercados de trabalho temporariamente, no geral eles criam novos e gradualmente mais empregos. "Por que desta vez seria diferente?", disse Eric Schmidt, presidente-executivo da Google.

A substituição de trabalhadores por automatização não é algo novo. Considere o impacto da internet nos agentes de viagens e varejistas de música. Uber e Airbnb criaram renda para motoristas com tempo extra e proprietários de casas com quartos vagos, mas nenhum oferece seguro de saúde ou outros benefícios de empregado, e ambos estão substituindo empregos mais bem pagos nas indústrias de viagens e hospitalidade.

O Blockchain é uma plataforma extraordinária para automação radical, em que códigos de computador fazem o trabalho em vez de seres humanos, gerenciando ativos e pessoas. O que acontece quando veículos autônomos substituem motoristas Uber?

Ou moedas digitais afastam da Western Union 500 mil pontos de venda em todo o mundo?[46] Ou quando uma plataforma Blockchain compartilhada para serviços financeiros elimina dezenas de milhares de empregos de contabilidade e sistemas de gerenciamento de TI? Ao mesmo tempo que muitas novas oportunidades de negócios e de emprego serão criadas através da Internet das Coisas, ela irá impulsionar mais o desemprego, especialmente no mercado de trabalho pouco qualificado, para tarefas relativamente de rotina?

No mundo em desenvolvimento, o Blockchain e as criptomoedas poderiam permitir aos empresários levantar capital, proteger bens e propriedade intelectual, e criar empregos, mesmo nas comunidades mais pobres. Centenas de milhões de pessoas poderiam se tornar titulares de microações em novas empresas e participar do intercâmbio econômico. A tecnologia poderia melhorar radicalmente a entrega e a implantação de ajuda, aumentar a transparência do governo, reduzir a corrupção e estabelecer as condições para um bom governo – uma condição prévia para emprego em muitas partes do mundo.

Mesmo no mundo desenvolvido, os efeitos não são determináveis.

Uma plataforma global que diminui os custos de transação, em particular os custos de estabelecer um comércio confiável e criação de riqueza, pode resultar em mais participantes.

Mesmo que essa tecnologia nos permita fazer mais com menos recursos humanos, ainda não temos nenhum caso a temer, retardar ou parar a caminhada. Em última análise, o que importa não é se existem novas capacidades, mas a medida em que as sociedades as transformam em benefício social. Se as máquinas estão criando tanta riqueza, então talvez seja a hora de um novo contrato social que redefina o trabalho humano e quanto tempo todos nós devêssemos gastar vivendo.

7. CONDUZIR OS PROTOCOLOS É COMO ARREBANHAR GATOS

Como devemos administrar este novo recurso para cumprir o seu potencial? Ao contrário da internet, a comunidade Bitcoin ainda não tem órgãos de controle formais, como a ICANN, a internet Engineering Task Force, ou o World Wide Web Consortium, para antecipar as necessidades de desenvolvimento e orientar a sua resolução – *e a comunidade prefere assim*. Isso representa incerteza. As pessoas que querem manter o Blockchain descentralizado, aberto e seguro não podem concordar com um caminho a seguir. Se não tratarmos da governança, o movimento pode entrar em colapso sobre si mesmo, uma vez que se desintegra em facções.

Existem inúmeras questões. Os desenvolvedores do núcleo do Bitcoin, Gavin Andresen e Mike Hearn, vêm defendendo um aumento do tamanho do bloco de um megabyte de dados para algo tão grande quanto vinte megabytes. Bitcoin não é "um símbolo para as pessoas ricas negociarem para a frente e para trás... É uma rede de pagamentos", disse Andresen.[47] Eles argumentam que se o Bitcoin vai competir a sério como um mecanismo de pagamento global, então ele tem que se preparar para adotar um objetivo principal. Não poderia paralisar em um dia, quando o fluxo de transações de repente ultrapassasse a capacidade Blockchain. As taxas iriam subir rapidamente para as pessoas que não quisessem esperar meses ou anos para liquidar as suas transações. Ou talvez algum poder central iria intervir no interesse da defesa do consumidor e processar o estouro da capacidade. Em agosto de 2015, eles foram em frente e lançaram o Bitcoin XT, uma bifurcação do Blockchain que permite blocos de oito megabytes. É ainda um compromisso controverso.

Oponentes argumentam que as pessoas não deveriam estar usando Bitcoin para comprar seus venti lattes no Starbucks. "Alguns desenvolvedores querem que cada pessoa no mundo esteja executando um nó totalmente válido, que enxergue cada transação e não tenha absolutamente nenhuma confiança em qualquer outra pessoa", disse Andresen. "Os colaboradores voluntários que têm realmente feito o software funcionar nos últimos anos estão preocupados que eles pessoalmente podem não ser capazes de lidar com grandes blocos se o volume de transações crescer... Eu não tenho muita simpatia por isso."[48] Em outras palavras, se for para o Blockchain do Bitcoin se expandir e se manter seguro, não poderemos ter as duas coisas. Alguns nós executarão protocolos completos e processarão mais transações em blocos cada vez maiores, e outros irão executar modelos simplificados de verificação de pagamentos e confiar que 51% dos nós completos façam tudo direito.

A maior reação contra o Bitcoin XT veio dos conjuntos de mineração na China. Mineradores Bitcoin sérios, como jogadores on-line hardcore, precisam não apenas de computadores seriamente poderosos para encontrar um hash correto, mas também banda larga com extrema alta velocidade para transmitir rapidamente através da rede. A China é uma exceção à lei de Nielsen de banda larga da internet: a banda larga não aumenta em 50% a cada ano. Se o aumento de tamanho do bloco fosse muito grande, ele iria colocar mineradores chineses com banda larga baixa em desvantagem em comparação aos mineradores em outras partes do mundo. Receber novos blocos para construir em cima levaria mais tempo; e quando eles conseguissem encontrar um novo bloco, eles levariam mais tempo para enviá-lo para o resto da rede. Esses atrasos resultariam na rejeição da rede por alguns de seus blocos. Eles perderiam para os mineradores com mais banda larga, cujos blocos propagaram mais rápido.

"Tentar inicializar ou alterar um protocolo de rede é apenas uma tarefa monumental", disse Austin Hill. "Você simplesmente não quer fazer alterações *ad hoc* ou muito rápido em um ecossistema que está gerenciando, de qualquer lugar, de 3 a 10 bilhões de dólares de riqueza e bens das pessoas."[49] No fim do dia, disse Andresen, "Aquele modelo de governança é muito impulsionado por qual código as pessoas realmente querem operar, quais padrões as pessoas desejam implementar no equipamento que vendem". Ele disse que o Bitcoin, como a internet, "terá um processo de governança semelhantemente confuso, caótico, que irá, em algum momento, chegar ao código que as pessoas escolhem para executar."[50]

Mais uma vez, nós não estamos falando de regulação, mas sobre gerenciar esse recurso para a viabilidade e sucesso. Governança inclui definir normas, defesas e adoção de políticas sensatas, desenvolvimento de conhecimento sobre o potencial da tecnologia, desempenhar funções de fiscalização e, na verdade, construir a infra-estrutura global. Discutiremos um modelo de várias partes interessadas de governança no próximo capítulo.

8. AGENTES AUTÔNOMOS DISTRIBUÍDOS FORMARÃO A SKYNET

Existem empresas altamente distribuídas com uma gama de bons e maus atores. Anonymous, um grupo de afinidade distribuída de voluntários, consiste em sabotadores corporativos, denunciantes e fiscalizadores. Com o Blockchain, o Anonymous poderia gerar fundos por contribuição coletiva de Bitcoin e manter esses fundos em uma carteira. Digamos que um grupo de acionistas franceses quisesse dar esse dinheiro para alguns assassinos que rastreariam e matariam os terroristas responsáveis pelo massacre de Paris que não foram punidos. Eles precisariam de milhares de signatários para chegar a um consenso e liberar os fundos. Nesse cenário, quem legalmente controla esses fundos? Quem é responsável pelo resultado dessa transação? Se você contribuiu com um décimo de milésimo de um voto, qual é a sua responsabilidade legal?[51]

Se as máquinas de venda automática estão programadas para encomendar os produtos mais rentáveis, eles irão descobrir um fornecedor de bens ilegais ou drogas? (Ei, a máquina de doces está vendendo Ecstasy!) Como a lei deve lidar com um veículo autônomo que acidentalmente mata um ser humano? Para a revista *Wired*, dois hackers demonstraram como sequestrar os sistemas de controle de um Jeep Cherokee na estrada. A Chrysler respondeu fazendo um Recall de 1,4 milhão de veículos e alertando motoristas, fabricantes e formuladores de políticas similares.[52] Poderiam terroristas descobrir como hackear dispositivos inteligentes para que eles desempenhem ações indesejadas com consequências devastadoras?

Existem outros desafios com modelos distribuídos de empresa. Como a sociedade governa essas entidades? Como os proprietários podem manter o controle final? Como evitar aquisições hostis de empresas pessoais? Vamos dizer que nós possuímos uma empresa de hospedagem descentralizada, em que cada um dos servidores tem algo a dizer na gestão da empresa. Um hacker humano ou algum malware poderia fingir ser 1 milhão de servidores e ter mais votos que os servidores legítimos na rede. Quando ocorrem tais aquisições de empresas tradicionais, os resultados podem variar. Com um DAE, os resultados provavelmente serão desastrosos. Uma vez que a entidade malévola controla nossa empresa de hospedagem distribuída, poderia sacar o dinheiro. Ou poderia liberar os dados privados de outros servidores ou sequestrar os dados até nós, seus donos humanos, pagarmos um resgate.

Uma vez que as máquinas tenham a inteligência e a capacidade de aprender, com que rapidez se tornarão autônomas? Irão os drones militares e os robôs, por exemplo, decidir se volta contra os civis? De acordo com pesquisadores em IA, estamos apenas anos, não décadas, de distância da realização de tais armas. Em julho de 2015, um grande grupo de cientistas e pesquisadores, incluindo Stephen Hawking, Elon Musk e Steve Wozniak, divulgou uma carta aberta pedindo a proibição do desenvolvimento de armas ofensivas autônomas além do controle humano significativo.[53]

"A manchete pesadelo para mim é: '100 mil geladeiras atacam o Bank of America'", disse Vint Cerf, considerado o pai da internet. "Isso vai exigir alguma reflexão séria, não só sobre a segurança básica e a tecnologia de privacidade, mas também como configurar e atualizar os dispositivos em escala", acrescentou, notando que ninguém quer gastar o fim de semana inteiro digitando endereços de IP para cada aparelho doméstico.[54]

Não recomendamos a ampla regulamentação das DAEs e a Internet das Coisas ou aprovações regulatórias. Nós recomendamos que os gestores e empresários que estão desenvolvendo aplicativos identifiquem qualquer impacto público significativo – bom, mau ou neutro – e alterem o código fonte e designs. Achamos que eles devem consultar as pessoas provavelmente afetadas por suas criações para minimizar os riscos com antecedência, identificar caminhos alternativos para a frente e construir apoio.

9. O BIG BROTHER (AINDA) ESTÁ TE VIGIANDO

"Haverá muitas tentativas de controlar a rede", disse Keonne Rodriguez, do Blockchain. "As grandes empresas e governos estarão dedicados a quebrar a privacidade. A Agência de Segurança Nacional deve estar analisando ativamente dados vindos através do Blockchain" agora mesmo.[55] Embora os Blockchains assegurem um grau de anonimato, eles também fornecem um grau de abertura. Se o comportamento passado é uma indicação de intenções futuras, então devemos esperar corporações conhecidas por espionagem e países conhecidos por travar guerras cibernéticas a redobrar seus esforços porque valores estão envolvidos – de dinheiro, patentes, acesso a direitos minerais, títulos de terra e tesouros nacionais. É como se tivéssemos colocado um grande alvo em cima da internet. A boa notícia é que todos serão capazes de ver as travessuras. Alguns podem estar altamente motivados a espionar para "fora", porque apostam na probabilidade de um determinado regime atacar o Blockchain em um mercado de previsão.

O que acontece com a privacidade quando o mundo físico começa a coletar, comunicar e analisar dados infinitos que poderiam encolerar um indivíduo para sempre? Em uma apresentação na Webstock de 2014, Maciej Ceglowski falou sobre a aquisição pela Google da Nest, fabricante de termostatos de luxo com sensores que recolhem dados sobre ambientes. Seu termostato velho não veio com uma política de privacidade. Esse termostato inteligente pode apresentar um relatório à Google, talvez até comer as sobras de pizza, como um colega de quarto folgado.[56] Muitos de nós já estão desconfortáveis com um ambiente de mídia social que acompanha nossa navegação e nos bombardeiam com mensagens de marketing personalizadas aonde quer que vamos. No mundo do Blockchain, nós vamos ter um melhor controle sobre isso, mas vamos estar vigilantes o suficiente para gerir nosso consumo de mídia?

Nenhum desses desafios de privacidade são verdadeiras barreiras. Ceglowski continuou: "A boa notícia é que é um problema de design! Nós podemos construir uma internet que é distribuída, resiliente, irritante para os governos em todos os lugares, e livre no melhor sentido da palavra", como queríamos que fosse na década de 1990. Ann Cavoukian, do Privacy and Big Data Institute delineou sete princípios de design que são "bons para os negócios, bons para o governo, bons para o público". O primeiro é crítico: Fazer da privacidade a configuração padrão. Rejeitar as falsas dicotomias que colocam privacidade contra segurança; todos os sistemas de TI, todas as práticas de negócios e toda infraestrutura devem ter a funcionalidade completa. Os líderes precisam prevenir em vez de reagir a violações, manter a transparência em todas as operações e submeter suas organizações a uma verificação independente. Marcas vão ganhar a confiança das pessoas, respeitando a privacidade do usuário, mantendo os usuários no centro do design, e garantir a segurança do começo ao fim dos seus dados, destruindo-os quando não forem mais necessário. Ela disse: "É realmente uma proposição ganha-ganha, rejeitando a soma zero e abraçando a soma positiva."[57]

Ceglowski disse, "Mas vai requerer esforço e determinação. Isso vai significar a demolição da vigilância em massa permanente como um modelo de negócio, o que vai doer. Isso vai significar apresentar leis através de um sistema legal esclerótico. Haverá alguma chiadeira. Mas se não projetarmos esta internet, se continuarmos apenas a construí-la, então, eventualmente, ela vai atrair algumas pessoas visionárias notáveis. E não vamos gostar delas, e isso não vai importar."[58]

10. OS CRIMINOSOS IRÃO USÁ-LO

Em seus primeiros dias, opositores muitas vezes condenaram o Bitcoin como uma ferramenta para lavagem de dinheiro ou compra de mercadorias ilícitas. Críticos argumentaram que, por a tecnologia ser descentralizada, impressionantemente rápida e ponto a ponto, os criminosos iriam explorá-la. As possibilidades existem, você já ouviu falar do Silk Road, o mercado negro da Web para drogas ilegais. No seu auge, em outubro de 2013, o Silk Road teve 13756 anúncios precificados em Bitcoin. Os produtos eram entregues por correio com um guia para evitar a detecção pelas autoridades. Quando o FBI apreendeu o site, o preço do Bitcoin despencou e moedas digitais tornaram-se sinônimo de crime. Foi o pior momento do Bitcoin.

Mas não há nada exclusivo ao Bitcoin ou à tecnologia do Blockchain que os tornam mais eficazes para criminosos do que outras tecnologias. As autoridades em geral acreditam que as moedas correntes digitais podem ajudar na aplicação da lei, fornecendo um registro de atividades suspeitas, talvez até resolvendo uma infinidade de crimes cibernéticos, de serviços financeiros à Internet das Coisas. Marc Goodman, autor de *Future Crimes*, argumentou recentemente, "Nunca houve um sistema de computador que provou ser à prova de hackers".[59] Oportunidades para o crime escalaram com a tecnologia. "A capacidade de um afetar muitos está ampliando exponencialmente e está escalando para o bem e para o mal."[60] Então, isso se enquadra na categoria dos seres humanos que querem prejudicar outros seres humanos. Os criminosos vão usar a última tecnologia para fazê-lo.

No entanto, o Bitcoin e a tecnologia Blockchain poderiam desencorajar o uso criminoso. Em primeiro lugar, até mesmo criminosos devem publicar todas as suas transações em Bitcoin no Blockchain, e assim a aplicação da lei pode rastrear pagamentos em Bitcoin mais facilmente do que em dinheiro, que ainda é o meio de pagamento dominante para os criminosos. O velho ditado Watergate, "siga o dinheiro" para encontrar o bandido, é realmente mais factível no Blockchain do que com outros métodos de pagamento. A natureza de pseudônimo do Bitcoin tem reguladores analisando "futuros de acusação" em Bitcoins, porque eles podem ser rastreados e reconciliados com mais facilidade do que o dinheiro.

Após cada tiroteio em massa na América, representantes dos Estados Unidos cujos constituintes e financiadores de campanha são membros de carteirinha da Associação Nacional do Rifle são rápidos em dizer: "Não culpe as armas para toda a violência armada na América!". Seria muito rico, de fato, se essas mesmas pessoas proibissem a tecnologia Blockchain por causa dos crimes que algumas pessoas possam cometer nele. A tecnologia não tem agência. Ela não deseja qualquer coisa ou tem uma inclinação de uma maneira ou de outra. O dinheiro é uma tecnologia, afinal. Quando alguém rouba um banco, nós não culpamos o dinheiro que fica no cofre para o assalto. O fato de que criminosos usam o Bitcoin aponta mais para a falta de uma governança, regulação, defesa e educação fortes do que para as suas virtudes subjacentes.

HÁ RAZÕES PARA O BLOCKCHAIN FALHAR OU DESAFIOS DE IMPLEMENTAÇÃO?

Assim, os obstáculos são formidáveis. Aparecendo à distância está a Computação Quântica, o problema Y2K do criptógrafo. Ele combina mecânica quântica e computação teórica para resolver problemas, tais como algoritmos de criptografia, extremamente mais rápido do que os computadores de hoje. Steve Omohundro disse, "Os computadores quânticos, em teoria, podem processar números muito grandes muito rapidamente e de forma eficiente, e a maioria dos sistemas de criptografia de chaves públicas é baseada em tarefas como essa. E por isso, se eles acabam por ser reais, então toda a infraestrutura de criptografia do mundo vai ter que mudar dramaticamente."[61] O debate sobre inovação tecnológica e progresso é antigo: a ferramenta é boa ou ruim? Ela avança a condição humana ou a degrada? Como o humorista James Branch Cabell observou, "O otimista proclama que vivemos no melhor dos mundos possíveis. O pessimista teme que isso seja verdade".[62]

Como a história de Lev Termen mostra, indivíduos e organizações podem usar inovações para o bem e para o mal, e isso tem sido verdade em uma ampla gama de tecnologias, da eletricidade à internet. Yochai Benkler, autor da influente obra *A riqueza das redes*, nos disse: "A tecnologia não é sistematicamente tendenciosa em favor da desigualdade e da estrutura do emprego; que é uma função de batalhas sociais, políticas e culturais". Embora a tecnologia possa mudar as empresas e a sociedade dramática e rapidamente, Benkler acredita que "não de forma determinística, de uma forma ou de outra".[63]

Num balanço geral, a curva da história tecnológica tem sido positiva. Considere os muitos avanços em alimentação e medicina, de P&D ao tratamento e prevenção: a tecnologia tem servido a uma maior equidade humana, capacidade produtiva e progresso social.

Não há nada que sugira que o Blockchain não poderia cair na mesma armadilha como ocorreu com a internet. Ele pode ser resistente à centralização e ao controle; mas se as recompensas econômicas ou políticas forem grandes o suficiente, forças poderosas vão tentar capturá-la. Os líderes deste novo paradigma distribuído precisarão valer seus direitos e dar início a uma onda de inovação econômica e institucional, a fim de garantir que todos tenham a oportunidade. Desta vez, vamos cumprir a promessa. O que nos leva à questão de fazer tudo isso acontecer.

CAPÍTULO 11

LIDERANÇA PARA A PRÓXIMA ERA

Prolífico é um adjetivo que deveria preceder todos os títulos usados para descrever Vitalik Buterin, 21 anos, nascido na Rússia que imigrou para o Canadá, fundador da Ethereum. (Fundador prolífico, isso sim.) Pergunte à sua legião de seguidores sobre a Ethereum, e eles lhe responderão que se trata de uma "plataforma baseada em Blockchain, de estado arbitrário, uma plataforma de script Turing-completo".[1] Tem atraído empresas como IBM, Samsung, UBS, Microsoft, a gigante automotiva chinesa Wanxiang e um exército dos desenvolvedores de software mais inteligentes do mundo, dos quais todos acham que a Ethereum será o "computador em escala planetária" que mudará tudo.[2] Quando Buterin nos explicou "estado arbitrário, Turing--completo", nós entendemos sua mente. Ouvir música é muito diferente de ler um livro ou calcular receitas e despesas do dia, e ainda assim, você pode realizar todas as três no seu smartphone, porque o sistema operacional do seu smartphone é Turing-completo. Isso significa que ele pode acomodar qualquer outra linguagem que é Turing-completa. Assim, inovadores podem construir nada mais, nada menos que qualquer aplicativo digital imaginável na Ethereum – aplicativos que realizam tarefas muito diferentes, de contratos inteligentes e recursos computacionais em marketplaces a instrumentos financeiros complexos e modelos de governança distribuídos.

Buterin é um poliglota. Ele fala inglês, russo, francês, cantonês (que ele aprendeu em dois meses durante as férias), latim arcaico, grego clássico, BASIC, C++, Pascal e Java, para citar alguns.[3] "Eu me especializo em generalismo", disse ele. Ele é também um polímata, e um polímata modesto. "Eu tive todos esses diferentes interesses, e de alguma forma o Bitcoin pareceu uma convergência perfeita. Ele tem a sua matemática. Ele tem a sua ciência da computação. Ele tem a sua criptografia. Ele tem a sua ciência econômica. Ele tem a sua filosofia política e social. Ele é essa comunidade, a qual eu fui imediatamente atraído", ele disse. "Eu achei aquilo realmente empoderador." Ele explorou os fóruns on-line, procurou formas de obter algum Bitcoin e descobriu um cara que estava iniciando um blog sobre Bitcoin. "Chamava-se Bitcoin Weekly, e ele estava oferecendo às pessoas cinco Bitcoins para escrever artigos para ele. Na época, isso era cerca de quatro dólares", disse Buterin. "Eu escrevi uns poucos artigos. Ganhei vinte Bitcoins. Gastei metade deles numa camiseta. Examinando aquele processo como um todo, o sentimento era quase como de trabalhar com a construção dos blocos fundamentais da sociedade."[4]

Tudo isso vindo de um homem que, aproximadamente cinco anos antes, tinha ignorado o Bitcoin. "Por volta de fevereiro de 2011, meu pai comentou comigo 'Já ouviu falar do Bitcoin? É esta moeda que existe somente na internet e não é reconhecida por nenhum governo'. Eu pensei imediatamente, 'Sim, esta coisa não tem valor intrínseco, não tem como isso dar certo'". Como muitos adolescentes, Buterin "gastou quantidades absurdas de horas na internet", lendo sobre diferentes ideias que eram heterodoxas, contra a corrente. Pergunte a ele quais economistas ele gosta e ele eloquentemente cita Tyler Cowen, Alex Tabarrok, Robin Hanson e Bryan Caplan. Ele pode discorrer sobre os trabalhos de Thomas Schelling de teoria dos jogos e de Daniel Kahneman e Dan Ariely de economia comportamental. "É realmente surpreendentemente útil o quanto você pode aprender debatendo ideias como política com outras pessoas nos fóruns. É uma experiência educacional surpreendente por si só", ele disse. Bitcoin continuou avançando.

Antes do fim daquele ano, Buterin estava gastando de dez a vinte horas por semana escrevendo para uma outra publicação, *Bitcoin Magazine*. "Quando estava há uns oito meses na universidade, eu me dei conta de que aquilo tinha tomado toda a minha vida. E eu podia da mesma forma deixar que aquilo tomasse conta da minha vida inteira. Waterloo era uma universidade realmente boa e eu realmente gostava do programa. Minha desistência não foi definitivamente um caso de estar de saco cheio da universidade. Foi mais questão de 'Aquilo era legal, mas isto é mais legal'. Era uma dessas oportunidades que acontecem uma única vez na vida e eu basicamente não podia deixar passar." Ele tinha só 17 anos.

Buterin criou o Ethereum como um projeto de código aberto quando se deu conta de que os Blockchains poderiam ir muito além da moeda e que os programadores precisavam de uma plataforma mais flexível do que aquela que o Blockchain do Bitcoin oferecia. Ethereum permite a abertura radical e a privacidade radical na rede. Ele as enxerga não como contraditórias, mas como "uma espécie de síntese hegeliana", uma dialética entre as duas, que resulta em "transparência voluntária".

Ethereum, como tantas tecnologias ao longo da história, poderia deslocar empregos. Buterin acredita que isso é um fenômeno natural comum a muitas tecnologias e sugere uma nova solução: "Em meio século, nós teremos abandonado o modelo de que você deveria gastar oito horas de trabalho todos os dias para se permitir sobreviver e ter uma vida decente".[5] Entretanto, quando se trata de Blockchain, ele não se convence de que perdas massivas de empregos sejam inevitáveis. Ethereum poderia gerar novas oportunidades através da criação de valor e do empreendedorismo. "Enquanto a maioria das tecnologias tende a automatizar tarefas básicas e periféricas, Blockchains automatizam a partir do centro", ele disse. "Em vez de tirar o emprego do taxista, Blockchain tira o Uber desse jogo e possibilita que taxistas trabalhem diretamente para o cliente." Blockchain não elimina tantos empregos quanto ele transforma a definição de trabalho. Quem irá sofrer com esta brutal disrupção? "Eu suspeito e espero que as vítimas sejam os advogados que ganham meio milhão de dólares por ano a mais do que qualquer um de nós."[6] Assim Buterin compreende seu Shakespeare: "A primeira coisa que faremos, vamos eliminar todos os advogados".[7]

Ethereum tem outra contradição aparente. É descaradamente individualista e privada, ainda que dependa de uma comunidade larga e distribuída atuando abertamente em interesse coletivo próprio. De fato, o design da Ethereum nitidamente captura sua fé inabalável de que indivíduos farão a coisa certa quando munidos das ferramentas certas e seu ceticismo saudável a respeito das motivações de grandes e poderosas instituições na sociedade. Embora a crítica de Buterin sobre os problemas da sociedade contemporânea tenha um tom grave, ela é claramente um tom de esperança. "Apesar de muitas coisas serem injustas, eu cada vez mais me vejo aceitando o mundo como ele é e penso no futuro em termos de oportunidades." Quando ele soube que US$ 3.500 ajudariam alguém a combater a malária pelo resto de sua vida, ele não lamentou a falta de doações dos indivíduos, governos e corporações. Ele pensou: "Uau, você pode salvar uma vida por apenas US$ 3.500? É realmente um ótimo retorno de investimento! Eu deveria doar um pouco já".[8] Ethereum é sua ferramenta de efetiva mudança positiva no mundo. "Eu me vejo mais como parte da tendência geral de evolução da tecnologia, de uma forma que poderemos tornar as coisas melhores para a sociedade."

Buterin é um líder nato, que mobiliza pessoas com suas ideias e sua visão. Ele é o arquiteto líder, o líder que consegue consenso da comunidade

Ethereum, o líder que cultiva uma ampla comunidade de desenvolvedores brilhantes com opiniões fortes sobre qualquer coisa técnica. Alguma dúvida de que ele vai ter sucesso?

QUEM VAI LIDERAR UMA REVOLUÇÃO?

Em 1992, o cientista da computação do MIT, David Clark, disse: "Nós rejeitamos reis, presidentes e votos. Nós acreditamos em consenso básico e código rodando".[9] Esse foi o mantra para os supervisores da primeira geração da internet. Isso foi pronunciado numa época quando a maioria das pessoas mal podia imaginar como a internet se tornaria um novo meio para a comunicação humana, aquela que assertivamente superaria mídias prévias em sua importância para a sociedade e vida diária. As palavras de Clark encarnaram uma filosofia para a liderança e governança de um recurso global que foi radicalmente contra as regras e que ainda propagou um efetivo e memorável ecossistema de governança.

Desde o fim da Segunda Guerra Mundial, instituições baseadas no Estado têm gerido importantes recursos globais. Dois dos mais poderosos – o Fundo Monetário Internacional e a Organização Mundial do Comércio – nasceram na Conferência de Bretton Woods, em 1944. As Nações Unidas e outros grupos sob a sua estrutura, como a Organização Mundial da Saúde, receberam uma ampla proteção para exercer seu monopólio na solução de problemas globais. Essas organizações eram hierárquicas no plano, porque hierarquias eram o paradigma dominante durante a primeira metade de um século marcado pela guerra. Mas essas soluções de escala industrial são estruturas doentes para os desafios da era digital. A ascensão da internet marcou um início significativo de despedida das culturas tradicionais de governança.

Em 1992, a maior parte do tráfego na internet era de e-mail. O navegador gráfico que habilitou a extraordinária world wide web de Tim Berners-Lee estava dois anos distante. A maioria das pessoas não estava conectadas e não entendia a tecnologia. Muitas das importantes instituições que viriam a servir neste importante recurso global eram embrionárias ou inexistentes. Mal completava quatro anos a internet Engineering Task Force, uma comunidade internacional que trata muitos aspectos de governança da internet. A Corporação para Atribuição de Nomes e Números na internet (ICANN, na sigla em inglês), que entrega serviços essenciais, tais como nomes de domínio, só viria a existir depois de seis anos; e Vint Cerf e Bob

Kahn estavam apenas recrutando pessoas para o que viria a ser, finalmente, a sociedade da internet.

A segunda geração da internet desfruta muito do mesmo espírito e entusiasmo para a abertura e aversão a hierarquias, manifestado no *ethos* de Satoshi, Voorhees, Antonopoulos, Szabo e Ver. Código aberto é um ótimo começo organizacional, mas não é um *modus operandi* para seguir em frente. Por mais que o código aberto tenha transformado muitas instituições na sociedade, nós ainda precisamos de coordenação, organização e liderança. Projetos de código aberto, como Wikipedia e Linux, apesar de seus princípios meritocráticos, ainda têm em Jimmy Wales e Linus Torvalds seus ditadores benevolentes.

Para crédito de Satoshi Nakamoto, ele alinhou os incentivos dos investidores codificando princípios de poder distribuído, integridade em rede, valor indisputável, direitos dos investidores (incluindo privacidade, segurança e propriedade) e inclusão na tecnologia. Como resultado, a tecnologia tem conseguido prosperar nos primeiros anos, fazendo florescer o ecossistema que conhecemos hoje. Ainda assim, essa abordagem sem intervenção teísta está começando a mostrar sinais de desgaste. Como toda tecnologia disruptiva, existem visões concorrentes no ecossistema Blockchain. Mesmo o centro do contingente Blockchain parece ter se dispersado em diferentes criptocampos, cada um defendendo uma agenda diferente.

Brian Forde, antigo membro da Casa Branca e defensor do Blockchain que agora lidera o MIT's Digital Currency Initiative, disse: "Se você olhar para o debate do block-size, realmente se trata de um debate sobre o tamanho do bloco? Na mídia, é um debate sobre o tamanho do bloco, mas eu acho que o que nós estamos vendo é que também se trata de um debate de governança".[10] Que tipo de governança e, mais especificamente, que tipo de liderança é necessária? De fato, Mike Hearn, um eminente desenvolvedor Bitcoin, causou alvoroço em janeiro de 2015, quando escreveu uma carta de despedida à indústria prevendo a iminente morte do Bitcoin. Na carta, ele destacou alguns desafios urgentes voltados à indústria; especificamente, que perguntas importantes acerca dos padrões técnicos ficaram sem resposta e que havia discórdia e confusão nos escalões da comunidade. A conclusão de Hearn foi a de que esses desafios levariam o Bitcoin a falhar. Nós discordamos. De fato, a intenção de Hearn ao fazer uma crítica severa aos pontos fracos do Bitcoin se tornaram, sob nosso olhar, um dos mais eloquentes tratados sobre a importância da governança de vários interessados, baseado em transparência, mérito e colaboração. Código sozinho é apenas uma ferramenta. Para esta tecnologia alcançar seu próximo estágio e tornar realidade sua promessa de longo prazo, os humanos devem liderar. Nós agora precisamos de todas as partes constituintes – todas as partes interessadas na rede – para juntos endereçarmos algumas questões de missão crítica.

Nós já destacamos algumas das questões. Elas são significativas. Mas elas são desafios para o sucesso desta revolução, não há razões para se opor a ela.

Até agora, muitas questões permanecem ainda sem solução e muitas perguntas sem resposta, com pequeno movimento coletivo para resolvê-los. Como a tecnologia irá escalar, e podemos escalá-la sem destruir o ambiente físico? Forças poderosas obstruirão a inovação ou irão cooptá-la? Como resolveremos questões de padrões controversos sem voltar ao paradigma da hierarquia?

Como responder a essas questões tem sido o foco de nossa pesquisa nos últimos dois anos. Nós descobrimos que, em vez de instituições baseadas no Estado, precisamos de colaborações da sociedade civil, setor privado, governo e investidores individuais em redes não estatais. Chame-as de redes de solução global (GSNs na sigla em inglês). Essas redes baseadas na Web agora estão proliferando, tendo sucesso em novas formas de cooperação, mudança social e mesmo em produção de valor público global.

Uma das mais importantes é a própria internet – curada, orquestrada e, por outro lado, governada por uma coleção de indivíduos jamais imaginada, organizações da sociedade civil e corporações, com o tácito e, às vezes, ativo suporte dos Estados nação. Mas nenhum governo, país, corporação ou instituição baseada no Estado controla a internet. Ela funciona. E fazendo isso, ela tem provado que diversas partes interessadas podem efetivamente servir um recurso global por inclusão, consenso e transparência.

As lições são claras. Boa governança de tais inovações globais complexas não é para um governo sozinho. E nem podemos deixá-lo para o setor privado: interesses comerciais não são suficientes para garantir que este recurso servirá a sociedade. Pelo contrário, nós precisamos que todos as partes interessadas globalmente colaborem e liderem.

O ECOSSISTEMA BLOCKCHAIN: VOCÊ NÃO PODE REVELAR OS JOGADORES SEM UM PLANO

Apesar de a tecnologia Blockchain ter emergido da comunidade de código aberto, ela atraiu rapidamente muitos interessados, de diferentes contextos, interesses e motivações. Desenvolvedores, agentes da indústria, investidores de risco, empreendedores, governos e organizações não governamentais têm suas próprias perspectivas, e cada um tem um papel a exercer. Há sinais de que muitas das principais partes interessadas enxergam a seguir a necessidade de liderança e já estão se posicionando. Vamos analisar a seguir quem são essas partes.

Pioneiros da indústria Blockchain

Vanguardistas na indústria, desde Erik Voorhees a Roger Ver, acreditam que qualquer forma de governança formal, regulação, administração ou supervisão é não somente tola, mas contrária aos princípios do Bitcoin.[11] Voorhees disse, "O Bitcoin já está muito bem regulamentado pela matemática, que não está sujeita aos caprichos do governo".[2] Contudo, à medida que a indústria tem expandido, muitos empreendedores estão enxergando um diálogo saudável com os governos, com foco em governança de maneira mais abrangente, como algo positivo. Companhias como Coinbase, Circle e Gemini têm se juntado a organizações comerciais; e algumas até mantêm relações próxima a instituições de governança emergentes, como a Digital Currency Initiative no MIT.

Investidores de risco

O que começou como um pequeno grupo de especialistas em criptografia cresceu rapidamente como uma bola de neve, tornando-se um dos maiores e mais brilhantes VC's do Vale do Silício, incluindo o venerável Andreessen Horowitz. Agora titãs de serviços financeiros estão jogando como capitalistas de risco: Goldman Sachs, NYSE, Visa, Barclays, UBS e Deloitte têm feito investimentos diretos em startups ou apoiaram incubadoras que nutrem novos negócios de risco. Fundos de pensão estão entrando na briga. OMERS Ventures, o braço bilionário de um dos maiores fundos de pensão do setor público do Canadá, fez seu primeiro investimento em 2015. Jim Orlando, que administra esse grupo, está procurando o próximo aplicativo essencial que "faz pelo Blockchain o que o navegador web fez pela internet".[13] Investimentos explodiram – de US$ 2 milhões em 2012 para meio bilhão na primeira metade de 2015.[14] A excitação é palpável. Tim Draper disse-nos que: "financeiras estão subestimando o potencial do Blockchain."[15] Capitalistas de risco com voz no mercado podem advogar pela tecnologia e dar suporte a instituições de governança nascentes, tais como o Coin Center, investido por Andreessen Horowitz. Digital Currency Group, um negócio de risco fundado por Barry Silbert, tem designado acadêmicos e outros conselheiros não tradicionais para o seu conselho, para acelerar o desenvolvimento de um melhor sistema financeiro através de investimentos e defensoria.

Bancos e serviços financeiros

Talvez em nenhuma outra indústria tenhamos visto uma mudança de opinião tão rápida. Durante muito tempo, a maioria das instituições financeiras dispensou o Bitcoin como a ferramenta especulativa de jogadores e criminosos, e mal registrou o Blockchain em seus radares. Hoje eles estão "all in". Assistir a esse desdobramento em tempo real em 2015 foi realmente incrível. Antes de 2015, algumas grandes instituições financeiras haviam anunciado investimentos no setor. Hoje Commonwealth Bank of Australia, Bank of Montreal, Société Générale, State Street, CIBC, RBC, TD Bank, Mitsubishi UFJ Financial Group, BNY Mellon, Wells Fargo, Mizuho Bank, Nordea, ING, UniCredit, Commerzbank, Macquarie e dezenas de outros estão investindo na tecnologia e caminhado na liderança da discussão. A maioria dos maiores bancos do mundo se inscreveu para o consórcio R3 e muitos mais têm parceria com a Linux Foundation para lançar o Projeto Hyperledger. Os bancos devem ser incluídos na discussão sobre liderança, mas outras partes interessadas devem manter cautela em relação aos operadores poderosos que procuram controlar esta tecnologia, assim como eles tiveram de andar cautelosamente nos primeiros dias da internet.

Desenvolvedores

Desenvolvedores na comunidade estão divididos sobre questões técnicas básicas e a comunidade está expressando a necessidade de coordenação e liderança. Gavin Andresen, desenvolvedor do núcleo do Bitcoin no centro de debate do tamanho do bloco, nos disse: "Eu preferia ficar na sala de máquinas, mantendo o motor do Bitcoin rodando"[16] em vez de gastar cada momento do dia defendendo sua posição. No entanto, dada a falta de uma liderança clara, Andresen foi inadvertidamente lançado no centro das atenções. No verão de 2015, ele nos disse: "Meu trabalho ao longo dos próximos seis meses é me concentrar na vida técnica do Bitcoin, certificando-me de que o Bitcoin ainda estará por aí em torno de dois ou três anos para esses negócios acontecerem: micropagamentos, negociação de ações, transferência de propriedade e todas essas outras coisas", que envolvem um monte de defesa e influência. Para ele, a rede de governança da internet é um ponto de partida útil. "Eu sempre olho para modelos a seguir. O modelo correspondente a seguir é a IETF."[17] Como a internet é governada, é "um tanto caótico e confuso", disse ele, mas funciona e é confiável.

Academia

Instituições acadêmicas estão financiando laboratórios e centros para estudar esta tecnologia e colaborar com colegas fora do seu lugar habitual. Brian Forde nos disse: "Começamos o DCI para catalisar alguns dos grandes recursos que temos no MIT e nos concentrar nesta tecnologia, porque pensamos que vai ser uma das mais importantes transformações tecnológicas ao longo dos próximos dez anos".[18] Joichi Ito, diretor do MIT Media Lab, viu uma oportunidade para a academia dar um passo adiante: "O MIT e a camada acadêmica podem ser um lugar onde podemos fazer avaliações, fazer pesquisa, e sermos capazes de falar sobre coisas como escalabilidade sem qualquer tendência ou interesses especiais".[19] Jerry Brito, uma das vozes legais mais proeminentes no espaço – primeiro no Mercatus Center da George Mason University e agora como diretor do Coin Center, um grupo de advocacia sem fins lucrativos – disse, "A governança entra em jogo quando há sérias decisões que precisam ser feitas, e você precisa de um processo para que isso aconteça".[20] Ele iniciou recomendando com o juramento de Hipócrates: em primeiro lugar, não fazer mal. A abordagem de baixo para cima atual que desenvolvedores do núcleo do Bitcoin estão usando "está mostrando um pouco de suas arestas agora com o debate do tamanho do bloco. Vai ser muito difícil obter algum consenso", disse Brito. "Queremos ajudar a desenvolver esse fórum e promover uma organização autorreguladora, se chegar a isso."[21] Universidades notáveis, como Stanford, Princeton,

New York University e Duke também ministram cursos sobre Blockchain, Bitcoin e criptomoedas.[22]

Governos, reguladores e aplicação da lei

Governos de todo o mundo são descoordenados em sua abordagem – alguns favorecendo a política de *laissez-faire*, outros mergulhando em novas regras e regulamentos, como a BitLicense em Nova York. Alguns regimes são abertamente hostis, embora isso seja cada vez mais uma resposta da margem. Da mesma forma, a indústria está dividindo em facções: aqueles que apoiam as novas regras e aqueles que não. Mesmo aqueles que resistem à intervenção do governo reconhecem que seu entusiasmo para entrar em debates de governança é positivo. Adam Draper, um VC prolífico na indústria, reconheceu, embora com relutância, que "a aceitação do governo cria aceitação institucional, que tem valor".[23] Os bancos centrais em todo o mundo estão, cada um, tomando diferentes medidas para entender essa tecnologia. Benjamin Lawsky, ex-superintendente de serviços financeiros para o estado de Nova York, disse que regulamentos fortes são o primeiro passo para o crescimento da indústria.[24]

Organizações não governamentais

O ano de 2015 se provou transformador para a florescente constelação de órgãos não governamentais e organizações da sociedade civil focadas especificamente nesta tecnologia. Apesar da DCI de Brian Forde estar localizada dentro do MIT, nós a incluímos aqui. Outros grupos semelhantes incluem o Coin Center de Jerry Brito e a Chamber of Digital Commerce de Perianne Boring. Estes grupos estão ganhando tração na comunidade.

Usuários

Isso quer dizer que você e eu – pessoas que se preocupam com identidade, segurança, privacidade, nossos demais direitos, viabilidade à longo prazo, julgamento justo ou um fórum para corrigir erros e combater criminosos que usam a tecnologia para destruir o que nós prezamos. Todo mundo parece dividido em relação à taxonomia básica e à categorização: o Blockchain se refere ao Blockchain do Bitcoin ou à tecnologia em geral? Esse Blockchain é com "B" maiúsculo ou "b" minúsculo? É uma moeda, commodity ou tecnologia? É uma dessas coisas ou nenhuma dessas coisas?

Líderes mulheres no Blockchain

Como muitos têm observado, o movimento Blockchain está superpovoado por homens. Em tecnologia e engenharia, os homens ainda superam as mulheres por uma larga margem. No entanto, mulheres de alto nível estão fundando e gerindo empresas no espaço: Blythe Masters, CEO da Digital Asset Holdings; Cindy McAdam, presidente da Xapo; Melanie Shapiro, CEO da Case Wallet; Joyce Kim, diretora executiva da Stellar Development Foundation; Elizabeth Rossiello, CEO e fundadora da BitPesa e Pamela Morgan, CEO da Third Key Solutions. Muitas delas têm sugerido que a indústria é muito acolhedora para todas as vozes, tanto homens como mulheres. O capital de risco no Blockchain também está ganhando em diversidade. Arianna Simpson, ex-chefe de desenvolvimento de negócios da BitGo, é agora uma investidora no setor. Jalak Jobanputra é uma investidora cujo fundo VC foca em tecnologia descentralizada.

Quando se trata de governança e gestão deste recurso global, as mulheres têm tomado a liderança.

Primavera De Filippi, professora associada no Berkman Center de Harvard e pesquisadora permanente no Centro Nacional de pesquisa científica em Paris, é uma incansável defensora da tecnologia Blockchain e emergiu como uma das vozes mais claras e mais eloquentes da academia em governança. Ela é organizadora, instigadora e promotora do diálogo dentro do ecossistema. Com a advogada-que-virou-empreendedora Constance Choi, outra defensora com voz na indústria, De Filippi tem liderado uma série de workshops sobre Blockchain em Harvard, MIT e Stanford, bem como em Londres, Hong Kong e Sydney. Elas reuniram diversas partes interessadas da indústria, e também de fora dela, para debater grandes questões. Nada está fora dos limites, e os eventos muitas vezes misturam pessoas de diferentes origens, convicções e crenças.

Elizabeth Stark é outra estrela emergente na governança. A professora da Yale Law School assumiu o manto de organizadora-chefe para a indústria.

Como outra mulher proeminente – Dawn Song, associada na MacArthur e professora de ciência da computação em Berkeley e uma especialista em cibersegurança – Stark vem de uma experiencia acadêmica distinta, mas tem outras ambições. Ela organizou o Scaling Bitcoin, convocando desenvolvedores, membros da indústria, líderes, funcionários do governo e outras partes interessadas em Montreal. Um "momento constitucional" para o setor, Scaling Bitcoin foi creditado pela limpeza dos impasses no debate do tamanho do bloco. Hoje, ela também está liderando, como uma empresária, colaborando no desenvolvimento da Bitcoin Lightning Network para resolver o problema de escalabilidade do Blockchain.

Perianne Boring, jornalista e ex-repórter de TV, é a fundadora da Chamber for Digital Commerce, uma associação de comércio baseada em Washington, DC. Em menos de um ano, a CDC tem atraído um conselho de alto nível (por exemplo, Blythe Masters, James Newsome, George Gilder). O movimento necessitava de "pés no chão em Washington para abrir um diálogo com o governo", ela disse. Com sua formação em jornalismo, Boring focou em mensagens, posicionamento e educação. Sua organização é "aberta para qualquer um que esteja comprometido com o crescimento desta comunidade", disse ela, e agora é uma voz de liderança na política, defesa e conhecimento no florescente ecossistema de governança do Blockchain.[25]

Esse coro crescente de líderes de influência para a governança é tão presciente quanto urgente. Quando falamos sobre o que rege a tecnologia Blockchain, não estamos falando sobre a regulamentação, pelo menos não exclusivamente. Por um lado, há sérias limitações para usar regulamentação para o gerenciamento de um recurso global importante. Como disse Joichi Ito, "Você pode regular redes, você pode regular operações, mas você não pode regular softwares".[26] Então, os regulamentos serão um dos vários componentes importantes. O Blockchain não é como a internet, porque o dinheiro é diferente da informação. Blythe Masters, consumada Wall-Street--insider-que-virou-pioneira-no-Blockchain, expressou sua preocupação: "Os recém-chegados são simplesmente capazes de fazer coisas que instituições reguladas não são capazes de fazer, mas é preciso pensar muito cuidadosamente sobre o porquê desses regulamentos existirem e para qual propósito servem, antes de se poder concluir que a exposição dos consumidores a atividades financeiras não regulamentadas é uma coisa boa".[27] Em última análise, o debate não é sobre o tipo de sociedade que queremos, mas sobre as oportunidades para os líderes cuidarem de um importante recurso global.

UM CONTO CAUTELOSO DA REGULAÇÃO BLOCKCHAIN

Benjamin Lawsky, o ex-superintendente de serviços financeiros para o estado de Nova York (NYDFS), já foi o regulador bancário mais poderoso dos Estados Unidos. Os informantes de Washington conheciam Lawsky por seus selfies de manhã bem cedo, em suas corridas diárias ao redor da cidade. Mas para os titãs de Wall Street, ele era um valente, ambicioso (para não mencionar superzeloso) investigador que rotineiramente assumia a luta contra qualquer banco que ele acreditava estar se comportando mal e buscando o que merecia.

Nomeado pelo governador Andrew Cuomo, amigo e aliado político de longa data, Lawsky foi o primeiro a ocupar o cargo de supervisor dos bancos licenciados do Estado. Em 2012, com apenas um ano no trabalho, ele fez as manchetes, quando o NYDFS chegou a um acordo de US$ 340 milhões com o banco britânico Standard Chartered PLC, por ter tratado de transações de mais de US$ 250 milhões do Irã, proibidas na época por sanções dos EUA e da UE. No processo, o NYDFS pegou o Departamento de Justiça, que estava buscando uma penalidade semelhante.[28] Para aqueles que pensavam que os regulamentos bancários eram muito permissivos, ele era o novo xerife na cidade, um líder destemido e reformador de uma indústria correndo solta. Para os bancos, ele foi rapidamente se tornando o inimigo público número um. Lawsky estava apenas começando.

Era meados de 2013, Lawsky estava em sua mesa, provavelmente trabalhando em outro caso de sucesso contra os grandes bancos, quando um economista de sua equipe bateu em sua porta para discutir algumas perguntas incomuns. De acordo com alguns advogados na rua, várias empresas clientes estavam transacionando em alguma estranha nova moeda virtual chamada Bitcoin. A primeira reação de Lawsky foi "O que diabos é Bitcoin?".[29] O economista começou a explicar que essas empresas tinham clientes que estavam comprando, vendendo, negociando e pagando por produtos e serviços com este dólar digital e que os advogados, sempre cautelosos, queriam saber se esse tipo de atividade qualificava-se como transferência de dinheiro, e se assim fosse, o que fazer sobre isso. Em Nova York, as emissões de dinheiro são tipicamente reguladas em nível estadual; e assim o NYDFS, como regulador do estado de Nova York, tinha o dever de regular qualquer entidade envolvida em emissão de dinheiro. Mas como? Lawsky não tinha sequer ouvido falar sobre a tecnologia e tinha uma leve suspeita de que este seria um tipo muito diferente de desafio.

Quase imediatamente, Lawsky foi confrontado com um problema que se tornou muito comum: aquela tecnologia disruptiva não se encaixa perfeitamente nos quadros regulatórias existentes, uma marca distinta da era digital. Em sua mente, o Bitcoin não se encaixava de forma alguma. Bitcoin é de alcance global; governos federais e estaduais estariam limitados no âmbito do que podem fazer, tanto para governar quanto para regular. Além disso, a tecnologia é ponto a ponto e descentralizada. Reguladores ganham a vida fiscalizando os grandes intermediários. Os livro-razão centralizados deles contém tesouros em dados, ideais para a construção de casos. E na era digital, os funcionários do governo estão raramente, ou nunca, na posse de todas as informações necessárias para tomar decisões de interesse público. Muitas vezes, eles não dispõem de recursos para governar de forma eficaz e podem ser mal informados sobre inovação. Lawsky estava se deparando com algo com que governos e reguladores de tecnologias digitais tinham lutado por 20 anos. Graças à sorte, prospectiva e a um modelo regulamentador diferente, a internet foi capaz de crescer e prosperar. Criptomoedas são outro exemplo de como a tecnologia digital está tomando o controle dos decisores tradicionais, incluindo os governos.

Ainda assim, Lawsky tinha um trabalho a fazer. Após examinar os estatutos existentes, eles os achou totalmente inadequados. O departamento inicialmente queria regular esta tecnologia por meio da aplicação de regras escritas em torno da época da Guerra Civil. Essas leis de transmissão de dinheiro não poderiam abordar qualquer tipo de tecnologia digital como a internet, e muito menos moedas digitais ou cibersegurança. "Quanto mais eu aprendia, mais interessado eu ficava em quão poderosa esta tecnologia é, e eu via todos os diversos aplicativos e plataformas que estariam sendo construídos ao longo do tempo", disse ele. Se ele "poderia começar a regulação direito para garantir que as coisas ruins que não queríamos ver acontecendo no ecossistema fossem evitadas, e ao mesmo tempo não ter uma regulação seria muita arrogância, então nós tivemos uma chance real de ajudar uma tecnologia muito poderosa a trazer sérias melhorias para o nosso sistema".[30] Lawsky concluiu: "Talvez precisemos de um novo tipo de quadro regulamentar para lidar com algo que é apenas qualitativamente diferente?".[31] Sua proposta, o BitLicense, foi a primeira tentativa séria para fornecer uma lente regulamentar para essa indústria. Uma parte controversa da lei revelou como até mesmo regulamentos bem-intencionados podem produzir consequências inesperadas. Quando o BitLicense entrou em vigor, houve um êxodo em massa de empresas como a Bitfinex, GoCoin e Kraken de Nova York; eles citaram o custo proibitivo da licença como causa principal. Os poucos que ficaram são empresas bem capitalizadas e mais maduras.

Os benefícios, como a melhoria da supervisão e da proteção dos consumidores, são significativos. Corretoras licenciadas, como a Gemini, ganharam terreno, talvez porque sua clientela institucional sabe que eles são agora regulados como bancos. Mas com menos concorrentes, a BitLicense vai reprimir a inovação e prejudicar o crescimento? Brito argumentou que a BitLicense erra o alvo por meio da aplicação de soluções antigas para problemas novos. Ele citou a regra BitLicense que, se você assumir a custódia de fundos do consumidor, você precisa obter uma licença. "Com algo como Bitcoin e outras moedas digitais, você tem tecnologias como a multisig [multiassinatura] que, pela primeira vez, introduz o conceito de controle dividido. Então, se cada um de nós três tem uma chave para um endereço multiassinatura que precisa de dois dos três, quem tem a custódia dos fundos?"[32] Nesse caso, o conceito de custódia, muito clara na lei, agora é ambígua.

"Minha opinião é que os próximos cinco a dez anos serão um dos momentos mais dinâmicos e interessantes da história para o nosso sistema financeiro", disse Lawsky.[33] Ele renunciou ao NYDFS para continuar a trabalhar em questões importantes no coração desse ambiente dinâmico. "Eu aproveitaria a minha carreira se eu conseguisse gastar o meu tempo de trabalho no meio do que eu acredito que vai ser um momento interessante, enormemente transformador, dinâmico... você tem esse mundo da tecnologia, que geralmente é, em grande parte, não regulamentado, colidindo provavelmente com o sistema mais regulamentado do mundo, o sistema financeiro. Ninguém sabe realmente o que vem dessa colisão", ele disse. "Tudo vai funcionar durante os próximos cinco a dez anos e eu quero estar no meio desta colisão." [34]

O SENADOR QUE MUDARIA O MUNDO

O Senado canadense surpreendeu a muitos quando, em junho de 2015, sua Comissão de Bancos, Negócios e Comércio divulgou um relatório claramente positivo e profundo, "Moeda Digital: Você não pode virar esta moeda".[35] Incorporando o feedback de múltiplas partes interessadas no ecossistema Blockchain, o relatório detalhou por que os governos devem adotar a tecnologia Blockchain.[36]

"Esta poderia ser a próxima internet", disse Doug Black, o senador canadense de Calgary, Alberta, e um importante contribuinte para o relatório. "Esta poderia ser a próxima TV, o próximo telefone. Queremos sinalizar tanto dentro como fora do Canadá, apoiamos a inovação e o empreendedorismo."[37] Como Ben Lawsky, Black é um advogado veterano. Ele fez sua carreira no segmento de petróleo do país, trabalhando em nome dos produtores de petróleo e gás como parceiro em um dos mais prestigiados escritórios de advocacia do país. O senador Black difere do Sr. Lawsky, no entanto, em sua relutância em apressar novos regulamentos porta afora. "O governo deve sair do caminho!", Black nos disse.[38] Como membro do Senado canadense, o senador Black e seus colegas não têm nenhum papel legislativo formal, mas podem mover a agulha sobre questões importantes através da emissão de orientações ou ao fazer recomendações ao governo. Ainda assim, com uma idade média de sessenta e seis anos, o Senado canadense não seria o provável favorito a abraçar essa tecnologia de ponta. Mas isso é exatamente o que eles fizeram.

Refletindo sobre o processo, Black lembra de ter pensado: "Como podemos criar um ambiente que incentiva a inovação em oposição a sufocar a inovação? É incomum que um governo tenha esse ponto de vista desde o começo". De acordo com Black, os governos "tendem a estar preocupados em manter o controle e minimizar os riscos".[39] Embora reconhecendo o risco que qualquer nova tecnologia representa para os consumidores e empresas, Black explicou: "Há risco em qualquer coisa; há risco em moeda fiduciária. Podemos gerenciar o risco em algum nível, mas vamos também criar um ambiente onde a inovação pode ser estimulada".[40] Com este relatório, Black acredita que eles já atingiram o objetivo.

O relatório faz uma série de recomendações, mas duas se destacam. Em primeiro lugar, o governo deve começar a usar o Blockchain em suas interações com os canadenses. Black disse: "O Blockchain é um veículo mais confidencial para proteger os dados"; portanto, "o governo deve estar trabalhando para começar a utilizar essa tecnologia, o que seria uma mensagem poderosa".[41] Essa é uma declaração poderosa: se você quer ser o centro de inovação e um pioneiro no setor, coloque seu dinheiro onde sua boca está e comece a inovar a si mesmo.

A segunda recomendação é, talvez, ainda mais surpreendente: o governo deve dar um leve toque sobre a regulamentação. Uma série de figuras respeitadas no direito que se concentram na tecnologia Blockchain tiveram essa discussão. Aaron Wright, da Cardozo Law School da Universidade Yeshiva, defende leis de "porto seguro" que permitam que os inovadores continuem a inovar, minimizando as regulações do governo até que a tecnologia amadureça.[42] Josh Fairfield, da Washington and Lee University Law School, disse: "Precisamos de regulamentos que ajam como a tecnologia –modesta, experimental e interativa".[43]

BANCOS CENTRAIS EM UMA ECONOMIA DESCENTRALIZADA

Finanças talvez seja a segunda profissão mais antiga, mas o banco central é um fenômeno relativamente moderno. O Sistema de Reserva Federal dos Estados Unidos (o Fed), o banco central mais poderoso do mundo, comemorou o seu centenário em 2013.[44] Os bancos centrais, na sua história relativamente curta, passaram por várias reencarnações; na última houve a grande mudança do ouro como padrão para as taxas flutuantes do sistema de moedas fiduciárias. Por as moedas digitais desafiarem o papel dos bancos centrais em uma economia, nós poderíamos esperar que os bancos centrais se opusessem à tecnologia Blockchain. No entanto, ao longo dos anos, esses bancos têm mostrado uma vontade de inovar. O Fed foi pioneiro na compensação eletrônica de fundos, ao defender o sistema Automated Clearing House (ACH), quando todas as verificações foram resolvidas e limpas manualmente. Como bancos centrais em outros lugares, o Fed realizou experimentos. Ele adotou políticas pouco ortodoxas e não testadas, a mais famosa (ou infame) foi o programa de flexibilização quantitativa no despertar da crise financeira de 2008, quando ele usou um dinheiro recém-criado para comprar ativos financeiros, como títulos do governo em uma escala sem precedentes.

Não surpreendentemente, os bancos centrais têm pensado à frente ao compreender a importância da tecnologia Blockchain em suas respectivas economias. Há duas razões para essa liderança. Em primeiro lugar, essa tecnologia representa uma nova ferramenta poderosa para melhorar os serviços financeiros, potencialmente superando muitas instituições financeiras e melhorando o desempenho dos bancos centrais na economia global.

Em segundo lugar, e este é o maior, o Blockchain levanta questões existenciais para os bancos centrais. Como eles desempenham o seu papel de forma eficaz em um mercado global com uma ou mais moedas criptografadas fora de seu controle? Afinal, a política monetária é o principal instrumento na caixa de ferramentas do banco central para gerenciar a economia, particularmente em tempos de crise. O que acontece quando essa moeda não é emitida por um governo, mas existe globalmente como parte de uma rede distribuída?

Os bancos centrais de todos os lugares estão explorando essas perguntas. Carolyn Wilkins, vice-governadora do Banco do Canadá e uma veterana de banco central, nos disse: "Estamos confiantes no nosso paradigma agora, mas entendemos que muitos paradigmas têm uma vida útil: eles vão trabalhar bem por alguns anos e, em seguida, as coisas vão começar a dar errado. Você pode corrigir isso na margem primeiro, mas, eventualmente, você só precisa mudar para outra coisa". Ela acredita que o Blockchain pode ser essa outra coisa. "É difícil não ficar fascinada por algo tão transformador. Essa tecnologia está sendo usada em maneiras que têm implicações para os bancos centrais abrangendo todas as funções que nós temos", diz ela.[45]

Ben Bernanke, ex-presidente do Fed, disse em 2013 que a tecnologia Blockchain poderia "promover um sistema de pagamentos mais rápido, mais seguro e mais eficiente".[46] Hoje, tanto o Fed quanto o Banco da Inglaterra e provavelmente outros bancos centrais que não tenham sido tão francos têm equipes dedicadas a essa tecnologia.

Para entender por que os bancos centrais estão tão interessados, primeiro vamos falar sobre o que os eles fazem. Em termos gerais, essas respeitáveis instituições realizam três funções. Primeiro, gerenciam a política monetária através da fixação das taxas de juros e do controle da oferta de moeda e, em circunstâncias excepcionais, injetam capitais diretamente no sistema. Segundo, elas tentam manter a estabilidade financeira. Isso significa que elas agem como banco para o governo e para os bancos no sistema financeiro; elas são a credora de última instância. Finalmente, os bancos centrais muitas vezes partilham a responsabilidade com outras entidades governamentais de regular e monitorar o sistema financeiro, em especial as atividades dos bancos que lidam com a poupança e os empréstimos para correntistas.[47] Invariavelmente, todos esses papéis são entrelaçados e interdependentes.

Vamos começar com a estabilidade financeira. "Como um banco central, nosso papel é ser um provedor de liquidez de último recurso. Fazemos isso em dólares canadenses. Portanto, dólares canadenses são importantes como fonte de liquidez para o sistema financeiro canadense", disse Wilkins. E se as transações estão em outra moeda, como a Bitcoin? "A nossa capacidade de fornecer serviços de empréstimos como último recurso seria limitada."[48] A solução? Os bancos centrais poderiam simplesmente começar a realizar reservas em Bitcoin, como fazem em outras moedas e ativos, como o ouro. Eles também poderiam exigir que as instituições financeiras mantivessem reservas no banco central nessas moedas não estatais. Essas participações poderiam permitir ao banco central desempenhar a sua função monetária, tanto em papel-moeda quanto em moeda criptografada. Parece prudente, certo?

Ao levar em conta a estabilidade financeira relativa à política monetária, Wilkins disse: "As implicações do dinheiro eletrônico (para a política monetária) dependem de como são denominados". Em uma palestra recente, ela sugeriu que "e-dinheiro", como ela chama, poderia ser denominado como uma moeda nacional por um governo ou como uma criptomoeda.[49] Uma moeda digital denominada em dólares canadenses seria fácil de gerenciar, ela disse. Pelo menos, ajudaria um banco central a responder mais prontamente. É mais provável acontecer uma combinação dos dois: bancos centrais vão guardar e gerenciar moedas alternativas baseadas em Blockchain, como fazem com reservas estrangeiras, e vão explorar a conversão de moedas nacionais oficiais para os chamados e-dinheiros através de um livro-razão baseado em Blockchain. Este novo mundo vai ser muito diferente.

E se os bancos centrais agirem como órgãos reguladores e fiscalizadores? Eles têm poderes regulatórios consideráveis em seus respectivos países, mas não operam isoladamente. Eles coordenam e colaboram com outros bancos centrais e com instituições globais como o Comitê de Estabilidade Financeira, o Banco de Compensações Internacionais, o Fundo Monetário Internacional, o Banco Mundial, entre outros. Nós precisamos de uma coordenação global mais robusta para endereçar as questões do Blockchain. Atualmente, os presidentes dos bancos centrais estão colocando perguntas importantes. Carolyn Wilkins disse, "É fácil dizer que a regulação deveria ser proporcional ao problema, mas qual é o problema? E quais são as inovações que queremos?".[50] Essas são ótimas questões que poderíamos endereçar de forma mais efetiva em um ambiente inclusivo.

Bretton Woods é um bom modelo. Que tal um segundo encontro de mentes, não realizado em salas esfumaçadas por trás de portas fechadas, mas em um fórum aberto, onde as várias partes interessadas, incluindo o setor privado, a comunidade de tecnologia e as instituições de governança poderiam participar? Wilkins disse: "O Banco do Canadá trabalha com outros bancos centrais na compreensão dessa tecnologia e o que ela significa. Nós tivemos conferências que convidaram uma variedade de bancos centrais, acadêmicos e pessoas do setor privado."[51]

Na verdade, a história dos bancos centrais revela um problema maior: os governos muitas vezes não têm o know-how para responder a um mundo em rápida transformação. Os bancos centrais com certeza têm pontos de vista que importam profundamente para essa discussão, mas eles devem olhar para outras partes interessadas na rede e outros bancos centrais a nível mundial para compartilhar ideias, colaborar em questões de liderança substantivas e mover a agenda.

REGULAMENTAÇÃO *VERSUS* GOVERNANÇA

Para ter certeza, valor e dinheiro são diferentes das informações tradicionais. Estamos falando de poupanças, uma pensão, o modo de vida de uma pessoa, sua empresa, sua carteira de ações, sua economia, e isso afeta a todos. Nós não precisamos de regulamentação, e rápido? Pode e deve o governo mostrar moderação perante as mudanças sísmicas que estão por vir?

Mudanças importantes estão revelando os limites do governo em uma época de acelerada inovação. Por exemplo, a crise financeira de 2008 mostrou como a velocidade e a complexidade do sistema econômico global tornam a criação e a aplicação de leis de forma tradicional e centralizada cada vez mais ineficazes. Mas a regulamentação mais forte não é o antídoto. Os governos não podem ter a esperança de fiscalizar e regular todos os cantos do mercado financeiro, da tecnologia, ou da economia, porque simplesmente existem muitos protagonistas, inovações e produtos. Quando muito, a experiência mostra que os governos podem, pelo menos, forçar a transparência para lançar uma luz sobre o comportamento e criar a mudança. Os governos podem exigir que as ações de bancos, por exemplo, sejam transparentes na Web e deixar os cidadãos e outras partes contribuírem com seus próprios dados e observações. Os cidadãos podem até mesmo ajudar a fazer cumprir a regulamentação, talvez mudando seu comportamento de compra ou, armado com informações, organizando campanhas públicas que apontem e envergonhem os infratores.

Claro, os governos devem ser os principais interessados e os líderes em governança. Eles também devem reconhecer que o seu papel no governo do Blockchain será fundamentalmente diferente do seu papel histórico na política monetária e na regulação financeira. Durante milênios, os Estados tiveram o monopólio do dinheiro. O que acontece quando o "dinheiro" não é emitido exclusivamente por uma autoridade central, mas em vez disso é (pelo menos em parte) criado por uma rede global distribuída ponto a ponto?

A resposta dos EUA, apesar de geralmente ser positiva, às vezes parece contraditória. "Nos EUA existe uma percepção, desde o Congresso, passando pelo Poder Executivo e por diferentes agências, incluíndo os agentes da lei, que essa tecnologia tem usos sérios e legítimos", disse Jerry Brito.[52] Inclusive, a internet nos mostrou que os Estados Unidos, seja pelo seu temperamento ou pelo projeto institucional, não apenas tolera mas convida inovações que ultrapassam as fronteiras conhecidas. Por outro lado, também cerceia inovações através de regulamentações – algumas das quais inadequadas e quase certamente prematuras.

Os riscos de se regulamentar prematuramente – antes de conhecer bem as implicações – podem ter consequências profundas. Na Inglaterra da época vitoriana, as chamadas locomotivas autoguiadas (automóveis) eram obrigadas a ter um homem andando em sua frente balançando uma bandeira vermelha para alertar as pessoas presentes e os cavalos da chegada dessa estranha engenhoca. Steve Beauregard, CEO da GoCoin, empresa líder no setor, descreve as armadilhas de se regulamentar cedo demais: "Quando as páginas da web estavam aparecendo, os reguladores estavam tentando determinar a qual regime regulatório essas páginas pertenceriam. Uma das ideias que apareceu era exigir que as pessoas que construíssem ou hospedassem páginas da web deveriam obter uma licença de cidadão de rádio, pois elas estavam fazendo difusão. Você pode imaginar ser obrigado a ter uma licença de rádio só para publicar uma página na web?".[53] Ainda bem que essa regulamentação nunca foi aprovada.

Vamos ser claros: a regulamentação difere da governança. Regulamento é sobre leis destinadas a controlar o comportamento. Governança é sobre administração, colaboração e incentivos para agir em interesses comuns. Porém, a experiência indica que os governos devem abordar as tecnologias regulamentadoras com cautela, agindo como um ponto de colaboração com os outros setores da sociedade, em vez de como a mão pesada da lei. Eles devem participar como jogadores em um ecossistema de governança ascendente e não como executores de um regime de controle de cima para baixo.

Brito, da Coin Center, argumentou que há um papel para os governos, mas eles devem ter prudência. Ele defende uma solução de várias partes interessadas, que começa com a educação: "Instruindo pessoas no Congresso, nas agências, nos meios de comunicação, respondendo a qualquer uma de suas perguntas ou os colocando em contato com as pessoas que podem responder às suas perguntas de forma inteligente".[54]

UMA NOVA ABORDAGEM PARA A GOVERNANÇA BLOCKCHAIN

Em vez de simplesmente regular, os governos podem melhorar o comportamento de indústrias, fazendo-as mais transparentes, e maximizar o engajamento cívico – não como um substituto para melhor regulação, mas como um complemento a sistemas existentes. Nós acreditamos que a regulação efetiva e, consequentemente, a governança efetiva advêm de uma abordagem de várias partes interessadas em que transparência e participação pública são mais valorizadas e pesam mais fortemente na tomada de decisão. Pela primeira vez na história da humanidade, redes não estatais de várias partes interessadas estão se formando para resolver problemas globais.

Nas últimas décadas, dois relevantes desenvolvimentos forneceram a base para um novo modelo. Primeiro, o advento da internet criou o meio para partes interessadas de todos os tamanhos, até no nível individual, se comunicarem, contribuirem com recursos e coordenarem ações. Não precisamos mais de oficiais do governo nos convocando para alinhar nossas metas e esforços. Segundo, negócios, academia, ONGs e outras partes interessadas não estatais têm ganhado a habilidade de cumprir um importante papel nos esforços cooperativos globais. Na mesa em Bretton Woods não participaram empresas, ONGs ou partes interessadas não estatais. Hoje, essas partes interessadas rotineiramente se engajam com governos para endereçar questões em todas as facetas da sociedade – desde a governança de um recurso global, como a internet, até o endereçamento de problemas globais como as mudanças climáticas e o tráfico de seres humanos.

A combinação desses desenvolvimentos permite o novo modelo. Para obter uma lista crescente de desafios globais, colaborações autoorganizadas agora podem alcançar uma cooperação global, governança e resolução de problemas – e tornar o progresso mais rápido e mais forte do que instituições tradicionais baseadas no estado.

Ao considerar a base para uma rede de governança no Blockchain, colocamos uma série de questões críticas e desenvolvemos uma estrutura para respondê-las, como veremos a seguir.

Como projetamos uma rede de governança desse tipo?

Será que criamos uma nova rede do zero ou construímos em torno de uma instituição já existente, que já tem um eleitorado que lida com questões financeiras internacionais?

- Qual será o mandato para esta rede e teria ela o poder de aplicar e executar a política?
- Nos interesses de quem a rede de governança no Blockchain atuaria e para quem prestaria contas?
- E criticamente, irão os Estados-nação realmente ceder qualquer autoridade a uma rede global?

No geral, o ecossistema que governa a internet é rico em lições. Isso ter se tornado um recurso global em tão pouco tempo é surpreendente, em grande parte graças à forte liderança e governança, e apesar das poderosas forças contra ela.

Então, quem governa a primeira geração da internet e como? Um vasto ecossistema de companhias, organizações da sociedade civil, desenvolvedores de software, acadêmicos e governos, nomeadamente o governo dos Estados Unidos, de uma forma aberta, distribuída e colaborativa, que não podemos medir através das estruturas e hierarquias tradicionais de comando e controle. Nenhum governo ou grupo de governos controla a internet ou seus padrões, embora várias agências do governo americano já a tenham financiado.[55]

No princípio da internet, governos demonstraram tanto restrição quanto visão de futuro. Eles demonstraram restrição, ao limitar a regulação, controle, ao longo de toda a evolução da internet, e mostraram visão de futuro, permitindo que o ecossistema florescesse antes de tentar impor regras e regulações. Essa rede de vários agentes interessados funcionou para a internet, mas precisamos reconhecer que haverá uma atuação maior para a regulação das tecnologias Blockchain. Enquanto a internet democratizou a informação, o Blockchain democratiza valor, e isso vai direto no cerne de indústrias tradicionais como a de bancos. Claramente haverá um papel regulador para garantir que consumidores e cidadãos sejam protegidos. Ainda assim, nossa pesquisa sugere que o modelo de governança da internet é um bom modelo.

Questões persistem em torno de quanto da nova liderança virá da velha comunidade de governança da internet. Vint Cerf, que coinventou a própria internet e que conduziu à criação da internet Society e da internet Engineering Task Force, que por sua vez criou virtualmente todos os importantes padrões da internet, sugeriu que um bom começo para o Blockchain seria criar um grupo de interesse BOF (Birds of Feather) dentro do IETF.[56] Inicialmente, muitas organizações envolvidas na governança da internet viram as moedas digitais e as tecnologias Blockchain como se estivessem fora da alçada delas, mas isso está mudando. A World Wide Web Consortium, W3C, priorizou os pagamentos Web, e o Blockchain é importantíssimo nessa discussão.[57] Além disso, o internet Governance Forum (IGF) tem sediado sessões sobre Blockchain e Bitcoin, em que participantes têm explorado novos modelos de governança descentralizados possibilitados por essa tecnologia.[58] Fronteiras entre o velho e o novo são flexíveis, e muitos líderes na rede de governança da internet, tal como Pindar Wong, pioneiro da internet, ex-vice-presidente do ICANN e administrador da internet Society, tem sido um dos mais efetivos líderes também em governança Blockchain.[59]

O que a nova rede de governança parece? Existem dez tipos de GSNs. Cada um envolve alguma combinação de empresas, governos, ONGs, acadêmicos, desenvolvedores e indivíduos. Nenhum deles é controlado pelos Estados ou instituições baseadas no Estado, como a ONU, o FMI, o Banco Mundial ou o G8. Todos vão desempenhar um papel importante na liderança e na governança da tecnologia Blockchain.

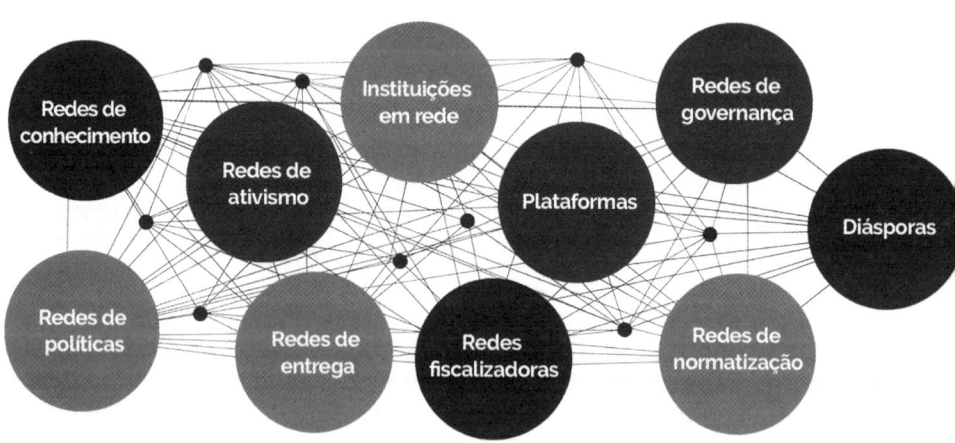

1. Redes de conhecimento

A função principal das redes de conhecimento é desenvolver novos pensamentos, pesquisas, ideias e políticas que possam ajudar a solucionar problemas globais. Usuários mais bem informados e esclarecidos podem se proteger melhor de fraudes e roubos e defender sua privacidade. Eles podem também se dar conta do grande valor dessa tecnologia disruptiva, criando oportunidades para um maior compartilhamento de uma prosperidade global e maior conectividade financeira.[60] Redes de conhecimento devem encorajar uma cultura de abertura e inclusão, ser transparente e envolver múltiplas partes interessadas.

Implicações do Blockchain: redes de conhecimento são os pontos de origem para disseminação de novas ideias a outras GSNs e o mundo em geral. Elas são a chave para evitar armadilhas e alertas vermelhos. O conhecimento vai preparar as partes interessadas a defenderem mais efetivamente, criarem ou cocriarem políticas e propagarem informações importantes aos usuários. Compartilhamento de conhecimento instiga um diálogo frutífero com governos. De acordo com Jerry Brito do Coin Center, seja qual for a questão política particular, se os governos "não entenderem a tecnologia e não entenderem suas implicações, eles estarão fadados ao fracasso".[61] Muitos manifestam a necessidade de se criar espaços para ideias e para a informação ser compartilhada e debatida. "Deveria existir um fórum para apresentar propostas ou ideias", disse Tyler Winklevoss.[62] A Iniciativa Moeda Digital do MIT é uma rede de conhecimento líder, tentando unir e motivar acadêmicos e universidades globalmente. Abaixo do radar, meetups informais, como o dos desenvolvedores de San Francisco e o dos desenvolvedores de Nova York, também estão fazendo do conhecimento uma prioridade. Blockchainworkshops.org é outro grupo que tem convocado as partes interessadas a disseminarem conhecimento e lições-chave. Reddit, a comunidade e fórum on-line, é também um terreno fértil para novos conhecimentos no espaço.

2. Redes de entrega

Esta classe de redes, na verdade, entrega a mudança que elas procuram, agregando ou mesmo ultrapassando os esforços das instituições tradicionais. Por exemplo, a ICANN exerce um papel essencial na rede de governança da internet, entregando soluções na forma de nomes de domínio.

Implicações do Blockchain: como garantimos que os incentivos sejam adequados para a colaboração distribuída em massa, preparando a tecnologia para adoção, digamos, no "horário nobre"? Nós provavelmente teremos um "momento ICANN" no Blockchain, em que organizações se formarão para desempenhar funções essenciais. Entretanto, enquanto a ICANN e muitos outros tipos de GSN na rede de governança da internet forem claramente americanas, líderes Blockchain deveriam pressionar para internacionalizar essas organizações. Joichi Ito disse: "Penso que já existe uma grande pressão para construir uma governança não americanizada e internacional desde o princípio, porque se tem uma coisa que aprendemos com a ICANN é que é muito difícil sair de debaixo das asas da América, uma vez que você nasceu como parte dela".[63] A Coalition for Automated Legal Applications (COALA) é uma organização global que atua em algumas funções primordiais: dissemina conhecimento, influencia políticas, advoga pela tecnologia Blockchain e dá suporte para o desenvolvimento e a implantação de aplicações baseadas em Blockchain, todas funções críticas para vencermos os principais desafios potenciais.[64]

3. Redes de políticas

Às vezes as redes criam políticas de governo, mesmo que seus intervenientes não sejam oriundos de governos. Redes de políticas dão suporte ao desenvolvimento de políticas ou criam uma alternativa para políticas, independente de governos apoiarem ou não. O objetivo das redes de políticas não é tomar de governos o controle dos processos de construir políticas. Pelo contrário, o objetivo delas é transformar o processo de tomada de decisão, de um modelo tradicional hierárquico de cima para baixo, em um modelo de consulta e colaboração.

Implicações do Blockchain: hoje, uma nascente rede de políticas está emergindo. Coin Center, um grupo sem fins lucrativos em Washington, D.C., foca em cinco setores principais: inovação, proteção ao consumidor, privacidade, licenciamento e AML/KYC (em inglês, antilavagem de dinheiro/conheça seu cliente). The Chamber of Digital Commerce, uma organização comercial, foca em promover a aceitação e o uso das moedas digitais.[65] O Reino Unido tem a sua própria Associação da Moeda Digital, assim como a Austrália e o Canadá, que conversam com a indústria. Com a contratação de John Collins, um antigo conselheiro sênior do governo americano, a Coinbase se tornou a primeira companhia a instalar um defensor de políticas permanente.[66] Promover e unir muitas vozes importantes na arena das políticas garantirá ao Blockchain melhores chances de preencher todo seu potencial. Por exemplo, nós sabemos que a mineração consome muita energia e que as mudanças climáticas são um grande problema. Políticas responsáveis possuem um longo caminho pela frente até construírem um futuro sustentável, e os governos não conseguem fazer isso sozinhos.

4. Redes de ativismo

Redes de ativismo buscam alterar a agenda ou as políticas de governos, corporações e outras instituições. A internet tem diminuído o custo da colaboração, e hoje o mundo está testemunhando a ascensão exponencial de redes de ativismo cada vez mais fortes e mais globais, amplamente distribuídas e tecnologicamente mais sofisticadas do que qualquer coisa jamais vista.

Implicações do Blockchain: redes de ativismo nascem da desilusão com as tradicionais instituições políticas e cívicas, fazendo com que elas logicamente se encaixem à comunidade Blockchain, que está tentando levantar como essas instituições tradicionais solucionam problemas. Entretanto, nestes novos tempos que se aproximam, redes de ativismo devem trabalhar em parceria com os governos. Redes de ativismo estão intimamente ligadas às redes de políticas, de modo que não é surpresa que o Coin Center e a Chamber of Digital Commerce estejam liderando nesta área. Poderíamos também incluir aqui COALA, Iniciativa Moeda Digital do MIT, entre outros. O ativismo é imprescindível para se escalar a tecnologia Blockchain. Na falta de defensores fortes que se posicionem pelas partes interessadas e pelos direitos delas, governos e outras instituições poderosas poderiam tentar reprimir, distorcer ou usurpar a força desta rede aberta para ter vantagens exclusivas, um outro perigoso alerta vermelho em potencial.

5. Redes fiscalizadoras

Estas redes investigam instituições para garantir que elas atuem apropriadamente. Tópicos variam desde direitos humanos, corrupção e serviços ambientais a financeiros. No processo, eles direcionam debates públicos, estimulam transparência e inflamam movimentos para mudanças. O papel dos fiscais está intrinsecamente ligado aos das redes de defesa e redes políticas. Redes políticas colaboram com governos para delinear políticas que funcionem. Fiscais garantem que a indústria esteja em conformidade com as políticas e efetivamente monitoram e garantem as conformidades. Governos que abusarem da confiança pública também podem ser escrutinados e responsabilizados.

Implicações do Blockchain: o Blockchain Alliance é uma parceria entre a aplicação da lei, ONGs, organizações de comércio e o setor privado, e é a primeira rede de defesa real a se formar. Coin Center e a Chamber of Digital Commerce, com suporte da BitFury, Bitfinex, BitGo, Bitnet, Bitstamp, Blockchain, Circle, Coinbase e outros, têm feito parceria com agências de cumprimento da lei, tais como o Departamento de Justiça dos Estados Unidos, o FBI, o Serviço Secreto e o Departamento de Segurança Nacional. Conforme destacamos no capítulo anterior, Blockchain sendo cooptado por criminosos numa escala generalizada é um alerta vermelho. Esses fiscais têm um importante papel de defensoria também. Como consequência dos ataques terroristas de Paris, alguns legisladores, reguladores e aplicadores da lei europeus culparam o Bitcoin como a fonte de financiamento do terrorismo. O Blockchain Alliance pediu paciência: "não regulemos sob o temor",[67] eles disseram. Até o momento deste livro, não sabemos o quão efetivo eles foram, mas certamente na falta deles as coisas teriam ficado piores, com governos abordando a questão unilateralmente. Além do papel de autopoliciamento dos membros da comunidade que convocam, colaboram e debatem em fóruns e no Reddit, outras poucas redes fiscalizadoras têm emergido. Parcerias com a aplicação da lei são um bom começo, mas o ecossistema do Blockchain precisa de organizações completamente independentes, talvez como fiscalizadores tradicionais, tais como a Anistia Internacional e Human Rights Watch, para monitorar governos, corporações e outras grandes instituições. Caso contrário, nós corremos o risco de acabar como vítimas de um outro alerta vermelho: do Blockchain se tornar uma nova e poderosa ferramenta de vigilância usada por governos corruptos e inescrupulosos.

6. Plataformas

A era digital permitiu que organizações fossem muito mais do que instituições fechadas em silos; elas podem ser também plataformas para criação de valor, inovação e solução de problemas globais. Organizações como Change.org empodera indivíduos a iniciarem campanhas de suporte a causas sociais, de direitos humanos a mudanças climáticas. Uma "plataforma de petições" mobiliza a força coletiva de milhões de pessoas e catalisa essa paixão num impacto duradouro. Plataformas de dados abertos são aplicáveis a muitas questões – de mudanças climáticas a Blockchain.[68]

Implicações do Blockchain: à medida que a tecnologia Blockchain ganha importância sistêmica, as partes interessadas devem agregar e escrutinar dados. O Blockchain do Bitcoin pode ser radicalmente aberto, transparente, e reconciliável, mas Blockchains fechados usados em tudo, desde serviços financeiros até internet das Coisas podem não ser. Imagine uma plataforma que permita a cidadãos comuns agregarem e escrutinarem dados, provando ser um forte baluarte contra golpes rasteiros de escalabilidade, ingerência governamental ou uso de energia não sustentável. Eles habilitariam fiscalizadores e advogados entre nós, para direcionarmos discussões construtivas e mantermos instituições e corporações mais responsáveis.

7. Redes de normatização

Redes de normatização são organizações não baseadas no Estado que desenvolvem especificações técnicas e padrões para qualquer coisa virtualmente, incluindo padrões para a própria internet. Elas determinam as normas que formam os blocos fundamentais para desenvolvimento de produtos e permitem que uma inovação promissora dê o salto para a adoção em massa. Para as redes de normatização globais darem certo, elas devem engajar a expertise de indivíduos, instituições, organizações da sociedade civil e, acima de tudo, empresas privadas.

A internet Engineering Task Force, um dos primeiros institutos de normatização para a governança da internet, se sobressai no quesito incorporar muitas visões de diversas partes interessadas.

Implicações do Blockchain: originalmente, o Bitcoin Foundation financiou o desenvolvimento do núcleo do protocolo do Bitcoin, padrão comum usado pela comunidade. Entretanto, o quase colapso da fundação (precipitado por má gestão e perdas) provou a necessidade de soluções de governança em rede. Reconhecendo a profunda importância dessa tecnologia e a necessidade de uma gestão cuidadosa e acolhedora, o MIT criou a Digital Currency Initiative, que tem desde então financiado os principais desenvolvedores Bitcoin, de forma que eles possam dar continuidade ao trabalho. "Nós interviemos imediatamente e proporcionamos a eles posições no MIT Media Lab, para que eles pudessem continuar trabalhando independentemente, no suporte ao núcleo do desenvolvimento do Bitcoin", disse Brian Forde.[69] Para os principais desenvolvedores, a capacidade deles de trabalhar autonomamente era essencial para a concepção.

Gavin Andresen está entre os principais desenvolvedores trabalhando no MIT. Ele acredita que a liderança é necessária para mover a agenda em direção aos padrões comuns, tal como a tão discutida questão sobre o tamanho do bloco. "Talvez você possa desenhar kits de soquetes de lâmpada por comitê, mas você não pode desenhar padrões de software dessa maneira", sugeriu ele. Referindo-se aos primórdios da web, Andresen disse, "O modelo da internet mostra que você pode ter tecnologias em que o consenso ocorre, mesmo que não haja um líder evidente", mas que "você pode ter uma pessoa ou um processo que termina com uma pessoa. Você definitivamente precisa de um ou de outro".[70] Mecanismos de consenso sozinhos não podem suportar o desenvolvimento de padrões.

ScalingBitcoin.org é uma organização que convoca engenheiros e acadêmicos para endereçar questões técnicas maiores, incluindo questões sobre padrões. Pindar Wong, que preside o comitê de planejamento para o ScalingBitcoin.org (entre seus outros muitos papéis importantes de liderança), tem sido um líder imprescindível para convocar parceiros-chave e esclarecer impasses técnicos no setor. Em serviços financeiros, ambos R3 e o projeto Hyperledger estão enfrentando questões críticas de padronização. Invariavelmente, terão que existir redes-padrão para uma variedade de coisas, desde o protocolo Blockchain que forma a base da indústria de serviços financeiros do futuro, até a padronização comum para privacidade e pagamentos na internet das Coisas.

Enquanto cada um desses grupos ataca o problema de diferentes ângulos e com diferentes agendas, cada um compartilha um objetivo comum de preparar essa tecnologia para o horário nobre – construindo infraestrutura, desenvolvendo padrões, tornando-a dimensionável.

8. Instituições em rede

Algumas redes fornecem uma gama de capacidades que as descrevemos como "instituições em rede". Elas não são baseadas no Estado, mas sim nas verdadeiras redes de múltiplas partes interessadas. O valor que elas geram pode englobar desde conhecimento, ativismo e política, até entrega de soluções reais.

Implicações do Blockchain: o Fórum Econômico Mundial (WEF, na sigla em inglês), uma instituição em rede líder, tem sido um proponente da tecnologia Blockchain com voz ativa. O Blockchain estava à frente e no centro das discussões em Davos, em janeiro de 2016. Jesse McWaters, líder de inovação financeira no WEF, acredita que a tecnologia Blockchain é uma tecnologia de uso geral, como a internet, que nós podemos usar para construir mercados radicalmente mais eficientes e melhorar o acesso aos serviços financeiros. O WEF previu que, dentro de uma década, nós poderíamos armazenar 10% do PIB global em Blockchains.[71] Como organização, o WEF tem defendido e avançado em questões relevantes, tais como a desigualdade de renda, mudanças climáticas e até remessas de fundos. Outras instituições em rede, desde os menores grupos até as maiores fundações mundiais, tais como a Fundação Clinton e a Fundação Bill e Melinda Gates, seriam sábias em apoiar essa tecnologia e fazer avançar questões, tais como a inclusão financeira e serviços de saúde. Instituições em rede geralmente tem um papel a exercer ao influenciar governos na construção de políticas, fazendo delas uma ligação fundamental e parceira estratégica para resolver alguns dos principais problemas mundiais.

9. Diásporas

Diásporas são comunidades globais formadas por pessoas dispersas das terras de seus ancestrais e unidas pela cultura e identidade com sua terra natal. Graças à internet, essas pessoas e organizações afiliadas podem colaborar em redes de múltiplas partes interessadas. Uma das funções de muitas das diásporas de hoje é endereçar e ajudar a solucionar problemas globais comuns.

Implicações do Blockchain: diásporas são críticas para o futuro do Blockchain. Para uns, o Blockchain torna o processo de envio de remessas de dinheiro simples e acessível. Longe de ser um exterminador de empregos, o Blockchain na realidade cria tempo e recursos para essas pessoas buscarem outras oportunidades de ganhar dinheiro ou de negócios empreendedores. Enquanto poucas companhias têm origem em lugares como as Filipinas e o Quênia, as diásporas devem fazer mais para acelerar o conhecimento, a adoção e a aceitação de métodos de pagamento Blockchain. Hoje, a maioria das companhias que está focando nas oportunidades, como Abra e Paycase, estão nos Estados Unidos, Reino Unido, Canadá ou China.

10. Redes de governança

A rede Blockchain de governança vai combinar todas as características e atributos dos outros nove tipos de GSN. Por fim, uma rede Blockchain de governança deveria se esforçar para ser inclusiva e receber bem a participação vinda de todos os grupos de partes interessadas relevantes. A rede deveria ser meritocrática, significando que a comunidade defenderia propostas viáveis independente de hierarquia e status do proponente. A rede deveria ser transparente, liberando todos os seus dados, documentação e atas de reunião para escrutínio público. Finalmente, as decisões deveriam ser tomadas, sempre que possível, por consenso para dar legitimidade aos resultados.

UMA NOVA AGENDA PARA A PRÓXIMA ERA DIGITAL

Uma rede de governança Blockchain é crítica para a gestão desse recurso global. Mas como podemos garantir que esta próxima geração da internet cumpra sua promessa?

A próxima era da geração digital está entregando possibilidades ilimitadas, perigos significativos, um caminho de pedras desconhecido, transformações formidáveis e um futuro que está longe de ser certo. Tecnologia, especialmente do tipo distribuído, cria oportunidades para todos, mas são os humanos que, inexoravelmente, determinam seu resultado. Nas palavras de Constance Choi, "Esta tecnologia traz tanto promessa quanto perigo. É como nós fazemos uso dela".[72] Conforme se discutiu neste capítulo, existe um papel para cada um exercer na concretização dessa nova promessa da era digital.

Em transições de épocas anteriores, sociedades agiram para implementar novos entendimentos, leis e instituições. Essas transformações de civilização levaram tempo, normalmente séculos, e foram geralmente marcadas por conflitos ou mesmo revoluções.

Hoje a situação é diferente. Mudanças estão ocorrendo infinitamente mais rápido. Mais importante, a lei de Moore indica que a taxa da mudança está acelerando exponencialmente. Nós estamos movendo em direção à conhecida "segunda metade do tabuleiro de xadrez", em que crescimento exponencial sobre crescimento exponencial cria o incompreensível.[73] A conclusão é que nossas infraestruturas regulatórias e políticas são deploravelmente inadequadas e estão se adaptando muito devagar, ou não estão se adaptando aos requisitos da era digital. As rupturas da atualidade estão mudando tão rápido que elas estão indo além da capacidade de indivíduos e instituições de compreendê-las, muito menos de gerenciar seus impactos. Nossas instituições democráticas e instrumentos foram projetados para a era industrial – na verdade, elas se originaram precisamente da transformação das sociedades agrárias feudais para estados industriais capitalistas.

Como nós podemos acelerar a transformação humana necessária para manter o ritmo com a acelerada inovação tecnológica e disrupção? Como podemos evitar deslocamento social massivo ou pior? Para que não sejamos acusados de ser deterministas tecnológicos ou utópicos, podemos propor que é chegada a hora para um novo contrato social para a era digital. Governos, o setor privado, a sociedade civil e indivíduos precisam colaborar para forjar novos entendimentos comuns.

Conforme entramos nesta segunda geração da internet, é chegada a hora para um Manifesto para a Era Digital. Chame-a de Declaração de Interdependência. Cidadãos da era digital possuem direitos – acesso a infraestruturas digitais, alfabetização, alfabetização da mídia, educação permanente, e renovada liberdade de expressão on-line sem medo de estar sendo vigiado.

A economia digital e a sociedade deveriam ser governadas de acordo com princípios. Certamente, aqueles que trabalham deveriam compartilhar a riqueza que criam. Se computadores podem fazer o trabalho, então a semana de trabalho, não nosso padrão de vida, deveria ser reduzido. Na verdade, os princípios de design implícitos de Satoshi para a revolução Blockchain deveria servir-nos bem – nós precisamos de instituições que agem com integridade, segurança, privacidade, inclusão, proteção de direitos e poder distribuído. Vamos trabalhar para distribuir oportunidade e prosperidade no ponto de origem, em vez de simplesmente redistribuir riqueza após esta ter sido criada pelas tradicionais estruturas de classe.

A tecnologia Blockchain pode reduzir custos e tamanho de governos, mas nós ainda precisaremos de novas leis em muitas áreas. Existem soluções tecnológicas e de modelos de negócio para os desafios de propriedade intelectual e direitos de propriedade. Então, nós deveríamos estar reescrevendo ou descartando antigas leis que reprimem a inovação através da superproteção de patentes. Melhores ações de defesa da concorrência devem estancar a tendência aos monopólios de tal forma que ninguém pagará preços abusivos por, digamos, serviços de internet básica ou serviços financeiros. Dos americanos, 80% têm opção quando o assunto é provedores de serviço de internet, que poderiam ajudar a explicar por que a banda larga é uma das mais lentas e mais caras no mundo desenvolvido. Malfeitores que manipulam tudo, desde mercado cambial até emissões de gases poluentes deveriam ser processados e punidos apropriadamente.

Nós precisaremos de uma Transformação Institucional em todos os setores. Bancos centrais precisarão mudar o seu papel em relação ao gerenciamento cambial e à política monetária, e colaborar multilateralmente com mais intervenientes na economia e sociedade. Nós precisamos de escolas e universidades com foco no aluno, domínio colaborativo e customizado da informação no Blockchain, liberando alunos, assim como professores, para participarem de pequenos grupos de discussão e projetos. Nós precisamos de um registro universal de pacientes no Blockchain, para assegurar saúde colaborativa quando nós pudermos gerenciar nosso próprio bem-estar fora do sistema. Quando entramos no sistema de saúde, não deveríamos sofrer por ignorância – sendo inspirados por interações medicamentosas ou por medicina não baseada em evidência. Políticos precisarão se adaptar a um mundo transparente, onde contratos inteligentes garantirão a responsabilidade deles perante o eleitorado. Como gerenciamos a disrupção após moedas digitais levantarem US$ 500 bilhões no mercado de remessas de fundos?

A tecnologia Blockchain pode habilitar novas infraestruturas físicas, requerendo novas parcerias e entendimentos entre as partes interessadas. O que acontecerá aos milhões de motoristas Uber quando o SUber exterminar seus empregos? O que as cidades podem fazer para garantir que em 2025 os cidadãos pensem positivamente sobre sistemas de transporte inteligentes? Como efetivamente nos movemos para uma rede elétrica Blockchain distribuída, onde os proprietários das casas sejam colaboradores em vez de meros consumidores de eletricidade? Como encontraremos a liderança para implementar um sistema Blockchain de comércio pessoal de licenças de emissão de carbono?

O PROTOCOLO DA CONFIANÇA E VOCÊ

Irá a lei de paradigmas entrar em vigor – líderes antigos possuem maior dificuldade em abraçar o novo? Considere os líderes que endossaram o livro de Don de 1994, *Economia Digital*: os CEOs da Nortel Networks, MCI, Nynex, Ameritech, e GE Information Services, todos eles se foram. Pelo menos ele não incluiu os CEOs da Kodak, Borders, Blockbuster ou Circuity City. (Outra nota preventiva aos que vestem a camisa do Blockchain Revolution.)

Por que Rupert Murdoch não criou o *The Huffington Post*? Por que a AT&T não lançou o Skype, ou a Visa não criou o PayPal? A CNN poderia ter criado o Twitter, já que tem tudo a ver com aquelas chamadas curtas, não? A GM ou a Hertz poderiam ter lançado Uber, Marriott, Airbnb. Gannett poderia ter criado Craigslist ou Kijiji, eBay teria sido um player natural para a Yellow Pages. A Microsoft tinha recursos para criar o Google ou qualquer quantidade de modelos de negócio baseados na internet, em vez do computador pessoal. Por que a NBC não inventou o Youtube? A Sony poderia ter ocupado o lugar do iTunes da Apple. Onde estava a Kodak quando chegou a hora do Instagram ou Pinterest de serem inventados? E se a *People* ou a *Newsweek* tivessem surgido com BuzzFeed ou Mashable?

Conforme escrevemos no começo deste livro, "Parece que mais uma vez o gênio tecnológico foi tirado da sua lâmpada... agora para nos servir em outro pontapé – para transformar a rede econômica de poder e a velha ordem dos negócios humanos. Se assim nós o fizermos". Como a primeira geração da internet, a revolução do Blockchain promete mudar completamente modelos de negócio e transformar indústrias. Mas esse é só o começo. A tecnologia do Blockchain está nos empurrando inexoravelmente para uma nova era, predicada na abertura, mérito, descentralização e participação global.

Nós esperamos um período de volatilidade, especulação e abuso. Nós também esperamos uma expansão forte e estável pela frente. Ninguém sabe ainda qual impacto esse trem terá nos serviços financeiros. Ben Lawsky está correto – que a indústria poderia estar irreconhecível dentro de cinco a dez anos? Tim Draper disse, "Bitcoin está para o dólar, assim como a internet está para o papel".[74] Poderiam os apoiadores mais fogosos do Blockchain estarem de fato subestimando o potencial de longo prazo? Será o Blockchain o maior benefício para eficiência e valor da indústria desde a invenção da contabilidade de dupla entrada ou da sociedade anônima por ações? Hernando de Soto disse que o

Blockchain tem o potencial de trazer 5 bilhões de pessoas para a economia global, mudar a relação entre Estado e cidadãos (para melhor), e se transformar numa poderosa e nova plataforma para prosperidade global e um garantidor de direitos individuais. Para ele, "Toda ideia de paz através da lei, toda ideia de uma família da espécie humana é a de que nós atingimos consenso em padrões comuns. Nós deveríamos considerar como a Declaração Universal de Direitos Humanos poderia ser mais bem servida com Blockchain".[75] Como podemos alcançar este futuro melhor?

A maioria das pessoas que está liderando a revolução ainda é desconhecida, exceto pelos veteranos, como o progenitor do Netscape, Marc Andreessen. Você provavelmente nunca ouviu falar sobre a maioria das pessoas mencionadas neste livro. E de novo, quem teria ouvido falar do imigrante iraniano Pierre Omidyar ou do programador de Wall Street Jeff Bezos em 1994? Depende muito de como os líderes da indústria embarcam nessa. O Blockchain é uma alternativa para o Facebook ou Twitter realmente alcançável, ou os incumbentes responderão endereçando questões de usuário sobre propriedade ou privacidade? Não importa. Consumidores ganham de qualquer maneira. A Visa vai encolher ou vai transformar seu modelo de negócio para abraçar o poder do Blockchain? Como a Apple vai responder à indústria da música mais centrada no artista? O que pensam pequenos ditadores sobre a internet descentralizada que eles não podem desligar ou controlar? O Blockchain pode tornar a tecnologia mais acessível para um mundo de 2 bilhões de pessoas sem contas bancárias?

A taxa de insucesso de startups é alta, e assim esperamos um bom número de nossos estudos de caso rolarem ladeira abaixo, não porque a tecnologia Blockchain seja uma má ideia, mas porque – para cada um de nossos exemplos – existem muitas startups competindo. Todas elas não podem sobreviver. Nós acreditamos que aquelas que seguem os princípios de Satoshi possuem melhores chances do que aquelas que não.

Esses são tempos excitantes e perigosos. Como líder de negócios, use a Revolução Blockchain como seu manual tático, claro, mas se dê conta também de que as regras do jogo estão mudando. Pense sobre seu negócio, sua indústria e seu emprego: Como eu serei afetado e o que pode ser feito? Não caia na armadilha que muitas mudanças de paradigma levantaram ao longo da história. Os líderes de hoje não podem se dar ao luxo de se tornarem os perdedores de amanhã. Há muito em jogo, e nós precisamos de sua ajuda. Por favor, junte-se a nós.

NOTAS

CAPÍTULO 1: O protocolo da confiança

1. https://www.technologyreview.com/s/419452/moores-outlaws/.
2. https://cryptome.org/jya/digicrash.htm.
3. "How DigiCash Blew Everything," traduzido do holandês para inglês por Ian Grigg e colegas e enviado por e-mail para o mailing de Robert Hettinga, Fevereiro 10, 1999. Cryptome.org. John Young Architects. Web. 19 de julho, 2015. https://cryptome.org/jya/digicash.htm. "How DigiCash Alles Verknalde" www.nextmagazine.nl/ ecash.htm. *Next! Magazine*, Janeiro 1999. Web. Julho 19, 2015. https://web.archive.org/web/19990427/http://nextmagazine.nl/ecash.htm.
4. http://nakamotoinstitute.org/the-god-protocols/.
5. Brian Fung, "Marc Andreessen: In 20 Years, We'll Talk About Bitcoin Like We Talk About the Internet Today," *The Washington Post*, 21 de maio, 2014; www.washingtonpost.com/blogs/the-switch/wp/2014/05/21/marc-andreessen-in-20-years-well-talk-about-bitcoin-like-we-talk-about-the-internet-today/, acessado em 21 de janeiro, 2015.
6. Entrevista com Ben Lawsky, 2 de julho, 2015.
7. www.economist.com/news/leaders/21677198-technology-behind-bitcoin-could-transform-how-economy-works-trust-machine.
8. www.coindesk.com/bitcoin-venture-capital/.
9. Fung, "Marc Andreessen."
10. www.coindesk.com/bank-of-england-economist-digital-currency/.
11. Relatório de Leigh Buchanan para pesquisa da Kauffman Foundation "American Entrepreneurship Is Actually Vanishing," www.businessinsider.com/927-people-own-half-of-the-bitcoins-2013-12.
12. Esta definição foi desenvolvida por Don Tapscott e David Ticoll, *The naked corporation* (New York: Free Press, 2003).
13. www.edelman.com/news/trust-institutions-drops-level-great-recession/.
14. www.gallup.com/poll/1597/confidence-institutions.aspx.
15. Entrevista com Carlos Moreira, 3 de setembro, 2015.
16. Don Tapscott é membro do conselho da WISeKey.
17. Don Tapscott foi um dos muitos autores a escrever sobre o lado negro potencial da nova era digital, por exemplo em *The Digital Economy: Promise and Peril in the Age of Networked Intelligence* (New York: McGraw Hill, 1995).
18. Entrevista com Carlos Moreira, 3 de setembro, 2015.
19. Tom Peters, "The Wow Project," *Fast Company*, Mansueto Ventures LLC, 30 de abril, 1999: http://www.fastcompany.com/36831/wow-project.
20. Entrevista com Carlos Moreira, 3 de setembro, 2015.
21. "The Virtual You" é um termo popularizado por Ann Cavoukian e Don Tapscott em *Who knows: safeguarding your privacy in a networked world* (New York: McGraw- Hill, 1997).
22. Scott McNealy, então CEO da Sun Microsystems, foi o primeiro em 1999.
23. Entrevista com Andreas Antonopoulos, 20 de julho, 2015.
24. Entrevista com Joe Lubin, 30 de julho, 2015.
25. Eventualmente, os serviços de consulta de dados pessoais sofisticados não serão mesmo capazes de ler esses dados, porque serão dados a eles criptografados. Ainda assim, eles serão capazes de responder a perguntas sobre esses dados, fazendo essas perguntas aos próprios dados criptografados usando técnicas de criptografia homomórficas.
26. Pensadores líderes tem uma visão ampla sobre prosperidade que vai além do crescimento do PIB. O professor Michael Porter, de Harvard, criou um imperative de progresso social http://www.socialprogressimperative.org. O economista Joseph Stiglitz e outros tem pesquisado indicadores além do PIB – http://www.insee.fr/fr/publications-et-services/dossiers_web/stiglitz/doc-commission/RAPPORT_

anglais.pdf. Há outros esforços que tentam melhorar o PIB mas não vão muito longe – http://www.forbes.com/sites/realspin/2013/11/29/beyond-gdp-get-ready-for-a-new-way-to-measure-the-economy/.
27. Entrevista com Vitalik Buterin, 30 de setembro, 2015.
28. Luigi Marco Bassani, "Life, Liberty and . . . : Jefferson on Property Rights," *Journal of Libertarian Studies* 18(1) (Winter 2004): 58.
29. Entrevista com Hernando de Soto, 27 de novembro, 2015.
30. Ibid.
31. www.theguardian.com/music/2013/feb/24/napster-music-free-file-sharing, acessado em 12 de agosto, 2015.
32. www.inc.com/magazine/201505/leigh-buchanan/the-vanishing-startups-in-de cline.html.
33. *Naked City* foi uma série policial dramática que foi transmitida de 1958 até 1963 na rede ABC de television network.
34. Um relatório do Fórum Econômico Mundial de Outubro 2015 sugere que não será uma corrente principal até 2027.
35. Entrevista com David Ticoll em 12 de dezembro, 2015.

CAPÍTULO 2: Construindo o futuro: os sete princípios do projeto da economia Blockchain

1. Entrevista com Ann Cavoukian, 2 de setembro, 2015.
2. Guy Zyskind, Oz Nathan, and Alex "Sandy" Pentland, "Enigma: decentralized computation platform with guaranteed privacy," white paper, Massachusetts Institute of Technology, 2015. 10 de junho, 2015. Web. 3 de outubro, 2015, arxiv.org/pdf/ 1506.03471.pdf.
3. Entrevista com Ann Cavoukian, em 2 de setembro, 2015.
4. Ibid.
5. Entrevista com Austin Hill, 22 de julho, 2015.
6. Entrevista com Ann Cavoukian, 2 de setembro, 2015.
7. Vitalik Buterin, "Proof of Stake: how I learned to love weak subjectivity," *Ethereum blog*, Ethereum Foundation, 25 de novembro, 2014. Web. 3 de outubro, 2015, blog.ethereum.org/2014/11/25/proof-stake-learned-love-weak-subjectivity.
8. Dino Mark Angaritis, e-mail attachment, 27 de novembro, 2015. Ele chegou a esse cálculo por "assumir uma hashrate de 583,000,000 Gh/s. (Gh/s = bilhões de hashes/s). Há 600 segundos em 10 minutos. 600*583,000,000 = 349,800,000,000 bilhões de hashes em 10 minutos. Isto significa 350 Quintilhões / 350,000,000,000,000,000,000 / 350 milhões de milhões de bilhões."
9. Prova de Queima chama mineradores para enviar suas moedas para um endereço sem saída, no qual elas se tornam irrecuperáveis. Em troca da queima dessas moedas, os mineradores ganham entrada em uma loteria em que, presumivelmente, eles ganham mais do que queimaram. Não é um mecanismo de consenso, e sim um mecanismo de confiança.
10. Entrevista com Paul Brody, 7 de julho, 2015.
11. Franklin Delano Roosevelt, "Ordem Executiva 6102—Requerindo Moedas, Lingotes e Certificados de Outo serem entregues ao Governo," *The American Presidency Project*, ed. Gerhard Peters e John T. Woolley, 5 de abril, 1933, www.presidency.ucsb.edu/ws/?pid=14611, acessado em dezembro 2, 2015.
12. Entrevista com Josh Fairfield, 1 de junho, 2015.
13. Alusão ao brinquedo digital da Bandai projetado para que usuário tome conta e protejam ele. Ele morre se o dono não toma conta dele.
14. Joseph E. Stiglitz, "Lessons from the Global Financial Crisis of 2008," *Seoul Journal of Economics* 23(3) (2010).
15. Ernst & Young LLP, "The Big Data Backlash," Dezembro 2013, www.ey.com/ UK/en/Services/Specialty-Services/Big-Data-Backlash; http://tinyurl.com/ptfm4ax.
16. O tipo de ataque chamado de "Sybil," um pseudônimo de uma mulher diagnosticada com desordem de identidade dissociativa descrita num livro de de 1973 com esse nome. Cientista da computação amante e gatos John "JD" Douceur popularizou o nome num artigo de 2002.

17. Satoshi Nakamoto, "Bitcoin: A Peer-to-Peer Electronic Cash System," www.bitcoin.org, 1 de novembro, 2008; www.bitcoin.org/bitcoin.pdf, seção 6, "Incentive."
18. Nick Szabo. "Bit gold." Năpo numerado. Nick Szabo. 27 de dezembro, 2008. Web. 3 de outubro, 2015. http://unenumerated.blogspot.com/2005/12/bit-gold.html.
19. Entrevista com Austin Hill, julho 22, 2015.
20. Neal Stephenson, *Snow Crash* (1992). Uma alusão ao mundo virtual de Snow Crash, do qual Hiro Protagonist é o protagonista e herói. Hiro foi um dos principais hackers do Metaverso. Kongbucks são como bitcoin: os franchulates (estados corporativos, a partir da combinação de franquia e consulado) emitem seu próprio dinheiro.
21. Ernest Cline, Ready Player One (New York: Crown, 2011).
22. Entrevista com Austin Hill, 22 de julho, 2015.
23. John Lennon. "*Imagine*." Imagine. Produtores John Lennon, Yoko Ono, and Phil Spector. 11 de outubro, 1971. www.lyrics007.com/John%20Lennon%20Lyrics/ Imagine%20Lyrics.html.
24. Andy Greenberg. "Banking's Data Security Crisis." Forbes. Novembro 2008. Web. 3 de outubro, 2015. www.forbes.com/2008/11/21/data-breaches-cybertheft-identity08-tech-cx_ag_1121breaches.html.
25. Ponemon Institute LLC, "2015 Cost of Data Breach Study: Global Analysis," patrocinado pela IBM, Maio 2015, www-03.ibm.com/security/data-breach.
26. Ponemon Institute LLC, "2014 Fifth Annual Study on Medical Identity Theft," patrocinado pela Medical Identity Fraud Alliance, 23 de fevereiro, 2015, Medidfraud.org/2014-fifth-annual-study-on-medical-identity-theft.
27. Entrevista com Andreas Antonopoulos, 20 de julho, 2015.
28. Michael Melone, "Basics and History of PKI," *Mike Melone's blog*, Microsoft Corporation, 10 de março, 2012. Web. 3 de outubro, 2015. http://tinyurl.com/ngxuupl.
29. "Why Aren't More People Using Encrypted Email?," *Virtru blog*, Virtru Corporation, 24 de janeiro, 2015. Web. 8 de agosto, 2015. www.virtru.com/blog/aren't-people-using-email-encryption, 8 de agosto, 2015.
30. Entrevista com Andreas Antonopoulos, 20 de julho, 2015.
31. Entrevista com Austin Hill, 22 de julho, 2015.
32. Ibid.
33. Entrevista com Ann Cavoukian, 2 de setembro, 2015.
34. Ibid.
35. David McCandless, "Worlds Biggest Data Breaches," *Information Is Beautiful*, David McCandless, 2 de outubro, 2015. Web. 3 de outubro, 2015. www.information isbeautiful.net/visualizations/worlds-biggest-data-breaches-hacks/.
36. Entrevista com Haluk Kulin, 9 de junho, 2015.
37. Entrevista com Austin Hill, 22 de julho, 2015.
38. Política de privacidade da Coinbase, www.coinbase.com/legal/privacy, 17 de novembro, 2014, acessado em julho 15, 2015.
39. Don Tapscott e David Ticoll, *The Naked Corporation: How the Age of Transparency Will Revolutionize Business* (New York: Simon & Schuster, 2003).
40. Entrevista com Haluk Kulin, 9 de junho, 2015.
41. ProofofExistence.com, 2 de setembro, 2015; www.proofofexistence.com/about/.
42. Entrevista com Steve Omohundro, 28 de maio, 2015.
43. Entrevista com Andreas Antonopoulos, 20 de julho, 2015.
44. Ibid.
45. Entrevista com Stephen Pair, 11 de junho, 2015.
46. Edella Schlarger e Elinor Ostrom, "Property-Rights Regimes and Natural Resources: A Conceptual Analysis," Land Economics 68(3) (Agosto 1992): 249–62; www.jstor.org/stable/3146375.
47. Entrevista com Haluk Kulin, 9 de junho, 2015.
48. John Paul Titlow, "Fire Your Boss: Holacracy's Founder on the Flatter Future of Work," *Fast Company*, Mansueto Ventures LLC, 9 de julho, 2015; www.fastcompany.com/3048338/the-future-of-work/fire-your-boss-holacracys-founder-on-the-flatter-future-of-work.

49. Banco Mundial. 2 de setembro, 2015; www.worldbank.org/en/news/press-release/ 2015/04/15/massive-drop-in-number-of-unbanked-says-new-report.
50. "Bitcoin Powers New Worldwide Cellphone Top-Up Service," CoinDesk, 15 de Fevereiro, 2015; www.coindesk.com/bitcoin-powers-new-worldwide-cellphone-top-service/, acessado em 26 de Agosto, 2015. FAQs, BitMoby.com, mHITs Ltd., n.d.; www.bitmoby.com/faq.html, acessado em 14 de novembro, 2015.
51. Entrevista com Gavin Andresen, 8 de junho, 2015.
52. Entrevista com Austin Hill, 22 de julho, 2015.
53. Jakob Nielsen, "Nielsen's Law of Internet Bandwidth," Nielsen Norman Group, 5 de abril, 1998; www.nngroup.com/articles/law-of-bandwidth/, acessado em agosto 26, 2015.
54. Matthew Weaver, "World Leaders Pay Tribute at Auschwitz Anniversary Cere- mony," *The Guardian*, Guardian News and Media Limited, 27 de janeiro, 2015. Web. 5 de setembro, 2015, http://www.theguardian.com/world/2015/jan/27/-sp-watch-the-auschwitz-70th-anniversary-ceremony-unfold.

CAPÍTULO 3: Reinventando os serviços financeiros

1. Estimativas variam de 87,5 milhões a 112 milhões (FMI).
2. https://ripple.com/blog/the-true-cost-of-moving-money/.
3. Entrevista com Vikram Pandit, 24 de agosto, 2015.
4. www.nytimes.com/2015/07/12/business/mutfund/putting-the-public-back-in-public-finance.html.
5. www.worldbank.org/en/topic/poverty/overview.
6. http://hbswk.hbs.edu/item/6729.html.
7. Entrevista com Hernando de Soto, 27 de novembro, 2015.
8. http://corporate.westernunion.com/About_Us.html.
9. Entrevista com Erik Voorhees, 16 de junho, 2015.
10. Paul A. David, "The Dynamo and the Computer: An Historical Perspective on the Modern Productivity Paradox," *Economic History of Technology* 80(2) (Maio 1990): 355–61.
11. Joseph Stiglitz, "Lessons from the Global Financial Crisis," Versão revisada de uma palestra apresentada na Seoul National University, 27 de outubro, 2009.
12. www.finextra.com/finextra-downloads/newsdocs/The%20Fintech%202%20 0%20Paper.pdf.
13. www.bloomberg.com/news/articles/2015-07-22/the-blockchain-revolution-gets-endorsement-in-wall-street-survey.
14. www.swift.com/assets/swift_com/documents/about_swift/SIF_201501.pdf.
15. https://lightning.network/.
16. Entrevista com Chris Larsen, 27 de julho, 2015.
17. Entrevista com Austin Hill, 22 de julho, 2015.
18. Entrevista com Blythe Masters, 22 de julho, 2015.
19. Ibid.
20. Ibid.
21. Ibid.
22. https://bitcoinmagazine.com/21007/nasdaq-selects-bitcoin-startup-chain-run-pilot-private-market-arm/.
23. Entrevista com Austin Hill, 22 de julho, 2015.
24. Julho 2015 por Greenwich Associates; www.bloomberg.com/news/articles/2015-07-22/the-blockchain-revolution-gets-endorsement-in-wall-street-survey.
25. Blythe Masters, da apresentação Exponential Finance: www.youtube.com/watch?v=PZ6WR2R1MnM.
26. https://bitcoinmagazine.com/21007/nasdaq-selects-bitcoin-startup-chain-run-pilot-private-market-arm/.
27. Entrevista com Jesse McWaters, 13 de agosto, 2015.
28. Entrevista com Austin Hill, 22 de julho, 2015.
29. https://blog.ethereum.org/2015/08/07/on-public-and-private-blockchains/.

30. Entrevista com Chris Larsen, 27 de julho, 2015.
31. Entrevista com Adam Ludwin, 26 de agosto, 2015.
32. Entrevista com Blythe Masters, 27 de julho, 2015.
33. Entrevista com Eric Piscini, 13 de julho, 2015.
34. Entrevista com Derek White, 13 de julho, 2015.
35. Ibid.
36. Bank of America, BNY Mellon, Citi, Commerzbank, Deutsche Bank, HSBC, Mitsubishi UFJ Financial Group, Morgan Stanley, National Australia Bank, Royal Bank of Canada, SEB, Société Générale, e Toronto Dominion Bank; www.ft.com/intl/cms/s/0/f358ed6c-5ae0-11e5-9846-de406ccb37f2. html#ax zz3mf3orbRX; www.coindesk.com/citi-hsbc-partner-with-r3cev-as-blockchain-project-adds-13-banks/.
37. http://bitcoinnewsy.com/bitcoin-news-mike-hearn-bitcoin-core-developer-joins-r3cev-with-5-global-banks-including-wells-fargo/.
38. http://www.linuxfoundation.org/news-media/an nou ncements/2015/12/ linux-foundation-unites-industry-leaders-advance-blockchain.
39. www.ifrasia.com/blockchain-will-make-dodd-frank-obsolete-bankers-say/21216014.article.
40. http://appft.uspto.gov/netacgi/nph-Parser?Sect1=PTO2&Sect2=HITOFF&p=1&u=%2Fnetahtml%2FPTO%2Fsearch-bool.html&r=1&f=G&l=50&co1=AND&d=PG01&s1=20150332395&OS=20150332395&RS=20150332395?p=cite_Brian_Cohen_or_Bitcoin_Magazine.
41. www.youtube.com/watch?v=A6kJfvuNqtg.
42. Entrevista com Jeremy Allaire, 30 de junho, 2015.
43. Ibid.
44. Ibid.
45. Ibid.
46. Anunciado como outro sinal que a indústria estava "crescendo"; www.wsj.com/articles/goldman-a--lead-investor-in-funding-round-for-bitcoin-startup-circlc-1430363042.
47. Entrevista com Jeremy Allaire, 30 de junho, 2015.
48. Entrevista com Stephen Pair, 11 de junho, 2015.
49. Alex Tapscott se consultou com a Vogogo Inc.
50. Entrevista com Suresh Ramamurthi, 28 de setembro, 2015.
51. Troca de e-mails com Blythe Masters, 14 de dezembro, 2015.
52. Entrevista com Tom Mornini, 20 de julho, 2015.
53. Essas ideias são foram exploradas originalmente em *The naked corporation* por Don Tapscott e David Ticoll.
54. Ibid.
55. www.accountingweb.com/aa/auditing/human-errors-the-top-corporate-tax-and-accounting-mistakes.
56. Ibid.
57. Entrevista com Simon Taylor, 13 de julho, 2015.
58. Ibid.
59. Entrevista com Jeremy Allaire, 30 de junho, 2015.
60. Entrevista com Christian Lundkvist, 6 de julho, 2015.
61. Entrevista com Austin Hill, 22 de julho, 2015.
62. Entrevista com Eric Piscini, 13 de julho, 2015.
63. www2.deloitte.com/us/en/pages/about-deloitte/articles/facts-and-figures.html.
64. Entrevista com Eric Piscini, 13 de julho, 2015.
65. Ibid.
66. Entrevista com Tom Mornini, 20 de julho, 2015.
67. Ibid.
68. www.calpers.ca.gov/docs/forms-publications/global-principles-corporate-gover nance.pdf.
69. Entrevista com Izabella Kaminska, 5 de agosto, 2015.
70. http://listedmag.com/2013/06/robert-monks-its-broke-lets-fix-it/.

71. O Movimento pelo Direito de Ser Esquecido vem ganhando momento, particularmente na Europa: http://ec.europa.eu/justice/data-protection/files/factsheets/factsheet_data_pro tection_en.pdf.
72. www.bloomberg.com/news/articles/2014-10-07/andreessen-on-finance-we-can-reinvent-the-entire-thing.
73. http://www.nytimes.com/2015/12/24/business/dealbook/banks-reject-new-york-city-ids-leaving-unbanked-on-sidelines.html.
74. Entrevista com Patrick Deegan, 6 de junho, 2015.
75. Ibid.
76. https://btcjam.com
77. Entrevista com Erik Voorhees, 16 de junho, 2015.
78. www.sec.gov/about/laws/sa33.pdf.
79. http://www.wired.com/2015/12/sec-approves-plan-to-issue-company-stock-via-the-bitcoin-blockchain/.
80. http://investors.overstock.com/mobile.view?c=131091&v=203 d=1&id=2073583.
81. https://bitcoinmagazine.com/21007/nasdaq-selects-bitcoin-startup-chain-run-pilot-private-market-arm/.
82. James Surowiecki, *The wisdom of crowds: why the many are smarter than the few and how collective wisdom shapes business, economies, societies and nations* (New York: Doubleday, 2014).
83. www.augur.net.
84. Da troca de e-mail com a equipe da Augur: Jack Peterson, Desenvolvedor; Joey Krug, Desenvolvedor; Peronet Despeignes, Operações Especiais.
85. Entrevista com Andreas Antonopoulos, 8 de dezembro, 2014.
86. Entrevista com Barry Silbert, 22 de setembro, 2015.
87. Entrevista com Benjamin Lawsky, 2 de julho, 2015.

CAPÍTULO 4: Rearquitetando a empresa: o centro e os limites

1. Entrevista com Joe Lubin, 13 de julho, 2015.
2. Empresas como a Apple e a Spotify serão capazes de usar a nova plataforma também. O objetivo é que ela será propriedade de muitas entidades na indústria da música, especialmente artistas. Provavelmente será mais fácil ganhar tokens se você criar conteúdo do que se você apenas revender o conteúdo de outra pessoa.
3. https://slack.com/is.
4. https://github.com.
5. Coase escreveu: "Uma empresa tem um papel a desempenhar no sistema econômico se as transações podem ser organizadas dentro da empresa a um custo menor do que se as mesmas transações fossem realizadas através do mercado. O limite para a dimensão da empresa [é atingido] quando os custos de organização de transações adicionais dentro da empresa [excederem] os custos de realizar as mesmas transações no mercado". Como citado por Oliver Williamson e Sydney G. Winter, em *A natureza da firma* (New York and Oxford: Oxford University Press, 1993), 90.
6. Oliver Williamson, "The Theory of the Firm as Governance Structure: From Choice to Contract," *The Journal of Economic Perspectives* 16(3) (Summer 2002) 171–95.
7. Ibid.
8. Peter Thiel with Blake Masters, *Zero to One: Notes on Startups, or How to Build the Future* (New York: Crown Business, 2014).
9. Lord Wilberforce, *The Law of Restrictive Trade Practices and Monopolies* (Sweet & Maxwell, 1966), 22.
10. Entrevista com Yochai Benkler, 26 de agosto, 2015.
11. John Hagel e John Seely Brown, "Embrace the Edge or Perish," *Bloomberg*, 28 de novembro, 2007; www.bloomberg.com/bw/stories/2007-11-28/embrace-the-edge-or-perishbusinessweek-business-news-stock-market-and-financial-advice.
12. Entrevista com Vitalik Buterin, 30 de setembro, 2015.
13. Entrevista com Andreas Antonopoulos, 20 de julho, 2015.
14. A única exceção é o Way Back Machine, que permite que você obtenha uma história mais detalhada.

15. Oliver E. Williamson, "The Theory of the Firm as Governance Structure: From Choice to Contract," *Journal of Economic Perspectives* 16 (3), Summer 2002.
16. Ibid.
17. Michael C. Jensen e William H. Meckling, "Theory of the Firm: Managerial Behavior, Agency Costs and Ownership Structure," Journal of Financial Economics 305 (1976): 310–11 (argumentando que a corporação – ou, mais genericamente, a firma – é uma coleção de relações consensuais ente acionistas, credores, gerentes e talvez, outros); ver também, Frank H. Easterbrook e Daniel R. Fischel, *The Economic Structure of Corporate Law* (Cambridge, Mass.: Harvard University Press, 1991).
18. Vitalik Buterin, "Bootstrapping a Decentralized Autonomous Corporation: Part I," *Bitcoin Magazine*, 19 de Setembro, 2013; https://bitcoinmagazine.com/7050/boot strapping-a-decentralized-autonomous-corporation-part-i/.
19. Nick Szabo, "Formalizing and Securing Relationships on Public Networks," http://szabo.best.vwh.net/formalize.html.
20. http://szabo.best.vwh.net/smart.contracts.html.
21. Entrevista com Aaron Wright, 10 de agosto, 2015.
22. Criptógrafos começaram a usar "Alice" e "Bob" no lugar de "Parte A" e "Parte B" como uma maneira conveniente de descrever as trocas entre elas, emprestando alguma claridade e familiaridade a discussões sobre encriptação computacional dita até à data do trabalho de Ron Rivest, de 1978, "Security's Inseparable Couple," Communications of the ACM. *Network World*, 7 de Fevereiro, 2005; www.networkworld.com/news/2005/020705widernetaliceandbob.html.
23. GitHub.com, 3 de janeiro, 2012; https://github.com/bitcoin/bips/blob/master/bip-0016.mediawiki, acessado em 30 de setembro, 2015.
24. www.coindesk.com/hedgy-hopes-tackle-bitcoin-volatility-using-multi-signa ture-technolog/.
25. https://books.google.ca/books?id=V XIDgGjLHVgC&pg=PA19&lpg=PA19& dq=a+workman+moves+from+department+Y+to+department+X&source=bl&ots=RHb0qrpLz_&sig=LaZFqatLYllrB-W8ikPn4PEZ9_7U&hl=en&sa=X&ved=0ahUKEwjgyuO2gKfKAhUDpB4KHb0JDcAQ6AEIITAB#v=onepage&q=a%20workman%20moves%20from%20department%20Y%20to%20department%20X&f=false.
26. Elliot Jaques, "In Praise of Hierarchy," *Harvard Business Review*, janeiro–fevereiro 1990.
27. Entrevista com Yochai Benkler, 26 de agosto, 2015.
28. Tapscott e Ticoll, *The Naked Corporation*.
29. Werner Erhard e Michael C. Jensen, "Putting Integrity into Finance: A Purely Positive Approach," 27 de novembro, 2015, Harvard Business School NOM Unit Working Paper Nº. 12-074; Barbados Group Working Paper Nº. 12-01; European Corporate Governance Institute (ECGI)—Finance Working Paper No. 417/2014.
30. Média do retorno médio sobre a Equity do Bank of América desde 31 de dezembro 31, 2009, é menos de 2%; https://ycharts.com/companies/BAC/return_on_equity.
31. Entrevista com Steve Omohundro, 28 de maio, 2015.
32. Entrevista por email com David Ticoll, 9 de dezembro, 2015.
33. Entrevista com Melanie Swan, 14 de setembro, 2015.
34. https://hbr.org/1990/05/the-core-competence-of-the-corporation.
35. Michael Porter, "What Is Strategy?," *Harvard Business Review*, Novembro – Dezembro 1996.
36. Entrevista com Susan Athey, 20 de novembro, 2015.

CAPÍTULO 5: Novos modelos de negócios: fazendo chover no Blockchain

1. Para evitar spam, é possível que novas chaves públicas (personas) com baixa reputação tenham que pagar uma determinada taxa para listar. A taxa pode ser transferida para um contrato de custódia e ser devolvida uma vez que a pessoa tenha alugado com sucesso sua propriedade para fora, ou talvez

após algum período de tempo decorrido e eles decidem excluir sua listagem. Itens de dados grandes como imagens serão mantidos em IPFS ou Swarm, mas o hash dos dados e as informações que identificam a persona que possui os dados serão mantidos no blockchain dentro do contrato bAirbnb.

2. Talvez usando o protocolo Whisper.
3. Formatado e anotado com Hypertext Markup Language (HTML).
4. David McCandless, "World's Biggest Data Breaches," Information Is Beautiful, 2 de outubro, 2015; www.informationisbeautiful.net/visualizations/worlds-biggest-data-breaches-hacks/, acessado em 27 de novembro, 2015.
5. Como definido por Vitalik Buterin: "Cryptoeconomia é um termo técnico que significa aproximadamente 'é descentralizado, usa criptografia de chave pública para autenticação e usa incentivos econômicos para garantir que ele continua indo e não voltar no tempo ou incorrer em qualquer outra falha.'" do "The Value of Blockchain Technology, Part I," https://blog.ethereum.org/2015/04/13/visions-part-1-the-value-of-block chain-technology/.
6. www.youtube.com/watch?v=K2fhwMKk2Eg.
7. http://variety.com/2015/digital/news/netflix-bandwidth-usage-internet-traffic-1201507187/
8. Entrevista com Bram Cohen, 17 de agosto, 2015.
9. Stan Franklin e Art Graesser, "Is It an Agent, or Just a Program? A Taxonomy for Autonomous Agents," www.inf.ufrgs.br/~alvares/CMP124SMA/IsItAnAgen tOrJustAProgram.pdf.
10. Ibid., 5.
11. Vitalik Buterin, https://blog.ethereum.org/2014/05/06/daos-dacs-das-and-more-an-incomplete-terminology-guide/. "Os agentes autônomos estão do outro lado do espectro de automação. Em um agente autônomo, não há nenhum envolvimento humano específico necessário. Isto é, enquanto algum grau de esforço humano pode ser necessário para construir o hardware pelo qual o agente é executado, não há necessidade de existir nenhum ser humano que esteja ciente da existência do agente."
12. Ibid.
13. Detalhe técnico: como armazenar dados diretamente em Blockchains é muito caro, é mais provável que haja um hash dos dados, e os próprios dados estarão em alguma outra rede de armazenamento de dados descentralizada como Swarm ou IPFS.
14. Entrevista com Vitalik Buterin, 30 de setembro, 2015.
15. Entrevista com Andreas Antonopoulos, 20 de julho, 2015.
16. Ibid.
17. Don Tapscott e Anthony D. Williams, *Wikinomics: How Mass Collaboration Changes Everything* (New York: Portfolio/Penguin, 2007). Wikinomics definiu sete destes modelos de negócio. A lista foi estendida aqui.
18. Commons-based Peer Production é um termo desenvolvido pelo professor da Harvard Law, Yochai Benkler, no artigo seminal "Coase's Penguin," *The Yale Law Journal*, 2002; www.yale.edu/yalelj/112/BenklerWEB.pdf
19. http://fortune.com/2009/07/20/information-wants-to-be-free-and-expensive/
20. Entrevista com Yochai Benkler, 26 de agosto, 2015.
21. Entrevista com Dino Mark Angaritis, 7 de agosto, 2015.
22. Andrew Lih, "Can Wikipedia Survive?," *The New York Times*, 20 de Junho, 2015; www.nytimes.com/2015/06/21/opinion/can-wikipedia-survive.html
23. http://techcrunch.com/2014/05/09/monograph/
24. http://techcrunch.com/2015/06/24/ascribe-raises-2-million-to-ensure-you-get-credit-for-your-art/.
25. www.nytimes.com/201%4/15/technology/15twitter.html?_r=0
26. http://techcrunch.com/2014/05/09/monograph/
27. www.verisart.com/.
28. http://techcrunch.com/2015/07/07/verisart-plans-to-use-the-blockchain-to-veri fy-the-authencity-of-artworks/.
29. Entrevista com Yochai Benkler, 26 de agosto, 2015.
30. Entrevista com David Ticoll, 7 de agosto, 2015.

31. Entrevista com Yochai Benkler, 26 de agosto, 2015.
32. www.nytimes.com/2013/07/21/opinion/sunday/friedman-welcome-to-the-sharing-economy.html?pagewanted=1&_r=2&partner=rss&emc=rss&.
33. Sarah Kessler, "The Sharing Economy Is Dead and We Killed It," *Fast Company*, 14 de setembro, 2015; www.fastcompany.com/3050775/the-sharing-economy-is-dead-and-we-killed-it#1.
34. "Prosumers" é um termo inventado por Alvin Toffler em *Future Shock* (1980). Em *The Digital Economy* (1994) Don Tapscott desenvolveu o conceito e a noção de "prosumption."
35. Entrevista com Robin Chase, 2 de setembro, 2015.
36. https://news.ycombinator.com/item?id=9437095.
37. Esse cenário foi originalmente explicado por Don Tapscott em "The Transparent Burger," Wired, Março 2004; http://archive.wired.com/wired/archive/12.03/start.html?pg=2%3ftw=wn_tophead_7.
38. Entrevista com Yochai Benkler, 26 de agosto, 2015.
39. Chamado "the wiki workplace" em *Wikinomics*.
40. Captcha é a sigla de "Completely Automated Public Turing Test to Tell Computers and Humans Apart." Ou "Teste de Turing Publico, Completamente Automatizado para Diferenciar Computadores e Humanos."
41. Entrevista com Joe Lubin, 13 de julho, 2015.
42. Ibid.

CAPÍTULO 6: O livro-razão das coisas: animando o mundo físico

1. Seus nomes não são reais. Esta história é baseada em discussões com pessoas familiarizadas com a situação.
2. Primavera De Filippi, "It's Time to Take Mesh Networks Seriously (and Not Just for the Reasons You Think)," *Wired*, 2 de janeiro, 2014.
3. Entrevista com Eric Jennings, 10 de julho, 2015.
4. Ibid.
5. Entrevista com Lawrence Orsini, 30 de julho, 2015.
6. Don previu o desenvolvimento deste tipo de rede em: Don Tapscott e Anthony Williams, Macrowikinomics: New Solutions for a Connected Planet (New York: Port- folio/Penguin, 2010, updated 2012).
7. Entrevista com Lawrence Orsini, 30 de julho, 2015.
8. Puja Mondal, "What Is Desertification? Desertification: Causes, Effects and Control of Desertification," *UNEP: Desertifcation*, United Nations Environment Programme, n.d.; https://desertification.wordpress.com/category/ecology-envir onment/unep/, acessado em 29 de setembro, 2015.
9. www.internetlivestats.com/internet-users/, como em 1º de dezembro, 2015.
10. Cadie Thompson, "Electronic Pills Maio Be the Future of Medicine," CNBC, 21 de Abril, 2013; www.cnbc.com/id/100653909; e Natt Garun, "FDA Approves Edible Electronic Pills That Sense When You Take Your Medication," Digital Trends, 1º de agosto, 2012; www.digitaltrends.com/home/fda-approves-edible-electronic-pills/.
11. Mark Jaffe, "IOT Won't Work Without Artificial Intelligence," Wired, novembro 2014; www.wired.com/insights/2014/11/iot-wont-work-without-artificial-intelligence/.
12. IBM, "Device Democracy," 2015, 4.
13. Allison Arieff, "The Internet of Way Too Many Things," *The New York Times*, 5 de setembro, 2015.
14. IBM, "Device Democracy," 10.
15. Entrevista com Dino Mark Angaritis, 11 de agosto, 2015.
16. Entrevista com Carlos Moreira, 3 de setembro, 2015.
17. Ibid.
18. Entrevista com Michelle Tinsley, 25 de junho, 2015.
19. Ibid.

20. McKinsey Global Institute, "The Internet of Things: Mapping the Value Beyond the Hype," junho 2015.
21. Entrevista com Eric Jennings,10 de julho, 2015.
22. IBM Institute for Business Value, "The Economy of Things: Extracting New Value from the Internet of Things," 2015.
23. Cadie Thompson, "Apple Has a Smart Home Problem: People Don't Know They Want It Yet," *Business Insider*, Junho 4, 2015; www.businessinsider.com/apple-home kit-adoption-2015-6.
24. McKinsey Global Institute, "The Internet of Things."
25. Entrevista com Eric Jennings, 10 de julho, 2015.
26. IBM, "Device Democracy," 9.
27. Ibid., 13.
28. McKinsey Global Institute, "The Internet of Things." MGI *defined nine settings with value potential*.
29. www.wikihow.com/Use-Uber.
30. http://consumerist.com/tag/uber/page/2/.
31. Mike Hearn, "Future of Money," Turing Festival, Edinburgh, Scotland, 23 de Agosto, 2013, postado em 28 de setembro, 2013; www.youtube.com/watch?v=Pu4PAMFPo 5Y&feature=youtu.be.
32. McKinsey, "An Executive's Guide to the Internet of Things," Agosto 2015; www.mckinsey.com/Insights/Business_Technology/An_executives_guide_to_the_In ternet_of_Things?cid=digital-eml--alt-mip-mck-oth-1508.

CAPÍTULO 7: Resolvendo o paradoxo da prosperidade: inclusão econômica e empreendedorismo

1. http://datatopics.worldbank.org/financialinclusion/country/nicaragua.
2. www.budde.com.au/Research/Nicaragua-Telecoms-Mobile-and-Broadband-Market-Insights-and-Statistics.html.
3. "Property Disputes in Nicaragua," U.S. Embassy, http://nicaragua.usembassy.gov/property_disputes_in_nicaragua.html. Estima-se em trinta mil propriedades em disputa.
4. Entrevista com Joyce Kim, 12 de junho, 2015.
5. Ibid.
6. Ibid.
7. www.worldbank.org/en/news/press-release/2015/04/15/massive-drop-in-number-of-unbanked--says-new-report; and C. K. Prahalad, *The Fortune at the Bottom of the Pyramid: Eradicating Poverty Through Profits* (Philadelphia: Wharton School Publishing, 2009). Esta é uma estimativa.
8. Entrevista com Joyce Kim,12 de junho, 2015.
9. www.ilo.org/global/topics/youth-employment/lang—en/index.htm.
10. Thomas Piketty, *Capital in the TwentyFirst Century* (Cambridge, Mass.: Belknap Press, 2014).
11. www.brookings.edu/~/media/research/files/papers/2014/05/declining%20busi ness%20dynamism%20litan/declining_business_dynamism_hathaway_litan.pdf.
12. Ruth Simon e Caelainn Barr, "Endangered Species: Young U.S. Entrepreneurs", The Wall Street Journal, 2 de Janeiro, 2015; www.wsj.com/articles/endangered-species-young-u-s-entrepreneurs-1420246116.
13. World Bank Group, Doing Business, www.doingbusiness.org/data/exploretopics/ starting-a-business.
14. Entrevista com Hernando de Soto, 27 de novembro, 2015.
15. www.tamimi.com /en/magazine/law-update/section-6/Junho-4/dishonoured-cheques-in-the-uae--a-criminal-law-perspective.html.
16. www.worldbank.org/en/topic/poverty/overview. Para ser preciso, estava em 1,91 bilhões em 1990.
17. http://digitalcommons.georgefox.edu/cgi/viewcontent.cgi?article=1003&contex t=gfsb.
18. http://reports.weforum.org/outlook-global-agenda-2015/top-10-trends-of-2015/1-deepening-income-inequality/.
19. Ibid.

20. Entrevista com Tyler Winklevoss, 9 de junho, 2015.
21. Congo, Chad, Central African Republic, South Sudan, Niger, Madagascar, Guinea, Cameroon, Burkina Faso, Tanzania; http://data.worldbank.org/indicator/FB.CBK.BRCH.P5?order=wbapi_data_value_2013+wbapi_data_value+wbapi_data_val ue-last&sort=asc.
22. www.aba.com/Products/bankcompliance/Documents/SeptOct11CoverStory.pdf.
23. http://www.nytimes.com/2015/12/24/business/dealbook/banks-reject-new-york-city-ids-leaving-unbanked-on-sidelines.html.
24. Troca de e-mails com Joe Lubin, 6 de agosto, 2015.
25. David Birch, *Identity Is the New Money* (London: London Publishing Partnership, 2014), 1.
26. Troca de e-mails com Joe Lubin, 6 de agosto, 2015.
27. Entrevista com Joyce Kim, 12 de junho, 2015.
28. Entrevista com Hernando de Soto, 27 de novembro, 2015.
29. Entrevista com Haluk Kulin, 9 de junho, 2015.
30. Troca de e-mails com Joe Lubin, 6 de agosto, 2015.
31. Entrevista com Balaji Srinivasan, 29 de maio, 2014.
32. www.doingbusiness.org/data/exploretopics/starting-a-business.
33. Entrevista com Haluk Kulin, 9 de junho, 2015.
34. Analie Domingo concordou em deixar-nos ser sua sombra quando passou por sua rotina normal de enviar dinheiro para sua mãe nas Filipinas. Analie é uma empregada de Don Tapscott e Ana Lopes há vinte anos e também é amiga íntima.
35. www12.statcan.gc.ca/nhs-enm/2011/dp-pd/prof/details/page.cfm?Lang=E& Geo1=PR&Code1=01&Data=Count&SearchText=canada&SearchTy pe=Be gins&SearchPR=01&A1=All&B1=All&Custom=&TABID=1.
36. https://remittanceprices.worldbank.org/sites/default/files/rpw_report_Junho_2015.pdf.
37. O mercado de remessas é de 500 bilhões; taxas médias de 7,7 %traduzem em 38,5 bilhões em tarifas.
38. Dilip Ratha, "The Impact of Remittances on Economic Growth and Poverty Reduction," *Migration Policy Institute 8* (Setembro 2013).
39. Adolf Barajas et al, "Do Workers' Remittances Promote Economic Growth?," IMF Working Paper, www10.iadb.org/intal/intalcdi/pe/2009/03935.pdf.
40. "Aid and Remittances from Canada to Select Countries," Canadian International Development Platform, http://cidpnsi.ca/blog/portfolio/aid-and-remittances-from-canada/.
41. Índice de preço de Remessas do World Bank, https://remittanceprices.worldbank.org/en.
42. 2011 National Household Survey Highlights, Canadian Census Bureau, www.fin.gov.on.ca/en/economy/demographics/census/nhshi11-1.html.
43. https://support.skype.com/en/faq/FA1417/how-much-bandwidth-does-skype-need.
44. Entrevista com Eric Piscini, 13 de julho, 2015.
45. http://corporate.westernunion.com/Corporate_Fact_Sheet.html.
46. Na época em que escrevemos, a Abra não tinha aberto suas portas no Canadá. No entanto, fomos capazes de testar a tecnologia da Abra com Analie e sua mãe com sucesso com a ajuda da Abra.
47. Entrevista com Bill Barhydt, 25 de agosto, 2015.
48. Ibid.
49. Ibid.
50. "Foreign Aid and Rent-Seeking, *The Journal of International Economics*, 2000, 438; http://conferences.wcfia.harvard.edu/sites/projects.iq.harvard.edu/files/gov2126/ files/1632.pdf.
51. Ibid.
52. www.propublica.org/article/how-the-red-cross-raised-half-a-billion-dollars-for-haiti-and-built-6-homes.
53. "Mortality, Crime and Access to Basic Needs Before and After the Haiti Earth quake," *Medicine, Conflict and Survival* 26(4) (2010).
54. http://unicoins.org/.
55. Jeffrey Ashe with Kyla Jagger Neilan, *In Their Own Hands: How Savings Groups Are Revolutionizing Development* (San Francisco: Berrett-Koehler Publishers, 2014).

56. E. Kumar Sharma, "Founder Falls," Business Today (India), 25 de Dezembro, 2011; www.businesstoday.in/magazine/features/vikram-akula-quits-sks-microfiance-loses-or-gains/story/20680.html.
57. Ning Wang, "Measuring Transaction Costs: An Incomplete Survey," *Ronald Coase Institute Working Papers* 2 (Fevereiro 2003); www.coase.org/workingpapers/wp-2.pdf.
58. www.telesurtv.net/english/news/Honduran-Movements-Slam-Repression-of-Campesinos-in-Land-Fight-20150625-0011.html.
59. USAID, a Millennium Challenge Corporation, e a UN Food and Agriculture Organization.
60. Paul B. Siegel, Malcolm D. Childress, ed Bradford L. Barham, "Reflections on Twenty Years of Land--Related Development Projects in Central America: Ten Things You Might Not Expect, and Future Directions," Knowledge for Change Series, International Land Coalition (ILC), Roma, 2013; http:// tinyurl.com/ oekhzos, acessado em 26 de agosto, 2015.
61. Ibid.
62. Embaixador Michael B. G. Froman, US Office of the Trade Representative, "2015 National Trade Estimate Report on Foreign Trade Barriers," USTR.gov, 1 de Abril 1, 2015; https://ustr.gov/sites/default/files/files/reports/2015/NTE/2015%20NTE%20Honduras.pdf.
63. Entrevista com Hernando de Soto, 27 de novembro, 2015.
64. http://in.reuters.com/article/2015/05/15/usa-honduras-technolog y-idINKB N0O01V720150515.
65. Entrevista com Kausik Rajgopal, 10 de agosto, 2015.
66. World Bank, "Doing Business 2015: Going Beyond Efficiencies," Washington, D.C.: World Bank, 2014; DOI: 10.1596/978-1-4648-0351-2, License Creative Commons Attribution CC BY 3.0 IGO.
67. "ITU Releases 2014 ICT Figures," www.itu.int/net/pressoffice/press_releases/ 2014/23.aspx#.VEfalovF_Kg.
68. www.cdc.gov/healthliteracy/learn/understandingliteracy.html.
69. www.proliteracy.org/the-crisis/adult-literacy-facts.
70. CIA World Factbook, literacy statistics, www.cia.gov/library/publications/the-world-factbook/fields/2103.html#136.

CAPÍTULO 8: Reconstruindo o governo e a democracia

1. http://europa.eu/about-eu/countries/member-countries/estonia/index_en.htm; http://www.citypopulation.de/Canada-MetroEst.html.
2. Conversa em pessoa entre o presidente da Estônia, Toomas Hendrik Ilves, e Don Tapscott, na reunião do Conselho da Agenda Global do Fórum Econômico Mundial em Abu Dhabi, Emirados Árabes Unidos, outubro 2015.
3. www.socialprogressimperative.org/data /spi#dat a_table/countries/com6/dim1,dim2,dim3,-com9,idr35,com6,idr16,idr34.
4. https://e-estonia.com/the-story/the-story-about-estonia/. A Estônia tem muito orgulho de sua iniciativas e-Estonia e tem publicado muitas informações na Web. Todas as informações e estatísticas usada nesta seção vem do site do governo da Estônia.
5. "Electronic Health Record," e-Estonia.com, n.d.; https://e-estonia.com/compo nent/electronic-health-record/, acessado em 29 de novembro, 2015.
6. "e-Cabinet," e-Estonia.com, n.d.; https://e-estonia.com/component/e-cabinet/, acessado em 29 de novembro, 2016.
7. "Electronic Land Register," e-Estonia.com, n.d.; https://e-estonia.com/compo nent/electronic-land-register/, acessado em 29 de novembro, 2015.
8. Charles Brett, "My Life Under Estonia's Digital Government," The Register, www.theregister.co.uk/2015/06/02/estonia/.
9. Entrevista com Mike Gault, 28 de agosto, 2015.
10. "Keyless Signature Infrastructure," e-Estonia.com, n.d.; https://e-estonia.com/component/keyless--signature-infrastructure/, acessado em 29 de novembro, 2015.

11. Olga Kharif, "Bitcoin Not Just for Libertarians and Anarchists Anymore," *Bloomberg Business*, 9 de outubro, 2014; www.bloomberg.com/bw/articles/2014-10-09/ bitcoin-not-just-for-libertarians-and-anarchists-anymore. Para ter certeza, há uma forte tendência libertária na população americana como um todo. De acordo com o Pew Research Center, 11 por cento dos americanos se descrevem como libertários e conhecem a definição do termo. "In Search of Libertarians," www.pewre search.org/fact-tank/2014/08/25/in-search-of-libertarians/.
12. "Bitcoin Proves the Libertarian Idea of Paradise Would Be Hell on Earth," Busi ness Insider, www.businessinsider.com/bitcoin-libertarian-paradise-would-be-hell-on-earth-2013-12#ixzz3kQqSap00.
13. Human Rights Watch, "World Report 2015: Events of 2014," www.hrw.org/sites/ default/files/wr2015_web.pdf.
14. Entrevista com Hernando de Soto, 27 de novembro, 2015.
15. Seymour Martin Lipset, *Political Man: The Social Bases of Politics*, 2nd ed. (London: Heinemann, 1983), 64.
16. Entrevista com Hernando de Soto, 27 de novembro, 2015.
17. Hernando de Soto, "The Capitalist Cure for Terrorism," *The Wall Street Journal*, Outubro 10, 2014; www.wsj.com/articles/the-capitalist-cure-for-terrorism-1412973796, acessado em 27 de novembro, 2015.
18. Entrevista com Hernando de Soto, 27 de novembro, 2015.
19. Entrevista com Carlos Moreira, 3 de setembro, 2015.
20. Melanie Swan, *Blockchain: Blueprint for a New Economy* (Sebastopol, Calif.: O'Reilly Media, janeiro 2015), 45.
21. Emily Spaven, "UK Government Exploring Use of Blockchain Recordkeeping," CoinDesk, 1 de setembro 1, 2015; www.coindesk.com/uk-government-exploring-use-of-blockchain-recordkeeping/.
22. J. P. Buntinx, "'Blockchain Technology' Is Bringing Bitcoin to the Mainstream," Bitcoinist.net, 29 de agosto, 2015; http://bitcoinist.net/blockchain-technology-bring ing-bitcoin-mainstream/.
23. Melanie Swan, citada no artigo de Adam Stone, "Unchaining Innovation: Could Bitcoin's Underlying Tech Be a Powerful Tool for Government?," Government Technology, 10 de julho, 2015; www.govtech.com/state/Unchaining-Innovation-Could-Bitcoins-Underlying-Tech-be-a-Powerful-Tool-for-Government.html.
24. Veja exemplo em www.partnerships.org.au/ e www.in-control.org.uk/what-we-do.aspx.
25. Entrevista com Perianne Boring, 7 de agosto, 2015. Ver também Joseph Young, "8 Ways Governments Could Use the Blockchain to Achieve 'Radical Transparency,'" CoinTelegraph, Julho 13, 2015; http://cointelegraph.com/news/114833/8-ways-gov ernments-could-use-the-blockchain-to-achieve-radical-transparency.
26. www.data.gov.
27. www.data.gov.uk.
28. Ben Schiller, "A Revolution of Outcomes: How Pay-for-Success Contracts Are Changing Public Services," Co.Exist, www.fastcoexist.com/3047219/a-revolution-of-outcomes-how-pay-for-success-contracts-are-changing-public-services. Ver também: www.whitehouse.gov/blog/2013/11/20/building-smarter-more-efficient-gov ernment-through-pay-success.
29. R. C. Porter, "Can You 'Snowden-Proof' the NSA?: How the Technology Behind the Digital Currency–Bitcoin–Could Stop the Next Edward Snowden," Fortuna's Corner, 3 de junho, 2015; http://fortunascorner.com/2015/06/03/can-you-snowden-proof-the-nsa-how-the-technology-behind-the-digital-currency-bitcoin-could-stop-the-next-edward-snowden/.
30. Elliot Maras, "London Maiooral Candidate George Galloway Calls for City Government to Use Block Chain for Public Accountability," Bitcoin News, 2 de Julho, 2015; www.cryptocoinsnews.com/london-Maiooral-candidate-george-galloway-calls-city-government-use-block-chain-public-accountability/.
31. Tapscott, *The Digital Economy*, 304.
32. Al Gore, discurso na We Media conference, 6 de outubro, 2005; www.fpp.co.uk/ online/05/10/Gore_speech.html.
33. Ibid.

34. "The Persistence of Conspiracy Theories," *The New York Times*, 30 de abril, 2011; www.nytimes.com/2011/05/01/weekinreview/01conspiracy.html?pagewanted=all&_r=0.
35. www.nytimes.com/2014/07/06/upshot/when-beliefs-and-facts-collide.html?mod ule=Search&mabReward=relbias:w;%201RI:6%20%3C{:}%3E.
36. "Plain Language: It's the Law," Plain Language Action and Information Network, n.d.: www.plainlanguage.gov/plLaw/, acessado em 30 de novembro, 2015.
37. https://globalclimateconvergence.org/news/nyt-north-carolinas-election-ma chine-blunder.
38. http://users.encs.concordia.ca/~clark/papers/2012_fc.pdf.
39. http://link.springer.com/chapter/10.1007%2F978-3-662-46803-6_16.
40. http://blogs.wsj.com/digits/2015/07/29/scientists-in-greece-design-cryptograph ic-e-voting-platform/.
41. http://nvbloc.org/.
42. http://cointelegraph.com/news/114404/true-democracy-worlds-first-political-app-blockchain--party-launches-in-australia.
43. www.techinasia.com/southeast-asia-blockchain-technology-bitcoin-insights/.
44. Ibid.
45. www.washingtonpost.com/news/wonkblog/wp/2014/08/06/a-comprehensive-investigation-of-voter-impersonation-finds-31-credible-incidents-out-of-one-billion-ballots-cast/.
46. www.eac.gov/research/election_administration_and_voting_survey.aspx.
47. http://america.aljazeera.com/opinions/2015/7/most-americans-dont-vote-in-elections-heres-why.html.
48. Entrevista com Eduardo Robles Elvira, 10 de setembro, 2015.
49. www.chozabu.net/blog/?p=78.
50. https://agoravoting.com/.
51. Entrevista com Eduardo Robles Elvira,10 de setembro, 2015.
52. http://cointelegraph.com/news/111599/blockchain_technology_smart_contracts_and_p2p_law.
53. Formulario de patente de David Chaum, "Random Sample Elections," 19 de junho, 2014; http://patents.justia.com/patent/20140172517.
54. https://blog.ethereum.org/2014/08/21/introduction-futarchy/.
55. Federico Ast (@federicoast) and Alejandro Sewrjugin (@asewrjugin), "The CrowdJury, a Crowdsourced Justice System for the Collaboration Era," https:// medium.com/@federicoast/the-crowdjury-a--crowdsourced-court-system-for-the-collaboration-era-66da002750d8#.e8yynqipo.
56. http://crowdjury.org/en/.
57. O processo inteiro está descrito em Ast and Sewrjugin, "The CrowdJury."
58. Uma breve descrição do processo de selecção do júri no início de Atenas é www.agathe.gr/democracy/the_jury.html.
59. Ver relatório completo e recomendações aqui, incluindo uma descrição dos modelos worldwide: www.judiciary.gov.uk/reviews/online-dispute-resolution/.
60. http://blog.counter-strike.net/index.php/overwatch/.
61. Environmental Defense Fund, www.edf.org/climate/how-cap-and-trade-works.
62. Swan, *Blockchain: Blueprint for a New Economy*.
63. Entrevista com Andreas Antonopoulos, 20 de julho, 2015.

CAPÍTULO 9: Libertando a cultura no Blockchain: música para os nossos ouvidos

1. "2015 Women in Music Honours Announced," M Online, PRS para Música, 22 de outubro, 2015; www.m--magazine.co.uk/news/2015-women-in-music-honours-announced/, acessado em 21 de novembro, 2015.
2. Entrevista com Imogen Heap, 16 de setembro, 2015.

3. David Byrne, "The Internet Will Suck All Creative Content Out of the World," *The Guardian*, 20 de Junho, 2014; www.theguardian.com/music/2013/oct/11/david-byrne-internet-content-world, acessado em 20 de setembro, 2015.
4. Entrevista com Imogen Heap, 16 de setembro, 2015.
5. Conversa em pessoa entre Paul Pacifico e Don Tapscott na casa de Imogen Heap, 8 de novembro, 2015.
6. "Hide and Seek," performada por Ariana Grande, YouTube, Love Ariana Grande Channel, 17 de outubro, 2015; www.youtube.com/watch?v=2SDVDd2VpP0, acessado em 21 de novembro, 2015.
7. Entrevista com Imogen Heap,16 de setembro, 2015.
8. David Byrne, et al, "Once in a Lifetime," *Remain in Light*, Talking Heads, 2 de fevereiro, 1981.
9. Entrevista com Imogen Heap, 16 de setembro, 2015.
10. Johan Nylander, "Record Labels Part Owner of Spotify," *The Swedish Wire*, n.d.; www.swedishwire.com/jobs/680-record-labels-part-owner-of-spotify, acessado em 23 de setembro, 2015. De acordo com Nylander, Sony tem 5,8%, Universal 4,8%, e Warner 3,8% Antes de sua venda, EMI tinha uma participação de 1,9%.
11. Entrevista com Imogen Heap, 16 de setembro, 2015.
12. David Johnson, "See How Much Every Top Artist Makes on Spotify," *Time*,18 de novembro, 2014; http://time.com/3590670/spotify-calculator/, acessado em 25 de setembro, 2015.
13. Micah Singleton, "This Was Sony Music's Contract with Spotify," *The Verge*, 19 de maio, 2015; www.theverge.com/2015/5/19/8621581/sony-music-spotify-contract, acessado em 25 de setembro, 2015.
14. Stuart Dredge, "Streaming Music: What Next for Apple, YouTube, Spotify ... and Musicians?," *The Guardian*, 29 de agosto, 2014; www.theguardian.com/tech nology/2014/aug/29/streaming-music-apple-youtube-spotify-musicians, acessado em agosto 14, 2015.
15. Ed Christman, "Universal Music Publishing's Royalty Portal Now Allows Writers to Request Advance," *Billboard*, 20 de julho, 2015; www.billboard.com/articles/ business/6634741/universal-music-publishing-royalty-window-updates, acessado em 24 de novembro, 2015.
16. Robert Levine, "Data Mining the Digital Gold Rush: Four Companies That Get It," Billboard 127(10) (2015): 14–15.
17. Entrevista com Imogen Heap, 16 de setembro, 2015.
18. Imogen Heap, "Panel Session," *Guardian Live*, "Live Stream: Imogen Heap Re- leases Tiny Human Using Blockchain Technology, Sonos Studio London," 2 de outubro, 2015; www.theguardian.com/membership/2015/oct/02/live-stream-imogen-heap-releases-tiny-human-using-blockchain-technology. Passagem editada por Imogen Heap, e-mail, 27 de novembro, 2015.
19. Ibid.
20. Entrevista com Andreas Antonopoulos, 20 de julho, 2015.
21. Entrevista com Imogen Heap, 16 de setembro, 2015.
22. Ibid.
23. Stuart Dredge, "How Spotify and Its Digital Music Rivals Can Win Over Artists: 'Just Include Us,'" *The Guardian*, outubro 29, 2013; www.theguardian.com/tech nology/2013/oct/29/spotify-amanda-palmer-songkick-vevo, acessado em 14 de agosto, 2015.
24. George Howard, "Bitcoin and the Arts: An Entrevista com Artist and Composer, Zoe Keating," *Forbes*, 5 de junho, 2015; www.forbes.com/sites/georgehoward/2015/06/05/bitcoin-and-the-arts-and-interview-with-artist-and-composer-zoe-keat ing/, acessado em 14 de agosto, 2015.
25. Ibid.
26. Joseph Young, "Music Copyrights Stored on the Bitcoin BlockChain: Rock Band 22HERTZ Leads the Way," *CoinTelegraph*, 6 de maio, 2015; http://cointelegraph.com/news/114172/music-copyrights-stored-on-the-bitcoin-blockchain-rock-band-22hertz-leads-the-way, acessado em 14 de agosto, 2015.
27. Press release, "Colu Announces Beta Launch and Collaboration with Revelator to Bring Blockchain Technology to the Music Industry," *Business Wire*, 12 agosto, 2015.
28. Gideon Gottfried, "How 'the Blockchain' Could Actually Change the Music Industry, *Billboard*, agosto 5, 2015; www.billboard.com/articles/business/6655915/ how-the-blockchain-could-actually-change-the-music-industry.

29. PeerTracks Inc., 24 de setembro, 2015; http://peertracks.com/.
30. "About Us," Artlery: Modern Art Appreciation, Setembro 3, 2015; https://artl ery.com.
31. Ellen Nakashima, "Tech Giants Don't Want Obama to Give Police Access to Encrypted Phone Data," *Washington Post*, WP Company LLC, 19 de maio 19, 2015; www.washingtonpost.com/world/national-security/tech-giants-urge-obama-to-resist-backdoors-into-encrypted-communications/2015/05/18/11781b4a-fd69-11e4-833c-a2de05b6b2a4_story.html.
32. David Kaye, "Report of the Special Rapporteur on the Promotion and Protection of the Right to Freedom of Opinion and Expression," Human Rights Council, United Nations, Twenty-ninth session, Agenda item 3, advance edited version, 22 de maio, 2015; www.ohchr.org/EN/Issues/FreedomOpinion/Pages/CallForSubmission.aspx, acessado em 25 de setembro, 2015.
33. O relatório da ONU remete os leitores para o Centro de Inovação em Governança Internacional e Chatham House, *Toward a Social Compact for Digital Privacy and Secu rity: Statement by the Global Commission on Internet Governance* (2015).
34. The Social Progress Imperative, *Social Progress Index* 2015,14 de abril, 2015; www.socialprogressimperative.org/data/spi#data_table/countries/com9/dim1,dim2,dim3,com9, acessado em setembro 24, 2015. Nossa classificação é derivada das pontuações dos componentes, não da pontuação geral da oportunidade.
35. "Regimes Seeking Ever More Information Control," 2015 *World Press Freedom Index*, Repórteres sem Fronteiras, 2015; http://index.rsf.org/#!/themes/regimes-seeking-more-control.
36. Reporteres sem Frontreiras, "Has Russia Gone So Far as to Block Wikipedia?," 24 de agosto, 2015; https://en.rsf.org/russia-has-russia-gone-so-far-as-to-block-24-08-2015,48253.html, acessado em 25 de setembro, 2015.
37. Scott Neuman, "China Arrests Nearly 200 over 'Online Rumors,'" 30 de agosto, 2015; www.npr.org/sect ions/t het wo-way/2015/08/30/436097645/ch ina-arrest s-nearly-200-over-online-rumors.
38. GetGems.org, 2 de setembro, 2015; http://getgems.org/.
39. "Factom: Business Processes Secured by Immutable Audit Trails on the Blockchain," www.factom.org/faq.
40. Entrevista com Stephen Pair, 11 de junho, 2015.
41. Miguel Freitas, sobre Twister. http://twister.net.co/?page_id=25.
42. Mark Henricks, "The Billionaire Dropout Club," *CBS MarketWatch*, CBS Interactive Inc., 24 de janeiro, 2011, atualizado em 26 de janeiro, 2011; www.cbsnews.com/news/the-billionaire-dropout-club/, acessado em 20 de setembro, 2015.
43. Entrevista com Joichi Ito, 24 de agosto, 2015.
44. Ibid.
45. Entrevista com Melanie Swan, 14 de setembro, 2015.
46. Ibid.
47. "Introducing UNESCO: What We Are." Web. Acessado em 28 de novembro, 2015; http://www.unesco.org/new/en/unesco/about-us/who-we-are/introducing-unesco.

CAPÍTULO 10: Superando desafios: dez desafios de implementação

1. Lev Sergeyevich Termen, "Erhöhung der Sinneswahrnehmung durch Hypnose [Increase of Sense Perception Through Hypnosis]," Erinnerungen an A. F. Joffe, 1970. "Theremin, Léon," *Encyclopedia of World Biography*, 2005, Encyclopedia.com, www.encyclopedia.com, acessado em 26 de agosto, 2015.
2. Maciej Cegłowski, "Our Comrade the Electron", speech given at Webstock 2014, St. James Theatre, Wellington, New Zealand, 14 de fevereiro, 2014; www.webstock.org.nz/talks/our-comrade-the-electron/, acessado em 26 de agosto de 2015. Cegłowski's talk inspired the opening of this chapter.
3. Entrevista com Andreas Antonopoulos, 20 de julho de 2015.
4. Entrevista com Tyler Winklevoss, 9 de junho de 2015.
5. Satoshi Nakamoto, P2pfoundation.ning.com, 18 de fevereiro de 2009.

6. Ken Griffith e Ian Grigg, "Bitcoin Verification Latency: The Achilles Heel for Time Sensitive Transactions", white paper, 3 de fevereiro de 2014; http://iang.org/pa pers/BitcoinLatency.pdf, acessado em 20 de julho de 2015.
7. Entrevista com Izabella Kaminska, 5 de agosto de 2015.
8. Ibid.
9. Primavera De Filippi e Aaron Wright, "Decentralized Blockchain Technology and the Rise of Lex Cryptographia", Social Sciences Research Network, 10 de março de 2015, 43.
10. Entrevista com Josh Fairfield, 1º de junho de 2015.
11. Izabella Kaminska, "Bitcoin's Wasted Power – and How It Could Be Used to Heat Homes", FT Alphaville, *Financial Times*, 5 de setembro de 2014.
12. CIA, "The World Factbook", www.cia.gov, 2012; http://tinyurl.com/noxwvle, acessado em 28 de agosto de 2015. As emissões de gás carbônico de Chipre no mesmo período foram de 8801 milhões de megatons métricos (2012).
13. "After the Bitcoin Gold Rush", *The New Republic*, 24 de fevereiro de 2015; www.newre-public.com/article/121089/how-small-bitcoin-miners-lose-crypto-currency-boom-bust-cycle, acessado em 15 de maio de 2015.
14. Entrevista com Bob Tapscott, 28 de julho de 2015.
15. Entrevista com Gavin Andresen, 8 de junho de 2015.
16. Entrevista com Eric Jennings, 10 de julho de 2015.
17. Entrevista com Stephen Pair, 11 de junho de 2015.
18. Entrevista com Erik Voorhees, 16 de junho de 2015.
19. Sangjin Han, "On Fair Comparison Between CPU and GPU", blog, 12 de fevereiro de 2013; www.eecs.berkeley.edu/~sangjin/2013/02/12/CPU-GPU-comparison.html, acessado em 28 de agosto de 2015.
20. Entrevista com Bob Tapscott, 28 de julho de 2015.
21. Entrevista com Valery Vavilov, 24 de julho de 2015.
22. Hass McCook, "Under the Microscope: Economic and Environmental Costs of Bitcoin Mining", CoinDesk Ltd., 21 de junho de 2014; www.coindesk.com/microscope-economic-environmental--costs-bitcoin-mining/, acessado em 28 de agosto de 2015.
23. Entrevista com Bob Tapscott, 28 de julho de 2015.
24. my-mr-wanky, eBay.com, 8 de maio de 2014; www.ebay.com/itm/3-Cointerra-Terra Miner-IV-Bitcoin--Miner-1-6-TH-s-ASIC-Working-Units-in-Hand-/331192098368, acessado em 25 de julho de 2015.
25. "PC Recycling," *MRI of Australia*, MRI (Aust) Pty Ltd. Web. 28 de agosto de 2015; http://www.mri.com.au/pc-recycling.shtml.
26. Entrevista com Gavin Andresen, 8 de junho de 2015.
27. Vitalik Buterin, "Proof of Stake: How I Learned to Love Weak Subjectivity," *Ethereum blog*, 25 de Novembro, 2014; https://blog.ethereum.org/2014/11/25/proof-stake-learned-love-weak-subjectivity/.
28. Stefan Thomas e Evan Schwartz, "Ripple Labs' W3C Web Payments," artigo, 18 de março de 2014; www.w3.org/2013/10/payments/papers/webpayments2014-submission_25.pdf.
29. Entrevista com Austin Hill, 22 de julho de 2015.
30. Entrevista com Roger Ver, 30 de abril de 2015.
31. Satoshi Nakamoto, "Re: Bitcoin P2P E-cash Paper", *The Mail Archive*, 7 de novembro de 2008; www.mail-archive.com/, http://tinyurl.com/oofvok7, acessado em 13 de julho de 2015.
32. Entrevista com Josh Fairfield, 1º de junho de 2015.
33. Entrevista com Stephen Pair, 11 de junho de 2015.
34. Entrevista com Jerry Brito, 29 de junho de 2015.
35. Ibid.
36. Entrevista com Josh Fairfield, 1º de junho de 2015.
37. Entrevista com Andreas Antonopoulos, 20 de julho de 2015.
38. Entrevista com Izabella Kaminska, 5 de agosto de 2015.
39. Entrevista com Stephen Pair, 11 de junho de 2015.
40. Andrew Vegetabile, "An Objective Look into the Impacts of Forking Blockchains Due to Malicious

Actors", The Digital Currency Council, 9 de julho de 2015; www.digitalcurrencycouncil.com/professional/an-objective-look-into-the-impacts-of-forking-blockchains-due-to-malicious-actors/.
41. Entrevista com Keonne Rodriguez, 11 de maio de 2015.
42. Vegetabile, "An Objective Look".
43. Peter Todd, "Re: [Bitcoin-development] Fwd: Block Size Increase Requirements". *The Mail Archive*, 1º de junho de 2015; www.mail-archive.com/, http://tinyurl.com/ pk4ordw, acessado em 26 de agosto de 2015.
44. Satoshi Nakamoto, "Re: Bitcoin P2P E-cash Paper," Mailing List, Cryptography, Metzger, Dowdeswell & Co. LLC, 11 de novembro, 2008. Web. 13 de Julho, 2015, www.metzdowd.com/mailman/listinfo/cryptography.
45. Pascal Bouvier, "Distributed Ledgers Part I: Bitcoin Is Dead", *FiniCulture blog*, 4 de agosto de 2015; http://finiculture.com/distributed-ledgers-part-i-bitcoin-is-dead/, acessado em 28 de agosto de 2015.
46. Western Union, "Company Facts", Western Union, Western Union Holdings, Inc., 31 de dezembro de 2014. Web. 13 de janeiro de 2016; http://corporate.westernunion.com/Corporate_Fact_Sheet.html.
47. Entrevista com Gavin Andresen, 8 de junho de 2015.
48. Ibid.
49. Entrevista com Austin Hill, 22 de julho de 2015.
50. Entrevista com Gavin Andresen, 8 de junho de 2015.
51. Andreas Antonopoulos, "Bitcoin as a Distributed Consensus Platform and the Blockchain as a Ledger of Consensus States", entrevista com Andreas Antonopoulos, 9 de dezembro de 2014.
52. Andy Greenberg, "Hackers Remotely Kill a Jeep on the Highway—with Me in It", *Wired*, 21 de julho de 2015.
53. International Joint Conference on Artificial Intelligence, 28 de julho de 2015, Buenos Aires, Argentina; http://futureoflife.org/AI/open_letter_autonomous_weapons#signatories.
54. Lisa Singh, "Father of the Internet Vint Cerf's Forecast for 'Internet of Things'", *Washington Exec*, 17 de agosto de 2015.
55. Entrevista com Keonne Rodriguez, 11 de maio de 2015.
56. Ceglowski, "Our Comrade the Electron".
57. Entrevista com Ann Cavoukian, 2 de setembro de 2015.
58. Ceglowski, "Our Comrade the Electron".
59. http://www.lightspeedmagazine.com/nonfiction/interview-marc-goodman/.
60. Marc Goodman, *Future Crimes: Everything Is Connected, Everyone Is Vulnerable, and What We Can Do About It* (New York, Doubleday, 2015).
61. Entrevista com Steve Omohundro, 28 de maio de 2015.
62. *The Silver Stallion*, capítulo 26; www.cadaeic.net/cabell.htm, acessado em 2 de outubro de 2015.
63. Entrevista com Yochai Benkler, 26 de agosto de 2015.

CAPÍTULO 11: Liderança para a próxima era

1. Stephan Tual, "Announcing the New Foundation Board and Executive Director", *Ethereum blog*, Ethereum Foundation, 30 de julho de 2015; https://blog.ethereum.org/2015/07/30/announcing-new-foundation-board-executive-director/, acessado em 1 de dezembro de 2015.
2. *Ethereum: The World Computer*, produced by Ethereum, YouTube, 30 de julho de 2015; www.youtube.com/watch?v=j23HnORQXvs, acessado em 1 de dezembro de 2015.
3. Entrevista com Vitalik Buterin, 30 de setembro de 2015.
4. Ibid.
5. Ibid.
6. Ibid.
7. Henry VI, parte 2, ato 4, cena 2.
8. Troca de e-mails com Vitalik Buterin, 1º de outubro de 2015.

9. David D. Clark, "A Cloudy Crystal Ball", apresentação, IETF, 16 de julho de 1992; http:// groups.csail.mit.edu/ana/People/DDC/future_ietf_92.pdf.
10. Entrevista com Brian Forde, 26 de junho de 2015.
11. Entrevista com Erik Voorhees, 16 de junho de 2015; Entrevista com Andreas Antonopolous, 20 de julho de 2015.
12. Entrevista com Erik Voorhees, 16 de junho de 2015.
13. Entrevista com Jim Orlando, 28 de setembro de 2015.
14. http://www.coindesk.com/bitcoin-venture-capital/.
15. Troca de e-mails com Tim Draper, 3 de agosto de 2015.
16. Entrevista com Gavin Andresen, 8 de junho de 2015.
17. Ibid.
18. Entrevista com Brian Forde, 26 de junho de 2015.
19. Entrevista com Joichi Ito, 24 de agosto de 2015.
20. Entrevista com Jerry Brito, 29 de junho de 2015.
21. Ibid.
22. www.cryptocoinsnews.com/us-colleges-universities-offering-bitcoin-cours es-fall/.
23. Entrevista com Adam Draper, 31 de maio de 2015.
24. Entrevista com Benjamin Lawsky, 2 de julho de 2015.
25. Entrevista com Perianne Boring at Money 2020, 26 de outubro de 2015.
26. Entrevista com Joichi Ito, 24 de agosto de 2015.
27. Entrevista com Blythe Masters, 29 de julho de 2015.
28. Para obter uma lista completa de todas as grandes vitórias conquistadas por Lawsky como superintendente do NYDFS, visite: www.dfs.ny.gov/reportpub/2014_annualrep_summ_mea.htm.
29. Entrevista com Benjamin Lawsky, 2 de julho de 2015.
30. Ibid.
31. Ibid.
32. Entrevista com Jerry Brito, 29 de junho de 2015.
33. Entrevista com Benjamin Lawsky, 2 de julho de 2015.
34. Ibid.
35. Leitura obrigatória para quem procura uma nova visão por um órgão do governo tipicamente conservador: www.parl.gc.ca/Content/SEN/Committee/412/banc/rep/rep1 2jun15-e.pdf.
36. Ibid.
37. Entrevista com o senador Doug Black do Canadá, 8 de julho de 2015.
38. Ibid.
39. Ibid.
40. Ibid.
41. Ibid.
42. Entrevista com Aaron Wright, 10 de agosto de 2015.
43. Entrevista com Josh Fairfield, 1 de junho de 2015.
44. O Federal Reserve não foi o primeiro Banco Nacional nos Estados Unidos. O primeiro Banco Nacional, criado pelo Congresso em 1791 e arquitetado pelo primeiro secretário do Tesouro dos Estados Unidos, Alexander Hamilton, era muito mais limitado, e o presidente Andrew Jackson desmantelou seu sucessor, o Second National Bank, em 1836.
45. Entrevista com Carolyn Wilkins, 27 de agosto de 2015.
46. http://qz.com/148399/ben-bernanke-bitcoin-Maio-hold-long-term-promise/.
47. No Canadá: www.bankofcanada.ca/wpcontent/uploads/2010/11/regulation_cana dian_financial.pdf; nos Estados Unidos: www.federalreserve.gov/pf/pdf/pf_5.pdf.
48. Entrevista com Carolyn Wilkins, 27 de agosto de 2015.
49. "Money in a Digital World," comentários por Carolyn Wilkins, Senior Deputy Governor do Bank of Canada, Wilfred Laurier University, Waterloo, Ontario, 13 de novembro de 2014.
50. Entrevista com Carolyn Wilkins, 27 de agosto de 2015.

51. Ibid.
52. Entrevista com Jerry Brito, 29 de junho de 2015.
53. Entrevista com Steve Beauregard, 30 de abril de 2015.
54. Entrevista com Jerry Brito, 29 de junho de 2015.
55. Don Tapscott e Lynne St. Amour, "The Remarkable Internet Governance Network—Part I," Programa Global Solution Networks, Martin Prosperity Institute, University of Toronto, 2014.
56. Troca de e-mail com Vint Cerf, 12 de junho de 2015.
57. www.w3.org/Payments/.
58. www.intgovforum.org/cms/wks2015/index.php/proposal/view_public/239.
59. www.internetsociety.org/inet-bangkok/speakers/mr-pindar-wong.
60. Adam Killick, "Knowledge Networks", Programa Global Solution Networks, Martin Prosperity Institute, University of Toronto, 2014.
61. Entrevista com Jerry Brito, 29 de junho de 2015.
62. Entrevista com Tyler Winklevoss, 9 de junho de 2015.
63. Entrevista com Joichi Ito, 24 de agosto de 2015.
64. http://coala.global/?page_id=13396.
65. www.digitalchamber.org/.
66. https://blog.coinbase.com/2014/10/13/welcome-john-collins-to-coinbase/.
67. http://www.digitalchamber.org/assets/press-release---g7---for-website.pdf.
68. Anthony Williams, "Platforms for Global Problem Solving", Programa Global Solution Networks, Martin Prosperity Institute, University of Toronto, 2013.
69. Entrevista com Brian Forde, 26 de junho de 2015.
70. Entrevista com Gavin Andresen, 8 de junho de 2015.
71. www3.weforum.org/docs/WEF_GAC15_Technological_Tipping_Points_report_2015.pdf, 7.
72. Entrevista com Constance Choi, 10 de abril de 2015.
73. A revolução digital passou para a "segunda metade do tabuleiro de xadrez" – uma frase inteligente cunhada pelo inventor e autor americano Ray Kurzweil. Ele conta uma história de o imperador da China estar tão encantado com o jogo de xadrez que ele ofereceu ao inventor do jogo qualquer recompensa que ele desejava. O inventor pediu arroz. "Eu gostaria de um grão de arroz no primeiro quadrado do tabuleiro de xadrez, dois grãos de arroz no segundo quadrado, quatro grãos de arroz no terceiro quadrado, e assim por diante, até o último quadrado", disse ele. Pensando que isso iria adicionar até um par de sacos de arroz, o imperador felizmente concordou. Ele estava equivocado. Embora pequena no início, a quantidade de arroz aumenta para mais de 2 bilhões de grãos no meio do tabuleiro de xadrez. O quadrado final exigiria 9 bilhões de bilhões de grãos de arroz – o suficiente para cobrir toda a Terra.
74. Entrevista por e-mail com Timothy Draper, 3 de agosto de 2015.
75. Entrevista com Hernando de Soto, 27 de novembro de 2015.

POSFÁCIO

Vivemos uma época de grandes transformações. O estado de transformação é uma constante no universo, é verdade, mas estamos vivendo uma mudança de padrão em escala global sem precedentes.

O padrão que organizou a sociedade industrial está morrendo para dar lugar àquele que vai organizar uma sociedade em rede.

Essa mudança gera consequências dramáticas para a nossa percepção de mundo.

O comportamento humano emerge da percepção do ambiente.

"O mundo é o que você pensa que ele é", segundo a sabedoria ancestral havaiana da Huna e, portanto, nos comportamos de acordo com o mundo no qual pensamos viver.

O padrão organizacional é o que constrói em nós essa percepção de mundo, e o nosso comportamento varia conforme vai mudando essa percepção.

É a forma que transFORMA e inFORMA. Não é o conteúdo.

O padrão da sociedade industrial é linear, objetivo e exclusivo.

Exclui todas as outras possibilidades, para se focar na entrega de um objeto-padrão no fim da linha de produção.

Não importa qual é o conteúdo da organização, pois a forma organizacional é a mesma em empresas, ONGs, governos, partidos, clubes, igrejas etc.

Todos funcionam implantando uma cadeia de comando e controle para garantir a entrega e a qualidade de um objeto no fim da linha de produção.

Esse padrão estimula uma percepção de escassez e um sentimento de medo, pois, como exclui possibilidades para se focar em um resultado já esperado, fomenta uma atitude competitiva e a ideia de que não tem para todo mundo.

É o olhar para um mundo único, onde a motivação da vida é baseada somente na necessidade de sobreviver.

Mas sobreviver não é a única necessidade humana.

Precisamos também evoluir.

A evolução acontece no campo da criação.

A sobrevivência na era industrial é baseada na nossa capacidade de reproduzir, linearmente, um processo de produção de objetos-padrão que atendam à nossa necessidade material.

Entendemos que se possuirmos capacidade de materialização teremos a nossa sobrevivência garantida.

Todas as metas são orientadas por métricas lineares de produtividade (produto) e eficiência, o que quer dizer: fazer aquilo que já se faz cada vez melhor. Fazer de novo, porém mais rápido, mais barato, com maior volume e qualidade.

A sobrevivência depende de materialização; e a evolução, de criação.

A nossa realidade é dual e, em função disso, vivemos escolhendo entre as polaridades e sofrendo com o julgamento de qual seria a melhor escolha ou a mais certa.

O padrão da sociedade em rede é exponencial, subjetivo e inclusivo.

Quando entramos em rede, incluímos novas conexões em nossa vida e isso expande o campo de possibilidades.

Aumenta o volume de informações e interações incorporando novas possibilidades para velhas necessidades.

Descentraliza as relações, pois conecta, potencialmente, todas as pessoas diretamente com todas as outras pessoas, "dando a volta" em todas as tentativas de intermediação das relações por qualquer tipo de centro de poder.

A inclusão gera diversidade o que possibilita uma percepção de abundância.

Cria um campo de interações exponenciais que não seguem uma linha de eventos sequenciais que possam ser controlados por uma cadeia de comando e controle.

Perde a linearidade e dá lugar à exponencialidade.

Não sabemos lidar organizacionalmente com a exponencialidade.

Fomos educados para gerenciar recursos escassos, e a exponencialidade nos apresenta uma possibilidade de abundância.

Abundância é ter acesso ao que você precisa, na hora que precisa, e é isso que acontece quando ampliamos a nossa conectividade e interatividade ao entrar em rede.

Em um campo de possibilidades abundantes não sabemos o que vai acontecer, e, portanto, somos obrigados a desenvolver uma percepção subjetiva do que está acontecendo.

Conviver com a subjetividade que emerge da exponencialidade é um desafio enorme para quem foi treinado a vida toda para ser objetivo.

Há um preconceito com a subjetividade por achar que ela atrapalha a objetividade. Pensamos que, se houver criação no meio da linha de produção, a materialização de um objeto-padrão no fim da linha será comprometida.

É por isso que as organizações que seguem um padrão industrial têm tanta dificuldade de inovar.

Não acolhem a subjetividade, e por isso têm dificuldade em criar o novo.

A criação se dá explorando o campo de possibilidades e se abrindo para um resultado inesperado.

É a entropia que desordena o que está ordenado e cria novos padrões.

Estamos vivendo essa dialética angustiados com um mundo que oscila entre o apego ao padrão que está morrendo e o entusiasmo com as possibilidades do padrão que está nascendo.

É nesse contexto que nasce o Blockchain.

Emerge como uma possibilidade, muito consistente, de ser a infraestrutura transacional do novo padrão organizacional de uma sociedade global em rede.

Já traz em sua origem soluções absolutamente inovadoras para os problemas que surgem quando quebramos o padrão linear da cadeia de comando e controle.

Resolve organizacionalmente a necessidade de integrar sobrevivência e evolução, criação e materialização.

Consolida a visão de um empreendimento sistêmico, em que o empreendedor empreende não só para si, e sim para um ecossistema.

A mítica figura de Satoshi Nakamoto coloca mais uma peça no quebra-cabeça que vem sendo montado nas últimas décadas por pessoas como Vint Cerf, Tim Berners Lee e Linus Torvalds na direção de um novo mundo mais inclusivo e próspero.

OSWALDO OLIVEIRA

BLOCKCHAIN EXPERIENCE

O Blockchain Experience é um website em que são apresentadas empresas que oferecem serviços e produtos que utilizam a tecnologia do Blockchain.

Seu objetivo é proporcionar a todos uma experiência de uso do Blockchain para resolver seus problemas do dia a dia e, por meio desta experiência, avaliar as vantagens e as desvantagens do uso do Blockchain.

Visite o Blockchain Experience no endereço abaixo e conheça, na prática, os benefícios que o Blockchain oferece.

www.blockchainexperience.com.br

TAMBÉM DE
DON TAPSCOTT

Mudança de paradigma:
a nova promessa da tecnologia de informação (1993)
Coautoria, Art Caston

Economia digital:
promessa e risco na era da inteligência em rede (1995)

A hora da geração digital:
como os jovens que cresceram usando a internet estão mudando tudo, das empresas aos governos (1997)

Who knows:
safeguarding your privacy in a networked world (1997)
Coautoria, Ann Cavoukian (não lançado no Brasil)

Capital digital:
dominando o poder das redes de negócios (2000)
Coautoria, David Ticoll e Alex Lowy

A empresa transparente:
como a era da transparência revolucionará os negócios (2003)
Coautoria, David Ticoll

Wikinomics:
como a colaboração em massa pode mudar o seu negócio (2006)
Coautoria, Anthony D. Williams

Geração digital:
a crescente e irreversível ascensão da geração net (2008)

Macrowikinomics:
reiniciando os negócios e o mundo (2010)
Coautoria, Anthony D. Williams

Este livro foi composto em Raleway e Minion Pro, e impresso pela Nywgraf em papel pólen soft 70g/m², em fevereiro de 2017.